속・중세 유럽의 무술

by Ryuta Osada

The Martial Arts of Medieval Europe 2

AK TRIVIA SPECIAL

들어가며

이 책은 전작 『중세 유럽의 무술』을 바탕으로 중세 · 르네상스 시대를 중심으로 한 유럽의 무술 · 무기와 방어구에 대해 그림과 함께 설명하는 책입니다.

전작은 큰 반향을 불러왔던 한편으로 「더욱 오래된(또는 새로운) 시대의 기술에 대해서도 알고 싶다」는 요망이 많았습니다.

그래서 이 책에서는 무술의 기술과 이론을 소개하는 데 치중했던 전작에서 한발 더 나아가 창작의 참고가 될 수 있도록 가능한 한 다양한 시대의 여러 무기를 다루었고, 문헌을 통해 확실하게 확인되지 않는 시대의 기술에 대해서도 무척 간단한 형태로나마 복원해보기로 하였습니다. 덧붙여 이슬람(주로 이란 지방)의 무술도 소개하고자 합니다.

물론 전작에서 호평을 받은 무기 · 방어구의 해설 또한 그 파트만으로도 한 권 분량의 가치를 갖도록 전작과 동등하거나 더 높은 수준의 퀄리티를 추구하였습니다.

■이 책의 구성

이 책은 3부로 구성되어 있습니다.

제1부에서는 유럽 무술의 기본적인 이론 · 유파 · 훈련방법 등에 대해 간단히 설명합니다.

제2부에서는 무기 · 방어구에 대해 설명합니다.

제3부는 기술에 대한 도해입니다. 전작에서 비교적 많이 다룬 롱소드, 대거, 레슬링 기술은 이번에 다소 비중을 줄이고 대신 양손검, 쌍검, 대낫, 큰 방패 등 이색적인 무기를 소개합니다. 그리고 기술도 곡예적인 기술 등을 적극적으로 취급합니다.

■전작 제1쇄에서 수정이 필요한 부분

전작 제1쇄를 구입한 독자를 위해 주요 정정·수정 사항을 표기합니다.

- p.267 : 색스 항목 중 「날이 아래로 가도록」을 「날이 위로 가도록」으로 변경.
- p.442 : 『특수 찌르기』 자세의 원문을 라틴어 「Supecificata langort」로 변경.
- p.512 : 쿼터 공격법에 대한 설명을 「크게 호를 그리거 가격하는 공격법」으로 변경.
- p.536 : 「클레이엠 모어」를 「클레이드헴 모르」로 변경.
- p.666 : Two-handed sword의 설명문에서 Claidməamh mor(Claymore)를 삭제.

목차

제1부 개설

- 제 1 장 역사 ……………………………………… 8
- 제 2 장 개념 ……………………………………… 14
- 제 3 장 유파 ……………………………………… 36
- 제 4 장 훈련 ……………………………………… 52

제2부 무기 해설

- 제 1 장 롱소드 …………………………………… 66
- 제 2 장 갑옷전투 ………………………………… 70
- 제 3 장 하프 소드와 살격 ……………………… 78
- 제 4 장 양손검 …………………………………… 80
- 제 5 장 펄션과 메서 …………………………… 92
- 제 6 장 버클러 …………………………………… 96
- 제 7 장 사이드 소드(레이피어) ……………… 100
- 제 8 장 사이드 소드와 대거 ………………… 106
- 제 9 장 사이드 소드와 케이프 ……………… 110
- 제10장 이도류 ………………………………… 112
- 제11장 바스켓 힐트 소드 …………………… 114
- 제12장 스몰소드 ……………………………… 120
- 제13장 레슬링 ………………………………… 124
- 제14장 복싱 …………………………………… 128
- 제15장 대거 …………………………………… 130
- 제16장 스태프 · 긴 손잡이 무기 …………… 136
- 제17장 낫 · 대낫 · 플레일 · 곤봉 …………… 154
- 제18장 기승전투 ……………………………… 158
- 제19장 두아르테 왕의 승마기술 …………… 168
- 제20장 방패 …………………………………… 180
- 제21장 결투용 큰 방패 ……………………… 202
- 제22장 원거리무기 …………………………… 204
- 제23장 이슬람의 무기 · 방어구 ……………… 218

칼럼

- 투르 프랑세 ————————— 35
- 롱소드 ———————————— 47
- 성직자와 무기 ————————— 51
- 유골을 통해 보는 무기의 위력 — 77
- 실존하는 명검 ————————— 280
- 검을 잡는 법 ————————— 390
- 검의 제작법 ————————— 399

제3부 기술 해설

기술 도해 읽는 법 ······················· 240
제 1 장 롱소드 ························· 243
제 2 장 영국식 롱소드 검술 ············ 257
제 3 장 하프 소드와 살검 ··············· 281
제 4 장 검과 버클러 ···················· 293
제 5 장 펄션과 메서 ···················· 311
제 6 장 양손검 ························· 319
제 7 장 사이드 소드 ···················· 341
제 8 장 사이드 소드와 대거 ············ 359
제 9 장 사이드 소드와 버클러 ·········· 365
제10장 사이드 소드와 타지 ············ 377
제11장 사이드 소드와 방패 ············ 381
제12장 사이드 소드와 케이프 ·········· 391
제13장 이도류 ························· 395
제14장 스몰소드 ······················· 405
제15장 바스켓 힐트 소드 ··············· 419
제16장 마상전투 ······················· 433
제17장 레슬링 ························· 459
제18장 대거 ··························· 467
제19장 복싱 ··························· 479
제20장 결투용 큰 방패 ················· 483
제21장 폴액스 ························· 495
제22장 긴 손잡이 무기 ················· 509
제23장 파이크 · 롱스태프 ·············· 527
제24장 할버드 ························· 533
제25장 쿼터스태프 ····················· 539
제26장 낫 · 대낫 · 플레일 · 곤봉 ······ 549
제27장 이종무기전투 ··················· 581
제28장 이슬람의 무술 ·················· 589

부록

참고문헌 ······························· 611
문헌 약칭 일람 ························· 614
어구 소개 ······························· 616

제1부 개설

General Information

제 1 부 개설

유럽 무술의 역사

무술과 전투기술의 역사는 인류의 역사라 해도 과언이 아닙니다. 스스로의 몸을 지키고 이익을 획득하기 위한 기술은 의식주 등 생존에 필요한 기술의 일환으로서 인류와 함께 발전해왔습니다.

현재 확인할 수 있는 것 중 가장 오래된 유럽의 무술은 고대 이집트의 것입니다. 기원전 20세기에서 기원전 18세기 사이에 조성된 베니하산 제15호 고분의 벽화에는 각종 레슬링 기술이 묘사되어 있으며, 오른손에 든 짧은 봉과 왼팔에 방패 대신 동여맨 봉을 이용해 싸우는 종교행사적인 스포츠도 그려져 있습니다.

그 후 유럽 무술의 주류는 두 갈래로 나누어집니다. 첫 번째는 로마와 그리스처럼 개인의 기술보다 전체의 연계를 중시하는 타입으로, 시민병(이른바 아마추어)이 군의 주체가 되는 문화의 무술입니다. 시민병 중심의 군대에서는 기술적으로 단순하면서도 단기간에 나름대로 전력이 될 수 있는 무술이 필요했습니다. 한편 갈리아 등에서 성립한 전사계급 사회에서는 구성원이 인생의 대부분을 훈련에 할애하며 살았기 때문에, 보다 세련되고 성숙한 기술형태를 가진 무술이 발전할 수 있었습니다. 따라서 예를 들자면 로마와 그리스는 군사교련식 전투술을, 갈리아와 게르마니아는 진정한 의미의 무술을 채용했을 것이라 추측되는 것입니다.

⚜ 로마인의 착각

중세 유럽의 무술은 로마 제국 쇠퇴기에 유럽으로 이주해온 앵글족, 색슨족, 프랑크족 등 게르만계 여러 민족의 무술에 뿌리를 두고 있습니다. 로마인과 고고학자들은 그들 게

■라텐 III 시대의 검

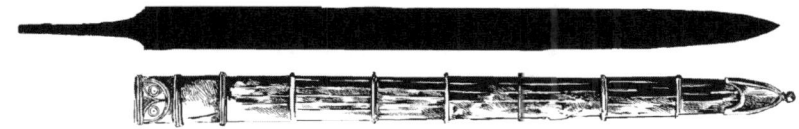

대영 박물관 소장. 1세기. 전체 길이 83.8cm, 칼날 길이 69.7cm, 칼날 폭 4.7cm.

■켈트의 검

메트로폴리탄 미술관 소장. 기원전 60년경. 길이 49.8cm, 폭 6.7cm, 두께 2.8cm. 청동제 칼집이 딸린 검.

■라텐 II 시대의 검

코펜하겐 국립 박물관 소장. 기원전 3세기. 칼날 길이 67.3cm. 베기 전용 검.

르만족과 켈트족의 무술에 대해 긴 검을 크게 휘둘러 베는 것이라고 평가하였습니다.

하지만 이것은 현실과는 거리가 멀었습니다. 로마 측의 자료는, 문명적·이론적으로 세련된 로마식 무술과 대조적으로 "힘만 가지고 마구잡이로 때려잡는 야만족의 무술"이라는 도식을 그려내 로마 문명의 우월성을 강조하기 위한 프로파간다의 성격이 강했는데, 무기와 무술에 대한 지식이 없는 고고학자들이 그것을 맹종하는 바람에 「긴 검은 그저 크게 휘둘러 베는 무기」라고 일방적으로 단정하게 된 것입니다.

실제 무기를 살펴보면 켈트와 게르만의 검은 로마의 검과 비교해 약간 긴 정도이며 칼끝도 찌르기에 적합한 모양을 하고 있습니다. 게다가 중세·르네상스 시대의 검은 이것들보다도 더 길이가 길어지므로 켈트의 검이 단순히 휘두를 뿐인 무기라고 생각하는 것은 큰 착각이라고 할 수 있습니다.

⚜ 북유럽계 민족의 전투법

게르만계 민족의 무술에 대해서는 사가(Saga)를 통해 확인할 수 있습니다. 사가 등의 자료에는 바이킹으로 대표되는 북유럽계 민족의 전투법이 자세히 서술되어 있기 때문입니다. 그 내용을 종합하면 바이킹의 전투법은 방패를 어떻게 사용하는가, 그리고 방패를 어떻게 우회하여 공격하는가 하는 두 가지 요소를 중심으로 하고 있습니다.

가장 많이 공략하는 부위는 머리이며, 두 번째는 다리로, 모두 방패로 커버되지 않는 부위입니다. 머리 쪽을 공격받으면 공포심을 느낄 뿐 아니라, 방어하려 하다가 방패로 스스로의 시야를 막아버리는 경우가 발생할 수도 있습니다. 또한 다리에 대한 공격은 기동력을 빼앗아 상대를 실질적으로 전투불능 상태로 만듭니다. 당시의 유골 중에는 뒷날로 정강이뼈를 베인 듯한 상처가 남아 있는 것도 있어 뒷날을 이용한 공격법이 이미 존재했을 가능성도 부정할 수 없습니다.

우선 머리를 공격한 다음 상대가 방패를 들어올려 스스로의 시야를 가리고 하반신을 무방비하게 드러낸 순간 목표를 하단으로 변경하여 다리를 베는 전법이나, 방패로 밀고 들어가 상대의 움직임을 봉쇄한 다음 그 틈에 다리를 베는 전법이 일반적으로 사용되지 않았을까 추측됩니다.

무술의 발전 과정

당시의 검은 날밑이 짧아 긴급한 상황이 아니라면 검으로 상대의 공격을 방어하는 일은 없었을 것으로 보입니다. 하지만 바이킹 시대가 끝나갈 무렵 날밑이 길어진 검이 등장하기 시작합니다.

바이킹이 「스파이크 힐트(Gaddhjalt)」라고 이름 붙인 이 날밑 달린 검의 등장은 검을 이용한 방어가 보다 일반화되었다는 사실을 시사하고 있습니다. 이러한 변화가 일어난 원인은 당시의 전술과 장비의 변화에 큰 관계가 있을 것입니다. 그 무렵은 기병이 전쟁의 주력으로 자리잡으며, 그때까지 손으로 잡던 방패 대신 조작성은 떨어지지만 단단히 장비할 수 있는 스트랩식 방패가 주류를 이루게 됩니다. 그러나 이 타입의 방패는 기존의 방패처럼 상하좌우로 움직여 방어할 수가 없었습니다. 결과적으로 방패의 커버 범위를 벗어나는 부위는 무기로 방어하게 되었고, 그것이 검 형태의 변화를 가져온 것입니다. 중세 유럽 무술의 핵

바이킹 시대 말기의 「스파이크 힐트」 검. 10세기 후반.

심인 바인드의 개념과 기법도 이 시기에 나타난 것이라고 추측할 수 있습니다.

  회화 자료 등을 살펴보면 중세의 가장 일반적인 공격법은 방패로 보호받지 못하는 머리를 노린 강력한 일격이었던 것 같습니다. 또한 오른팔을 들어올린 자세는 반드시 나온다고 해도 좋을 정도로 대부분의 회화 자료에 등장하는데, 상대의 방패 너머를 공략하는 것은 물론 병사들이 밀집해 있을 때 오른손의 자유를 확보하는 의미도 있는 것으로 보입니다. 17세기의 조지 실버는 병사들이 밀집한 상황에서는 허리를 포함한 아랫부분은 공격할 수 없다고 서술하였습니다.

  그리고 방패를 사용하는 전투법은 자연히 왼발을 앞으로 내밀어 좌반신을 적 쪽에 위치시키고, 우반신을 멀리 떼어놓는다는 스탠스를 낳았습니다. 그러한 스탠스로부터 좌반신은 방어, 우반신은 공격이라는 유럽의 구분법이 생겨난 것입니다. 이 구분법은 투구 왼쪽에 통기 구멍을 뚫지 않고 오른쪽에만 뚫는다거나, 이탈리아식 갑옷 왼쪽이 오른쪽에 비해 견고하게 만들어져 있는 사례를 통해서도 확인할 수 있습니다.

  구분법의 일례로 토머스 맬러리가 집필한 『아서 왕의 죽음』을 발췌하여 소개합니다. 맬러리는 단순한 시인이 아니라 백년전쟁 말기에서 장미전쟁에 걸쳐 싸운 역전의 기사로, 감옥에서 강행 돌파하여 탈옥한 경력이 있을 만큼 무술에 대한 지식도 깊은 인물이었습니다.

  문제의 부분은 제7권 「짐마차를 탄 기사」 에피소드로 랜슬롯과 원탁의 기사 중 한 명인 말래건트가 결투를 벌이는 장면입니다. 여기서 랜슬롯은 투구를 벗고 「좌반신」 갑옷도 벗은 상태에서 왼팔을 등 뒤로 묶고 결투하는 데 동의하였습니다. 그럼에도 불구하고 랜슬롯은 무방비한 좌반신을 상대에게 향한 자세로 싸우는데, 그것은 상대를 유인하기 위한 함정이거나 평소의 버릇이 나와버린 것이 아닐까 합니다.

> *즉시 말래건트 경은 검을 높이 쳐들고 나아왔다. 한편 랜슬롯 경은 머리와 좌반신을 무방비하게 드러내고 있었다.*
> *말래건트가 노출되어 있는 그의 머리를 내리치는 것과 동시에 (랜슬롯은) 재빨리 왼발과 좌반신을 뒤로 빼면서 팔과 검으로 상대의 일격을 멋지게 명중시켜 밀어냈다.*

  이 다음 순간 랜슬롯은 투구째 상대의 머리를 두 동강 냅니다. 위의 문장을 해설하자면 먼저 왼발과 좌반신을 앞으로 내민 자세로 시작합니다. 그리고 상대가 공격해오면 왼발을 뒤로 빼서 공격을 피하는 동시에 검으로 상대의 무기를 쳐내고 상대가 태세를 바로 잡기 전에 머리를 노려 일격을 가하는 것입니다. 랜슬롯의 이러한 방어기술은 영국식 롱소드 검술의 「래빗」, 공격기술은 독일식 무술의 「나흐라이젠(전작 p104~105)」과 동일합니다.

한편 14세기 무렵 급속하게 발달하기 시작한 갑옷에 대항하기 위해 하프 소드와 살격 등의 기술이 고안되었습니다. 또한 동시에 갑옷을 공략하기 위한 새로운 무기와 기법이 개발되어 무술은 한층 다양한 형태로 발전하게 됩니다.

이윽고 16세기 르네상스 시대에 들어서자 이번에는 반대로 오른발을 앞으로 내미는 것이 일반적인 스탠스로 자리잡습니다. 더 이상 방패가 쓰이지 않게 되어 오른손에 든 무기가 방어의 역할까지 담당하면서 좌반신을 앞으로 내밀 필요성이 사라졌기 때문일 것으로 추정됩니다. 우반신을 앞으로 내미는 자세를 취함으로써 리치는 최대한으로 늘어났으며, 쉽게 공격목표가 되는 왼팔을 상대로부터 멀리 떼어놓는 이 스탠스는 왼발을 오른발 바로 뒤에 직각이 되도록 딛고 몸의 절반만을 노출하는 현대 펜싱의 스탠스로 발전해 갑니다.

그리고 이 시기에는 과학(특히 기하학)을 무술 이론에 응용하려는 움직임이 활발해졌습니다. 자신과 상대의 몸 또는 검의 위치관계 · 궤도 등 여러 가지 요소를 바탕으로 공격과 방어의 최적해를 도출하려는 시도는 이 시기에 등장하는 레이피어 검술 이론의 근간을 이루는 한편 스몰소드 검술과 근대 · 현대 펜싱으로 진화하게 됩니다.

페히트부흐

페히트부흐(Fechtbuch)란 「싸움의 책」이라는 의미의 독일어로, 일반적으로 중세 후기에서 르네상스 시대에 걸쳐 쓰여진 필사본 무술서를 가리킵니다. 하지만 이 책에서는 시대와 지역을 불문하고 무술에 관한 원전을 지칭하는 말로 사용합니다.

현존하는 세계 최고(最古)의 페히트부흐는 콜롬비아 대학 도서관에 소장되어 있는 『옥시린쿠스 파피루스 제466단편』(Oxyrhynchus Papyrus, MS P.Oxy.Ⅲ.466)이라는 문서로, 이것은 이집트 옥시린쿠스(현 엘 바나사)에서 발굴된 기원 2세기의 그리스식 레슬링 매뉴얼입니다.

> *메치기. 그(상대)의 다리를 차낸다. 상대 옆에 서서 오른팔로 헤드록을 건다. 이런 식으로 싸울 것.*
> *(마이클 폴리아코프의 영역을 바탕으로 번역)*

❧ 현존하는 페히트부흐

중세의 페히트부흐 중 가장 오래된 것은 14세기 초 독일에서 제작된 『I.33』로 버클러와 검에 대해 다루고 있습니다. 그 후 15세기 무렵부터 많은 페히트부흐가 쓰여졌고, 특히 인쇄 기술이 도입되면서 수가 폭발적으로 증가하였습니다.

초기의 페히트부흐 대부분은 상급자 또는 적어도 어느 정도 무술에 소양이 있는 사람을 대상으로 한 것이었습니다. 어린 시절 무술에 입문해 수련을 쌓는 귀족 계급 사람에게 검 쥐는 법부터 적힌 초보적인 무술서를 선물하는 것은 모욕이나 다름없었기에 상급자를 대상으로 한 내용이 주를 이루었던 것입니다.

또한 전서(全書)의 형태로 정리되어 있는 책도 다수 존재합니다. 당시 사람들은 다양한 저자·시대·주제의 문헌을 뒤섞어 가정백과사전 형식으로 정리하였습니다. 예를 들어 폰 단치히 페히트부흐(Codex 44 A 8)는 리히테나워 시절의 저자 불명 독일식 롱소드·기승전투·무장전투, 안드레스 리그니처의 하프 소드·검과 버클러·레슬링·대거, 마르틴 훈트펠트의 하프 소드·무장격투·대거·기승전투, 오토의 레슬링, 피터 폰 단치히의 무장전투, 그리고 그 밖의 여러 저작을 하나로 취합한 것입니다.

검의 부위

롱소드의 부위는 기술적인 부위와 구조적인 부위 두 가지 카테고리로 분류할 수 있습니다. 전자는 검의 용법과 관계가 있는 개념적인 부위로 롱소드뿐만 아니라 모든 무기에 공통적으로 적용됩니다. 후자는 검의 구조상의 부위를 말합니다.

■**롱소드의 부위**

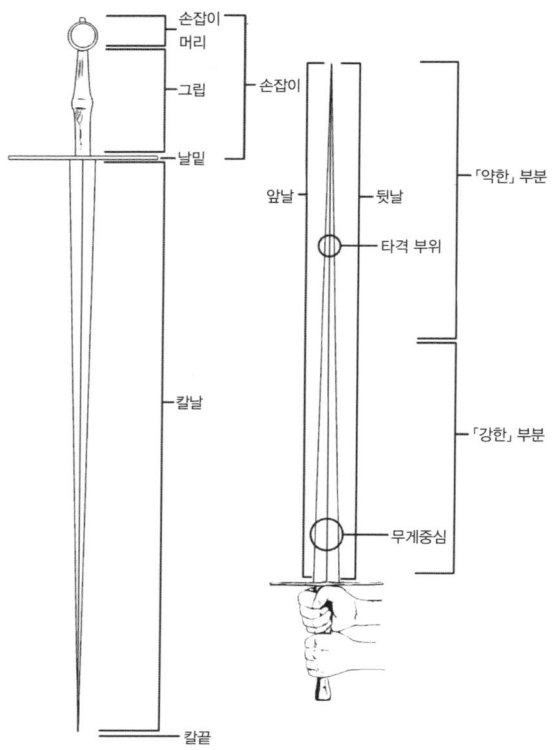

⚜ 기술적인 부위

「강한」 부분과 「약한」 부분(Forte – Foible/Debole)

검신을 둘로 나눠 날밑에 가까운 부분을 「강한」 부분, 칼끝에 가까운 부분을 「약한」 부분이라고 부릅니다. 이 분류는 지렛대의 원리에 의한 것으로, 큰 힘을 낼 수 있지만 스피드가 느린 「강한」 부분은 방어에, 칼끝에 가까워 스피드는 빠르지만 힘이 떨어지는 「약한」 부분은 공격에 사용합니다. 후대에는 검신을 셋으로 나눠 가운데 부분은 공격과 방어 양쪽에 사용하게 됩니다.

「앞날」과 「뒷날」(Long Edge/True Edge – Short Edge/False Edge)

검을 수직으로 들었을 때 상대 쪽의 날을 「앞날」, 자신 쪽의 날을 「뒷날」이라고 부릅니다. 기본적인 공격은 「앞날」이 담당하며 「뒷날」은 상대의 의표를 찌르는 기습공격 등에 사용합니다.

⚜ 구조적인 부위

칼끝(Point)

찌르기에 사용하는 부위입니다. 기본적으로 롱소드의 칼끝은 뾰족하고 날카롭지만 뭉툭한 예도 많이 찾아볼 수 있습니다. 흔히 뾰족하고 날카로운 편이 찌르기에 유리할 것이라고 생각하기 쉬우나, 옷이나 천 정도의 강도를 가진 목표에 대한 찌르기 성능은 어떤 모양이라도 특별히 차이가 나지 않으며 칼끝 쪽 날의 예리함이 중요하다고 합니다. 롱소드의 뾰족한 칼끝은 금속 링을 연결해서 만든 메일을 꿰뚫고 상대를 찌르는 것을 목적으로 하고 있습니다.

날밑(Cross Guard/Quillon)

십자형 날밑이라고도 하며, 상대의 검이 자신의 손으로 미끄러져 내려오는 것을 막아줍니다. 또한 상대의 몸에 걸고 끌어당기는 데 사용하기도 합니다.

손잡이 머리(Pommel)

그립을 고정시키고 검의 무게균형을 조정하는 역할을 합니다. 또한 상대를 타격하는 데 사용하기도 합니다. 손잡이 머리 등 손잡이 쪽 무게가 증가하면 <u>무게중심 · 타격 부위 · 제2선회점</u>은 날밑 방향으로 이동하고, <u>제1선회점</u>은 칼끝 방향으로 이동합니다(밑줄 친 부분은 후술).

⚜ 기타

무게중심(Centre of Gravity/CoG)

검의 조작성을 알 수 있는 척도입니다. 일반적으로 무게중심이 그립에 가까울수록 검을 가볍고 빠르게 다룰 수 있는 대신 목표에서 벗어나기 쉬워집니다. 반대로 무게중심이 칼끝에 가까울수록 검은 무겁고 느려지지만 위력과 정확도가 증가한다고 합니다. 무게중심은 검의 종류와 상관없이 대체로 날밑 부근에서 10~25cm 정도에 위치합니다.

타격 부위(Percussion Point/Vibration Node)

야구 배트의 심에 해당하며 베기 효율이 가장 좋은 부위입니다. 롱소드는 칼끝에서 30cm 정도 떨어진 곳에 위치합니다.

제1, 제2선회점(Fore-Aft Pivot Point)

검을 움직일 때 크게 관계되는 것이 선회점입니다. 제1선회점은 칼끝을 아래로 내린 상태에서 날밑에 가까운 쪽 그립을 쥐고 앞뒤로 흔들었을 때 이동하지 않고 정지해 있는 부위입니다. 제2선회점은 손잡이 머리에 가까운 쪽 그립을 쥐고 흔들었을 대 정지해 있는 부위입니다. 검을 사용할 때는 이 두 가지 선회점 사이에 실제 선회점이 나타나게 됩니다.

검은 이들 선회점을 중심으로 휘둘러야 제일 가볍고 빠르게 움직일 수 있습니다. 구체적으로는 전작 p414에서 소개한 펄션의 휘두르기가 이론적으로 가장 효율적인 베기입니다.

아래 그림은 한손검과 롱소드의 선회점 및 타격 부위를 대략적으로 나타낸 것입니다.

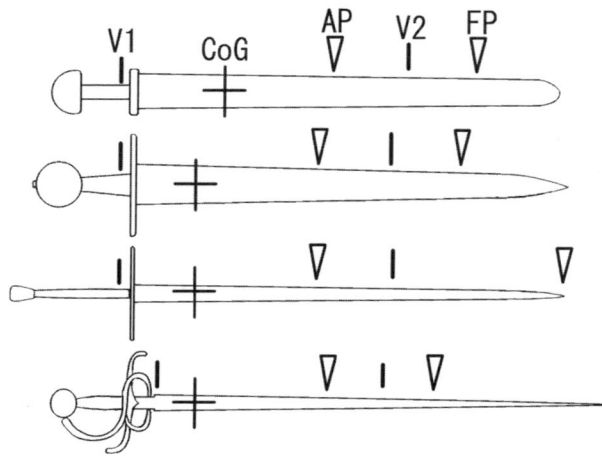

위쪽부터 바이킹의 검, 중세의 한손검, 롱소드, 레이피어.
CoG : 무게중심
V1 : 제1진동점
V2 : 제2진동점(타격 부위)
FP : 제1선회점
AP : 제2선회점

롱소드는 제1선회점과 칼끝이 정확히 일치하도록 조정되어 있습니다. 따라서 칼끝을 공중의 어느 한 점에 정지시킨 채 검을 움직일 수 있어, 칼끝을 상대의 얼굴에 들이대고 공방을 벌이거나 바인드 상태로 「빈덴(감아치기)」을 하기에 무척 적합한 구조입니다. 이는 15세기의 검사 되브링어가 남긴 「칼끝은 모든 기술이 태어나고 다시 돌아가는 중핵이다.」라는 문장과 일치합니다.

레이피어는 선회점과 칼끝이 일치하지 않는데, 그 이유는 상대의 검을 회피하여 공격하기 위해서라고 합니다.

또한 한손검의 선회점은 민첩하게 공격태세로 이행 가능하도록 설정되어 있습니다. 이것은 검을 끝까지 휘두르는 것이 아니라 선회점을 중심으로 손잡이를 돌리듯 회전시키는 기법인 물리네에 알맞은 구조입니다.

■물리네

타깃 지역

타깃 지역이란 독일식 무술의 페히트부흐(Cod.HS.3227a, 1389년)에서 처음 확인된 개념입니다. 하지만 시기의 차이는 있으나 이탈리아식 무술과 영국식 롱소드 검술 등에서도 같은 개념이 등장하는 것으로 보아, 독일만의 고유한 개념이 아닌 본래 중세 유럽에서 일반적으로 통용되던 개념이었을 것이라 추측됩니다.

독일식 무술에서는 몸의 중심선을 기준으로 좌우, 허리선을 기준으로 상하로 나눈 4개의 타깃 지역(Blöß)을 설정하고 있습니다. 이 Blöß 라는 단어는 「빈틈」이나 「무방비」로 번역되는데, 공격 시에 공략해야 하는 상대 방어의 빈틈 또는 무방비하게 열려 있는 부위라는 의미입니다. 방어의 기본은 4개의 「빈틈」 중 어디를 막을 것인가, 공격의 기본은 열려 있는 「빈틈」을 어떻게 찾아 공격할 것인가라고 할 수 있습니다.

영국식 무술에서는 이 지역을 「4분의 1」 즉 쿼터라고 부릅니다. 실버도 예전부터 전통 무술에서는 학생들이 무엇보다 먼저 쿼터를 배운다고 서술했듯이, 타깃 지역은 중세 시대 무술에서 가장 기본적인 개념이었습니다.

시간이 흘러 스몰소드의 시대가 되면 타깃 지역은 몸이 아니라 검으로 이동하여 손잡이 부분을 기준점으로 그 상하좌우에 공간을 분할하게 됩니다. 스몰소드 검술은 오른손을 앞으로 쭉 내미는 자세를 취한 채 검과 검이 항상 접촉한 상태로 싸우기 때문에 검을 기준으로 타깃 지역을 설정하는 편이 기술을 정리하기가 더 수월했기 때문으로 보입니다.

보법과 스탠스

⚜ 스탠스

　스탠스를 취하는 법, 간단히 말해 서는 법은 무술에 있어서 매우 중요하며 독일식 무술에서 학생들이 맨 처음 배우는 것이기도 했습니다.

　중세 전투의 기본적인 스탠스는 왼발을 앞으로 내민 다음 두 발 사이를 많이 떨어뜨리지 않고 서는 것이었습니다(엉거주춤한 느낌으로 허리를 빼기도 합니다). 그러다가 16세기 무렵의 검사 메이어와 마이어의 삽화를 보면 알 수 있듯이 두 발 사이의 간격이 아주 넓고 허리를 크게 낮추는 스탠스로 바뀌어갑니다. 또한 그 후 레이피어와 스몰소드의 교체기부터는 오른발을 앞에 딛고 왼발을 오른발 후방에 직각으로 두는 스탠스를 일반적으로 사용하게 됩니다.

　그리고 유럽 무술에서 자주 등장하는 「안쪽」과 「바깥쪽」이라는 개념이 있습니다. 안쪽이란 자기 몸의 정면이 향하고 있는 방향으로, 왼발을 앞에 내밀고 있을 때는 오른쪽이 안쪽, 등 쪽이 바깥쪽이 됩니다. 이 개념에 대해서는 검사·시대·유파마다 이론이 달라, 어느 쪽 발이 앞에 나와 있는가에 따라 수시로 바뀌는 경우와 어느 쪽 발이 앞에 나와 있든 항상 바뀌지 않는 경우가 있습니다.

⚜ 보법

　기본적으로 중세 유럽 무술의 보법은 평범하게 걷듯이 뒤에 있는 발을 앞으로 보내는 것이었습니다. 또한 그 밖에도 앞발을 먼저 내딛고 뒷발을 앞발 뒤쪽에 끌어당기는 방법(Accrescimento), 뒷발을 앞발 뒤쪽에 가져다 댄 다음 앞발이 나아가는 방법(Gathering step), 몸의 위치는 움직이지 않고 앞뒤의 발을 바꿔 딛는 방법(Passo Cambiato), 점프(Salto/Balzo Indietro, Springen) 등이 있습니다.

　영국식 무술에는 콕 스텝(Koc steppe)이라고 하는 보법이 기록되어 있습니다. 닭싸움을 할 때 닭이 날아오르며 며느리발톱(조류의 다리 뒤쪽에 있는 돌기)으로 차는 동작과 닮았다고 하여 붙은 이름으로, 스킵 또는 점프와 스텝을 조합한 것이 아니었나 추측됩니다. 아마도 상대와의 거리를 좁히거나, 후퇴하는 상대를 추격하거나, 상대와 간격을 둘 때 사용했을 것입니다.

　15세기 독일의 검사 되브링어의 말에 따르면 발을 내디딜 때는 충분히 주의를 기울이고, 천칭과 같이 균형을 유지하며, 민첩하게 움직일 수 있도록 너무 깊이 파고들지 않는

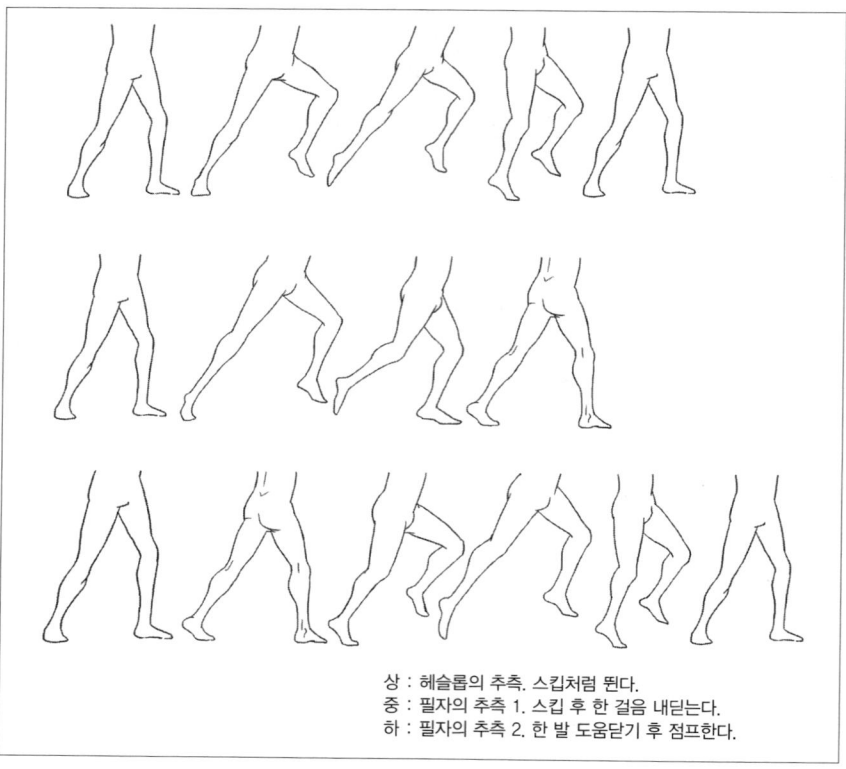

상 : 헤슬롭의 추측. 스킵처럼 뛴다.
중 : 필자의 추측 1. 스킵 후 한 걸음 내딛는다.
하 : 필자의 추측 2. 한 발 도움닫기 후 점프한다.

것이 중요하다고 합니다. 이어서 그는 실제 자주 사용되는 보법으로 짧게 두 발 내디딘 다음 길게 한 발 내딛거나, 짧게 점프한 다음 짧은 스텝을 밟는 패턴을 들고 있습니다(콕 스텝도 이것과 비슷한 것이었는지 모릅니다).

또한 되브링어는 독일식 무술의 기본이라고 할 수 있는 매우 중요한 증언을 남겼습니다. 그것은 첫째로 상대를 향해 일직선으로 파고들지 말고 항상 비스듬히 발을 내디뎌야 한다는 것, 둘째로 스텝과 검의 움직임을 동조시켜야 한다는 것입니다.

상대를 향해 비스듬히 나아가면 상대가 카운터를 하기 어려워질 뿐만 아니라 상대의 방어태세를 우회하여 공격할 수도 있습니다. 게다가 이쪽이 한 걸음 내디딜 때마다 상대는 이쪽의 움직임을 파악하기 위해 몸의 방향을 바꿀 필요성이 생기므로, 결과적으로 귀중한 시간을 낭비하게 되는 것입니다.

그리고 스텝과 검의 움직임을 동조시키면 리치가 길어지고 한층 더 강한 공격을 할 수 있게 됩니다. 오른발을 앞으로 내디딜 때는 오른쪽에서 왼쪽으로 자연스럽게 휘둘러 공격하고, 왼발을 내디딜 때는 반대로 왼쪽에서 오른쪽으로 물 흐르듯 공격합니다.

공격선

　공격선(Line of Attack)이란 이탈리아식 무술에서 가장 많이 사용되는 개념으로, 자기 몸의 중심(또는 두 발 사이의 중간점)과 상대 몸의 중심을 연결한 선으로 나타낼 수 있습니다. 공격선은 최단거리·최소시간으로 목표에 도달하는 형태가 가장 이상적이라고 합니다. 따라서 자신과 상대의 몸을 연결한 직선이 이상적인 공격 경로가 되는 것입니다. 독일식 무술에서는「자신의 검과 상대의 타깃 지역을 일직선으로 연결한 끈을 따라가」공격하라고 표현하였습니다.

　유럽 무술에서는 공격선을 무기가 지날 것이라 예상되는 길로 간주하고, 어떤 방법으로 상대의 공격선을 차단 또는 우회하여 자신의 공격선을 방해받지 않고 상대에게 도달시키느냐를 기본적인 전략으로 삼았습니다. 이러한 전략은 기하학을 바탕으로 하는 르네상스 시대의 레이피어 검술에서 특히 중시됩니다. 레이피어 검술은 찌르기라는 직선적 공격법이 주가 되므로 공격선을 응용하기가 수월했기 때문일 것입니다.

　공격선은 다양한 이름으로 불리고 있습니다. 피오레는「길(Strada)」, 무명의 볼로냐파 검사는「곧은 길(Dritta via)」, 17세기에는「직선(Retta linea)」, 클래식 펜싱에서는「방향선(Line of Direction)」이라고 불리며 공격이 지나는 길이라는 의미를 갖습니다.

공격법의 분류

공격법의 분류는 기법을 보다 정확하게 정리·해설하기 위해 필수적입니다.

독일식 무술에서는 「드라이 분더(세 가지 경이)」라는 이름처럼 칼날을 이용한 「베기」, 칼끝을 이용한 「찌르기」, 칼날을 상대의 몸에 들이대고 앞뒤로 움직이는 「자르기」의 3종류로 분류하고 있습니다. 이 가운데 자르기는 독일식 무술에서만 언급되는 공격법으로, 다른 유파에서는 그렇게 중시되지 않았거나 아니면 독립된 기술로 취급받지 못했을 가능성이 있습니다.

독일식 무술 이외의 유파에서는 팔의 어느 부분을 이용하여 베는가, 어느 정도 크기의 호를 그리는가(빈틈이 얼마나 큰가) 하는 점을 기준으로 공격법을 분류하였습니다. 목표에 명중하기까지 걸리는 시간과 공격이 가진 위력을 통해 분류함으로써 손쉽게 전략을 세우려는 의도로 보입니다.

손목·팔꿈치를 이용한 베기

손목의 스냅 또는 팔꿈치의 움직임을 이용한 공격으로, 가장 빠른 반면 가장 약한 공격법이기도 합니다. 르네상스 시대부터 일반적으로 사용하였는데, 검을 공격과 방어의 핵심으로 삼는 양식이 확산됨에 따라 공격 시의 허점을 가능한 한 메우려는 목적에서 도입된 것으로 보입니다. 독일식 무술의 「스냅(Schnappen)」이나 「샤이틀하우(정수리베기 : 전작 p92~93)」도 이 타입으로 추측되며, 후대 군용 검의 용법 또한 이 타입의 베기를 채용하고 있습니다.

영국식 롱소드 검술에서는 「할퀴기(Rake)」라는 기술이 이것에 해당합니다. Rake에는 「갈퀴·할퀴다」라는 의미가 있으므로 갈퀴를 사용하는 듯한 움직임 또는 할퀴는 정도의 비교적 가벼운 공격일 것입니다. 이름 앞에 형용사 Half가 붙기도 하는데, 이는 팔꿈치를 이용해 작고 빠르게 베는 기술로 추정됩니다. 17세기의 검사 스웻남이 언급한 세 가지 공격법 중 「손목베기(Wrist blow)」와 「반공격(Half blow)」이 이 타입이라고 할 수 있습니다.

어깨를 이용한 베기

어깨를 받침점 삼아 팔 전체를 이용해 공격하는 것으로, 가장 위력이 높은 반면 빈틈도 가장 큰 공격법입니다. 방패를 방어에 사용하던 시대에는 일반적인 공격법이었을 것으로 추측됩니다.

영국식 무술에서는 「쿼터(Quarter : 타깃 지역과는 다릅니다)」라고 불렀습니다. 이 명칭은 중세의 롱소드 검술에서 17세기에 이르기까지 매우 오랫동안 사용되었는데,

Quarter라는 단어는 팔이나 다리와 같은 몸의 말단 부분을 지칭할 때도 쓰이는 말이므로 「팔(을 이용한) 베기」라는 의미인지도 모릅니다.

무기를 회전시켜 베기

무기, 특히 검을 빙글 회전시켜서 베는 방법으로 현대 사브르의 물리네와 같은 기술입니다. 독일식 무술에는 언급이 없는 것으로 보아 독립적인 공격법으로 간주되지 않았던 것 같습니다. 이탈리아식 무술에서는 손목의 회전을 이용한 베기를 「두드려베기(Stramazzone)」, 팔의 회전을 이용한 베기를 「풍차베기(Mulinetto)」라고 불렀습니다. 영국식 롱소드 검술의 「회전베기(Rollyng Stroke)」, 「돌려베기(Rownde)」, 「이중돌려베기(Double Rownd)」 또한 이 타입에 해당합니다.

검을 회전시키는 공격법은 상대에게 유효한 대미지를 주기까지 시간이 걸리며 칼끝이 우선 뒤를 향하기 때문에 반격당하기 쉽다는 단점이 있습니다. 하지만 이 특성을 역으로 이용하여 상대의 공격을 유도하거나, 검의 회전을 방어에 활용해 상대의 공격을 받아넘긴 다음 즉시 공세로 전환하는 전법을 사용할 수도 있습니다.

다른 무기처럼 빠르게 반응하지 못하는 양손검 검술에서는 이 기법을 기본적인 공격법으로 삼아 연속공격과 방어에 적용하고 있습니다.

「앞날」・「뒷날」에 따른 분류

검 또는 무기의 앞과 뒤 어느 쪽으로 공격하느냐에 따른 분류법입니다. 이탈리아식 무술에서는 뒷날 베기를 Falso라 부르는데, 그 예로 Falso Dritto(오른쪽 아래에서 왼쪽 위로 뒷날 올려베기) 등이 있습니다. 또한 뒷날을 이용해 수직으로 올려베는 기술을 「산」이라는 의미의 Montante라고 부릅니다.

영국식 롱소드 검술에서는 「되치기(Cötrary, Contrary)」나 「역수베기(Revers)」 등의 기술이 뒷날을 이용한 공격에 해당한다고 할 수 있습니다.

이탈리아・영국식 무술에서는 일반적으로 올려베기에 뒷날을 사용하는 반면, 독일식 무술에서는 올려베기뿐만 아니라 상대를 기습적으로 공격하거나 상대의 방어를 우회하여 공격할 때도 사용합니다.

공격방향에 따른 분류

무기가 움직이는 방향에 따라 공격법을 분류하는 것은 가장 보편적인 방식입니다. 이전 시대일수록 구분이 적었으며 각도를 세세하게 따지지도 않았습니다.

독일식 무술에서는 위에서 아래로 내리치는 공격법을 Oberhau, 아래에서 위로 올려치는 공격법을 Unterhau, 수평으로 베는 것을 Mittelhau, 사선으로 내리치는 것을 Zornhaw, 찌르기를 Stich로 분류하고 있습니다.

제1부 개설

　15세기 초 이탈리아의 검사 피오레는 치아에서 무릎으로 내리치는 Fendenti, 무릎에서 치아로 올려치는 Sottani, 수평으로 베는 Mezzani, 찌르는 Punte로 분류하였습니다.
　후대의 이탈리아식 무술에서는 매우 세세한 분류법을 사용합니다. 무술을 과학적으로 분석하는 과정에서 다양한 기법과 상황을 정확하게 분류할 필요가 있었기 때문입니다. 우선 전체적인 방향에 따른 분류입니다. 오른쪽에서 왼쪽으로 지나는 공격을 Mandritto, 왼쪽에서 오른쪽으로 지나는 공격을 Riverso라고 부릅니다. 여기에 공격각도에 따른 분류를 추가합니다. 수직으로 내리치는 것을 Fendente, 사선으로 내리치는 것을 Squalembrato, 수평으로 베는 것을 Tondo, 앞날을 이용해 사선으로 올려치는 것을 Ridoppio라고 부릅니다. 종합하여 예를 들자면「오른쪽에서 왼쪽을 향해 수직으로 내리치는 공격」은 Mandritto fendente, 「왼쪽에서 오른쪽을 향해 사선으로 올려치는 공격」은 Riverso ridoppio라고 부르는 것입니다. 또한 특수한 예로서, 뒷날을 이용해 오른쪽 아래에서 왼쪽 위로 올려치는 것을 Falso dritto, 뒷날을 이용해 왼쪽 아래에서 오른쪽 위로 올려치는 것을 Falso manco, 왼쪽에서 오른쪽으로 벤 다음 그것이 명중하면 무기를 더욱 밀어 넣어 공격하는 것을 Riverso spinto라고 부릅니다. 그 밖에 앞에서 소개한 Montante 등도 있습니다.
　찌르기도 세세하게 분류합니다. 뒷날이 위쪽이나 오른쪽을 향하도록 올려찌르는 것은 Stoccata, 손을 머리 위로 든 상태에서 내려찌르는 것은 Imbroccata, 앞날이 왼쪽을 향한 상태에서 수평으로(왼쪽에서 오른쪽) 찌르는 것은 Punta riversa, 앞날이 오른쪽을 향한 상태에서 수평으로(오른쪽에서 왼쪽) 찌르는 것은 Punta Dritta, 뒷날이 위쪽을 향한 상태에서 올려찌르는 것은 Punta in falso, 손을 회전시켜 칼끝이 나선을 그리도록 찌르는 것은 Punta Trivellata라고 부릅니다.
　영국식 롱소드 검술에서도 다채로운 명칭을 사용하고 있습니다. 내리치기는 Hawk나 Down ryth stroke(Downright Stroke), 사선으로 내리치기는 Quarter, 수평베기는 Halfe round, 뒷날로 올려치기는 Revers, 사선으로(뒷날로 추정) 올려치기는 Quarter bakewarde(Quarter backward), 수직으로 올려치기는 Contrary hauke(Contrary hawk)라고 부릅니다. 찌르기는 일반적으로 Foin이나 Profer라고 하며, 검을 머리 위로 들고 찌르는 것은 Robecke(Roebuck), 아래에서 위로 올려찌르는 것은 Bor(Boar)나 Stop이라고 합니다.
　근대에 들어서면 공격법의 분류는 단순하게 정리됩니다. 영국·미국식 교련에서 베기는 여섯 가지(19세기 중반 무렵부터는 일곱 가지)로 분류되는데, 오른쪽 위에서 왼쪽 아래로 베는 것은 1번, 왼쪽 위에서 오른쪽 아래로 베는 것은 2번, 오른쪽 아래에서 왼쪽 위로 베는 것은 3번, 왼쪽 아래에서 오른쪽 위로 베는 것은 4번, 오른쪽에서 왼쪽으로 수평하게 베는 것은 5번, 왼쪽에서 오른쪽으로 수평하게 베는 것은 6번, 그리고 위에서 아래로 수직으로 베는 것은 7번입니다.

자세

　유럽 무술은 자세를 「어떤 행동의 기점 또는 종점」으로 정의합니다. 16세기 이탈리아의 검사 만치올리노는 「모든 공격·동작은 두 가지 자세라는 『일시적인 정적』의 중간점이며, 모든 자세는 두 가지 공격의 중간점」이라고 하였습니다. 또한 여기에 덧붙여 「공격이 자세 안에 있을 때는 아직 행동이 아닌 가능성이며, 그것이 이루어질 때 비로소 행동이 되는 것이다.」라는 글도 남겼습니다. 조금 이해하기 어려운 문장이지만 거꾸로 생각하면, 상대의 자세를 보면 앞으로 상대가 취할 가장 가능성 높은 행동을 추측할 수 있고, 그것에 어떻게 대항해야 할지도 대략적으로 가늠할 수 있다는 말입니다.

　이러한 내용을 근거로 독일식 무술에서는 「한 가지 자세에 오래 머무르지 말 것」이라고 가르칩니다. 15세기 되브링어는 리히테나워의 「멈추는 것은 죽고 움직이는 것은 산다 (wer do leit der ist tot / Wer sich ru(e)ret der lebt noch).」라는 격언을 인용하면서 「무엇보다 중요한 것은 특정한 자세에 오래 머물러서는 안 된다는 사실」이라고 제창하였습니다. 그의 말에 따르면 모든 자세는 단순한 출발점에 불과하므로 완벽한 자세를 취하는 것보다 상대에게 선제공격을 하는 것이 더 중요하다고 합니다. 후대의 검사들도 마찬가지로 자세를 취한 다음 가능한 한 빨리 행동하는 것이 바람직하다고 서술하고 있습니다.

　여기서 「카운터 가드」라는 개념이 등장합니다. 요컨대 「A라는 자세에서 A라는 행동이 발생한다」는 성질을 이용하여 「자세 A에서 발생하는 행동 A를 카운터하는 최선의 행동 B가 발생하는 자세 B」를 「A의 카운터 가드」라 부르고 「자세 A」를 취하고 있는 상대에게 대항할 수 있는 가장 안전한 자세로 설정하는 것입니다.

　또한 다른 자세로 잇따라 옮겨감으로써 이쪽의 의도를 숨기고 상대를 혼란스럽게 하는 방법도 흔히 사용되었습니다. 빈번하게 자세를 바꿔 상대가 어떻게 대응해야 좋을지 알 수 없게 만드는 동시에 이쪽의 허점을 감추고 상대의 허점을 유도하는 것입니다.

　사실 중세 시대의 자세란 결코 특수한 것이 아니라 인간이 싸울 때 본능적으로 취하는 몸짓이었습니다. 그것은 「모든 인간은, 설사 그것이 문외한이라 해도 이 책에 쓰여 있는 자세를 취한다.」라고 하는 『I.33』의 문장을 통해서도 명확히 확인할 수 있습니다.

제1부 개설

✤ 자세의 종류

자세는 크게 「높은」 자세와 「낮은」 자세로 나눌 수 있습니다. 원칙적으로 자세의 높낮이는 손잡이의 위치가 허리(또는 가슴)보다 위인가 아래인가에 따라 구분합니다.

독일식 검술의 기본자세는 「천장」 자세, 「황소」 자세, 「쟁기」 자세, 「바보」 자세의 4종류입니다. 「천장」 자세는 검을 머리 위 또는 오른쪽 어깨 위로 들어올린 자세, 「황소」 자세는 손잡이를 얼굴 높이에서 쥐고 칼끝으로 상대의 얼굴을 겨냥하는 자세, 「쟁기」 자세는 손잡이를 허리 옆에서 쥐고 칼끝으로 상대의 얼굴을 겨냥하는 자세, 「바보」 자세는 칼끝을 아래로 내린 자세입니다(이 중 「황소」 자세는 상단 타깃 지역, 「쟁기」 자세는 하단 타깃 지역의 별칭으로 사용되기도 합니다). 비록 이름이 달라지기는 하지만 이들 네 가지 기본자세는 다른 무기술에서도 같은 원리와 용법을 가진 자세로서 나타나고 있습니다.

세계에서 가장 오래된 페히트부흐 『I.33』에는 기본 7종류(일주일의 일수에 대응한 것으로 보입니다)와 그 밖의 몇 가지 자세가 기록되어 있는데, 그 대부분은 시대를 초월하여 유럽 각지의 회화 자료에 등장합니다.

이탈리아식 무술에는 많은 자세가 있으며 이름도 다양합니다. 13세기 말~14세기 초의 검사 피오레의 자세를 살펴보면 이름만 다를 뿐 독일식 무술과 같거나 비슷한 자세가 존재한다는 것을 확인할 수 있습니다. 하지만 「낮은」 자세를 중심으로 하는 스탠스, 그리고 자세의 명칭 등에서 르네상스 시대의 이탈리아 무술과 공통된 요소 또한 많이 찾아볼 수 있습니다.

르네상스 시대 들어서는 볼로냐 시에서 발원한 볼로냐파가 가장 많은 기록을 남겼습니다. 이 유파의 자세가 무척 다양한 이유는 자세(와 행동)를 과학적·계통적으로 세분화하였기 때문입니다.

볼로냐파는 한손검과 버클러 검술이 기본으로, 20개가 넘는 자세를 구분하여 사용합니다. 그중에서도 다음에 소개하는 5종류가 가장 많이 사용되었습니다. 우선 「높은」 자세가 두 가지로, 검을 오른쪽 어깨 앞에 내밀고 칼끝으로 왼쪽 앞을 겨냥하는 「머리」 자세(Guardia di Testa)와 손을 시계방향으로 120도 정도 비틀어 손잡이가 왼쪽 어깨 앞에 오고 칼끝이 오른쪽 대각선 앞에 오는 「얼굴」 자세(Guardia di Faccia)입니다. 그리고 「낮은」 자세가 세 가지로, 손을 허리 높이에서 오른쪽 무릎 위치에 두고 칼끝으로 상대의 얼굴을 겨냥하는 「좁은 강철문」 자세(Porta di Ferro Stretta), 손을 오른쪽 무릎 왼쪽에 두는 「멧돼지 강철문」 자세(Cinghiara Porta di Ferro), 손을 오른쪽 무릎 오른쪽에 두는 「좁고 긴 꼬리」 자세(Coda Lunga e Stretta)입니다.

더욱 시간이 흘러 레이피어의 시대가 되면 자세를 번호로 부르기 시작합니다. 칼끝으로 상대를 겨냥한 채 앞날이 위쪽에 가도록 잡는 자세를 「첫 번째」 자세로 삼고, 거기에서 「네 번째」 자세까지 손을 시계방향으로 90도씩 회전시키는 것입니다.

중세 영국식 롱소드 검술에서 확실하게 자세라고 단정할 수 있는 것은 「용의 꼬리(Dragonys Tayle)」 자세 하나뿐입니다. 이것은 피오레의 「꼬리」 자세와 마찬가지로 칼끝이 꼬리처럼 뒤쪽을 향한 자세라고 추정됩니다. 영국식 무술에서는 자세의 이름을 그 자세에서 이루어지는 공격과 동일한 이름으로 불렀습니다(전술한 「자세=행동」의 도식입니다). 그것을 통해 추측하자면 「매(Hauke)」 자세는 독일식 무술의 「천장」 자세, 「수사슴(Robecke)」 자세는 「황소」 자세, 「쐐기(Stoppis)」 자세는 「쟁기」 자세, 「멧돼지(Bor)」 자세는 「바보」 자세 또는 피오레의 「멧돼지」 자세에 해당하는 것으로 보입니다. 그 밖에 위에서 언급한 「용의 꼬리」 자세와 검을 머리 위로 올리고 칼끝을 아래로 내리는 「펜던트(Pëdent)」 자세라는 방어 주체의 자세가 있습니다.

르네상스 시대 영국의 검술, 특히 백소드 등 군용 검술에서는 「매달기」 자세라고 불리는 유형을 가장 중시하게 됩니다. 이것은 중세의 「펜던트」 자세와 같은 방어 주체의 자세입니다. 17세기의 검사 실버의 「가던트」 자세는 이 자세의 아종으로, 칼끝이 앞쪽이 아니라 뒤쪽(자신의 왼쪽 무릎)을 향한다는 차이가 있습니다.

스코틀랜드의 하일랜더 전사들은 17세기 들어서도 14세기에 쓰여진 『I.33』의 것과 다름없는 자세를 사용했다는 증거가 당시의 회화 자료에 남아 있습니다. 본래 그들의 무기는 모양만 진화하였을 뿐 설계원리는 중세의 한손검과 같으므로 중세식 자세에서 가장 효율적으로 검을 다룰 수 있었을 것입니다. 하지만 18세기 무렵에 이르면 하일랜드 브로드소드 검술도 「매달기」 자세를 기본자세로 채택하게 됩니다.

바인드

  유럽 무술의 근간을 이루는 개념 중 하나로 바인드가 있습니다. 바인드란 간단히 말해 검과 검이 접촉한 상태로, 독일식 무술에서는 Binden, 영국식 무술에서는 Bynde · Brokyn · Cross · Half sword, 이탈리아식 무술에서는 Incrosada라고 부르며, 검과 검이 교차해 있는 상태, 검과 검이 끈으로 묶인 것처럼 고정되어 있는 모양, 검과 검이 가운데 부분에서 엇갈려 있는 모습을 나타냅니다.

  독일식 무술과 『I.33』의 대부분을 바인드 상태에서 사용하는 기술이 차지하고 있는 것을 보면 바인드에 대한 높은 관심도를 짐작할 수 있습니다. 독일식 무술과 『I.33』는 시대와 유파가 전혀 다르므로, 아마도 중세의 독일 지방이 전통적으로 바인드를 중시하는 지역이었을 것입니다.

  독일 지방의 무술은 왜 이렇게나 바인드를 중시하였던 것일까요. 그것은 바인드를 통해 상대 무기의 움직임을 제한하거나 컨트롤할 수 있기 때문입니다. 바인드 상태에서는 분명 자기 무기의 자유도가 떨어지지만 그것은 상대도 마찬가지입니다. 즉 상대에게 행동의 자유를 허용하기보다는 스스로의 자유도를 어느 정도 희생하더라도 적극적으로 상대의 선택지를 없애버리자는 사고방식인 것입니다. 또한 되브링어는 바인드 상태일 때는 자신의 칼끝을 상대의 얼굴에서 2분의 1엘름(약 30~40cm) 이상 떨어뜨려서는 안 된다고 하였습니다. 이는 칼끝으로 상대를 견제하여 상황을 우위로 끌어가기 위한 계책이라고 추측됩니다.

  반면 다른 유파의 무술에는 바인드가 그다지 등장하지 않습니다. 하지만 그렇다고 바인드를 경시한 것은 아니었던 모양으로, 중세 이탈리아식 무술의 검사 바디가 「검술이란 곧 바인드에 있다. 베기와 찌르기를 마땅한 곳에 사용하여, 그대를 해치는 자에게 맞서는 것이다.」라고

불로뉴 도서관 소장. 프랑스 13세기 말.

언급한 것만 보아도 그것을 잘 알 수 있습니다.

⚜ 접근전과 원거리전

모든 유럽 무술은 싸움에 「원거리전」과 「접근전」이라는 두 가지 단계 · 요소가 있다고 정의합니다. 이탈리아식 볼로냐파에서는 이 두 가지를 전혀 다른 기술로 간주하였습니다. 그 사실은 원거리전을 가르치는 데 7리라, 근거리전을 가르치는 데 7리라를 각각 따로 청구했다는 마로쬬의 말을 통해 알 수 있습니다.

근거리전은 바인드의 개념과 밀접한 관련이 있어, 독일식 무술에서는 「근거리전」이라는 단어와 바인드를 통한 공방을 거의 같은 의미로 사용할 정도였습니다.

「원거리전」은 독일식 무술에서는 Zufechten, 이탈리아식 볼로냐파에서는 Zogho Largo라고 부릅니다. 비교적 먼 거리에서 이루어지는 공방으로, 상대의 간격 안으로 들어간다고 하여 「들어가기(Enter)」라 지칭하기도 합니다. 이 거리에서의 공방은 커다란 자세와 행동으로 이루어지며 공격에 걸리는 시간도 비교적 길기 때문에, 페인트 등을 구사하여 상대의 방어를 무너뜨리는 것이 매우 중요합니다.

「근거리전」은 독일식 무술에서는 Krieg, 이탈리아식 볼로냐파에서는 Zogho Stretto라고 부릅니다. 이미 상대의 간격 안에 들어가 있는 상태로, 대부분의 경우 바인딩을 하고 있습니다. 이 거리에서는 「원거리전」 때와 같이 움직이면 허점투성이가 되므로 가능한 한 지양하고, 작고 절도 있는 동작으로 공격하거나 독일식 무술처럼 적극적으로 바인딩하여 상대의 움직임을 제한하면서 공격합니다.

⚜ 바인드의 기법

바인드 상태에서의 기법은 지렛대의 원리와 기하학의 원리의 조합으로 성립합니다.

「강함」과 「부드러움」

「강함(Hart)」과 「부드러움(Weich)」은 독일식 무술에 등장하는 개념으로, 바인드 상태에서 상대가 어느 정도 힘으로 밀어붙이는가를 나타냅니다. 이를 활용한 기법 가운데 하나로 「감지(Fühlen)」가 있습니다. 바인딩을 할 때 상대의 검에서 전해지는 힘을 통해 상대의 다음 행동을 예측하는 기술로 「슈프레히펜스터(Sprechfenster, 대화의 창 : 전작 p122)」 기법은 이것을 응용한 것입니다.

「강함」은 상대가 강하게 밀어붙이거나 이쪽의 압력에 완강히 저항하는 상태입니다. 이때 상대는 어떻게든 현재 상태를 유지하려 하거나 아니면 이쪽의 방어를 깨뜨리려 할 것입니다. 이러한 상황에서 상대의 검을 억지로 밀어내기란 매우 어려우므로, 「부드러운」 기술을 사용하여 상대의 압력을 받아넘기고 우회해서 공격해야 합니다.

「부드러움」은 상대가 이쪽의 압력에 저항할 수 없을 만큼 약하거나, 검을 거둬들여 일단 바인딩을 풀고 다른 부위를 공격하려 하거나, 아니면 이쪽의 압력을 가볍게 받아넘기려 하는 상태입니다. 이러한 상황에서 아까처럼 이쪽도 검을 빼는 것은 상대에게 행동의 자유를 허용하므로 좋은 방법이 아니며, 반대로 「강한」 기술을 사용하여 상대가 바인드 상태에서 벗어나는 것을 막고 방어태세를 무너뜨려야 합니다.

지렛대의 원리

지렛대의 원리는 유럽 무술에 있어 매우 중요한 원리로, 정도의 차이만 있을 뿐 거의 모든 유파에 영향을 주고 있습니다.

우선 첫 번째는 검의 「강한」 부분과 「약한」 부분을 이용하여 상대보다 우위에 서는 기법입니다. 손잡이에 가까워 비교적 큰 힘을 발휘할 수 있는 「강한」 부분을 상대의 「약한」 부분에 접촉시킴으로써, 보다 쉽고 확실하게 상대의 검을 밀어내고 방어를 돌파할 수 있게 됩니다.

두 번째로 하프 소드 기법이 있습니다. 이것은 왼손으로 검신을 붙잡아 보다 커다란 힘을 발생시키는 기법입니다.

마지막으로 엄밀하게 말해 지렛대의 원리는 아니지만 신체역학적으로 유리한 상황이 되도록 유도하는 바인드가 있습니다.

『I.33』에 따르면 바인드는 자신의 검이 상대의 검 위에 있을 때와 아래에 있을 때의 2종류로 나누어진다고 합니다. 자신의 검이 위에 있으면 상대를 보다 세게 압박할 수 있고 바인딩에서 공격으로 이행하기도 훨씬 자유롭기 때문에『I.33』는 상대의 검을 위에서 바인딩하는 것이 유리하다고 설명합니다. 이처럼『I.33』가 세로방향의 힘관계를 다루는 반면 이탈리아식 레이피어 검술에서는 가로방향의 힘관계를 다루고 있습니다. 17세기의 카포 페로는 「검은 칼끝이 향하고 있는 쪽이 강하다.」라고 서술하였습니다. 가령 칼끝이 오른쪽을 향하고 있다면 검의 오른쪽 부분이 더 큰 힘을 견딜 수 있다는 뜻입니다. 우리의 감각으로는 이해하기 어려운 말이지만, 예를 들어 손목을 새끼손가락 쪽으로 구부리는 것과 엄지손가락 쪽으로 구부리는 것을 비교할 때 엄지손가락 쪽으로 구부리는 편이 더욱 큰 힘을 낼 수 있다는 사실에서 기인한다고 할 수 있습니다.

지렛대의 원리를 조합한 이 세 가지 기술이야말로 「검을 찾다」라는 이름을 가진 레이피어 검술의 기법입니다. 이 기법은 Trovare la Spada, Stringere, Occupare, Guardagnare 등으로 불리는데, 설명하기 무척 까다롭지만 간단히 말해 「상대의 검에 접촉하지 않거나 가볍게 닿은 상태에서 자신의 검을 바인드에 유리한 위치로 가져가는 것」이라고 할 수 있습니다. 상대의 검을 밀어내고 이쪽의 공격선을 통과시켜, 다음 순간에 공격을 명중시키거나 상대를 수세에 몰아넣는 것이 주된 목적입니다.

⚜ 빈덴

상대의 무기를 제압하며 방어를 우회하는 기술로, 독일식 무술에서 바인드는 기본적으로 「빈덴(Winden, 감아치기)」의 기술이라 인식되고 있습니다.

좁은 의미의 「빈덴」은 무기와 무기의 접촉점을 옮기지 않고 그대로 검을 감아 칼끝(공격선)으로 상대를 겨냥하여 공격하는 기법이며, 상대 무기의 좌우 어느 쪽에서 4개의 타깃 지역 중 어떤 방향으로 공격하는가에 따라 8종류로 분류됩니다.

그 밖의 「빈덴」 기법에는 검을 상대의 무기 위로 감아 반대편으로 가져가는 「뮤티에렌(Mutieren, 감아넘기기 : 전작 p77)」, 무기의 위치관계는 바꾸지 않고 상대의 무기 안쪽으로 파고드는 「듀플리에렌(Duplieren, 감아들어가기 : 전작 p76)」 등이 있습니다. 이 중 「뮤티에렌」은 『I.33』에도 같은 이름으로 등장하는 것을 보면 리히테나워가 태어나기 전부터 존재하던 기술이라는 사실을 알 수 있습니다.

하지만 모든 검사들이 「빈덴」을 수용하였던 것은 아닙니다. 되브링어는 많은 「스포츠 검사(Leichmeystern)」들에게 유효하지 않은 기술이라고 말하며, 「빈덴」을 「짧은 검(아마도 결함이 있는 기술이라는 의미로 추측됩니다)」이라고 불렀습니다.

⚜ 정(正)의 교차

정의 교차(True Cross)는 17세기 실버의 검술에서 찾아볼 수 있는 개념으로, 바인드 상태에서 두 검이 교차하는 각도를 최대한 직각에 가깝도록 만드는 것을 가리킵니다. 실버는 왜 이렇게 주장한 것일까요. 그것은 검이 교차하는 각도가 직각이 되면, 「뮤티에렌」이나 일단 바인딩을 풀고 상대의 검 아래를 통과해 반대편으로 옮겨가는 기술을 사용할 때 검을 이동시켜야 하는 거리가 너무 길어 그것이 실질적으로 불가능해지기 때문입니다.

상대를 공격하기보다도 상대가 공격할 수 없도록 만드는 것을 중시한 이 사고방식은 자기 안전의 확보를 무엇보다 중시하는 영국식 무술의 이념이 잘 드러난 것이라 할 수 있습니다. 또한 18세기의 검사 윌리엄 호프도 이것과 거의 같은 개념을 제창하였습니다. 호프는 자신의 검술이론은 스코틀랜드 브로드소드 검술을 기반으로 고안한 것이라 서술하고 있으므로, 스코틀랜드 무술에도 비슷한 개념이 존재했는지도 모릅니다.

템포

　템포(전작에서는 「시간」)란 이탈리아 · 영국(르네상스)식 무술의 근간을 이루는 개념 중 하나입니다. 르네상스 이전의 유파에는 시간에 대한 사고방식 자체만 존재하였을 뿐 독립된 개념으로 인식되지는 않았던 것으로 보입니다.

　템포란 이탈리아어로 시간을 의미하며, 무술에서는 「어떤 행동을 하는 데 필요한 시간」의 단위를 가리킵니다. 영국식 무술에서는 시간을 행동의 길이에 대입하여 「손의 시간(팔을 움직이는 템포)」, 「몸의 시간(몸을 비트는 등의 행동을 하는 템포)」, 「발의 시간(한 걸음 내딛는 템포)」, 「걸음의 시간(여러 걸음 내딛는 템포)」으로 분류하고, 그것을 조합하여 가장 효율적인 행동패턴 등을 설명합니다(전작 p21~22 참조).

　이탈리아식 무술에서는 템포를 조금 더 넓은 의미로 사용하고 있습니다. 우선 「공격할 기회」라는 의미로, 16세기 후반의 검사 조반니 달라고키에는 이 공격 기회를 「상대의 공격을 막은 뒤」, 「상대가 공격을 빗맞혔을 때」, 「상대가 공격하기 위해 손을 들어올렸을 때」, 「상대가 의미 없이 자세를 바꾸는 도중」, 「상대가 앞발을 들었을 때 또는 상대가 뒷발을 내디디려 할 때」의 다섯 가지 경우라고 하였습니다.

　다음으로 「연속해서」라는 의미로도 사용합니다. 예를 들어 「행동 A 뒤에 같은 템포로 행동 B를 한다」는 것은 「2개의 공격을 연속해서 행한다」는 의미가 있습니다.

달인의 조건

「우수한 전사」란 과연 어떤 사람일까요.

바이킹 전사에 대해서는 아이슬란드의 Brennu-Njáls saga 제19장에 자세히 적혀 있습니다.

> 그는 체격과 힘이 뛰어난 비길 데 없는 전사였다. 그는 양손을 가리지 않고 똑같이 검을 휘두르고 창을 던질 수 있었으며, 그의 공격은 너무나 재빨라 마치 세 자루의 검이 동시에 공중에서 춤을 추는 듯했다. 그의 활 솜씨는 누구도 따라올 자가 없었고 겨냥하기만 하면 확실하게 명중하였다. 그의 발이 한 번 땅을 박차면 갑옷을 두른 채 자기 키보다도 높이 공중을 날고 앞이든 뒤든 같은 거리를 도약할 수 있었다.

이것을 보면 당시 전사에게는 체격과 근력을 비롯한 파워계 능력뿐만 아니라 검을 휘두르는 민첩함과 빠르게 이동하는 점프력 등 이른바 스피드계 능력도 중요했다는 사실을 알 수 있습니다.

독일식과 이탈리아식 무술이 융성하던 중세 시대 후기 1456년에 프랑스의 설화 작가 앙투안 드 라 살이 서술한 『시동 장 드 생트레(Le Petit Jehan de Saintré)』의 주인공은 「유연하고 날쌘 몸을 가졌으며 가볍지만 강건하고 힘이 세다. 또한 갑옷을 입은 상태에서도 기민하게 움직이는 전광석화 같은 반사신경을 지닌 기사로, 다양한 무기를 자유자재로 다루고 말을 탄 채 상대의 공격을 날쌔게 피하거나 받아넘길 수 있었다.」라고 묘사되어 있습니다. 이 문장에 따르면 당시 이상적인 기사에게 요구되는 능력은 근력, 스피드, 반사신경, 그리고 기술이었던 것으로 보입니다.

⚜ 전사의 이미지

그렇다면 당시의 실제 검사들은 어떤 의견이었을까요.

15세기 초반의 피오레는 동물들에게 둘러싸인 우의상(寓意像)을 소개하고 있습니다. 머리 위에는 「시력이 대단히 뛰어나 모든 것을 마땅히 있어야 할 장소에 두고 간격을 재는」 컴퍼스를 가진 살쾡이, 오른쪽 옆구리에는 「용기」를 상징하는 심장을 가진 사자, 왼쪽에는 「번개조차 붙잡지 못하는 준족(駿足)과 기민함」을 상징하는 화살을 가진 호랑이,

발치에는 「등에 성채를 실어 나르며, 결코 무릎을 꿇지 않고 발을 헛디디는 일이 없는」 요새를 짊어진 코끼리가 있는데, 이들 네 마리 짐승이 검사에게 필요한 능력을 나타낸다는 것입니다. 또한 네 가지 동물에는 각각 「신중(살쾡이)」, 「용기(사자)」, 「스피드(호랑이)」, 「힘(코끼리)」이라는 주제가 붙어 있습니다.

그의 영향을 받은 바디는 더욱 자세하게 설명합니다. 머리 위에는 「시간과 위치를 측량하는」 육분의, 오른쪽 어깨에는 「재빨리 몸을 돌려 덤벼드는」 곰, 오른손에는 「신중하고 용감하며 무시무시한」 뱀, 왼쪽 어깨에는 「언제나 감시를 게을리하지 않고 즉시 일격을 가해 적의 공격을 차단하는」 숫양, 왼손에는 「하프 소드일 때 무서운 속도로 달려드는」 사냥개, 심장 위에는 「항상 신중하며 용기와 자신감 넘치는」 눈, 무릎에는 「방어를 막고 열기도 하는」 열쇠, 오른발에는 「하늘을 누비고 다시 원래 장소로 돌아오는」 태양, 왼발에는 「어떠한 일에도 동요하지 않고 솟아오르는」 탑, 발치에는 「회전함으로써 기세와 힘을 만들어내는 운명의 수레바퀴」인 수레바퀴가 각각 그려져 있습니다.

흥미로운 것은 「왼쪽은 방어, 오른쪽은 공격」이라는 중세의 구분이 여기서도 등장한다는 사실입니다. 어깨와 발을 상징하는 동물과 그 해설을 보면, 바디는 기본적으로 좌반신을 앞에 내민 자세로 싸움에 임하며, 상대의 공격을 방어한 다음 오른발을 한 걸음 내디디면서 공격하는 전법을 염두에 두고 있다는 것을 알 수 있습니다. 따라서 왼쪽 어깨는 숫양처럼 상대가 어떻게 나오는지 지켜보다가 상대의 공격을 깨트리고, 오른쪽 어깨는 곰처럼 전광석화로 뛰어나가 공격하는 것입니다. 마찬가지로 발의 설명에서도 왼발을 받침점 삼아 오른발을 앞으로 내민다(그리고 왼발을 내디며 처음 상태로 돌아간다)는 보법이 잘 표현되어 있습니다.

독일식 무술에서는 15세기 후반의 파울루스 칼이 매의 머리·사자의 심장·사슴의 다리를 가진 인간의 그림을 남겼습니다. 매는 상대의 기만을 꿰뚫어보는 날카로운 눈을, 사자는 상대에게 돌진하는 용기를, 사슴은 앞뒤로 재빨리 도약하는 스피드와 날렵함을 상징합니다.

위의 내용을 종합하면 사가나 연대기 등에 묘사되는 전사상과 실제 검사들이 생각하는 이상적인 전사상은 대체로 일치하지만, 검사들의 견해가 한층 상세하고 명확하다는 것을 알 수 있습니다. 그들의 견해에서 공통된 점은 「용감할 것」, 「상대를 주의 깊게 지켜보고 반응을 간파할 것」, 「재빨리 움직일 것」입니다. 이탈리아식 무술의 두 검사는 머리 위에 측량도구를 배치하였는데, 이는 상대와의 거리 및 시간을 측정하는 무술의 근본원리를 상징한다고 할 수 있습니다.

그리고 많은 검사들은 「바른 마음」을 갖는 것이 중요하다고 생각했습니다. 무술이 실용적인 기술이던 당시에는 무술의 악용을 막는 것이 매우 중요했기 때문입니다. 실버는 이러한 「바른 마음」에 대해 언급하면서 「왜냐하면 승자의 영광이란 패자의 미덕으로부터 생기는 것이기 때문」이라며 「바르게 지는 것」의 중요성도 아울러 설명하였습니다.

투르 프랑세(Tour Français)

「프랑스식 회전베기」라고 번역되는 기술로, 프랑스의 영웅담 『기욤의 노래(Chanson de Guillaume)』에 등장한다고 합니다(기술 자체는 확인할 수 없었기 때문에 본편에 넣지 않았습니다). 『기욤의 노래』는 1140년경(제2차 십자군 무렵)에 성립하였으므로(전반부는 그보다 이른 11세기에 성립) 이 기술은 현존하는 것 중 가장 오래된 중세 유럽 무술의 기술이라고 할 수 있습니다.

투르 프랑세는 상대의 공격을 방패로 쳐내는 동시에 우회하듯 접근하여 상대의 목덜미를 베는 기술입니다. 방패 밖으로 우회하여 접근하기 때문에 방어하기가 매우 어렵고, 그림과 같이 당시의 투구로는 커버되지 않는 부위를 공격하기 때문에 효과가 높습니다. 그림의 상황으로 보아 뒷날을 목에 걸어 베는 것으로 추측됩니다.

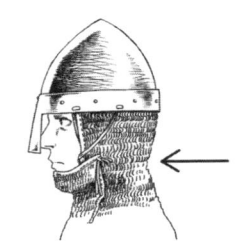

12세기 전후의 투구. 9세기에서 12세기 후반에 걸쳐 사용된 코받이 투구(Nasal helmet)라고 불리는 타입이며, 일반적으로 메일의 두건 위어 씁니다. 하지만 회화 자료에서는 두건 없이 쓰고 있는 모습도 많이 볼 수 있는데, 그 경우 이 기술에 당하면 일격에 치명상을 입게 됩니다.

1 : 제자가 스승을 공격하려 하고 있습니다.

2 : 제자의 돈격을 방패로 쳐내면서 (아마도 오른쪽 대각선 앞으로) 발을 내딛습니다.

3 : 제자의 방패를 감싸듯 손을 뻗어 뒷날로 제자의 후두부를 벱니다.

봉건제 · 국제의식과 무술

유파란 어떤 전투철학(극의)을 토대로, 그 철학을 어떻게 실현하는가 하는 전략 · 기법의 집대성이라고 할 수 있습니다. 예를 들어 독일식 무술에서는 「주도권의 획득과 유지」를 근본철학으로 모든 기법 · 전법이 편성되어 있고, 르네상스 시대 영국식 무술에서는 「철저한 안전책을 사용하여 절대로 지지 않게 만든다」는 생각이 모든 기술의 근저에 깔려 있습니다.

하지만 각각의 유파는 원리와 기술의 용법 · 빈도에 차이가 있을 뿐, 그 뿌리는 같다고 할 수 있습니다. 그러한 사실은 당시 사용되던 무기만 보아도 알 수 있습니다. 가령 유럽의 검과 일본의 도는 모양이 크게 다른데, 이는 무기 사용의 전제가 되는 기법과 상정되는 용법이 전혀 다르기 때문입니다. 반면 유럽의 창과 일본의 창은 모양이 상당히 비슷한데, 이는 용법과 기법이 비슷하므로 그것을 실현하는 도구인 무기도 비슷한 모양이 되었기 때문입니다. 또한 일본 검술의 유파는 세세하게 살펴보면 하늘과 땅만큼 차이가 나는 것처럼 보이지만, 기본적인 기술은 동일하다고 해도 좋을 정도로 유사합니다. 왜냐하면 일본의 각 유파는 일본이라는 동일한 문화 안에서, 도(刀)라는 동일한 형태의 무기를 사용하며 함께 발전해온 기술체계이기 때문입니다.

⚜ 유럽 무술의 유파

그럼 유럽 무술은 어떨까요. 지금까지 살펴본 바를 통해 알 수 있듯이 유럽 무술의 기본개념은 다양한 유파에서 공유되고 있습니다. 그들이 사용하는 무기도 마찬가지로, 자잘한 모양은 다르지만 기본설계에 있어서는 동일합니다. 따라서 유럽 무술 또한 독일식,

이탈리아식 등의 차이는 있을지언정 그 근본은 완벽히 일치한다고 할 수 있을 것입니다.

왜 언어와 역사, 게다가 인종마저 다른 유럽 각지에서 이 같은 기술의 공유가 이루어졌을까요. 그것은 봉건제와 관계가 있습니다.

우리는 봉건제라는 말을 들으면 구태의연하고 폐쇄적인 사회라는 인상을 받습니다. 하지만 실제 봉건제 시대는 여러 가지 문화와 전통의 교류가 활발하게 이루어지던 시대였습니다. 당시를 살아가던 인간에게 있어 나라란 영주가 다스리는 크고 작은 봉토이며, 독일이나 이탈리아라고 하는 국민국가 개념은 존재하지 않았습니다. 그런데 이 나라들은 그때그때의 정세와 사정에 따라 신종(臣從)·동맹하는 상대를 빈번하게 바꿨기 때문에, 잉글랜드 왕국처럼 국왕이 외국에서 나고 자라 외국어로 말하거나, 외국에서 생활하며 외국 봉토의 영주로서 다른 국왕을 섬기는 일도 가능한 일이었습니다.

이처럼 민족적·문화적 정체성이 성장하기 어려운 환경에서 국경이란 현대의 우리가 생각하는 것보다 훨씬 낮은 장벽이었을 것입니다. 거기다 당시의 도제제도를 보면 알 수 있듯이 당시에는 한 사람 몫을 하는 직인이 되기 전에 각지를 여행하며 다양한 기술을 배우고 견문을 넓히는 전통이 있었습니다.

그것은 무술이라는 기술의 직인인 검사들도 마찬가지였습니다. 독일식 무술의 창시자 리히테나워는 각지를 여행하며 배운 기술을 취사선택하여 하나의 유파를 창시합니다. 중세 이탈리아의 피오레도 각지에서 가르침을 얻은 다음 독일 슈바벤 지방의 요하네스를 스승으로 모시고 무술을 배웠으며, 그의 제자들 또한 이탈리아인과 독일인 등으로 다채롭게 구성되어 있습니다. 영국 출신이자 후대에 사상 최고의 기사라 불리게 되는 윌리엄 마샬(1147~1219)은 프랑스에 건너가 무술을 배웠습니다. 그리고 현존하는 중세 프랑스의 유일한 페히트부흐 『Le Jeu de la Hache』는 부르군트 왕을 섬기던 밀라노 출신 이탈리아인이 집필한 것이라고 합니다. 또한 독일식 무술의 검사 마르틴 지버는 1491년에 저술한 페히트부흐에서 「헝가리, 보헤미아, 이탈리아, 프랑스, 영국, 독일, 러시아, 프로이센, 그리스, 네덜란드, 프로방스, 슈바벤」의 검사들에게 검술을 배운 사실을 언급하고 있습니다. 이와 같이 당시는 지금보다 훨씬 지역 간의 교류가 왕성하였고, 무술 분야에서도 폭넓은 기술교류가 이루어졌습니다.

그 예로서 『I.33』에 등장하는 버클러의 첫 번째 자세인 「갈 아래」 자세를 소개합니다.

■유럽 각국의「팔 아래」자세

「I.33」 1250년~1320년경.

『메리 왕비의 기도서(British Library, Royal 2 B VII)』 f. 147r : 영국, 런던 1310~1320년.

『작센의 거울(Sachsenschpiegel)』 독일 1295~1363년.

성 요한 대성당의 조각상 : 리옹, 프랑스 15세기 초.

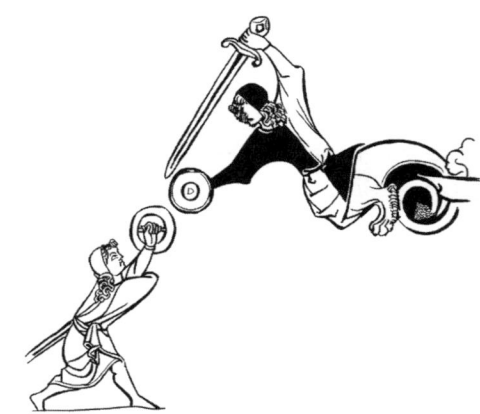

『비달 마요르(Vidal Mayor)』 스페인 1247~1252년.

『랜슬롯 듀 락(De Lancelot du Lac : Biblioteque national de France. Français 123)』 Fol. 137v : 프랑스 1275~1280년.

『랜슬롯 듀 락』 Fol. 55.

『Acc. no. II, 2-25(Piemond Morgan Library)』 fol. 14v : 나폴리, 이탈리아 1370년경.

『베를린 스케치북』 33r : 독일 1512년경.

메다용 : 프랑스, 1240~1260년경.

이 밖에도 16세기 이탈리아식 볼로냐파에서는 동일한 자세를 「팔 아래」 자세(Guardia di Sotto il Braccio)로서 다루고 있으므로, 당시의 무술은 시대나 지역의 차이는 있지만 근본적인 부분에서는 매우 비슷한 기술형태가 존재한다고 말할 수 있는 것입니다.

다른 한 가지 예는 검을 방패 대신 사용하는 기법에서 찾아볼 수 있습니다. 피오레의 피사니 도시 문서에는 대거를 가지고 습격하는 상대에게 대항할 때 칼집을 앞으로 쑥 내밀어 거리를 유지하면서 신속하게 검을 뽑는다고 하는 호신용 기법이 소개되어 있는데, 이 기법은 1330년대 잉글랜드의 기도서에도 완전히 동일한 묘사로 등장합니다.

피오레의 피사니 도시 35r : 이탈리아 1409년.

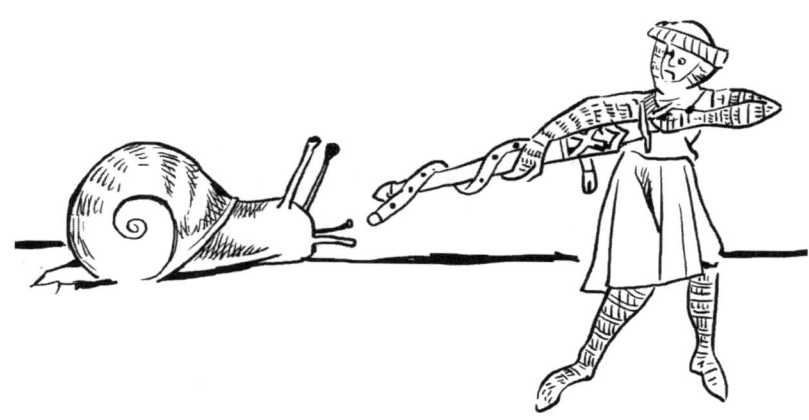

『매클즈필드 기도서』 f.76 : 피츠윌리엄 박물관 소장, 잉글랜드 1330년경.

독일식 무술

독일식 무술은 독일 남부 출신인 요하네스 리히테나워가 14세기 중반에 창시한 무술로, 현재 가장 상세한 연구가 이루어진 유파입니다.

독일식 무술의 기본이념은 「주도권의 획득과 유지」에 있으며, 상대의 의도를 분쇄하여 수세에 몰아넣고 제압하는 무술입니다. 되브링어는 이것에 대해,

> 일말의 허점도 없이 완성된 올바른 기술과 전략을 가지고 계획을 짠 다음, 그것을 마음에 품고 상대에게 공격해 들어가 「모든 것이 계획대로다!」라고 외칠 수 있을 만한 싸움을 한다면 신의 도움을 받아 반드시 승리할 것이다.

라고 서술하였습니다. 독일식 무술에서는 이 「주도권」을 「선(Vor)」이라 부르며, 주도권을 쥔 상태에서의 전투를 「선제공격(Vorschlag)」이라 부릅니다. 반대로 주도권을 빼앗긴 상태는 「후(Nach)」라고 합니다.

또한 롱소드 검술을 모든 기법의 근간에 두고 있는 것도 큰 특징입니다. 독일식 무술은 전투의 형식을 「갑옷을 입지 않은 상태에서의 전투」, 「갑옷을 입고 하는 전투」, 「마상에서의 전투」의 3종류로 분류하는데, 롱소드는 이들 모든 상황에 대응할 수 있는 매우 유연한 무기이기 때문입니다.

그리고 독일식 무술에서만 찾아볼 수 있는 특징으로, 다섯 가지 「비기(Meisterhau)」라고 불리는 기술이 있습니다. 첫 번째 「존하우(Zornhau, 사선베기 : 전작 p69)」 이외의 기술은 독일식 검술의 네 가지 기본자세를 파훼하기 위해 고안되었다고 전해지는 기습용 기술입니다. 자세를 파훼한다는 것은 어떤 자세로부터 비롯되는 공격을 효과적으로 방어하면서 카운터하거나, 그 자세에서는 방어하기 어려운 각도에서 공격하는 것을 가리킵니다.

이탈리아식 무술

14, 15세기의 피오레와 그의 직접적인 영향을 받은 것으로 보이는 필리포 바디의 무술은 현재 기록이 남아 있는 무술 중에서도 유럽 중세 시대의 무술형태를 강하게 보존하고 있는 귀중한 유파라고 할 수 있습니다.

첫 번째 특징으로 「낮은」 자세를 많이 사용하며 먼저 공격하지 않고 상대의 공격을 기다린다는 점이 있습니다. 이것의 목적은 상대가 먼저 움직이게 만들고 그 빈틈을 찌르는 데 있습니다. 필자는 이처럼 「상대의 허점을 노린다」는 이탈리아식 검술의 기본자세가 르네상스 시대 템포의 개념 형성에 커다란 영향을 주었다고 생각합니다. 상대의 허점을 찌르기 위해서는 공격 타이밍을 알아야 할 필요가 있습니다. 그렇기 때문에 이탈리아식 무술에서는 공격 타이밍의 연구가 다른 유파에 비해 크게 발달할 수 있었고, 결과적으로 「템포」라는 개념이 탄생했을 것입니다.

두 번째 특징은 바인드 상태에서의 전략에 있습니다. 독일식 무술에서는 바인드 상태가 되면 상대의 방어를 돌파하기 위해 여러 가지 기법을 사용합니다. 반면 이탈리아식 무술에서는 바인드 상태가 되면 상대에게 덤벼들어 메치거나 상대의 무기를 빼앗는 등 격투를 유도하는 경향이 무척 강합니다. 어쩌면 이탈리아식 무술의 유파는 되브링어가 「빈덴」이 필요하지 않다고 언급한 「스포츠 검사」의 일파인지도 모릅니다.

그 후 16세기에는 이탈리아 북부의 도시 볼로냐를 기원으로 하는 무술이 극도로 융성하게 됩니다. 바로 필리포 다르디(1464년 사망)가 창시한 볼로냐파입니다(다만 현재 확인할 수 있는 볼로냐파 최초의 페히트부흐는 1531년 만치올리노가 출판한 것이라 그를 창시자로 보는 견해를 의문시하는 목소리도 있습니다). 한손검 기법을 중심으로 하는 이 유파는 「오른쪽 공격·왼쪽 방어」라는 그때까지의 원칙을 버리고 오른발을 앞으로 내미는 자세를 주로 사용하였습니다.

또한 르네상스 시대 자연과학 붐(당시의 과학에는 수학, 기하학, 음악도 포함됩니다)의 영향을 받아 무술에 기하학 이론을 도입하려는 움직임이 나타납니다(현존하지 않지만 다르디는 검술과 기하학의 관계성에 대한 논문으로 박사 학위를 취득했다고 합니다). 기하학적 원칙을 사용하는 기법은 중세 무렵부터 있었으나, 16세기에 들어 보다 의식적으로 기하학을 도입하려 하였습니다. 즉 기하학의 이론을 이용하여, 자신의 몸을 지키고 상대의 방어를 무효화할 수 있는 위치관계로 자신과 상대의 몸과 검을 가져간다는 무술

■찌르기에 대한 아그리파의 해설도. 현존하는 것 중 가장 오래된 런지의 도식.

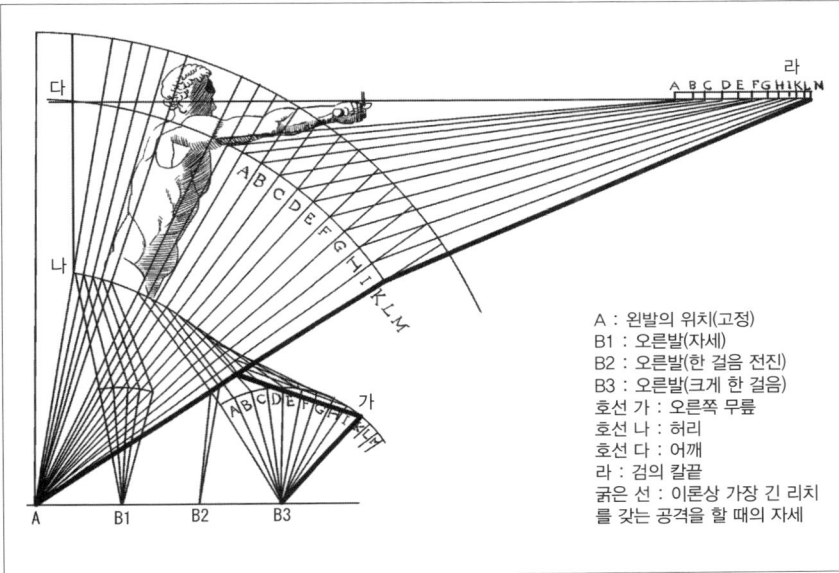

A : 왼발의 위치(고정)
B1 : 오른발(자세)
B2 : 오른발(한 걸음 전진)
B3 : 오른발(크게 한 걸음)
호선 가 : 오른쪽 무릎
호선 나 : 허리
호선 다 : 어깨
라 : 검의 칼끝
굵은 선 : 이론상 가장 긴 리치
를 갖는 공격을 할 때의 자세

의 원칙을 객관적인 법칙으로 표현하고자 한 것입니다.

이러한 기하학의 채용은 헤로니모 산체스 데 카란사가 부흥시킨 스페인식 무술에서 한 층 더 발전하게 됩니다.

싸움의 타입

볼로냐파에서는 싸움을 두 가지 타입으로 분류하고 있습니다.

첫 번째 타입은 연습용 검(Spada da Gioco)을 사용한 싸움으로「시합(Assalto)」이라고 부릅니다. 매우 의례적인 요소가 있으며 모든 기법·자세를 활용합니다.

두 번째 타입은 원칙적으로 진검(Spada da Filo)을 사용하는 것으로「실전(Abbattimento)」이라고 부릅니다. 기본적으로 무엇이든 허용되는 것이 실전이지만, 목숨이 걸려 있는 만큼 검사들은 무척 견실한 자세와 기법을 선호합니다. 특히 자세는 상대의 공격선을 가능한 한 막을 수 있는 것을 사용하며, 존을 머리 위로 들어올리거나 칼끝을 뒤나 옆으로 향하는 자세는 거의 사용하지 않습니다. 그 외에도 찌르기나 오른발을 앞으로 내미는 자세를 적극적으로 사용합니다.

영국 · 르네상스식 무술

　르네상스 시대의 영국식 무술은 「안전제일」에 주안점을 두고 있습니다. 영국식 무술의 원리를 자세히 설명한 실버의 저서를 읽으면, 인간은 실수를 저지를 수 있는 생물이므로 실수를 저질렀을 때의 피해를 최대한 억제하는 방식으로 싸워야 한다는 기본이념이 엿보입니다.

　실버가 활동하던 17세기 초반 영국식 무술은 이미 이탈리아식 무술에 밀려 쇠퇴하기 시작하였습니다. 영국식 무술은 중세로부터 이어진 전통적 무술이었으나, 실버의 증언에 따르면 위험하다는 이유로 찌르기를 금지하고 베기만을 가르치는 등 이미 실전무술로서의 기능을 상실하고 있던 모양입니다.

　실버는 자신의 저서를 통해, 실전무술로서의 기능을 상실하기 전의 본래 전통무술은 「자연스러운 싸움(Natural Fight)」으로서 인간이 본능적으로 취하는 행동을 거스르지 않는 자연스러운 기법을 채용하고 있으나, 이탈리아의 레이퍼 검술은 자연스럽지 않고 인공적이므로 실전에서 상대뿐만 아니라 자기 자신의 본능과도 싸워야 한다고 비판하였습니다.

　이 구절은 간접적으로나마 중세에 유래된 무술의 기본적인 요소를 나타내고 있는 흥미 깊은 증언이라고 할 수 있습니다.

영국식 롱소드 검술

영국식 롱소드 검술은 최근 몇 년 전까지만 해도 해독이 불가능하다고 인식되던 무술입니다. 문장이 명료하지 않을 뿐만 아니라 기법의 해설이 전무하기 때문에, 문헌에 등장하는 온갖 단어의 의미를 상황을 통해 추측하면서 독해할 필요가 있었기 때문입니다(예를 들자면 수학적 지식이 전혀 없는 인간이 교과서나 사전의 도움을 빌리지 않고, 수학자가 아무렇게나 써놓은 메모를 해독하여 그의 이론을 재구축하려고 하는 것과 비슷합니다).

이 무술에 속하는 페히트부흐 중 현재 확인할 수 있는 것은 흔히 레달 문서라고 불리는 Additional Manuscript 39564, 할리 문서 혹은 할레이언(Harleian)이라고 불리는 MS Harley 3542, 코토니언 문서라 불리는 Cottonian MS Titus A. xxv의 겨우 세 가지(모두 대영 도서관 소장)이며 단어 등을 통해 미루어 짐조할 때 모두 15세기 중반 무렵에 집필된 것으로 보입니다.

레달 문서는 런던 또는 그 근교, 나머지는 잉글랜드 북부 요크 시 부근에서 기록된 것으로 추측되고 있습니다. 하지만 런던과 요크라는 전혀 다른 지역의 것임에도 이들 세 문서에 등장하는 기술의 개념과 용어는 완전히 일치한다고 해도 과언이 아닐 정도로 공통적이라는 점을 보면 이 롱소드 검술이 잉글랜드 전역에 널리 퍼져 있던 일대 유파였다는 사실을 알 수 있습니다.

게다가 레달 문서에는 중세 유럽 무술치고는 극히 드물게 스텝에 대한 매우 자세한 설명이 기재되어 있습니다. 영국식 롱소드 검술을 연구한 헤슬롭의 추측에 따르면, 레달 문서는 초심자가 수업내용을 잊어버리지 않도록 적어둔 메모 같은 것으로, 그렇기 때문에 다른 검사가 당연한 것이라 치부하여 생략한 스텝에 대한 기록이 남아 있는 것이라고 합니다. 레달 문서 이외의 문서에서는 개념적 용어가 많이 사용된 것으로 보아 어느 정도의 상급자, 그것도 사범급 인간이 서술한 것인 듯합니다.

또한 할리 문서에는 독일식 무술의 리히테나워 운문에 필적하는 귀중한 시『맨 잇 월(Man yt Wol : 무술이 출중한 검사가 되고자 한다면)』이 포함되어 있습니다. 이 시는 15세기 중반의 집필 시점에서 이미 고어로 취급되던 단어가 사용되고 있으므로(아마도 14세기 전반에 집필), 리히테나워 운문보다도 오래되었을 가능성이 있습니다.

⚜ 영국식 롱소드 검술의 특징

현존하는 영국식 롱소드 검술은 갑옷을 입지 않은 상태에서의 전투에 특화되어 있습니다. 또한 최대의 특징으로, 다른 유파처럼 결투를 메인으로 상정하지 않고 일대다수의 전투법을 많이 해설하고 있다는 점을 들 수 있습니다. 아마도 영국식 롱소드 검술은 중세의 호신술로서, 결투 중심의 다른 유파와는 확연히 구분되는 매우 귀중한 자료라고 할 수 있습니다(다른 유파에도 일단 호신술로 고안된 기술이 포함되어 있으나 분량이 압도적으로 다릅니다).

그렇다면 영국에서는 왜 이러한 유파가 발전했을까요. 잉글랜드에서는 결투의 형태가 달랐다는 이유 외에도, 당시 잉글랜드는 유럽 안에서도 압도적으로 폭력적인 일종의 무법지대였다는 점을 들 수 있을 것입니다. 잉글랜드는 14세기에 이미 강도와 산적, 부패한 영주와 관리로 가득한 나라로 유명했습니다. 1550년대 잉글랜드를 여행한 프랑스인 에티엔 팔란의 말에 따르면, 성직자의 수행원은 일상적으로 검과 스파이크 달린 버클러를 가지고 다녔으며, 일반인은 설사 밭을 갈 때조차 검과 버클러 또는 활과 화살을 손에서 놓는 일이 없었다고 합니다. 중세 당시 유럽 대륙의 도시 지역에서는 검 등 무기의 휴대가 제한되던 것을 생각하면, 당시 잉글랜드는 무기가 풍부한 무장국가였다고 할 수 있습니다.

더구나 잉글랜드는 상당히 후대까지도 징용된 시민이 군대의 중핵을 구성하고 있었는데, 그것도 사태를 악화시키는 원인이었습니다. 즉 역대 군주들은 군대의 질을 높이기 위해 무술훈련을 권장할 필요가 있었고, 때문에 대부분의 국민이 무기를 소유하는 동시에 그 용법까지 숙지하고 있었던 것입니다.

기술적 특징

영국식 롱소드 검술의 기술적인 특징으로는 바인드 상태에서의 기법이 매우 적다는 점을 들 수 있습니다. 다만 그것은 현재 남아 있는 자료가 개인의 연습용 「연무(Flourish)」이기 때문인지도 모릅니다.

또한 다른 유파에 비해 한손베기, 한손찌르기 기술이 압도적으로 많은 것도 특징입니다. 한 손으로 하는 공격은 상대의 허를 찌르기 좋고, 리치가 길어 균형을 무너뜨리지 않고 멀리 있는 상대를 공격할 수 있다는 장점이 있습니다. 반면 공격한 다음 태세를 바로잡는 데 시간이 걸린다는 점, 상대가 공격을 방어한다면 최악의 경우 손에서 검을 놓칠 수 있다는 점 등 중대한 결점도 가지고 있습니다.

게다가 르네상스 시대의 영국식 무술과는 정반대로 무척 공격적인 성격을 띠어 방어를 거의 하지 않습니다. 이러한 점에서 영국식 롱소드 검술은 동시대의 독일식 무술에 가깝다고 할 수 있을 것입니다. 이는 15세기 영국에서 쓰여진 『기둥의 시(Poem of the Pell)』 중 「힘껏 싸워라, 아무도 도망치지 못하도록. 방패와 검을 들고 밀어붙여 공격하라. 그러지 않으면 오직 죽음만이 있을 뿐.」이라는 구절을 통해서도 알 수 있습니다.

　마지막으로 레달 문서에는 「찌르기 · 할퀴기 · 쿼터(A profer, a rake and a quarter)」의 콤비네이션이 대부분의 형(型) 맨 앞에 등장한다는 특징이 있습니다. 먼저 상대에게 찌르기를 하고, 가까이 있는 빈틈(아마도 손목)을 신속하게 베고, 치명적인 일격을 가한다는 이 패턴은 중세 무술의 형태를 분석하기 위해서도 귀중한 자료라고 할 수 있습니다.

롱소드

　이 책에서 롱소드는 「14, 15세기에 유행한, 한 손으로도 사용할 수 있으나 양손으로 사용하는 것을 전제로 한 검」을 가리키지만, 일반적으로는 「긴 한손검」 또는 「기병용 검」을 지칭한다고 합니다.

　사실 기병용 장검이라는 것은 존재하지 않습니다. 유일한 예외인 로마 시대의 400년간을 제외하면 검이란 사용자의 체격과 기호에 맞춰 제작되는 것이었기 때문에, 기병이라는 이유로 길이가 긴 검을 사용하는 일은 없었고 당시 문헌에도 「기병용 검은 길다」는 기록이 존재하지 않습니다.

　롱소드라는 분류 자체는 브로드소드처럼 19세기경에 등장한 것으로 보입니다. 빅토리아 왕조 시대의 학자들이 과거 사용되던 방대한 양의 검을 정리하기 위해 길이와 너비에 따라 분류했던 것이 시작이었을 것입니다. 그러던 중 고대 로마의 기병용 검에서 힌트를 얻어 「긴 검은 기병용 검」이라는 생각에 이른 것으로 추측됩니다.

　더구나 길이가 긴 한손검은 밸런스가 나쁘고 둔중하게 보이기 때문에(실제로는 근력이 필요할 뿐 밸런스 좋게 만들어져 있어 나름대로 기민하게 다룰 수 있습니다), 기병용이라는 생각에 더욱 힘을 실어준 것인지도 모릅니다.

　현재 서양에서 한손용 롱소드는 「한손검(Single-handed sword)」, 「무장 검(Arming sword)」, 「기사 검(Knightly sword)」 등으로 불리고 있습니다. 참고로 검을 분류할 필요가 없던 중세 사람들은 단순히 「검」이라고 불렀습니다.

6 스페인식 무술

　스페인식 무술(La Verdadera Destreza : 「지고의 기술」)은 16세기에 이탈리아식 무술로부터 발전한 것으로, 레이피어 검술에 그 바탕을 두고 있습니다. 실버의 말에 따르면 완성도 높은 무술 이론을 통해 당시 가장 많은 경외를 받던 유파이며, 다른 무술과 비교해 훨씬 효율적으로 습득할 수 있었다고 합니다.

　이 무술의 특징은 철저한 과학적 접근에 있습니다. 스페인식 무술에서는 기하학을 기본으로 무술의 원리원칙을 해석한 다음 우선 그 이론을 학생들에게 가르칩니다. 이런 방식을 채택함으로써, 형의 연습을 반복하는 사이 감각적으로 배후에 있는 원리를 몸에 익히는 종래의 훈련방법보다 효율적으로 무술을 습득할 수 있게 된 것입니다.

　뿌리가 된 이탈리아식 레이피어 검술과 달리 스페인식 무술은 원운동을 스텝의 기본으로 삼고 있습니다. 상대에게 똑바로 돌진하는 것이 아니라 상대의 검을 피해 대각선으로 파고들어 공격하는 것입니다. 또한 전투가 시작될 때 두 사람 사이의 간격이 매우 좁으며(상대의 검이 이쪽 날밑에 닿을 정도), 이탈리아식 무술이 찌르기 중심인 데 비해 베기와 찌르기 모두를 경우에 따라 나누어 사용한다는 점도 큰 특징입니다.

　검은 컵힐트라고 불리는 반구형 날밑이 달린 것을 특히 선호합니다. 일반적으로 스페인식 레이피어는 다른 것들과 비교하여 칼날이 길다는 인식이 있으나 실제 칼날 길이는 차이가 나지 않습니다.

　스페인식 무술은 18세기 당시 유행의 최첨단을 달리던 프랑스식 스몰소드 검술에 밀려 더 이상 전해지지 않게 됩니다. 19세기 들어 다시 한 번 스페인식 무술을 부활시키고자 하는 움직임이 있었지만 확산되지는 않았습니다.

군대무술

　군대무술은 18세기 무렵부터 기록에 등장하는 무술입니다. 그때까지의 무술과 달리 군대무술의 목표는 기술 향상에 있는 것이 아니라 가능한 한 짧은 기간 안에 어느 일정한 레벨까지 도달하는 것에 있었습니다. 따라서 각각의 기술은 철저히 단순화·루틴화되어 있었고 교본도 훈련용 반복연습 위주였습니다(이러한 경향은 시대가 지나며 더욱 강해집니다).

　기술적인 면에서는 중세·르네상스 시대에 일반적이었던 카운터 공격을 그다지 찾아볼 수 없게 된 점, 방어한 다음 리포스트로 즉시 반격하는 방식이 주가 된 점, 상대의 공격을 받아넘기기보다 막아내는 방어법이 중심이 된 점, 바인드 상태에서의 공방이 전혀 없다고 해도 과언이 아닐 만큼 줄어든 점을 들 수 있습니다.

루 머천트 『기병 검술훈련 규범서』 영국 1796년. 정면찌르기·마상훈련.

바리츠

　바리츠란 소설 『The Return of Sherlock Holmes』에서 셜록 홈즈가 「모리어티 교수를 쓰러뜨릴 때 사용했다」고 서술되어 있는 무술입니다.
　「바리츠라는 일본의 격투술」이라고 언급된 이 무술의 정체에 대해 과거 갖가지 설이 난무하였습니다. 하지만 현재는 「바티츠(Bartitu)」의 오기(혹은 일부러 이름을 바꾼 것)로 보는 설이 점차 유력해지고 있습니다.
　바티츠(이후 바리츠)는 사상 첫 종합격투기 중 하나라고 평가받는 무술로, 1890년대 에드워드 윌리엄 바튼 라이트(Edward W. Barton-Wright : 1860~1951)가 창시하였습니다. 본래 호신술에 관심이 많던 그는 1890년대 중반 일본에 기술자로 초빙되어 갔을 때 고베에서 체재하면서 신덴후도류(神伝不動流)를 배웠고 도쿄에서는 코도칸(講道館) 유도를 배웠다고 합니다(그는 일본의 무술을 배운 최초의 서양인 중 한 사람으로 꼽힙니다). 그 후 영국에 귀국하여 일본의 유술, 프랑스의 지팡이술 라 칸, 프랑스식 킥복싱 사바트, 그리고 영국의 복싱과 레슬링 기술을 종합한 호신술을 고안하여 이 무술을 바티츠(Bartitu : Barton + Jujitu)라고 이름 붙이게 됩니다.
　당시는 급격한 공업화로 도시의 슬럼화가 가속되어 갱 집단에 의한 폭행과 강도가 문제시되던 시대였습니다. 바톤 라이트는 범죄로부터 스스로 몸을 지키기 위한 호신술의 수요가 있을 것이라 예상하고 직접 도장을 설립합니다. 하지만 안타깝게도 그의 도장은 경영에 실패하여 4년 뒤 폐쇄되고 그 후 바리츠의 이름은 셜록 홈즈의 소설 속에만 남게 되었습니다.
　원래대로라면 바리츠 기술은 사라질 뻔했으나 운이 좋게도 그는 형(型)의 사진 해설을 포함한 기사를 잡지 『피어슨즈 매거진(Pearson's Magazine)』에 투고하고 있었습니다. 덕분에 바리츠 기술 중 몇 가지를 현대에 재현할 수 있게 된 것입니다(그가 투고하던 잡지에는 홈즈 시리즈의 저자 코난 도일도 기고하고 있었습니다. 바리츠의 창시가 1898년, 도장 폐쇄가 1902년, 도일이 「바리츠」가 등장하는 『The Return of Sherlock Holmes』를 발표한 것이 1903년이므로 도일이 잡지의 기사를 통해 바리츠의 명칭을 고안했다는 가설은 시간적으로 이치에 맞습니다).
　바리츠는 당시 신사들의 필수품이던 지팡이를 사용한 무기술과 일본 유도의 기법을 주체로 한 근접격투술 등 두 가지 기술이 근간을 이루고 있습니다. 그 밖에 코트를 집어 던지는 기법, 봉 또는 철심으로 강화한 지팡이에 대처하는 법, 더 나아가서는 당시 일대 붐이었던 자전거를 사용한 호신법 등이 있습니다.

성직자와 무기(1)

　성직자는「피를 흘리는 일을 금지한다」는 계율 때문에 검의 사용이 허용되지 않았다는 인식이 널리 퍼져 있습니다. 하지만 사실은 다릅니다.「피를 흘리는 일을 금지한다」는 계율은 어디까지나 성직자가 전쟁과 살인 전반에 관계하는 것을 금지하는 것입니다.
　그러한 금령이 분명하게 명시된 최초의 교회법은 451년 칼케돈 공의회 제7카논으로, 전쟁에 관여한 성직자(또는 성직자가 되기 전 전쟁에 관여한 자)는 속죄하고 신의 길에 바로 서지 않는 한 성직으로부터 추방한다고 규정하고 있습니다. 이 법의 목적은 성직자의 폭력을 금지하는 것이라기보다 성직의 의무를 등한하거나 전쟁을 통해 정치적 모략에 휘말리지 않도록 방지하고자 하는 것이었습니다.
　8세기 무렵에는 성직자의 무장과 전쟁 참가 자체를 금지하려는 움직임이 나타납니다. 교회는 성직자를「영혼의 전사」로 정의하고 성직자의 싸움은 사람들의 영혼을 악마, 이교도, 이단 등으로부터 구하는 것이므로 지상의 싸움은「현세의 전사」인 기사에게 맡기는 것이 좋다는 이론이 탄생한 것입니다.
　하지만 현실은 그리 간단하지만은 않았습니다. 침략당하고 있는 상황에서「우리는 영혼의 전사」라는 핑계로 방관할 수도 없는 노릇이고, 교회의 영지가 확대되면서 성직자가 영주나 다름없어짐에 따라 영토의 방위나 군주에 대한 (군사적인) 의무 때문에 어쩔 수 없이 전쟁에 개입하는 경우가 늘어났기 때문입니다.
　그렇다면 성직자들은 실제로 어떠한 무장을 하고 있었을까요.

- 런던 주교 세오드레드(960년 사망)는 유언장을 통해 말 4필, 그가 가진 것 중 가장 좋은 검 2자루, 방패 4개, 창 4자루를 국왕에게 유증하였고, 캔터베리 대주교 앨프릭(1005년 사망)은 그가 가진 것 중 가장 좋은 배 1척, 무구 일식, 투구 60개, 메일 60벌을 국왕에게 유증하였습니다. 이러한 사실에서 미루어 당시 주교들이 상당한 양의 무기를 보유하고 있었다는 사실을 추측할 수 있습니다.

- 유명한 바이외 태피스트리에는 혼란에 빠진 노르만군을 회복시키려 하는 바이외 대주교 오도가 등장합니다. 그는 메일을 입고 곤봉을 들고 있는 것처럼 묘사되어 있지만 이 곤봉은 실제 무기가 아니라 그의 권위를 상징하는 것입니다.

(p63에 계속)

혼란에 빠진 병사들을 격려하는 오도 주교. 바이외 태피스트리 박물관 소장. 영국, 1070년경.

훈련법

훈련은 무술에 필수불가결한 것으로, 훈련법도 기술과 마찬가지로 깊이 연구되었습니다.

⚜ 육체의 훈련법

중세 시대의 무술에 가장 커다란 영향을 준 군사기술서는 4세기경 로마 제국의 군사학자 베게티우스가 저술한 『군사학 논고(De re militari)』입니다. 이 책은 중세에서 현대에 이르기까지 여러 저자들에게 인용되며 당시의 훈련 매뉴얼로서 취급되었습니다. 여기에는 지면에 세워놓은 기둥을 적에 비유한 훈련 외에도 장거리 행군이나 수영, 도약 훈련 등에 대해 서술되어 있습니다.

중세 시대의 자료를 보면 달리기, 트레킹, 승마, 말에 뛰어오르거나 뛰어넘는 훈련, 커다란 돌을 들어올리는 훈련, 포환던지기나 창던지기 등의 존재를 확인할 수 있습니다. 드문 예로 양쪽 손과 발을 뻗어 나란히 서 있는 벽을 타고 오르내리는 훈련이 있습니다.

당시 굴지의 기사로 불리던 부시코(Jehan de Meingre : 1366~1421)의 전기를 보면 그는 장시간 무거운 곤봉이나 도끼를 휘두르고(아마도 형의 연습인 듯합니다), 완전무장 상태로 장거리를 달리고, 공중제비를 돌고, 등자를 사용하지 않고 말에 올라타는 훈련을 하였다고 합니다. 이러한 메뉴가 당시의 일반적인 훈련방법이었을 것입니다.

코토니언 문서(p45 참조)에는 쿼터스태프를 이용한 단련법이 기재되어 있습니다. 그에 따르면 우선 처음에 손가락으로 스태프를 돌리고, 다음에는 손목으로 배턴트월링을 하듯 스태프를 돌려 손의 근육을 단련했던 것으로 보입니다.

기술 · 정신의 훈련법

그럼 기술적, 정신적인 훈련은 어떤 방식으로 이루어졌을까요.

다양한 페히트부흐 무술을 배우기 시작하는 사람이 무엇보다 먼저 학습하는 것은 서는 법과 걷는 법입니다. 그 후에야 비로소 무술의 기법을 익히기 시작하는데, 실버의 말에 따르면 첫 번째로 「타깃 지역(어디를 공격·방어하는가)」을 배우고, 이어서 「자세·방어(어떻게 몸을 지키는가)」를 배우며, 마지막으로 「베기와 찌르기(어떻게 공격하는가)」를 배운다고 합니다.

중세의 교육법은 각각의 항목을 독립해서 가르치는 것이 아니라 맥락의 흐름에 따라 가르치는 형태를 취하고 있었습니다. 예를 들어 독일식 무술의 검사 안드레 파우언파인트의 페히트부흐를 보면 초심자 대상이라고 하면서 느닷없이 연속공격의 형부터 시작합니다.

현대인은 형부터 시작하는 이 흐름에 당황할지도 모르겠으나, 현대의 연구가가 검증한 결과 그의 형은 기본적인 기법과 개념을 자연스럽게 습득할 수 있도록 구성되어 있다고 합니다. 독일식 무술의 연구가 토블러도 이와 같은 의견으로, 학생들은 형을 연습함으로써 이미 배운 것뿐만 아니라 앞으로 배울 예정인 기술이나 개념까지도 모르는 사이에 체험할 수 있다고 하였습니다. 따라서 학생들이 새로운 기술과 개념을 접할 때 「이런 기술도 있었나?」가 아니라 「그때 그 움직임은 이 기술이었구나.」하고 생각하므로 이해가 빨라지는 것입니다.

그리고 형을 연습할 때는 그저 움직임만을 배우는 것이 아니라 실전을 상정하고 연습하는 것이 중요하다고 반복해서 이야기하고 있습니다. 영국식 롱소드 검술의 문서에서도 단독연습용 형임에도 불구하고 「겁먹지 말고」, 「가슴 뛰듯 대담하게」, 「주의 깊게」 등의 단어가 반복적으로 사용되고 있으며 「주위의 상황을 확인하고」, 「상대를 잘 보고」라는 식으로 실전을 상정하는 듯한 문구가 등장하는 것을 볼 수 있습니다. 15세기 초 영국에서 쓰여진

「기사의 기술」 2v : 프랑스 1284~1325년.

『De Sphaera(부분)』 에스텐세 도서관 소장. 이탈리아 1460년경. 중세 말기에서 르네상스 시대에 걸친 기사의 훈련이 묘사되어 있다.

『기둥의 시(Poem of the Pell)』에는 기둥을 상대로 비유한 공격 훈련에 대해 매우 흥미로운 구절이 있습니다.

> 상대의 머리와 얼굴과 목을 위협하며, 가슴과 옆구리를 위태롭게 하라.
> 스스로를 성 게오르기우스라고 생각하라. 기사의 힘을 가지고 용을 물리친 자라고.
> 돌진하라. 그리고 보라, 상대는 물러나는가?
> 만약 무모하게도 가로막는다면 베어버려라. 깊이 베어버려라.
> 그의 손과 발과 다리와 팔을 잘라내라.
> 그는 틀림없는 터키인이다! 하지만 지금은 죽어서 모래투성이에 불과할 뿐.

이 구절은 공격 훈련이 기술보다 정신적인 면의 단련을 강조하고 있다는 사실을 알려주는 귀중한 자료로 평가받습니다.

⚜ 마상창 훈련

포르투갈 왕 돈 두아르테는 1434년 집필한 책에서 마상창술의 훈련법에 대해 자세히 설명하고 있습니다.

그의 말에 따르면 최초의 훈련은 말을 타지 않으며 가녀운 창 또는 봉을 가지고 행한다고 합니다. 무엇보다 먼저 배우는 것은 창을 수직으로 세운 자세로, 이것이 마상에서 창을 사용할 때 가장 오랜 시간 취하는 자세이기 때문입니다. 그 후 훈련이 진행되어 학생이 창을 다루는 데 익숙해지면 창의 무게를 점차 늘려나가다가 최종적으로는 자신의 완력으로 다룰 수 있는 최대무게로 훈련합니다. 두아르테 왕은 자신의 체력으로 다룰 수 있는 것보다 무거운 무기를 사용하여 훈련하는 것은 몸을 다치게 할 뿐이라며 부정하고 있어, 베게티우스 등이 주장한 것처럼 2배로 무거운 검과 창패를 사용하는 방법과는 정반대의 생각을 가지고 있었다는 사실을 알 수 있습니다.

그리고 지면에서 창을 다루는 데 숙달되면 가능한 한 빨리 마상 훈련에 들어갑니다. 그의 말에 따르면 우선 처음에는 말을 천천히 몰면서 훈련하지만, 스승이 계속해서 잘못된 점을 수정해 주는 사이 자신감이 붙어 최종적으로는 전력질주하는 말 위에서 자유자재로 창을 다룰 수 있게 된다고 합니다.

두아르테 왕은 훈련을 통해 자신감을 얻는 것, 객관적인 눈으로 잘못을 발견하고 정확하게 수정할 수 있는 스승, 그리고 스승의 조언을 겸허하게 받아들이는 마음이야말로 성공의 열쇠라고 강조하고 있습니다.

훈련에 대한 충고

실버는 이탈리아식 무술 훈련법(힘을 넣지 않고 슬로모션으로 훈련하는 것)을 비판하며 형의 연습은 「바른 속도(실전과 같은 스피드)」로 행해야 한다고 서술하였습니다. 또 어떤 검사는 연습용 할버드 등을 은색으로 칠해서 진짜처럼 보이게 해야 한다고도 주장하였습니다.

이탈리아식 무술의 바디는 「당신을 미워할 이유가 조금이라도 있는 인간」과는 무술을 연습하지 말아야 한다고 주의를 주고 있습니다. 왜냐하면 본래 가볍게 닿거나 닿기 직전 멈춰야 할 부위를 힘껏 공격해놓고 「그것은 사고였다」고 발뺌할 위험성이 있기 때문입니다. 이 증언은 당시의 사회 분위기를 잘 나타내는 말이라고 할 수 있습니다.

당시 유럽에는 현재의 연습대(짚단 및 대나무) 베기 같은 기록은 전혀 없다고 해도 과언이 아닐 정도로 찾아보기 힘듭니다. 후대에 등장하는 것도 훈련이라기보다 곡예의 의미가 강한 것으로 보아 유럽에서는 물체를 베는 것을 훈련이라고는 인식하지 않았던 모양입니다.

2 훈련의 장

⚜ 길드

중세 유럽에서 길드란 단순한 동업자 집단의 상조(相助)조직일 뿐만 아니라 스포츠 등의 이른바 동호인 모임이기도 했습니다. 무술과 관련된 길드로는 검술 길드, 크로스보우 길드, 총사 길드, 궁수 길드 등이 있습니다. 이들 길드는 시민병 중심인 도시의 군대에 훈련받은 병사를 공급했을 뿐 아니라, 축제일에는 길드 멤버들이 열을 맞춰 행진하거나 대회를 주최하여 시민에게 오락을 제공하고, 국왕마저 멤버에 포함되었던 플랑드르의 크로스보우 길드 등은 상류사회 사교의 장으로서의 기능을 수행하였습니다.

무술 길드가 정식 길드로 인정받기 위해서는 국왕과 같은 통치자에게 그 지위와 권리를 인가받을 필요가 있었습니다. 영국에서는 1540년 헨리 8세가 공식으로 인정한 것이 시초로 전해지고 있으나, 그보다 이른 1446년의 기록에도 검술 사범이라고 생각되는 인물이 등장하는 것으로 보아 그 무렵 이미 국왕의 인가장을 얻지 않은 이른바 비공식 길드가 있었다고 추측할 수 있습니다.

독일에서는 「마르크스 형제단(Marxbrüder)」이 15세기 후반, 「깃털 전사단(Federfechter)」이 1570년에 설립되어 독일 2대 검술 길드로서 존속합니

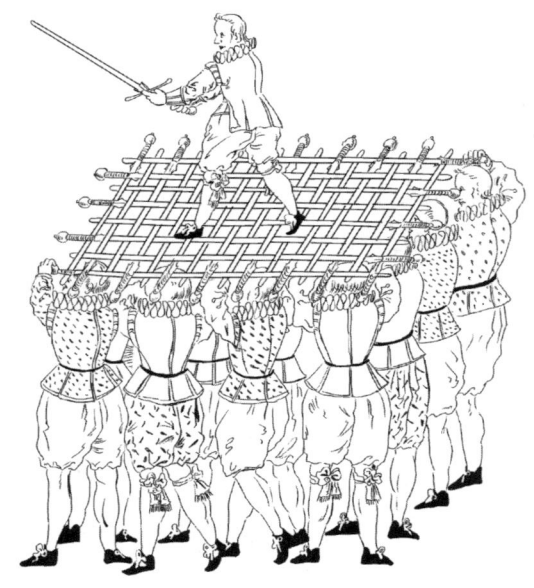

『Codex 10779』 307r : 오스트리아 국립 도서관 소장, 1623년. 소드 댄스라고 불리는 이인일조 검무의 일종(여기서는 상대를 생략하였습니다)으로, 아마도 축제일에 이러한 공연을 했을 것이라 추측됩니다. 이 밖에 검으로 만든 대 위에 올라타지 않고 진행하는 댄스도 있습니다.

다. 또한 그 밖에도 유럽 각지에서 비슷한 길드가 설립되었습니다.

최근의 연구에 따르면 무술에 관련된 길드는 프랑스 혁명 때 치안상의 이유로 폐쇄되기까지 활동을 계속 이어갔다고 합니다.

길드에 입회하기 위해서는 어느 정도의 신분자격(길드에 따라 크게 다르지만 재산, 길드가 소속된 국가나 도시의 시민권, 종교, 직업 등)이 필요했습니다. 그리고 멤버에게는 입회비와 연회비는 물론 정기적인 연습회, 각종 행사(주로 시합), 축제일(축제나 길드 수호성인의 기념일)의 퍼레이드에 대한 참가 외에도 야경, 경찰, 방위 등 거리의 치안 유지나 길드 멤버의 장례식에 대한 출석 같은 의무가 부과되었습니다. 한편으로 멤버가 집을 잃었을 때 숙박시설을 제공하거나, 극단적인 예로는 멤버가 범죄를 저질렀을 때 거리 밖으로 탈출할 준비를 해주는 등의 지원까지 하였던 모양입니다.

길드의 규칙으로는 일반상식적인 것이 대부분이지만「훈련장에 들어갈 때는 반드시 사범과 동문 제자들에게 인사를 한다.」,「바닥에서 무기를 집어들거나 다시 바닥에 내려놓을 때는 장갑을 벗는다.」,「훈련장에 들어갈 때는 무기와 도구에 인사를 한다.」,「바닥 위의 무기를 넘어가거나 밟아서는 안 된다.」 등 당시의「예의」와 훈련형태에 관한 항목도 찾아볼 수 있습니다. 참고로「무기와 도구에 인사한다」는 행위는 이슬람권에서도 이루어지고 있었으며, 집어든 무기에 입맞춤을 하여「예」를 표했다고 합니다.

훈련의 기간과 계급

훈련은 우선 무기에 대고 맹세를 하는 것부터 시작합니다. 프랑스 등의 길드에서는 수업료를 비롯한 비용을 지불한 뒤에 어떤 무기를 배울지 결정하고, 이어서 바닥에 교차되어 놓인 무기 앞에 무릎을 꿇은 다음 무기에 손을 얹고 신과 스승에게 맹세를 했습니다. 16세기 이탈리아의 마로쪼의 말에 따르면「스승의 말에 복종하고, 스승의 허가 없이 타인에게 기술을 가르치지 않는다.」라는 취지의 맹세를 했다고 합니다.

그 후 학생은 6주간 훈련을 받습니다. 이 훈련기간은 독일 지역 결투재판의 준비기간(원고와 피고 양측의 훈련기간)과 같은 것으로 보아 당시에는 6주의 시간이 있으면 무술의 기초는 대략 습득할 수 있다고 생각했던 것 같습니다.

학생이 몇 종류의 무기술을 배우는지는 지역에 따라 가지각색이었습니다. 르네상스 영국식 무술에서 학생들은 보통 2종류, 드물게 3종류의 무기를 배웠던 것으로 추측됩니다(양손검술에 한손검과 버클러 조합이 가장 인기였다고 합니다).

하지만 사범 클래스가 되고자 하면 습득하는 무기의 수는 비약적으로 늘어납니다. 17세기의 스윗남은 사범(마스터)이 숙달될 필요가 있는 30종의 무기술을 열거하였습니다.

르네상스 시대 이후의 프랑스와 벨기에 플랑드르 지방에서는 한 번에 한 가지 무기밖에 배울 수 없었기 때문에, 복수의 무기를 배울 경우에는 현재 배우고 있는 무기의 코스를 종료하고 나서 새롭게 다른 무기를 시작했던 모양입니다.

길드 내 계급(조직)에는 상당한 지역 차가 존재합니다. 조직구성이 가장 분명했던 것은 영국의 길드로 「학생(Scholler)」, 「자유학생(Free Scholler)」, 「준사범(Provost)」, 「사범(Maister)」의 4단계 계급으로 분류되어 있었습니다(「학생」에서 「자유학생」, 「자유학생」에서 「준사범」이 되기까지는 최저 7년을 기다려야 했다고 합니다). 이 위에 길드 전체를 통솔하는 4인의 「노사(Ancient Masters)」가 있으나, 이것은 계급이라기보다 사무적인 지위였던 것으로 보입니다.

「검술을 배우는 젊은 황제 막시밀리안」 16세기 초. 원문에 「검술」은 Zusechten이라고 적혀 있는데, 이것은 「원거리전」을 의미하는 Zufechten의 철자 중 하나입니다. 또한 메서 옆에 건틀릿이 그려져 있는데, 당시의 연습용 방어구가 묘사되어 있는 매우 희귀한 예라고 할 수 있습니다.

『Codex 10779』 9r : 오스트리아 국립 도서관 소장, 1623년. 연습을 위해서 검을 집어드는 순간을 포착한 그림입니다.

⚜ 연습

    당시의 훈련은 우선 무기를 바닥에 놓은 다음 그것을 집어들고 연습하며, 훈련이 끝나면 다시 무기를 바닥에 내려놓는다는 흐름으로 진행되었습니다. 이에 대해서는 독일·오스트리아의 회화 자료를 통해 확인할 수 있을 뿐 아니라, 영국식 롱소드 검술의 형 안에 「검을 지면에 놓다」와 「칼끝을 지면에」라는 순서가 있는 것으로 보아, 아마도 전 유럽 공통의 연습양식이었던 것 같습니다.

    이탈리아의 마로쪼는 스승이 없을 때 제자들끼리만 연습하면 고치기 힘든 버릇이 들어버린다는 이유로 엄격하게 금지하고 있습니다. 또한 훈련기간이 끝나면 며칠간 스승과 시합을 하여 나쁜 버릇 등을 바로잡은 뒤, 인격적으로도 뛰어난 동문 선배와 싸우고 나서 길드에 형제로서 맞아들이는 것이 좋다고 충고하였습니다(이것을 보면 당시 볼로냐에서는 학생이 길드의 일원이 되는 것은 6주간의 훈련을 끝낸 뒤인 듯합니다).

시합

6주간의 훈련을 마친 학생은 승단시험에 도전할 수 있게 됩니다. 다만 이 시험에 도전하기 위해서는 우선 스승의 승인이 필요하며, 지역에 따라 차이는 있으나 영국에서는 최저 6인의 학생을 상대로 싸워서 기량을 증명할 필요가 있었습니다.

승단시험 회장의 확보와 대회 준비, 상품과 인원의 확보를 비롯한 여러 가지 경비는 학생의 자기 부담이었던 모양입니다. 프랑스와 플랑드르 지방에서는 학생이 유기 접시와 컵 등의 기념품을 준비한 다음 그것을 목표로 싸우는 이른바 대회와 같은 형식으로 진행되었는데, 길드의 정식 멤버가 되기 위한 통과의례 같은 것이기도 했습니다.

영국에서는 프라이즈라고 불리는 매우 특수한 형태의 승단시험이 실시되었습니다. 이 시험은 런던 시내에 공개 도전장을 내붙이고 그것에 응하는 사람 전부를 상대로 싸우는 것으로, 도전자 한 사람당 3회의 시합을 실시했다고 합니다. 기록에 남아 있는 최다 시합 수는 이틀에 걸쳐 42인의 도전자를 상대한 것이며, 이것이 사실이라면 총 126시합을 싸웠다는 계산이 됩니다.

이 승단시험은 당시 매우 인기 있는 오락이었습니다. 런던의 글로브 극장은 현재는 셰익스피어 극으로 유명하지만 본래는 극장 외에 프라이즈 개최 장소로서의 기능도 갖도록 설계되었다고 합니다.

⚜ 이탈리아에서의 시합

이탈리아에서는 연습용 검을 사용한 싸움은 「시합(Assalto)」이라 부르며, 홀 또는 그와 비슷한 열린 장소에서 실시하였습니다. 이탈리아식 무술의 연구가 톰 레오니는 볼로냐파 최초의 페히트부흐(1531년)를 분석하여 시합의 흐름을 아래와 같이 정리하였습니다.

1. 도입(Andata di Gioco)
시합장 가장자리에서 상대를 향해 나아가며 몇 가지 형을 피로합니다. 시합이 시작되기 전 몸을 풀거나 관객의 흥미를 끌기 위한 것으로 보입니다.

2. 자세(Guardia)
정면으로 상대를 마주하고 자세를 취합니다.

3. 도발(Provocazione)

원거리전의 핵심을 이루는 기술로, 상대의 자세를 무너드리거나 상대의 공격을 유도하기 위한 행동입니다. 상대의 빈틈을 만들어 이쪽이 안전하지 공격할 수 있도록 합니다.

4. 공격(Ferita)

상대의 허점을 찔러 공격하는 것입니다. 단순하게 공격하지 않고 페인트나 연속공격을 하는 경우도 있습니다.

5. 방어(Parata)

볼로냐파에서 방어는 항상 상대의 무기를 받아냄으로써 이루어지며, 독일식 무술과 같은 카운터 공격은 사용되지 않습니다.

6. 리포스트(Riposta)

방어한 뒤 곧바로 반격하는 것입니다. 도발에서 리포스트에 이르는 과정은 여러 번 되풀이되기도 합니다.

7. 장식(Abbellimento)

「도입」이나 일련의 공방 사이 또는 그 뒤에 행하는 짧은 형으로, 대개 세 걸음에서 다섯 걸음 정도의 스텝과 함께 검을 버클러에 갖다 대는 움직임으로 이루어집니다. 이는 상대를 위협하거나 시합에 우아함을 더하기 위한 것으로 추측됩니다.

8. 마무리(Ritorto di Gioco)

「도입」의 반대로, 시합이 끝난 뒤 후퇴하면서 형을 피로하고 퇴장합니다.

⚜ 프랑스와 플랑드르에서의 시합

프랑스와 플랑드르 지방의 길드에서는 조금 특수한 규칙을 가진 대회가 열렸습니다. 그것은 길드 최강의 「왕」을 결정하기 위한 대회로, 우승자인 「왕」은 1년 동안 절대적인 권위와 특전을 얻을 수 있었다고 합니다. 또한 3회 연속으로 「왕」이 된 사람은 「황제」로서 「왕」의 권위와 특전을 평생 유지할 수 있었습니다.

이 대회는 지난번 우승자인 왕에게 도전하여 왕의 자리를 손에 넣는다는 형식으로 이루어집니다. 대회의 참가자는 각각 정해진 수의 「목숨」을 가지고 있으며, 모든 「목숨」을 잃을 때까지 싸울 수 있었습니다. 이「목숨」의 수는 3개가 일반적이었으나, 베테랑 검사일수록 많은「목숨」을 가질 수 있는 길드도 있던 모양입니다.

　이 대회의 가장 큰 특징은 양자가 공평하게 싸우는 것이 아니라, 왕에게 유리한 규칙으로 되어 있다는 점이었습니다. 그것이 특히 현저한 예가「후(後)의 한 수」라고 불리는 규칙으로, 왕은 일격을 맞은 직후 상대에 대한 반격이 가능하며, 그 반격이 명중했을 경우 왕이 한판승을 거둔 것으로 간주하였던 것입니다. 그 밖에 왕이 무기를 떨어뜨렸을 경우는「목숨」을 하나 잃지만, 도전자가 무기를 떨어뜨렸을 경우는「목숨」전부를 잃어버린다는 규칙이 있는 길드도 있었습니다.

　왕이 패배하면 도전자가 왕이 되고, 왕은 도전자로서 새로운 왕에게 도전하게 됩니다. 이런 식으로 모든 도전자의「목숨」이 없어졌을 때 왕인 사람이 우승자가 되는 것입니다.

　또한 이 대회에서는 공격의 유효면에 대해 매우 재미있는 규칙이 있습니다. 당시의 대회에서는 검에 분필을 칠한 다음 검은 옷을 입고 싸웠습니다. 그리고 옷에 묻은 분필 자국으로 공격이 명중했는지 여부를 판정합니다. 대회가 시작될 때의 유효면은 허리·팔꿈치보다 윗부분이지만, 왕이 공격을 당할 때마다 그 일격이 명중한 부위보다 높은 위치를 공격하지 않으면 유효로 인정받지 못하게 됩니다. 따라서 대회의 진척상태에 따라서는 정수리밖에 유효면이 남지 않는다는 상황이 연출될 수도 있었습니다.

　또한 안전성 측면에서 칼날 부분이 아니라 옆면으로 치도록 하고, 찌르기·한 손으로의 공격·손잡이 머리로의 구타·잡기와 메치기는 금지되어 있었습니다.

성직자와 무기(2)

• 11세기의 『Gesta Herewardi(노르만인의 잉글랜드 정복에 저항한 영주의 전기)』에 의하면, 버웰의 마을을 파괴한 7인의 전사 중 두 사람은 「뛰어난 전투기술을 가진 완전무장 상태의 수도사」였다고 합니다.

• 12세기의 더럼 주교 휴 드 퓌세(Hugh de Puiset : 1125~1195년)가 기사로 임명되었을 때 그는 다른 기사와 마찬가지로 검을 차고 있었습니다.

• 제3차 십자군에서 활약한 보베 주교 필리프 드 드뢰(1158~1217년)는 1214년의 부빈 전투에서 잉글랜드 부대 지휘관 솔즈베리 백작 윌리엄 롱제스페(William Longespée 또는 Longsword)를 메이스로 세차게 가격하여 항복을 받아냈다는 기록이 있습니다.

『성지 기독교국의 역사』 16r. 불로뉴 지역 도서관 소장. 1287년 이스라엘.

• 프랑스 왕 필리프 2세(Philippe Auguste : 1165~1223년)는 「완전무장한 기사들조차 싸움은 주저하게 되는 법인데, 그들은 투구도 갑옷도 착용하지 않고 대거 한 자루를 손에 쥐고 전장에 뛰어들어간다.」라고 하면서 파리 대학 수도사들의 투혼에 감명을 받은 모습을 보입니다.

• 서사시 『롤랑의 노래』의 주요 등장인물 중 한 명인 대주교 튀르팽은 창과 검으로 전투에 임합니다. 이 노래는 픽션이지만 당시 청중들은 성직자가 창과 검을 사용한다는 이야기를 들어도 위화감을 느끼지 않았다는 사실을 증명하고 있습니다.

(p69에 계속)

『Weltchronik』 권 2, 50v. 취리히, 1300년경. 『롤랑의 노래』의 한 장면.

제2부 무기 해설

Dictionary of the Weapon

제1장 LONG SWORD
롱소드

롱소드는 13, 14세기에 등장한 검의 일종입니다. 가장 큰 특징은 양손으로도 한 손으로도 사용할 수 있다는 점으로, 다양한 상황에 유연하게 대응 가능한 무척 편리한 무기였습니다. 15세기 후반의 검사 마르틴 지버가 헝가리, 보헤미아, 이탈리아, 프랑스, 영국, 독일, 러시아, 프로이센, 그리스, 네덜란드, 프로방스, 슈바벤에서 롱소드 검술을 배웠다고 한 것을 보면 롱소드는 서유럽뿐만 아니라 상당히 넓은 지역에서 통용되었던 것으로 추측됩니다.

롱소드라는 명칭은 당시 독일어인 Langenschwert를 번역한 것으로, 통상적인 한손검보다 전체적으로 길이가 길다는 데서 유래하였습니다. 그 외에 바스타드 소드(Espée Bâtarde) 등으로 불리기도 했습니다. 당시의 「바스타드」에는 「중간」, 「잡종」 등의 의미가 있으므로 「양손검보다 짧고 한손검보다 긴 검」 또는 「양손으로도 한 손으로도 사용할 수 있는 검」이라는 의미일 것입니다. 하지만 당시 유럽의 대체적인 경향으로는 롱소드를 양손검의 일종이라고 여겼던 모양으로, 예를 들어 영국식 롱소드 검술에서는 롱소드를 언제나 「양손검(IJ Hand Swerde, Too hande swerde)」이라고 부릅니다. 현재는 분류상 전체 길이 약 1.3m, 칼날 길이 1m 전후, 무게 1~1.5kg 정도를 표준적인 롱소드로 삼고 있습니다.

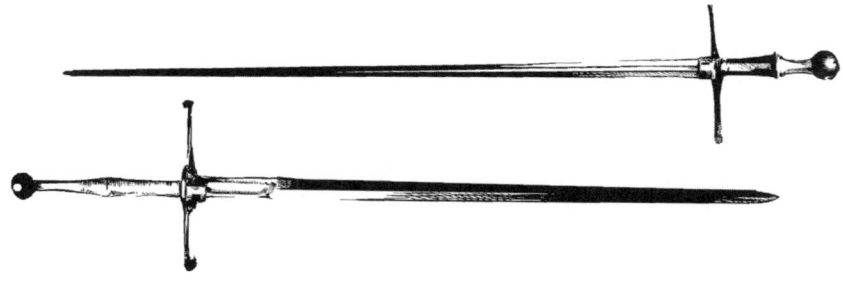

드레스덴 군사역사 박물관에 소장되어 있는 롱소드(16세기).

Klosterneuburger Evangelienwerk, 24r(부분) : 1340년.

  독일식 무술에서는 롱소드의 유연성에 착안하여 무술의 근간에 롱소드 검술을 두고 있습니다. 롱소드 검술에는 손잡이를 잡고 싸우는 통상적인 방법 외에도 왼손으로 칼날을 쥐는 하프 소드와 양손으로 칼날을 쥐는 살격을 비롯해 양손검·한손검·창 등 각종 무기의 용법이 포함되어 있는 데다 긴 손잡이 무기와 비교해 운반하기 쉽다는 이점이 있기 때문입니다.

  또한 15세기의 파우언파인트는 롱소드의 기법을 전장용 검(Sthlachtschwerdt), 승마용 검(Reydtschwerdt), 에스터크(Triecker : 날이 없는 찌르기 전용 검) 등 다양한 무기에 응용할 수 있다고 주장하였습니다.

  15세기의 롱소드 대부분은 오크셧 분류법(검을 주로 칼날의 모양으로 분류하는 분류법으로, 현재 가장 일반적으로 사용되고 있습니다)에서 말하는 타입 XV, XVIII에 속하는 삼각형에 가까운 날카로운 칼끝을 가지고 있습니다. 이는 바스타드 소드에 관한 가장

■초기의 에스터크

월레스 컬렉션 소장. 1360~1400년, 칼날 길이 75.5cm, 칼날 폭 3.1cm, 무게 930g.

오래된 문장(15세기 초)「브리튼 섬은 바스타드 소드와 같은 삼각형 모양이다.」를 보았을 때도 명백합니다.

바스타드 소드의 칼끝은 메일이라고 불리는, 철제 링을 여러 개 연결해서 만든 갑옷을 꿰뚫기 위한 목적으로 발전하였습니다. 갑옷의 틈에 검을 찔러 넣으면 메일의 링 안쪽으로 뾰족한 칼끝이 미끄러져 들어가기 때문에 억지로 메일을 파괴하지 않아도 상대를 상처입힐 수 있도록 되어 있는 것입니다. 또한 검신이 잘 휘어지지 않도록 찌르는 힘을 높이는 연구도 이루어졌습니다. 결과적으로 검신에 풀러(무게 경감을 위한 홈)를 만들지 않고 단면을 마름모꼴이나 육각형으로 제작하여 강도를 높였습니다.

한편 롱소드의 선회점(p16 참조)은 칼끝을 중심으로 회전하도록 설정되어 있기 때문에 한 손으로 잡고 재빨리 휘두르기가 상당히 어려운 구조입니다(양손으로 잡을 경우에는 왼손이 지렛대의 역할을 하므로 문제없이 조작할 수 있습니다). 따라서 한 손으로 잡는 경우에는 베기 공격을 삼가고 가능한 한 찌르기로 공격하는 것이 가장 효율적인 전투법이라고 할 수 있습니다.

성직자와 무기(3)

- 더욱 시간이 흘러 14, 15세기 장 프루아사르의 연대기를 보면 1358년 수도사 로베사르에 대해 「그가 휘두르는 양손검의 위력은 어마어마하여 감히 누구도 그에게 대항하려 하지 않았다.」라고 묘사하고 있습니다.

- 대거의 장에서 소개하는 친퀘디아(p134 참조)는 체사레 노르자가 추기경이던 시절의 것입니다. 추기경은 가톨릭의 최고위 성직자 중 한 사람이므로 이 대거의 존재 자체가 성직자는 날붙이를 사용하지 않았다는 신화를 부정하는 증거가 됩니다.

- 마지막으로 15세기의 성직자 요하네스 레크흐너(1430년경~1482년)는 이 책에도 등장하는 기술이 수록된 그로스메서 페히트부흐를 집필한 검사이기도 했습니다.

　이러한 내용을 종합하면 당시의 성직자는 거듭되는 교회의 금령에도 불구하고 상당히 적극적으로 군사행위에 관여했으며, 게다가 「피를 흘리지 않는」 둔기가 아니라 기사와 다름없는 무기를 사용했다는 사실을 알 수 있습니다(애초에 둔기로 머리를 때리면 검으로 베는 것과 비슷할 정도로 엄청난 양의 출혈이 발생하므로 「피를 흘리지 않는다」는 것 자체가 성립하지 않습니다).

　그렇다면 대체 왜 이처럼 기묘한 견해가 생겨난 것일까요. 그것은 19세기경 바이외 태피스트리에 그려진 오도를 본 어느 학자가, 피를 흘리는 일을 금지한 교회법을 피하기 위해 「피를 흘리지 않는」 둔기를 사용한다고 오해한 것이 정착하였기 때문으로 추측됩니다.

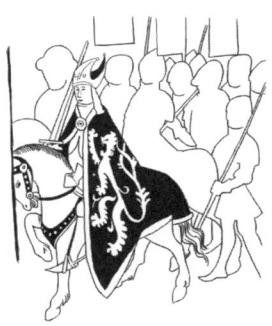

『Brabantsche Yeesten』 fol.90.
벨기에 왕립 도서관 소장.
남부 네덜란드, 1425~1440년.

『Amiens BM MS.355』 253r.
툴루즈, 프랑스.
1300~1325년.

제 2 장
ARMOUR
갑옷전투

중세 후기는 갑옷이 급속히 발달한 시기였습니다. 이전까지는 철제 링을 연결해서 만든 메일이 가장 일반적인 갑옷의 형태였으나, 14세기 후반에 철판을 부착하여 만든 코트 오브 플레이트라고 불리는 갑옷이 출현합니다. 그리고 불과 50년 후인 15세기 초두에 우리에게도 익숙한 판금 갑옷이 거의 완성되어 유럽의 갑옷은 발전의 정점에 달하게 됩니다.

이러한 갑옷의 발달이 무술에 가져온 충격은 매우 커다란 것이었습니다. 갑옷이 발달하면서 이제까지 유효했던 공격 대부분이 통용되지 않게 되었기 때문입니다. 그래서 기존의 무기 사용법을 개량하거나 새로운 무기를 개발할 필요성이 대두합니다. 결과적으로 하프 소드와 살격 등 갑옷의 틈새를 찌르거나 검을 곤봉처럼 들고 가격하는 기법이 나타났고, 폴액스나 전(全)금속제 메이스와 같은 새로운 무기가 등장하게 되었습니다.

14세기 후반 하프 소드의 고안은 코트 오브 플레이트의 등장과 시기를 같이합니다. 이는 가장 초기의 판금 갑옷조차 특수한 기법을 필요로 할 정도로 방어력이 뛰어났다는 증거이기도 합니다.

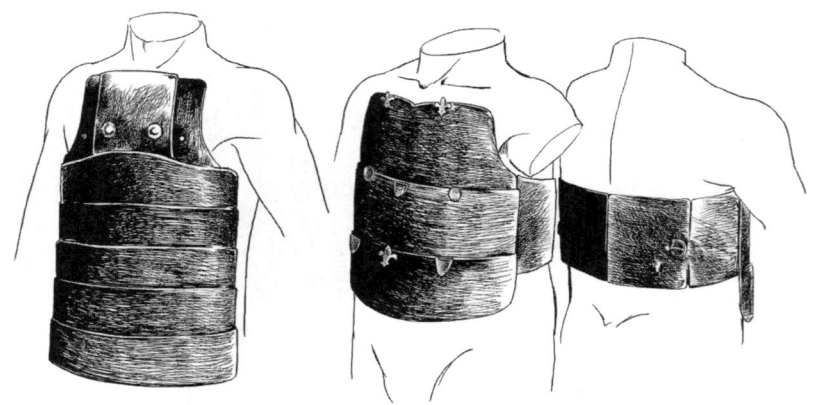

비스비 전투(1361년) 집단매장묘에서 출토된 코트 오브 플레이트의 추정복원도.

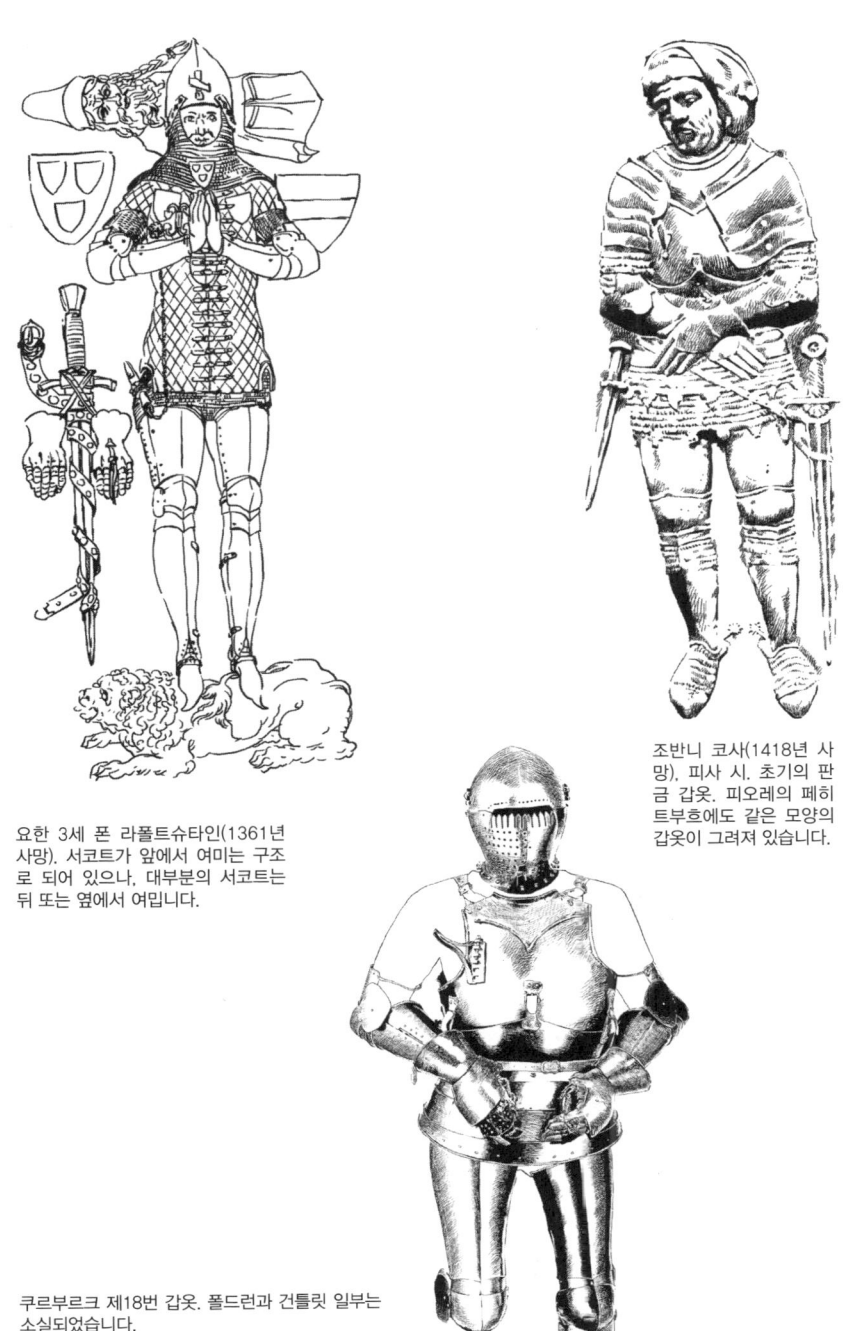

요한 3세 폰 라폴트슈타인(1361년 사망). 서코트 앞에서 여미는 구조로 되어 있으나, 대부분의 서코트는 뒤 또는 옆에서 여밉니다.

조반니 코사(1418년 사망). 피사 시. 초기의 판금 갑옷. 피오레의 페히트부흐에도 같은 모양의 갑옷이 그려져 있습니다.

쿠르부르크 제18번 갑옷. 폴드런과 건틀릿 일부는 소실되었습니다.

제2부 무기 해설

15세기가 되면 유럽의 갑옷은 세계에 비길 데가 없을 정도로 압도적인 방어력을 자랑하게 됩니다. 당시 유럽의 갑옷은 크게 이탈리아식과 고딕식으로 나눌 수 있습니다. 먼저 등장한 것은 이탈리아식으로, 동그랗고 매끄러운 양식을 가진 당시의 표준적인 갑옷이었습니다. 한편 고딕식은 이탈리아식을 바탕으로 만들어졌으며, 날씬하고 장식적인 형상이 특징입니다.

하지만 중세에 가장 많이 사용된 갑옷은 브리건딘이라는 타입이었습니다. 이 갑옷은 철제 미늘을 겉감에 리벳으로 고정시킨 것인데, 판금 갑옷을 살 수 없는 하급병사에서 기사에 이르기까지 폭넓게 사용하였습니다.

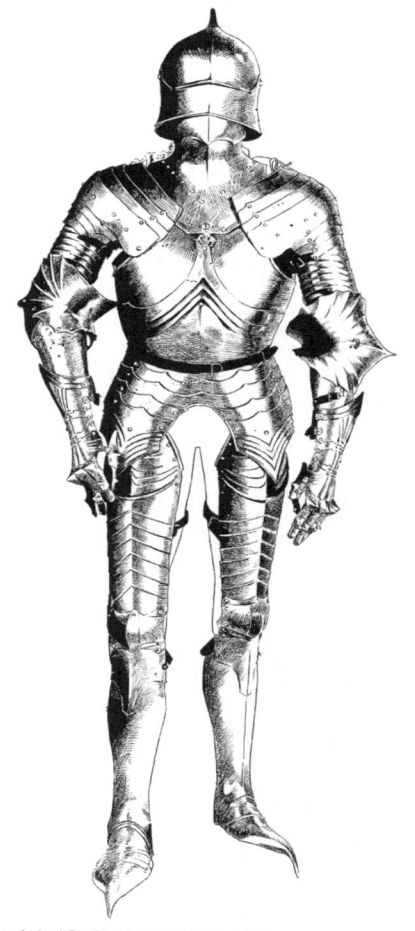

고딕식 갑옷. 월레스 컬렉션 A21 갑옷.

이탈리아식 갑옷. 만토바 시, 프란체스코 곤차가 교구 박물관 소장.

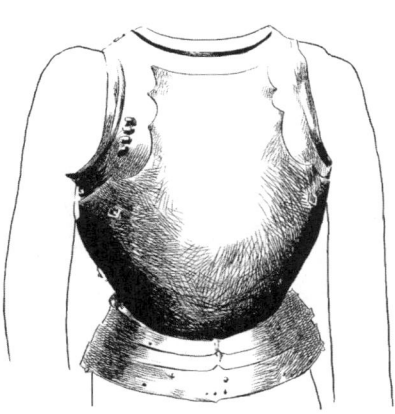

포르투갈의 영웅 두아르테 드 알메이다의 갑옷. 톨레도 대성당 소장. 1475년경 이탈리아에서 수입한 것. 포르투갈과 스페인에서는 퀴래스 상단에 장식이 되어 있는 타입을 선호하였습니다.

이탈리아식 갑옷.『성모상』피사넬로 작(부분). 내셔널 갤러리 소장. 1435~1441년.

프랑스 왕 「친애·광인왕」 샤를 6세(생 1368~몰 1422년)의 브리건딘과 건틀릿.

그 후 갑옷의 기본적인 디자인은 변하지 않았으나, 눈에 보이지 않는 부분에서는 시대의 변화에 맞춰 개량이 거듭되었습니다. 월레스 컬렉션에 소장되어 있는 「A21 갑옷(p72 참조)」은 브레스트플레이트(흉갑)의 두께가 1.6mm, 거기에 포개지는 플라카트(복갑)가 1.2mm로, 비커스 경도가 평균 271VPH(실측 160~385VPH)이고, 쿠르부르크에 소장되어 있는 퀴래스(몸통갑옷)의 경도는 142~241VPH이며, 중세 중기 무렵의 그레이트 헬름(양동이 모양의 투구)과 투구는 대체적으로 200~250VPH가 주류였습니다.

하지만 총기가 일반적으로 사용되던 16세기 후반의 갑옷을 살펴보면 퀴래스의 두께가 3~5mm, 경도는 130~200VPH 정도로 두께가 두꺼워지는 대신 경도는 낮아집니다. 이것은 충격을 흡수하려는 의도라고 생각되지만, 에칭(부식 동판화) 등 장식을 하기 편하도록 부드럽게 만든 것은 아닌가 하는 의견도 있습니다.

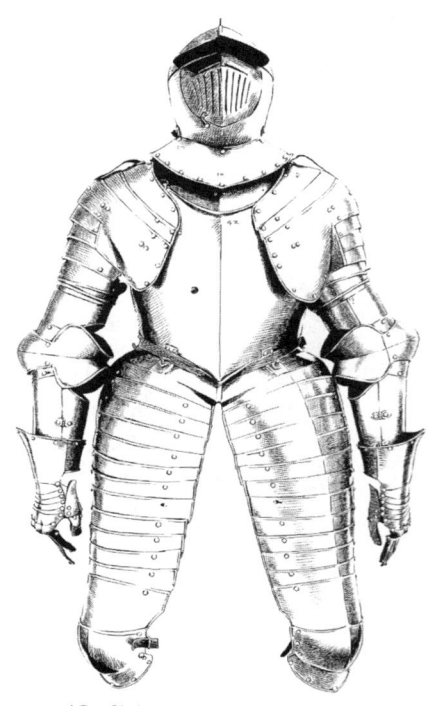

A65 갑옷. 월레스 컬렉션 소장. 퀴래스 평균 두께 3.7mm, 경도 112~142VPH(평균 131VPH). 헬멧 무게 2.1kg, 고짓 974g, 브레스트플레이트 5.2kg, 백플레이트 2.438kg, 가르드 레인(럼프 가드?) 0.51kg, 왼쪽 폴드런 1.43kg, 오른쪽 폴드런 1.02kg, 왼팔 1.119kg, 오른팔 1.08kg, 왼쪽 건틀릿 467g, 오른쪽 건틀릿 481g, 왼쪽 토셋 1.74kg, 오른쪽 토셋 1.686kg.

참고로 중세 갑옷의 방어 효과를 검증한 윌리엄스의 말에 따르면, 두께 1mm의 판금을 관통하는 데 필요한 힘을 1이라고 가정했을 때 1.5mm의 판은 1.9, 3mm의 판은 5.5, 3.5mm의 판은 7의 힘이 필요하다고 합니다.

⚜ 갑옷의 특성

갑옷을 평가할 때 중요한 것은 경량성·방호력·가동성의 세 가지 요소입니다. 이러한 요소를 얼마나 높은 수준으로 유지할 수 있는가, 어떤 요소를 중시하고 어떤 요소를 버릴 것인가 하는 취사선택이 최종적인 갑옷의 성능을 결정하는 것입니다.

「잉글랜드의 악몽(le Fléau des Anglais)」이라는 이명을 가진 장 드 뷔에이유(1406~1477년)의 글에 따르면, 도보전투에서는 가장 가벼우면서도 충분한 방어력을 갖춘 갑옷이 바람직하다고 합니다. 이 증언은 16세기 피에트로 돈테의 의견과도 일치합니다.

판금을 사용한, 이른바 플레이트 아머의 장점은 아래와 같이 정리할 수 있습니다.

- 판금이 상대 무기의 칼날을 막는 동시에 충격을 분산시켜 경감한다.
- 공격을 받아넘겨 무효화하는 능력이 무척 뛰어나다. 특히 창과 화살 등 찌르기 공격에 대한 방어능력이 다른 형식의 갑옷에 비해 압도적으로 뛰어나다.
- 착용자에게 자신감과 안도감을 주고, 대적하는 상대에게는 위압감을 준다.
- 마상에서 창을 사용할 때 랜스 레스트가 충격을 받아내 사용자의 부담을 경감한다.
- 상대의 공격수단이 한정되므로 방어와 반격이 용이해진다.
- 공격이나 방어가 실패했을 때의 보험이 된다.
- 메일과 비교하여 제조단가가 저렴하다.

반면 단점은 아래와 같습니다.
- 무게중심이 높아 밸런스가 나쁘기 때문에 쓰러지기 쉽고 메치기 기술에 취약하다.
- 열기가 빠져나가지 않아 쉽게 피로해지며, 여름철에는 탈수증과 열중증을 일으킬 수 있다.
- 상당한 무게가 몸에 실리므로 쉽게 피로해진다.
- 투구가 시야, 호흡, 청각을 방해하고 머리에서 열이 발산되는 것을 막는다.
- 물웅덩이나 진흙탕에서 몸이 가라앉아 그대로 익사하거나 꼼짝달싹 못하게 될 위험이 있다.
- 수리와 보수에 시간과 돈이 든다.

갑옷의 가장 큰 결점은 내부에 가득 차는 열기와 무게에서 오는 피로입니다. 갑옷을 착용하는 경우 머리가 방열탑의 역할을 하여 체내의 열을 방출시키는데, 유럽식처럼 머리를 완전히 뒤덮는 타입의 투구를 쓰면 열이 빠져나가지 못하게 됩니다. 1461년의 타우턴 전투에서는 세차게 눈보라가 치는 날씨임에도 불구하고 열중증으로 보이는 증상을 일으키고 사망한 기사가 여러 명 나왔다고 합니다.

다음으로 갑옷의 무게입니다. 당시 갑옷의 무게는 20~30kg 정도로, 현대 병사들의 장비가 대략 40kg 정도라는 점을 감안하면 생각만큼 무겁지 않다는 사실을 알 수 있습니다. 게다가 이 무게는 전신으로 분산되기 때문에 실제 체감으로는 더욱 가볍게 느껴졌을 것입니다.

그러나 일단 갑옷을 입고 움직이기 시작하면 무게가 분산된다는 장점은 반대로 단점이 됩니다. 무게가 몸에 분산된다는 것은 말하자면 몸의 여기저기에 무거운 추를 매달고 있는 상태라고도 할 수 있기 때문입니다. 가령 사바톤(족갑)은 한쪽이 약 2~3kg으로, 걸음을 옮길 때마다 이만한 무게가 발에 실리게 되는 것입니다. 따라서 움직이지 않을 때는 갑옷이 편하고, 일단 움직이기 시작하면 배낭이 편하다고 할 수 있습니다.

또한 유럽의 투구는 구조와 방호 면에서는 매우 뛰어난 반면, 통기성이 좋지 않고 청각과 시각이 제한된다는 결점이 있습니다. 드 뷔에이유도 바이저를 내린 상태에서는 쉽게 숨이 찬다고 충고하였습니다. 시계도 마찬가지입니다. 좌우의 시계는 의외로 괜찮은 편이지만, 상하의 시계(특히 아래쪽)가 상당히 좁습니다. 그리고 의외로 간과하기 쉬운 것이 청각의 저하인데, 최악의 경우 명령이나 신호를 듣지 못하거나 상황의 변화를 깨닫지 못하는 사태가 발생하기도 합니다. 또 투구 탓에 목소리가 작아져서 대화가 곤란해진다는 결점도 있습니다.

⚜ 갑옷에 대한 대처법

갑옷을 입은 상대를 공격할 때는 갑옷으로 보호받지 못하는 부위를 찌르는 것이 가장 효과적으로, 독일식 무술에서는 얼굴(눈의 슬릿)·겨드랑이(가장 목표가 되기 쉬운 곳입니다)·팔꿈치 안쪽·고간·건틀릿 소맷부리·손바닥·무릎과 다리 뒤쪽을 갑옷의 약점으로 설정하고 있습니다. 하지만 상대는 당연히 약점을 방어하려 할 테고 갑옷도 가능한 한 약점을 커버하는 방향으로 설계되기 마련이므로 이러한 약점을 찌르는 것은 결코 쉬운 일이 아니며, 자칫 잘못하다가는 카운터 공격을 당할 우려도 있습니다.

한편 폴액스를 비롯해 타격력을 발휘하여 갑옷째 때려눕히는 타입의 무기는 어느 부위에 맞아도 소정의 효과를 기대할 수 있는 데다 갑옷의 부품을 변형시켜 가동성을 빼앗을 수도 있습니다. 다만 강력한 일격을 위한 준비동작이 너무 크고 체력소모가 심하다는 결점이 있습니다.

제3의 선택으로는 격투전이 있습니다. 아무리 튼튼한 갑옷이라도 균형을 무너뜨리거나 관절을 파괴하는 기술에는 무력합니다. 오히려 갑옷의 무게 때문에 몸의 무게중심이 높아져 밸런스가 좋지 않으므로 상당히 메치기가 쉽습니다. 하지만 격투로 유도하기 위해 무기를 버렸다가는 싸움의 전개에 따라서 절망적인 상황에 빠질 위험이 있으며, 주위 적들의 공격에 무방비하게 노출되고 만다는 결점이 있습니다.

드 뷔에이유의 말에 따르면, 도보 갑옷전투에서는 스스로의 페이스를 유지하면서 자세를 바르게 하고 자신과 여유를 상대에게 과시하여 심리적인 우위를 확립하는 것이 중요하며, 스피드·민첩성·페인트와 기만을 사용해 싸우는 것이 필수적이라고 합니다.

유골을 통해 보는 무기의 위력(1)

무기의 위력을 어떻게 평가할 것인가에 대해서는 다양한 실험이 이루어져 왔으나, 현대에 이르기까지 모두가 납득할 만한 결론은 얻지 못하고 있습니다. 돼지나 양과 같은 동물을 이용한 실험이라면 어느 정도의 근사치를 얻을 수는 있으나, 사체의 상황(건조하면 단단해집니다)이나 고정법(매달기, 받침대에 두기, 스탠드 사용하기 등)에 따라 결과가 상당히 달라지기 때문입니다.

여기에서는 발굴된 유골을 토대로 실제 사용된 무기가 어느 정도 위력이 있는지, 뼈의 흠집을 통해 무엇을 알아낼 수 있는지 소개합니다.

액스트맨

서아이슬란드 모스펠 계곡의 교회 유적에서 출토된 유골로, 서기 855~1015년(아마도 960년)경 약 45세의 나이로 사망한 남성입니다.

사인은 날붙이에 의한 두부의 타격입니다. 상처는 두 군데로, 첫 번째는 머리 오른쪽에 있으며 뇌 깊은 곳까지 도달해 있습니다. 매우 예리하고 짧은 날을 가진 무거운 흉기로, 도끼에 의한 것이라는 판정이 내려진 상태입니다. 또 다른 상처는 오른쪽 후두부에 있는데, 칼날이 거칠어진 날붙이(검으로 추정)가 후두부의 뼈를 크게 잘라내고 연수까지 도달한 것으로 보입니다.

두 군데 모두 일격에 즉사할 만큼 깊은 상처로, 머리 오른쪽의 상처가 먼저라면 뇌 내 고압의 혈류가 단숨에 뿜어져 나와 주위 사람들에게 비처럼 쏟아졌을 것이고, 후두부의 상처가 먼저라면 후두부에서 대량의 출혈을 하며 쓰러졌을 것이라고 추측됩니다.

(p105에 계속)

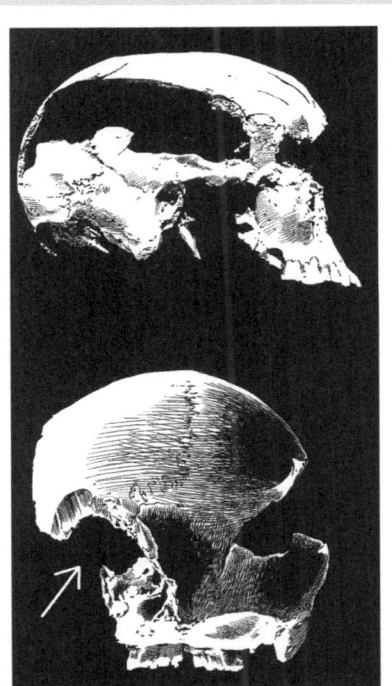

액스트맨의 머리뼈. 위는 머리 오른쪽의 손상, 아래는 후두부의 손상(화살표).

제 3 장
HALF SWORD
하프 소드와 살격

하프 소드와 살격은 갑옷을 입은 상대에게 대항하기 위해 고안된 롱소드 기법입니다. 전자는 찌르기를 강화하여 갑옷의 틈새를 찌르는 것에 특화하고, 후자는 충격을 이용하여 상대를 갑옷째 쓰러뜨리는 것을 목적으로 하고 있습니다.

⚜ 하프 소드

하프 소드는 독일어의 「반쪽 검(Halbschwert)」을 번역한 말입니다. 15세기 이탈리아의 바디는 「반쪽 날(Mezza mella)」이라고 불렸는데, 검의 칼날 가운데 부근을 왼손으로 잡는다는 데서 유래한 이름입니다. 「짧은 검」 등으로 불리는 일도 있으며, 이는 오른손으로 손잡이를, 왼손으로 칼날을 잡기 때문에 리치가 짧아지는 것을 나타냅니다. 영국식 무술에서는 「활 찌르기(Bow Foyne)」가 여기에 해당합니다.

Histoire Romaine, 209r. 프랑스 1390~1400년.

하프 소드 검술은 맨몸전투에서도 사용하는데, 바인드 상태에서 상대보다 강한 힘을 내고 싶을 때나 통상적인 그립법으로는 검을 다루기 힘들 만큼 가까운 거리에서 싸울 때 유용하기 때문입니다.

강력하고 빈틈없는 찌르기 공격을 하고 상대의 검을 힘껏 쳐내는 것은 물론, 손잡이 머리로 상대를 가격하거나 손잡이로 상대의 목을 걸어 뒤로 넘어뜨리는 기술도 하프 소드의 주특기라고 할 수 있습니다.

당시의 검 중에는 하프 소드로 사용하는 것을 전제로 만들어진 검이 2종류 있습니다. 하나는 보어 소드라고 불리는 것으로 그 이름처럼 멧돼지 사냥에 사용하던 검입니다. 막대기 모양 검신에 짧은 칼날이 창끝처럼 달려 있으며 안전하게 날 부분을 잡을 수 있도록 되어 있습니다.

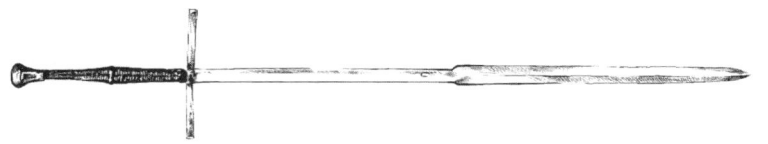

월레스 컬렉션. 독일 1510년경. 전체 길이 99.6cm, 무게 1620g.

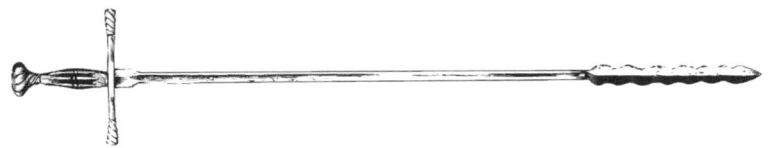

동 컬렉션 소장. 독일 1530년경. 전체 길이 110cm, 무게 1550g.

다른 하나는 통상적인 롱소드와 모양은 같지만 하프 소드로 잡는 가운데 부근의 날이 뭉개져 있는 검입니다. 이 타입의 검은 갑옷을 입은 상대와의 결투 등에 사용하던 것으로 날이 빠진 부위에 왼손을 보호하기 위한 원형 날밑이 붙어 있는 경우도 있었습니다.

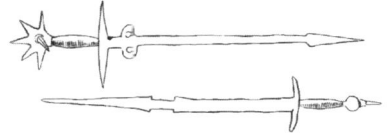

피오레의 페히트부흐 여백에 그려져 있는 검. 아래쪽 검은 하프 소드로 잡는 부분의 칼날이 뭉개져 있다.

⚜ 살격

살격은 독일어 Mortschlag를 번역한 말로, 이 기술이 가진 강력한 타격력을 표현한 「뇌격(Tunrschlag)」, 「파갑충(Schlachenden Ort)」이라는 이름으로도 불렸습니다. 개념이 같은 기술이 피오레의 페히트부흐에도 등장하며, 검을 도끼처럼 묘사하여 강력함을 상징적으로 나타내고 있습니다. 본문을 보면 「검은 검이자 도끼이다. 무거운 기술은 가벼운 기술을 깨트린다.」라고 서술되어 있는데, 강력한 일격으로 잔재주를 부리는 기술을 격파한다는 개념을 가리키는 것입니다.

피오레의 페히트부흐.

제 4 장
TWO-HANDED SWORD
양손검

양손검은 이름 그대로 양손으로 사용하는 것을 전제로 설계된 검의 총칭입니다. 초기의 것은 단순히 한손검을 크게만 만든 것이었으나 머지않아 독자적인 형태로 발전하게 됩니다. 당시 자료에 등장하는 Swerdes of Werre, Grans Espées d'Allemagne, Schlachtschwerte, Grete Swords, Espées de Guerre, Grete War Swords 등의 다양한 명칭 대부분은 거대한 크기와 전장용 검이라는 점을 강조한 것입니다.

양손검이 처음 등장한 시기는 명확하지 않습니다. 현존하는 가장 오래된 중세 유럽의 양손검은 독일 역사 박물관에 소장되어 있으며 12세기 전반의 것으로 추정되고 있으나, 양손검에 대한 분명한 증거는 1250~1370년경에 가서야 확인할 수 있습니다.

하지만 중세 검의 연구가 오크셧은 1840년대에 발굴된 바이킹 유래의 양손검에 대해 다음과 같은 기록을 남겼습니다. 그의 글에 따르면 이 검은 커다란 원형 손잡이가 머리와 긴 손잡이(약 17.5cm)를 가지고 있지만 날밑과 칼날은 전형적인 바이킹의 검이라고 합니다. 또한 8세기에 성립한 서사시 『베어울프』에도 「손잡이 긴 검」이 여러 번 등장하는 것을 보면 양손검의 기원은 8세기나 그 이전까지 거슬러 올라갈 가능성이 있습니다.

다만 당시의 문헌에 「Grans Espées d'Allemagne(독일의 장대한 검)」라고 기록되어 있듯이 적어도 중세 양손검의 기원은 독일이라고 할 수 있습니다.

최초로 나타난 양손검은 후대의 양손검보다 크기가 작았습니다. 오크셧의 말에 따르면 당시의 양손검은 칼날 길이 81.2~101.7cm, 손잡이 길이 15~25.5cm, 무게 1.5~2kg 정도가 일반적이었다고 합니다.

시간이 흘러 르네상스 시대에 접어들면 새로운 타입의 양손검이 나타납니다. 흔히 쯔바이핸더라고 불리는 타입으로, 검의 칼날에 리캇소라는 날이 없는 부분이 존재하며 패링 훅이라는 작은 갈고리가 달려 있습니다. 또한 사이즈가 전체적으로 커지고 날밑은 길고 복잡한 모양이 됩니다. 이 타입의 검은 독일, 이탈리아, 스페인에서 주로 사용되었습니다.

양손검의 분류를 혼란스럽게 만든 원인으로서 당시 검의 분류가 매우 모호했다는 점을 들 수 있습니다. 양손검과 롱소드의 구분은 무척 애매하거나 아예 존재하지 않아서, 작은 양손검과 큰 롱소드는 차이가 없는 것이나 다름없었습니다. 그러한 혼란에 더욱 박차를 가한 것이 「베어링 소드」라는 의례용 검의 존재입니다. 이 검은 식전에서 권위의 상징으로 들어올리던 양손검인데, 권위의 상징인 만큼 큼직하게 만들어졌고 매우 공들인 장식과 특이한 모양의 칼날·날밑을 가진 것이 특징입니다(현존하는 최대 크기의 의례용 검은 터키 토프카프 궁전에 소장되어 있는 것으로 전체 길이가 3m를 넘습니다). 하지만 대형 실용 양손검과 소형 의례용 검, 장식된 실용 검과 간소한 의례용 검의 차이는 없는 것이나 마찬가지이기 때문에 현존하는 검 중 어느 것이 실용 검이고 어느 것이 의례용 검인지는 전문가라도 뚜렷하게 구분하지 못합니다.

한편 양손검은 무술 사범으로서의 지위를 나타내는 신분증과 같은 역할도 하였습니다.

또한 쯔바이핸더 타입의 양손검은 흔히 리캇소와 패링 혹 부분을 잡고 하프 소드의 요령으로 사용한다고 하지만, 과연 모든 검이 그랬던 것인지는 의문입니다.

우선 당시의 회화 자료에는 그렇게 사용하는 그림이 그려져 있지 않습니다. 필자가 아는 범위 안의 모든 회화 자료에는 양손으로 손잡이를 잡고 있는 모습이 묘사되어 있습니다.

그리고 하프 소드의 용법을 언급한 검사는 이탈리아의 마로쪼 한 사람뿐이며, 그 밖에 양손검을 다루는 페히트부흐에는 리캇소를 잡는 하프 소드 기법이 등장하지 않습니다 (마로쪼는 창과 할버드 등 긴 손잡이 무기에 대항하는 기법으로 하프 소드를 소개하였습니다. 다만 그의 하프 소드는 왼손으로 손잡이를, 오른손으로 칼날을 잡습니다).

또한 대부분의 양손검은 리캇소가 매우 짧아 전투 중 재빨리 잡기가 어렵고, 손이 날밑에 지나치게 가까워지기 때문어 검을 다루기가 까다로워 브입니다.

마지막으로 애초에 리캇소를 잡을 수 없는 디자인의 검이 존재한다는 점이 있습니다. 이러한 사실을 종합하면

마로쪼 「Opera Nova」에서 「긴 손잡이 무기에 대항하는 자세 (Guardia Contra Arma Inastate)」

메트로폴리탄 미술관 소장. 이탈리아 1400~1430년경.
전체 길이 168.91cm, 칼날 길이 127.6cm, 날밑 폭 48.5cm, 칼날 폭 4.2cm, 칼날 두께 0.95cm, 무게 2.1kg.

할버드와 양손검의 바인드.

원래 리캇소는 잡기 위해 만든 것이 아니었다는 결론을 도출할 수 있습니다(다만 독일의 양손검 대부분은 리캇소가 매우 길어 하프 소드에 적합한 구조입니다). 그럼 리캇소(와 패링 훅)의 본래 역할은 무엇이었을까요. 그것은 당시의 양손검이 할버드 등에 대항하기 위한 무기였다는 사실과 관계가 있다고 생각합니다. 즉 복잡한 모양의 머리 부분을 가진 무기와 날밑 부근에서 바인딩했을 때 도끼날이나 갈고리로 손을 공격받을 가능성이 있는 것입니다. 따라서 그러한 상대의 무기가 손 쪽으로 미끄러져 내려오지 않도록 하는 스토퍼로서 패링 훅이 달리게 되었고, 그 후 리캇소를 이용한 하프 소드 기법이 사용되기 시작한 것이라고 추측할 수 있습니다.

⚜ 양손검의 용법과 기법

당시의 검사들은 양손검에 대해 다수를 상대하거나 할버드와 창 등 긴 손잡이 무기를 상대하는 데 최적의 무기라고 인식하고 있었습니다. 또한 실제로 그러한 특성을 살려 상대의 밀집진형을 격파하거나 군기와 지휘관을 호위하는 부대의 무기로서 사용하였습니다. 프랑스의 가야는 1678년의 책에 네덜란드인은 성벽을 방어하기 위해 양손검을 가진 병사를 9m 간격으로 배치한다고 서술하였고(다만 가야는 그것이 실용적인 목적이라기보다 상대를 놀라게 하려는 과시용이라고 생각하였습니다), 영국의 기록에는 해전에서 아군의 배에 올라타려는 적군을 저지하는 데 사용한다는 언급이 있습니다.

양손검의 위력은 페레스 멘도사 이 케사다가 1675년에 남긴 문장을 보면 명료합니다.

> *(양손검) 기법은 레이피어와 여타 무기보다 중요하다. 왜냐하면 양손검의 위력에 필적할 만한 것은 플레일뿐이며……레이피어는 복수의 무기를 상대할 때나 플레일 등 특정한 무기에 대해 우위를 점하지 못하는 데 반해, 양손검은 공방 어떤 국면이든 온갖 무기를 압도할 수 있고 설사 상대가 여러 명이라 해도 충분히 대항할 수 있는 힘을 갖추고 있기 때문이다.*

그리고 양손검 용법에 있어서는 어떻게 해야 검의 기세와 동작을 멈추지 않고 싸울 수 있는지가 가장 중요한 포인트입니다. 양손검은 무게 탓에 롱소드 등 다른 무기처럼 기민하게 조작할 수 없으므로 미리 기세를 붙여둘 필요가 있습니다. 영화 같은 매체에서는 위에서 아래로 내리치는 기법을 흔히 볼 수 있지만, 그런 방식은 검의 기세를 죽일 뿐 아니라 다음 공격으로 연계하기까지 시간이 너무 많이 걸린다는 치명적인 결점이 있기 때문에 실제 양손검 용법에서는 거의 사용되지 않습니다.

가령 스페인이나 포르투갈의 양손검 검술에서는 아래에서 위로 올려베는 느낌의 가로 방향 공격을 많이 사용하는데, 이는 어느 정도의 기세를 유지하면서도 반대로 기세가 지나치게 붙지는 않도록 하는 방식으로, 이렇게 하면 일단 공격을 한 다음 상황에 따라 베기・찌르기・방어로 재빨리 전환할 수 있습니다.

그 밖의 지역, 특히 이탈리아에서는 대표적으로「풍차베기(Molinello)」라는 기법이 사용되었습니다. Molinello(프랑스어 : Moulinet)는「작은 풍차」를 의미하는 단어로, 검이 회전하는 모습이 마치 풍차처럼 보인다는 데서 붙은 이름입니다. 검이 기세를 잃지 않도록 빙글빙글 돌려가며 연속해서 공격하거나, 공격에서 방어로 전환하거나, 상대의 무기를 쳐내는 동작을 그대로 회전운동으로 연결하여 공격하는 등 다양한 용법이 존재합니다.

이탈리아식 무술의 연구가 몬트샤인의 말에 따르면 「풍차베기」와 같은 양손검 기법은 프랑스의 봉술(Bâton), 영국의 그레이트스틱술 등으로 계승되었다고 합니다. 또한 그는 19세기의 세이버 검술에서도 비슷한 기술을 많이 찾아볼 수 있다고 지적하였습니다.

양손검 검술 기법이 여러 봉술로 계승되었다고 설명한 몬트샤인의 분석은 무척 흥미롭습니다. 왜냐하면 16세기에 실버도 「양손검은 쿼터스태프와 똑같이 사용한다.」라는 말을 남겼기 때문입니다. 이는 양손검과 봉이 매우 비슷한 특성을 가지고 있다는 사실을 증명해 줍니다. 그것을 뒷받침하는 것이 16세기의 검사 카밀로 아그리파가 남긴 「양손검은 긴 손잡이 무기와 같은 전법을 사용할 수 있다.」라는 문장입니다. 아그리파의 전법을 정리하면 아래와 같습니다.

1. 상대의 바깥쪽(왼쪽)에 페인트 공격을 한다. 상대가 그것을 방어하려 하면 아래로 파고들어 안쪽(오른쪽)에 찌르기를 한다. —이 외에도 오른쪽에 페인트 후 왼쪽에 찌르기, 위쪽에 페인트 후 아래쪽에 찌르기 등의 베리에이션이 있습니다.
2. 상대가 페인트를 방어하지 않고 되찌르면 상대의 찌르기를 받아넘긴 다음 그대로 처음 페인트 공격을 한 방향에 찌르기를 한다.
3. 상대의 무기를 쳐내고 대각선으로 파고들면서 찌르기를 한다.
4. 만약 상대가 찌르기를 하지 않으면 페인트 공격을 한 다음 뒤로 물러나는 상대를 쫓아가 찌르기를 한다.
5. 상대가 아무것도 하지 않을 때는 페인트 공격을 연이어 두 번 한 다음 상대의 무기를 쳐내고 두 번째 페인트와 같은 방향에서 찌르기를 한다.

양손검 용법 가운데 이채로운 것이 16세기의 검사 디 그라시입니다. 그는 상대의 반응에 따라 발의 위치와 검의 그립법을 바꾸는 독특한 전법을 제창하였습니다. 또한 베기보다 빠르게 공격할 수 있는 찌르기를 선호하여 대부분의 카운터 공격에 한손찌르기를 사용하는 특징을 보이고 있습니다.

몬트샤인은 수평베기가 빗나가면 칼끝을 내려서 「매달기」 자세를 취한 뒤 방어태세로 이행하라는 디 그라시의 조언을 언급하며, 후대의 세이버 검술에서도 찾아볼 수 있는 매우 효과적인 방법이라고 서술하였습니다.

또한 양손검은 「등에 짊어지고 운반했다」고 해설하는 경우가 많지만, 당시의 회화 자료(p90 참조)나 이탈리아 검사 프란체스코 알피에리의 말에서 명확히 드러나는 것처럼 손에 들고 운반하였습니다.

🔱 양손검의 타입

이제부터 구체적으로 양손검의 타입을 살펴보도록 하겠습니다.

1. 오크셧 분류법

• XIIa : 아래의 XIIIa와 거의 다름없는 타입으로 한때는 XIIIa와 함께 분류되었습니다. 차이점은 칼끝이 더욱 날카롭다는 것, 그리고 칼날이 평행하지 않고 칼끝으로 갈수록 좁아진다는 것입니다.

왕립 무기고 박물관 소장, 14세기 후반, 전체 길이 122.5cm, 칼날 길이 96.3cm, 무게 1710g.

• XIIIa : 진정한 중세 양손검이라 불리는 타입의 검으로 칼날이 거의 평행하며 칼끝이 둥근 것이 특징입니다. 강대한 일격을 목적으로 하는 검이지만, 후대의 양손검에 비하면 길이가 짧고 무게도 2kg 전후로 가볍습니다.

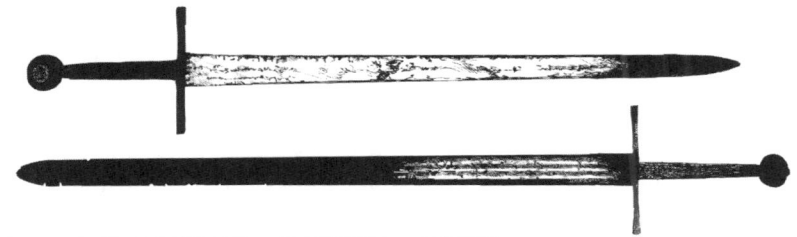

상 : 1350년 이후, 전체 길이 99.7cm, 칼날 길이 77.4cm, 무게 1683g.
하 : 1250~1300년경, 전체 길이 124cm, 칼날 길이 98cm, 손잡이 길이 20cm, 무게 약 2kg.

• XV, XVa : 13세기에서 15세기에 걸쳐 사용된 타입으로 마름모꼴 단면의 강렬한 삼각형 날을 가진 검입니다.

롱소드 또는 양손검, 메트로폴리탄 미술관 소장, 독일(추정), 1400~1430년경, 전체 길이 124.8cm, 칼날 길이 97.8cm, 무게 1560g.

- XVIa : 베기와 찌르기 양쪽에 사용되는 타입으로, 강력한 베기에 충분한 얇고 넓은 칼날과 메일을 꿰뚫기 위한 날카로운 마름모꼴 칼끝을 가지고 있습니다. 많은 경우 풀러가 검의 2분의 1에서 4분의 1 부근까지 뻗어 있습니다.

코펜하겐 국립 박물관 소장. 14세기 초, 칼날 길이 91.1cm. 덴마크 출토.

- XVII : 갑옷의 발전이 정점에 달한 시대의 검으로 온갖 방어를 돌파하기 위해 설계되었습니다. 긴 롱소드와 비슷한 손잡이, 그리고 육각형 단면의 튼튼한 날을 가지고 있습니다.

왕립 무기고 박물관 소장. 영국 14세기 말(추정). 전체 길이 119.4cm, 칼날 길이 92.7cm, 리캇소 길이 15.6cm, 칼날 폭 4.3cm, 칼날 두께 : 7mm(날밑 부근), 5mm(칼끝에서 10cm), 손잡이 길이 19.3cm, 무게중심 11cm(날밑에서), 무게 1535g.

- XVIIIa, b, c, d : 전형적인 유럽의 베기·찌르기 겸용 검이 바로 이 타입입니다. 무척 역사 깊은 검으로 그 기원은 청동기 시대까지 거슬러 올라갈 수 있습니다. 켈트와 로마의 검도 이 타입이었으나 어째서인지 기원 전후에 일단 소실되었다가 14세기에 다시 등장합니다.

  삼각형에 가까운 칼날을 가지고 있지만 타격 부위 부근에 충분한 폭을 주어 베는 힘이 뛰어나며, 칼끝은 메일을 꿰뚫으려는 목적으로 매우 날카롭게 제작되었습니다.

상 : 월레스 컬렉션 소장, 영국 1450년경, 칼날 길이 117cm, 칼날 폭 6cm, 날밑 폭 28cm, 손잡이 길이 33.3cm, 무게 2.89kg.
중 : 바이에른 국립 박물관 소장, 1450~1480년, 칼날 길이 91.4cm.
하 : 청동검. 프랑스, 오베르뉴 출토, 기원전 950~800년, 전체 길이 91cm, 칼날 길이 77cm, 칼날 폭 4cm(최대), 무게 1278.2g. 타입 XVIII의 예.

- XX, XXa : 15세기 후반에 등장한 타입으로, 그때까지의 삼각형에 가까운 형태에서 일변하여 마치 격세유전이라도 일으킨 듯 폭이 넓은 칼날을 가지고 있습니다. 풀러가 상당히 독특한데, 중앙의 긴 풀러를 짧은 풀러가 감싸는 식으로 조각되어 있습니다. 또한 손잡이 머리도 15세기 롱소드와 양손검의 특징인 향수병 스토퍼 모양입니다.
  타입 XXa의 경우 풀러의 배치는 같으나 이전의 것과 비슷하게 삼각형에 가까운 형태를 하고 있습니다.

상 : 빈 군사 박물관 소장, 1450년경, 칼날 길이 107cm. 칼날에 「파사우의 달리는 늑대」, IRI(유대인의 왕 예수), 사제모가 새겨져 있습니다.
하 : 바이에른 국립 박물관 소장, 1425~1450년경, 칼날 길이 86.4cm. 칼날에는 원제작자의 각인에 덧붙여 마술과 같은 문구가 양면에 새겨져 있습니다. 각문 앞 : +SOTTER(그리스어로 구세주)+ / +EMANUEL+ / IESUS+ +NAZAREUS+ / +REX JUDEORUM+ 뒤 : +ALPHA ETO+ / +ADONAI+ / +TETRAGRAMMATON+ / +ELOI EL+.

2. 쯔바이핸더(Zweihänder)

이탈리아에서는 스파도나(Spadona)라고 불리던 르네상스 시대의 양손검으로 독일, 이탈리아, 스위스에서 주로 사용되었습니다. 가장 큰 특징은 리캇소와 패링 훅이 달려 있다는 점과 복잡한 날밑 모양입니다.

사용자의 신장과 길이가 거의 같다고 하며, 현존하는 것은 전체 길이 140~170cm, 일반적으로 150~160cm 정도입니다. 조작성을 향상시키기 위하여 검에 비해 손잡이를 길게 만드는 것도 이 검의 특징으로, 손잡이 길이가 전체 길이의 3분의 1에서 5분의 2 사이가 됩니다(시대가 지날수록 더욱 길어지는 경향이 있습니다).

리캇소를 포함한 칼날 길이는 1~1.3m입니다. 무게 경감과 절단력 향상을 위해 검을 수평으로 들면 칼끝이 내려가버릴 만큼 칼날을 얇게 제작하기 때문에 찌르기에는 그다지

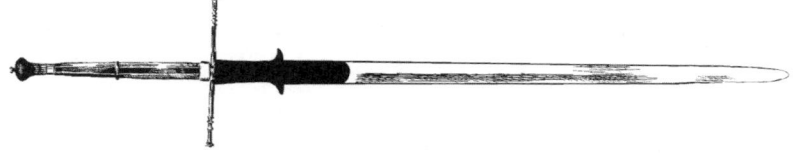

월레스 컬렉션 소장, 이탈리아, 밀라노제, 16세기 초, 칼날 길이 112.8cm, 손잡이 길이 37.6cm, 날밑 폭 29.8cm, 리캇소 길이 17cm, 칼날 폭 4.6cm, 무게 2.46kg.

「로즈크랜스 대장의 야경대(부분)」 암스테르담 국립 미술관 소장, 네덜란드 1588년. 양손검 칼날의 유연성이 나타난 몇 안 되는 예입니다.

적합하지 않다고 평가받습니다.

3. 몬탄테(Montante)

스페인과 포르투갈의 양손검으로 일반적인 쯔바이핸더보다 폭이 좁고 가볍습니다. 도요토미 히데요시 시대의 일본에 증답품으로 보냈다는 기록이 있습니다.

4. 스코틀랜드의 양손검(Claidheamh da laimh)

일반적으로 클레이모어라 불리는 타입의 검으로 고지 스코틀랜드(하일랜드)와 저지 스코틀랜드(롤랜드)에서 모양이 크게 다릅니다. 저지 스코틀랜드의 양손검은 국경을 접하는 잉글랜드의 영향을 강하게 받아 전체 길이 약 170cm, 무게 3~3.5kg의 대형이며 「게 모양 날밑」이라고 불리는 양쪽 끝이 「つ」자형으로 구부러진 날밑을 가지고 있습니다.

한편 고지 스코틀랜드의 양손검은 중세 스코틀랜드 한손검의 특성을 강하게 계승하고 있습니다. 언뜻 보아도 알 수 있는 특징은 칼끝 쪽으로 기울어진 날밑으로, 끝부분에 클로버 잎 모양의 장식이 되어 있습니다. 이러한 날밑은 상대의 검이 미끄러져 내려오는 것을 막아줄 뿐만 아니라 검을 다룰 때 날밑에 손목이나 소매가 걸리는 것을 방지하는 기능이 있습니다. 그 밖의 특징으로 비교적 작은 소형 양손검이라는 점이 있으며, 거의 모든 검이 전체 길이 135cm, 칼날 길이 1m, 무게 2.2kg 정도입니다. 여기에서 칼날 길이 1m는 실버가 남긴 「양손검의 칼날은 한손검과 같은 길이」라는 문장과 일치합니다.

또한 클레이모어라는 명칭은 당시에는 한손검을 가리키는 말로 사용되던 모양으로, 현재는 스코틀랜드어로 양손검을 의미하는 「클레이드헴 다 라프(Claidheamh da laimh)」라는 단어가 사용되고 있습니다.

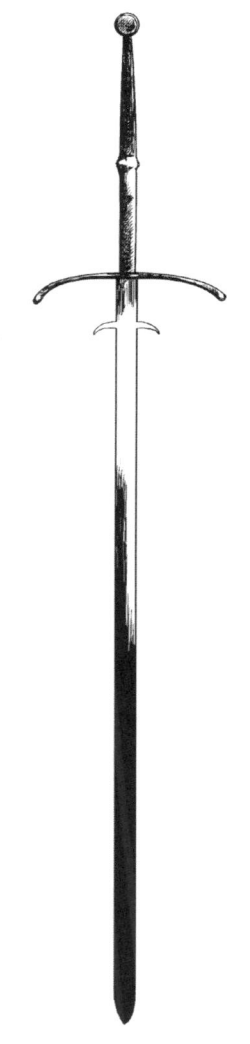

가르시아 데 파레데스의 것으로 전해지는 몬탄테(치수를 바탕으로 추정복원), 스페인 왕립 무기고 소장, 전체 길이 153cm, 칼날 길이 114cm, 칼날 폭 3cm, 손잡이 길이 39cm, 날밑 폭 28cm, 패링 훅 폭 8cm, 패링 훅까지의 칼날 길이 106cm, 무게 중심 13cm(날밑에서), 무게 2.25kg.

대영 박물관 소장, 1476~1525년, 전체 길이 140.5cm, 칼날 길이 99cm, 칼날 폭 5cm, 날밑 폭 32.4cm, 무게 2370g.

5. 아일랜드의 양손검

아일랜드의 검은 갤로글라스(영 : Gallowglass, 애 : Gallóglach)라 불리는 스코틀랜드 출신 용병들의 무기에 영향을 받았습니다. 가장 큰 특징은 한가운데 구멍이 뚫려 있는 수레바퀴형 손잡이 머리로, 1521년 뒤러가 그린 아일랜드인 용병의 스케치에도 등장합니다. 그의 스케치를 보면 사용자의 신장만한 길이를 가진 상당한 대형 양손검이라는 것을 알 수 있습니다.

알브레히트 뒤러 작 「아일랜드인 용병」. 오른쪽 두 사람이 가지고 있는 도끼는 아마도 스파스 액스라 불리는 것.

아일랜드의 한손검. 대영 박물관 소장, 아일랜드, 1500년경, 전체 길이 99.7cm, 칼날 길이 82cm, 무게 0.7kg.

6. 덴마크의 양손검

오크셧 타입 XVIIIe로 분류되는 검으로 바퀴 모양 돌기 여러 개가 달린 매우 긴 손잡이, 기다란 리캇소, 비교적 폭이 좁은 날밑을 가지고 있습니다. 그 형태로 보아 검과 창의 중간적인 의미가 강한 무기로 추측됩니다.

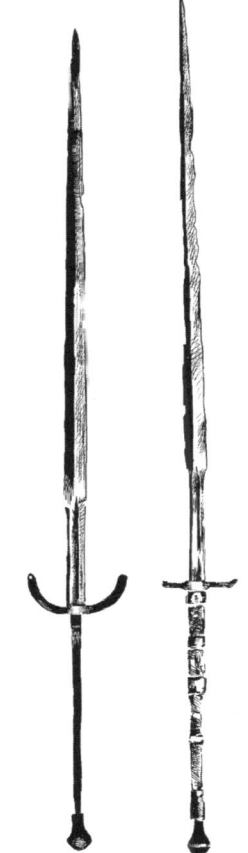

덴마크의 양손검, 1450~1460년경.

제 5 장
FALCHION & MESSER
펄션과 메서

❖ 펄션

펄션은 베는 힘을 강화한 외날검입니다. 중세 초기 게르만 민족이 사용하던 색스에서 발전한 것이라고도 하고, 동유럽의 곡도(曲刀)에서 발전한 것이라고도 합니다. 펄션이라는 명칭은 라틴어로 「낫」을 의미하는 Falx에서 유래하였으며 낫처럼 강렬한 베기를 나타내고 있습니다.

목표를 자르는 것이 주된 사용법이지만, 펄션 대부분은 찌르기에 적합한

펄션의 원형으로 보이는 무기를 가진 병사. 연대 불명(아마도 12세기). 매우 단순한 구조로, 노출되어 있는 자루에 가죽을 감아 손잡이로 삼은 것 같습니다.

날카로운 칼끝을 가지고 있으며 선단에서 4분의 1 정도는 뒷날이 예리하게 벼려져 있으므로 찌르기와 뒷날 베기도 가능합니다. 이 사실을 종합하면 펄션은 휘두르기만 하는 단순한 검이 아니라 한손검의 온갖 조작법에 대응되는 매우 유연한 검이라고 할 수 있습니다.

펄션에는 세 가지 타입이 있습니다.

첫 번째는 모양 그대로 크기만 커진 색스에 한손검의 손잡이가 달린 듯한 검으로 가장 일반적인 타입입니다.

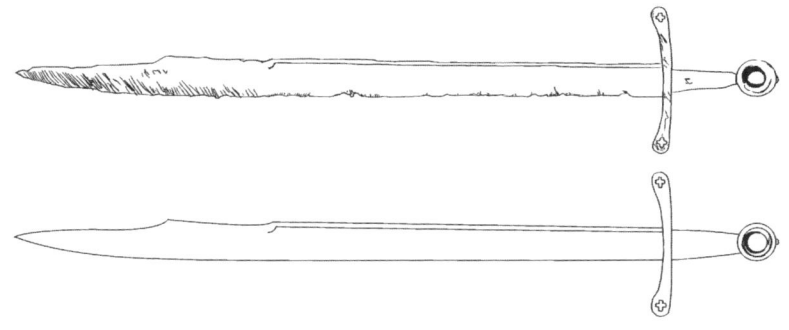

소프 펄션. 영국 13세기 후반에서 14세기 전반, 전체 길이 95.6cm, 칼날 길이 80.3cm, 칼날 두께(최대) 2.5mm, 무게중심 9cm(날밑에서), 무게 905g.

두 번째는 고기칼 타입으로 무척 폭이 넓은 타격 부위를 가진 반면 칼끝은 그다지 날카롭지 않은 베기 강화형 검입니다. 아마 펄션이라는 말을 들으면 대부분의 사람이 이 타입을 떠올릴 것입니다.

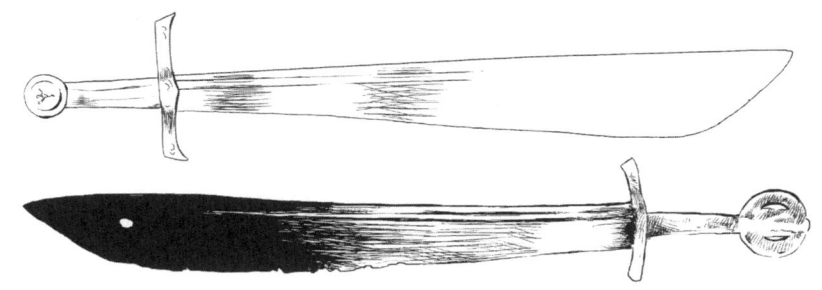

상 : 코니어스 펄션. 영국 1260년경, 전체 길이 89cm, 칼날 길이 74cm, 칼날 두께 4mm(날밑 부근), 날밑 폭 : 17cm, 무게 1.3kg.
하 : 샤틀레 펄션. 클뤼니 중세 박물관 소장, 13세기.

세 번째는 가장 특수한 타입으로, 첫 번째와 칼날 모양이 비슷하지만 날이 반대쪽에 달려 있는 역날검입니다. 왜 이러한 타입의 검이 고안되었는지는 명확히 알 수 없으나, 아마도 첫 번째 타입처럼 다양한 기법에 대응할 수 있는 유연성과 두 번째 타입의 베는 힘을 함께 갖추고자 한 결과인지도 모릅니다.

상 : 『알렉산더 이야기』 영국 1338~1344년.
하 : 파리 군사 박물관 소장, 전체 길이 약 77cm.

⚜ 메서

　독일 지방에서는 펄션 대신 「커다란 나이프」를 의미하는 그로스메서(GroßeMesser)가 사용되었습니다(이 책에서는 이후 메서라고 부릅니다). 메서의 칼날은 펄션과 같은 모양이지만 손잡이의 형태가 크게 다릅니다.
　우선 손잡이 머리가 따로 없고, 설사 존재하더라도 손잡이와 동화되어 있습니다. 손잡이의 구조도 상당히 독특한데, 두 장의 판 사이에 슴베를 끼워 넣고 리벳으로 고정하였습니다. 또한 날밑 부분에 손을 보호하기 위한 나겔(못)이라 불리는 돌출부가 달려 있는 것도 특징입니다.
　이러한 특징은 메서가 정식 검이 아니라는 사실을 시사하고 있습니다. 왜 다른 지역처럼 일반적인 검의 손잡이를 채용하지 않았는가에 대해서는 이렇게 하는 편이 더 저렴하게 제조할 수 있기 때문이라는 설과 법률상의 문제 때문이라는 설이 있습니다.
　당시 대부분의 도시에서는 검과 같이 위험한 무기의 소지가 제한되었고 대거나 나이프 등에 한해서만 휴대가 허용되었습니다(예외적으로 검은 괜찮고 대거는 안 된다는 지역도 있던 모양입니다). 그래서 나이프와 같은 구조로 제작하여 「이것은 검이 아니라 크기가 큰 나이프」라고 법률을 피해갔다는 것입니다. 만약 이 가설이 옳다면 여러 도시의 법 규제를 신경 쓰지 않고 가지고 다닐 수 있던 메서는 여행자에게 있어 매우 편리한 호신용 무기였을 것입니다.
　또한 메서에는 양손검이나 롱소드와 마찬가지로 양손으로도 한 손으로도 사용할 수 있는 타입이 존재합니다.

■ 양손용 메서   ■ 메서의 손잡이

마리엔부르크 박물관 소장, 15세기 후반에서 16세기 초반, 전체 길이 88.8cm, 칼날 길이 66.1cm, 칼날 폭 4.6cm, 칼날 두께 5mm(날밑 부근), 1.5mm(칼끝 부근), 손잡이 길이 22.7cm, 날밑 폭 16.5cm, 무게중심 6cm(날밑에서), 무게 1200g.

한스 세발트 베함 작, 1500년경.

⚜ 두사크

두사크는 체코어로 「송곳니」를 의미하는 tesák에서 유래한 단어입니다. 본래 메서와 같은 외날 무기였으나 16세기 독일에 유입되면서 연습용 메서로서 사용되기 시작하였습니다. 그리고 그 후 스포츠 경기용 무기로도 인기를 얻게 됩니다. 전체 길이 70~90cm 정도이며 목제, 가죽제, 철제 등으로 재질이 다양했습니다.

제 6 장
BUCKLER
버클러

버클러는 중세 시대에 무척 인기가 높던 소형 방패의 일종입니다. 그 기원은 확실하지 않지만 바이킹의 사가 등에 「버클러」라는 이름의 소형 방패가 등장하는 것으로 보아 9세기경에는 이미 비슷한 것이 존재했다고 생각할 수 있습니다(다만 사가가 기록된 것은 13세기 이후이므로 당시 사람들이 이 소형 방패를 실제로 어떻게 불렀는지는 불명입니다). 버클러라는 명칭은 고대 프랑스어로 「보스(방패의 손잡이 부분을 보호하는 반구형 금속 도구)」를 의미하는 Bocle, Boucle에서 유래한 것이며, 버클러가 처음 발명되던 시절부터 기본적인 형태는 거의 변하지 않았습니다.

평균적인 버클러는 지름 20~30cm 정도의 원형 방패로 중앙에 반구형 보스가 붙어 있습니다. 보스는 버클러 중앙의 손잡이를 보호하는 동시에 상대를 가격할 때 유리하게 작용합니다. 보스의 형태는 매우 다양하여 원형·사각형 또는 다면체인 것, 스파이크가 달린 것, 사람 얼굴 모양을 한 것 등이 있었습니다. 재질은 금속이 일반적입니다.

이탈리아에는 스몰 버클러(Brocchiero Stretto 또는 Brocchiero : 지름 30cm 이하)와 라지 버클러(Brocchiero Larga : 지름 30cm 이상)가 있었으나 실제 사용법은 딱히 차이가 없습니다.

❦ 평민과 버클러

버클러는 무게가 가벼워 휴대하기 편하고 가격이 저렴하여 평민 계층에 인기가 있었습니다. 특히 주목할 만한 것은 1180년 잉글랜드에서 런던 시내에 검과 버클러를 가르치는 도장을 설립하는 것을 법률로 금지한 일입니다. 이 법의 존재는 당시 이미 버클러 기법의 인기가 높았다는 점, 그리고 당시의 위정자는 검과 버클러 기술을 가르치는 도장을 치안상의 이유로 탐탁지 않게 여겼다는 점을 시사해 줍니다. 영국식 롱소드 검술의 할레이언 문서에서 「버클러(Bokelers)」라는 단어를 「적」이나 「난폭한 사람」과 동의어로 사용하고 있는 것으로 보아, 당시 버클러는 강도나 산적이 애용하던 방어구였다는 사실을 알 수 있습니다.

책형도(부분) 1515년경. 당시의 버클러 휴대법.

15세기로 추정. 사냥꾼이 버클러와 깃 달린 투창을 가지고 있습니다.

　버클러는 비단 평민 계층만의 것은 아니었으며 기사들도 상황에 따라 버클러를 사용하였습니다.
　버클러의 가장 큰 장점은 휴대성입니다. 그리고 전투에 있어서는 뛰어난 기동성, 공방 양면을 아우르는 다양한 기술, 시야를 방해하지 않는 크기를 들 수 있습니다.
　한편 단점 또한 크기로, 투척무기에 대항하기에는 지나치게 작고(사가에도 화살을 버클러로 막으려다가 실패하는 장면이 몇 차례 등장합니다), 형태에 따라서는 일단 방어한다 해도 무기가 방패 위를 타고 미끄러져 뒤에 있는 사용자를 직격할 가능성이 있습니다.

⚜ 버클러의 용법

　버클러의 기본적인 용법은 다음과 같이 요약할 수 있습니다.

1. 검이 방어의 주체이며 버클러의 역할은 방어의 보좌라는 것. ―기본적으로 버클러를 쥔 왼손과 검을 쥔 오른손을 함께 내밀어 사용하는 것이 유럽의 버클러 기법입니다. 양손으로 버클러를 지탱함으로써 보다 강한 충격에 견딜 수 있기 때문입니다.

Beinecke MS 229 『아서 왕 이야기』 209r. 왼쪽 인물은 『I.33』에 등장하는 「움켜잡기」 자세(Kruck) 또는 하프실드 자세를 취하고 있습니다.

『메리 왕비의 기도서(British Library, Royal 2 B VII)』 f. 146v 영국 1310~1320년. 하프실드 자세를 볼 수 있습니다.

2. 상대의 검이나 버클러(대부분 양팔)를 눌러 움직일 수 없도록 봉쇄한다. ―이것은 바인드라 불리는 기법으로 『I.33』에서는 「실드 스트라이크(Schiltslac)」라고 불리며 근접전투의 핵심으로서 애용되었습니다.
3. 버클러는 팔을 몸 앞에 일자로 뻗어 장비합니다.
4. 오른팔을 커버한다. ―즉, 공격할 때 상대가 오른팔에 카운터 공격을 하는 것을 방어합니다.
5. 검과 별도로 「제2의 방어」가 가능하다는 것. ―버클러로 머리를 감싸며 검으로 다리를 공격한다는 식으로 움직일 수 있기 때문에, 롱소드처럼 공방 모두를 담당하는 무기보다 기술의 폭을 넓힐 수 있습니다.

예르크 브로이 스케치북 15r, 독일 15세기. 『I.33』를 바탕으로 묘사한 것. 전형적인 실드 스트라이크를 나타내고 있습니다.

⚜ 『I.33』

현존하는 중세 최초의 페히트부흐로, 검과 버클러 기법을 전문적으로 다루고 있습니다. 수도사가 스승 역으로 등장하며 여성 검사도 등장하는 무척 희귀한 책이기도 합니다. 이 페히트부흐의 기법 중 가장 특징적인 것으로는 카운터 가드의 존재, 바인드에 대한 집착,

『홀크햄 성경』 1327~1335년.

왼팔의 아래/위를 지나 자신의 왼쪽 방향에서 찌르기를 한다는 점 등을 들 수 있습니다.

또한 『I.33』 기법의 핵심이라고도 할 수 있는 것이 바로 양팔의 움직임입니다. 『I.33』 의 삽화와 설명을 보면 검사들은 양팔을 교차시킨 채 양손을 회전하듯 움직여 공격과 방어를 하고 있습니다. 왜 이러한 움직임이 『I.33』의 기본이 되었는지는 알 수 없지만, 어쩌면 검과 버클러가 좌우 다른 방향을 방어할 수 있도록 고려한 결과인지도 모릅니다.

⚜ 디 그라시

디 그라시는 버클러 기술에 대해 세 가지 원칙을 들고 있습니다. 첫 번째로 공격은 방어하지 말고 피하라는 것, 두 번째로 팔을 뻗어 버클러의 정면이 상대를 향하게 하라는 것, 세 번째로 버클러와 왼팔은 항상 함께 움직이며 팔꿈치를 구부리지 말라는 것입니다. 이 내용을 종합하면 아래와 같이 정리할 수 있습니다.

1. 왼팔은 버클러에 의해 상대로부터 완전히 커버된다.
2. 만약 상대가 공격하면 상대 검의 「약한」 부분이 버클러에 닿게 되므로 쉽게 방어할 수 있다.
3. 상대가 공격하려면 버클러를 회피해서 들어올 필요가 있기 때문에 항상 리치가 짧아진다. 또한 버클러를 쥔 팔을 일직선으로 뻗어 상대의 접근을 방해하기 때문에 상대의 공격에 대응할 시간을 충분히 벌 수 있다.
4. 무릎보다 아랫부분을 버클러로 방어해서는 안 된다. 만약 무릎 아래를 방어하고 싶다면 검을 사용한다.

제 7 장
SIDE SWORD
사이드 소드 (레이피어)

현대의 연구가들은 르네상스 시대 이탈리아 등지에서 사용된 평시·군용 검을 아울러 사이드 소드라 부르고 있습니다(당시에는 단순히 「검」이라고 불렀습니다).

이 책에서는 16세기 후반 무렵 등장하여 기본적으로 시민들의 호신·결투용으로 발전하게 되는 일련의 검을 사이드 소드, 군사용으로 발전해가는 검을 「바스켓 힐트 소드」 (p114 참조)로서 취급합니다.

⚜ 사이드 소드의 발전

15세기에 들어설 무렵, 그때까지 단순한 형태였던 검의 손잡이가 복잡해지기 시작합니다. 가장 처음 일어난 변화는 스웹트 키용이라 불리는, 선단이 앞 또는 뒤로 구부러진 날밑이 나타난 것입니다. 이러한 형태의 날밑은 바이킹 시대의 검에도 등장하는데, 상대의 검이 미끄러져 내려오지 않도록 막거나 손가락을 방어하는 역할을 했다고 합니다.

또한 사이드 링이라는 고리가 날밑 측면에 붙어 손등을 보호하게 되고, 핑거 링이라 불리는 고리도 달리는데 이것은 집게손가락을 날밑에 거는 방식으로 검을 잡았을 때 집게손가락을 보호하기 위한 것입니다. 그리고 이 그립법을 사용할 때 손가락을 베지 않기 위한 리캇소, 손가락을 방어하기 위한 너클 가드, 손등을 보호하기 위한 통상 3개의 카운터 가드 등이 부착되며 이러한 것들이 후술하는 레이피어의 형식으로 발전하게 됩니다.

시에나 푸블리코 궁전의 프레스코(부분), 1407년 이전. 손가락을 날밑에 거는 기법이 분명하게 그려져 있습니다.

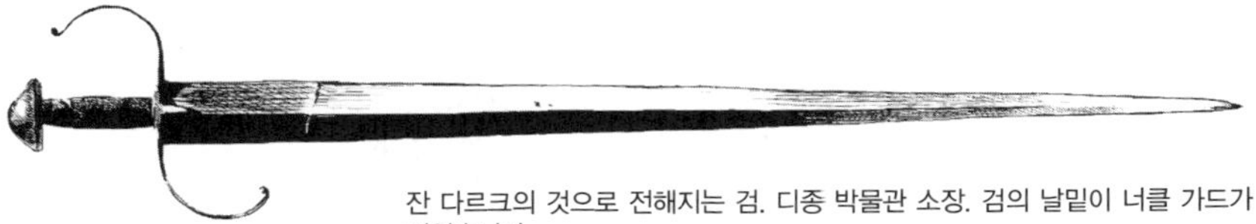

잔 다르크의 것으로 전해지는 검. 디종 박물관 소장. 검의 날밑이 너클 가드가 되었습니다.

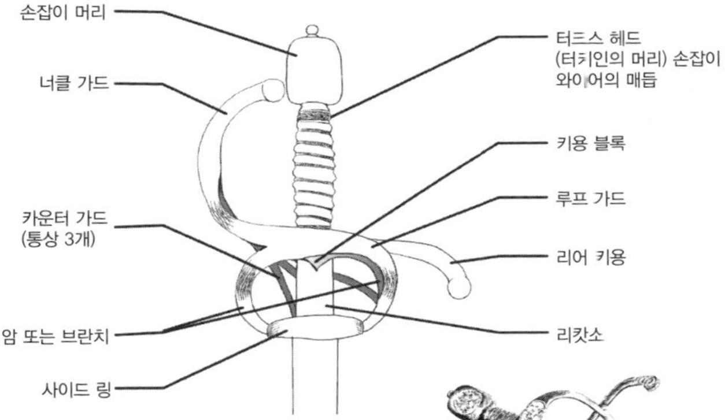

- 손잡이 머리
- 너클 가드
- 카운터 가드 (통상 3개)
- 암 또는 브란치
- 사이드 링
- 터즈 헤드 (터키인의 머리) 손잡이 와이어의 매듭
- 키용 블록
- 루프 가드
- 리어 키용
- 리캇소

레이피어 손잡이의 부품 명칭. 월레스 컬렉션 소장, 스페인 16세기 말. 전체 길이 104.7cm, 무게 1.28kg. 장식은 생략.

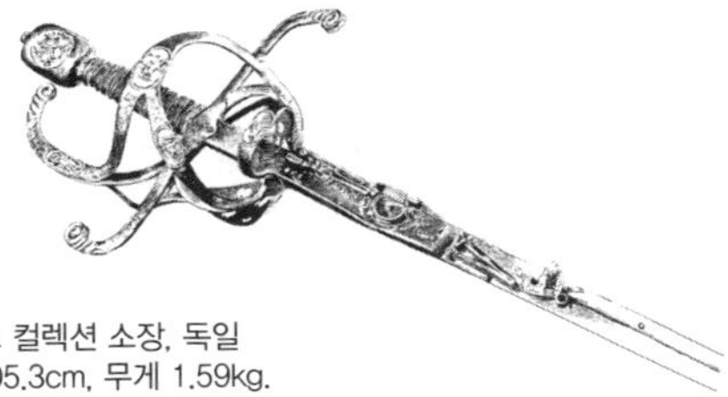

총이 장치된 레이피어. 월레스 컬렉션 소장, 독일 1580~1590년, 전체 길이 105.3cm, 무게 1.59kg.

⚜ 사이드 소드와 레이피어

오늘날 우리의 관점에서 보면 사이드 소드와 레이피어는 전혀 다른 무기지만, 당시 사람들에게 있어서는 차이가 매우 모호하여 경우에 따라서는 동일한 것으로 간주하였습니다. 그것은 사이드 소드가(형태와 사용법 모두) 완만하게 레이피어로 발전했기 때문에 양자의 경계가 분명하게 존재하지 않는다는 점에 기인하고 있습니다.

메이어, 레이피어 검술 일러스트 A.

파브리스(1606년), p.113.

　실제로 당시의 책을 보면 가령 디 그라시의 책에서는 원문(1570년)의 Spada(검)가 영어(1594년)로 Rapier(레이피어)라고 번역되어 있고, 메이어의 책(1570년)에서는 일러스트는 사이드 소드인데 문장에서는 Rappier(레이피어)라고 불리며, 1606년 파브리스의 책에서는 레이피어를 검(Spada)이라고 부르는 것만 보아도 당시 양자의 구별이 명확하지 않았다는 사실을 알 수 있습니다.

　하지만 완성형에 이른 레이피어와 사이드 소드는 형태에 차이가 생기게 됩니다. 사이드 소드는 칼날 길이 90~100cm, 무게 1kg 전후인데 비해 레이피어는 칼날 길이 1~1.3m, 무게 1.2kg 정도로 레이피어의 칼날이 좀 더 길고 다소 무거워집니다.

　이것은 사이드 소드와 레이피어의 설계기준이 다르기 때문입니다. 사이드 소드는 이른바 범용 검인 반면 레이피어는 결투용 검으로서 특수하게 디자인되었습니다.

　당시 검사들의 말에 따르면 칼끝을 지면에 댔을 때 사이드 소드는 날밑이 배꼽 근처에 오는 정도가 적당하고, 레이피어는(일부 예외를 제외하고) 손잡이 머리가 겨드랑이에 오는 정도가 이상적이라고 합니다.

⚜ 레이피어

　레이피어는 사이드 소드에서 발전한 검입니다. 주로 찌르기 공격을 하는 타입의 검이기 때문에 가능한 한 긴 리치를 얻을 수 있도록 매우 기다란 검신을 가지고 있습니다.

　대부분의 레이피어는 칼날 길이 1m 전후인데, 이는 여러 나라에 레이피어의 길이를 규제하는 법률이 있었기 때문입니다(예를 들어 잉글랜드는 1557년의 법률에서 1143mm 이상의 칼날을 가진 검을 파는 행위를 금지하고 있습니다). 이 법률을 회피하

상 : 컵힐트 레이피어—카를로 피치니노 작, 이탈리아, 17세기 후반, 전체 길이 111.76cm, 칼날 길이 94.62cm, 날밑 폭 30.63cm, 칼날 폭 1.27cm(최대), 칼날 두께 0.64cm(최대), 무게 1049g, 칼날 경도 52~60(544~697VPH).
중 : 레이피어—독일(작센 지방으로 추정), 1600년경, 전체 길이 127cm, 칼날 길이 112.22cm, 날밑 폭 18.42cm, 칼날 폭 2.69cm(최대), 칼날 두께 0.46cm(최대), 무게 1162g, 칼날 경도 72(1020VPH).
하 : 레이피어—월터스 미술관 소장, 1625~1650년. 전체 길이 136.3cm.

기 위해 통상 1m인 칼날을 상황에 따라 1.3m까지 연장할 수 있는 신축기능을 가진 레이피어도 있었습니다.

1551년의 아그리파 이후 기하학을 검술이론의 기초로 삼는 움직임이 빠르게 대두합니다. 고전문학에 열광하는 르네상스 시대의 사조가 검술에도 영향을 주어 찌르기를 최고의 공격형태로 보는 베게티우스의 저작이 유럽 전체의 찬동을 얻으면서 찌르기 중심의 레이피어가 널리 보급되었기 때문입니다. 직선상을 움직이는 찌르기 중심의 기법은 기하학을 바탕으로 구성된 검술이론과 상성이 무척 좋았을 뿐 아니라, 그때까지의 경험적 검술이 아닌 과학적 수법을 도입한 검술이론은 당시 지식인 계급의 눈에 매력적으로 비쳤습니다.

찌르기 중심의 기술은 손잡이의 형태에도 영향을 끼쳤습니다. 레이피어의 손잡이는 복잡한 모양을 가진 것으로 유명한데, 그것은 칼끝에서 손잡이를 향해 칼날과 평행하게 날아오는 상대의 찌르기를 막을 수 있도록 설계되었기 때문이며, 그것이 최종적으로 발전한 형태가 컵힐트라 불리는 타입의 날밑입니다. 컵힐트는 손을 보호하는 것은 물론, 검에 달린 버클러로서 오른팔과 몸을 커버하는 역할을 합니다.

흔히「레이피어의 칼날은 베기에 적합하지 않다」고 말하지만, 실제로는 무척 예리하게 연마되어 있어 일격에 뼛속까지 깊이 벨 수 있었습니다.

레이피어의 기다란 칼날은 찌르기를 할 때 리치가 길어 유리한 반면 취급이 매우 불편하다는 결점도 가지고 있습니다. 예를 들어 16세기 후반의 존 스미스 경은 당시 파이크 병사와 기병이「긴 레이피어」를 장비하고 있다는 글을 남겼는데, 거기에서 그는 도보 전투에서 싸움이 가열되어 병사들이 밀집하면 검을 뽑기가 곤란하고 갑옷에 닿아 부러지며, 기마전투 때는 고삐를 놓지 않으면 검을 뽑을 수 없다고 비판하였습니다(다만 이「긴 레이피어」는 진짜 레이피어가 아닐 가능성이 있습니다).

레이피어의 가장 중요한 역할은 16세기 후반의 검사 사비올로가 말했듯이 결투에서 자신의 명예와 정의를 지키고 부정을 바로잡는 것이었습니다. 그 증거로 당시 검사들 중 스웻남을 제외하고는 아무도 레이피어를 전장에서 사용할 수 있는 무기라고 말하지 않았습니다. 17세기 초반의 검사 실버는 레이피어 검술을 통렬하게 비난하였는데, 그 비난의 화살은「검이 지나치게 길어 일단 바인드 상태가 되면 벗어날 수 없다.」,「실버가 신봉하는 안전제일주의 전법을 취할 수 없다.」,「상대의 전투능력을 신속하게 빼앗을 수 없다.」라는 등의 기술적인 이유 외에 레이피어가 결투용 무기라는 점에도 쏠려 있습니다.

즉 실버가 신뢰하는 백소드(바스켓 힐트 소드)는 호신용 무기인 동시에 국왕과 잉글랜드를 위협하는 외적을 무찌르고 사람들을 지키기 위한 검이지만, 레이피어는 명예와 정의를 지킨다고 하는 허울만 좋을 뿐 실체는 서로 힘을 합쳐야 할 동포를 살해하고 인류의 지혜를 집약한 법제도를 우롱하는 쓸모없는 흉기에 지나지 않는다는 것입니다.

실제로 실버는「하고 싶은 말이 있다면 검을 뽑지 말고 재판소에 가라. 여기는 법치국가다.」라는 취지의 말을 남겼습니다. 다만 그 자신도 동생과 함께 이탈리아 출신의 검사 사비올로에게 결투를 신청한 적이 있으므로 그다지 설득력이 있는 말이라고는 할 수 없습니다.

유골을 통해 보는 무기의 위력(2)

비스비 집단매장묘의 유골

1361년 7월 17일의 비스비 전투는 발트 해에 위치한 고틀란드 섬으로 침입해온 덴마크 왕국군과 현지 시민병 사이에 벌어진 전투입니다. 3개의 집단매장묘에서 발굴된 유골은 고틀란드 시민병의 것으로 약 3분의 1이 미성년자와 노인으로 구성되어 있습니다. 유골을 살펴보면 평균 신장 168cm이며 베인 상처가 가장 많고 화살에 맞은 상처가 그 뒤를 잇습니다.

머리가 손상된 예가 가장 많은데, 유복하지 않은 사람들(우물을 통해 추측)이 묻힌 매장묘에서는 머리 상처가 전체의 약 50%에 달하는 반면 유복한 사람들의 유체에서는 5%에서만 머리뼈의 상처를 발견할 수 있다는 점에서 투구의 유무가 전장에서의 생사를 좌우하는 결정적인 요소였다는 사실을 알 수 있습니다. 또한 여러 개의 상처가 있는 머리뼈에서는 모든 흉기가 머리 중앙부까지 깊숙이 들어가 있습니다. 이것은 전투의 흥분과 혼란 탓에 상대가 전투능력을 상실한 뒤에도 공격을 계속했기 때문일 것입니다.

이 전투에서 사용된 화살은 모두 크로스보우에서 발사된 것입니다. 화살에 맞은 상처가 머리에 존재하고 5~7개가 관통한 예도 있는 것으로 보아 상당한 양의 화살이 방패 위를 넘어 날아왔다는 사실을 추측할 수 있습니다.

(p135에 계속)

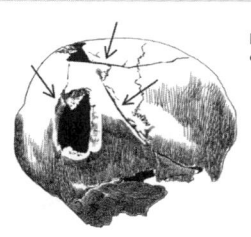
베인 상처가 여러 개 있는 머리뼈.

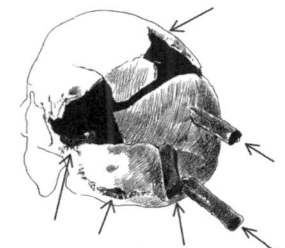
화살이 여러 개 박힌 머리뼈.

일격에 두 다리를 절단당한 유체.

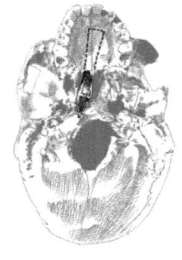
얼굴에 화살이 꽂힌 머리뼈.

제 8 장
SIDE SWORD & DAGGER
사이드 소드와 대거

사이드 소드(특히 레이피어)와 대거를 동시에 사용하는 기법은 이탈리아와 독일 지방에서 기원한 것으로 보입니다. 대거와 검을 동시에 사용하는 기법이 그려진 최초의 페히트부흐는 1467년 탈호퍼의 것으로, 왼손에 버클러와 대거를 쥐고 다수를 상대하고 있는 모습이 묘사되어 있습니다. 1512년 뒤러의 스케치에는 메서와 대거를 사용한 기법이 등장합니다. 이러한 사실을 통해 15세기 후반에서 16세기 초반에 걸쳐 주무기를 보조하려는 목적에서 대거를 사용하는 기법이 왕성하게 연구되었다는 사실을 추측할 수 있습니다.

대거는 여타 보조무기(버클러, 타지, 케이프 등)에 비해 휴대성이 뛰어나고 가벼우며 단독으로도 무기로서 기능하고 스피드가 빠르다는 이점이 있습니다. 특히 대거의 스피드는 검이 너무 길어 갑작스러운 위기에 기민하게 대처할 수 없는 레이피어의 결점을 보충하기에 이상적이라고 할 수 있습니다.

탈호퍼의 페히트부흐에서.

이와 같은 보조무기로서의 대거는 당시 푸냘레 (Pugnale) 또는 파냐드 (Poniard)라고 불렀으나 현재는 각종 대거를 통틀어 패링 대거라 부르고 있습니다. 일반적인 패링 대거는 날밑이 옆으로 넓어 상대의 검을 잡기 쉬운 구조로 되어 있습니다.

또한 특수한 패링 대거도 다수 제작되었는데, 가장 유명한 것이 소드 브레

알브레히트 뒤러 스케치북 : 메서 기술 39.

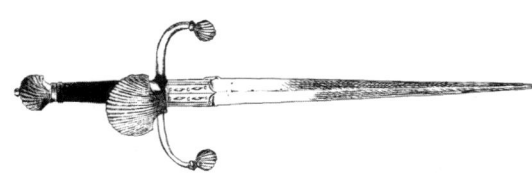

파냐드, 프랑스, 1600년.

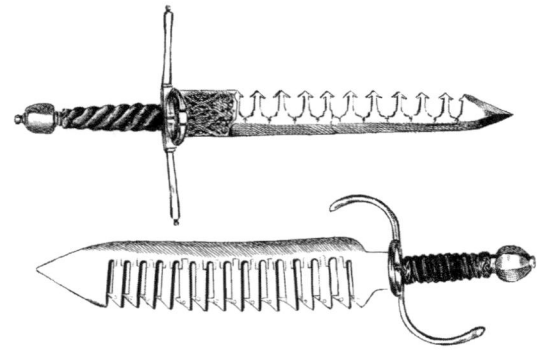

상 : 월레스 컬렉션 소장, 이탈리아, 1600년경, 전체 길이 50.8cm, 무게 810g. 날밑에서 네 번째 톱니 밑부분의 금은 검을 막았을 때 생긴 흠집으로 추정.
하 : 동 컬렉션 소장, 이탈리아, 1620년경, 전체 길이 48.2cm, 무게 1.24kg. 톱니 앞부분에 용수철이 장치된 미늘이 달려 있다.

이커라 불리는 타입의 대거입니다. 이 대거는 톱날에 상대의 검을 끼워(꺾는 것이 아니라) 움직임을 봉쇄하려는 목적을 가지고 있습니다. 하지만 가격이 비싸고 만들기 어려운 데다 무게가 다른 대거의 2배 정도로 매우 무거워 대거의 장점인 스피드를 살릴 수 없다는 결점이 있습니다.

또 다른 특수한 대거는 기계장치가 되어 있는 대거입니다. 언뜻 평범하게 보이지만 버튼을 누르면 칼날이 벌어지도록 제작되어 있습니다. 벌어진 칼날

은 날밑이 떠받치고 있기 때문에 설사 레이피어의 칼날이 강하게 부딪쳐도 부서지지 않습니다. 나폴리의 바르톨로메오 로마노는 16세기 후반에 이 대거를 본뜬 프로테오라는 가변식 만능 계측기를 발명하였습니다.

패링 대거는 보통 칼날이 엄지손가락 쪽에 오는 정수법으로 잡지만, 디 그라시는 대거를 수직으로 세웠을 때 칼날이 앞뒤를 향하는 방법과 칼날이 좌우를 향하는 방법의 2종류로 분류하여 각각의 사용법을 해설하였습니다.

칼날이 앞뒤를 향하는 그립법의 경우, 상대의 검과 옆면에서 접촉한 다음 대거를 비틀어 상대의 검을 고정하면서 왼쪽으로 받아넘기는 동시에 한 발 내디디면 상대의 공격을 간단히 방어할 수 있다고 합니다. 그는 이 타입의 그립법에는 커다란 대거를 사용하는 것이 유리하다고 하였는데, 이는 날밑보다 칼날의 강도가 중요하다는 말입니다.

한편 칼날이 좌우를 향하는 그립법의 경우, 칼날을 사용하지 않고 날밑 부근에서 상대의 검과 접촉한 다음 공격을 받아넘기면서 날밑과 칼날 사이에 상대의 검을 끼워 넣어 봉쇄해야 한다고 설명하였는데, 이 방법은 이후 대거 기법의 주류가 됩니다. 다만 그는 싸움으로 고조된 흥분상태에서 이처럼 정교하고 치밀한 기법을 사용하기는 어려울 것이라고도 언급하였습니다. 이 타입의 그립법에는 폭이 손가락 4개분(아마도 한쪽의 폭)에 굵기는 활시위 정도의 날밑을 가진 대거가 적합하다고 합니다.

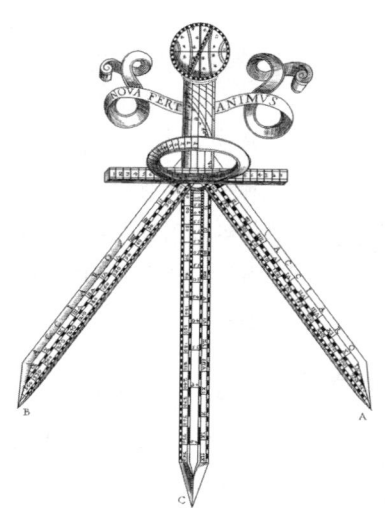

『Proteo Militaire』 1595년. 프로테오.

알베르 라카즈의 에페와 대거 검술.
좌 : 오른쪽 자세(Garde à Droite), 우 : 왼쪽 자세(Garde à Gauche).

대거를 보조무기로 사용하는 기법은 레이피어가 스몰소드로 교체되던 무렵 쇠퇴하게 됩니다. 하지만 20세기 초의 검사 알베르 라카즈는 17세기의 페히트부흐 등을 참고하여 펜싱용 에페를 이용한 검과 대거 기술을 고안하였습니다.

제 9 장
SIDE SWORD & CAPE
사이드 소드와 케이프

케이프는 르네상스 시대 신사의 필수품이라고도 할 수 있는 아이템입니다. 동그란 천 일부를 부채꼴로 잘라낸 다음 목을 통과시킬 구멍을 뚫고 깃을 단 것으로, 대략 허리에서 엉덩이 근처까지 오는 길이였습니다.

당시 누구나 가지고 다니던 이 케이프를 호신용으로 사용하고자 하는 시도가 나타나는데, 당시의 케이프는 특히 두께가 있는 무거운 모직물로 만들어져, 검을 막는 데 필요한 충분한 방어력을 얻을 수 있었기 때문입니다.

케이프는 왼팔에 감아서 사용합니다. 초기의 케이프 기법에서는 케이프를 팽팽하게 감은 다음 팔로 공격을 뿌리치듯 사용하였으나, 후기에는 투우사처럼 케이프의 끝부분을 늘어뜨린 다음 늘어진 부분으로 상대의 검을 휘감아 쳐내게 됩니다.

또한 상대의 무기 또는 상대 자체에게 케이프를 던져 움직임을 봉쇄하는 것도 중요한

아그리파, 1553년.

알피에리, 1653년.

기법으로 전해지고 있습니다.

　이러한 케이프 기법은 바이킹 시대에도 존재하였는데, 상대를 구속하거나 싸움을 멈추려는 목적에서 사용되었습니다. 아이슬란드의 핀보가 사가(Finnboga saga ramma) 제24장에는 양손도끼로 공격해오는 상대의 너무나도 어설픈 실력(세 번 휘둘러 전부 빗나갑니다)에 어이없어하던 주인공이 케이프로 상대의 다리를 쳐서 넘어뜨린 다음 죽이는 장면이 묘사되어 있으며, 제40장에는 격투전 때 상대의 머리에 케이프를 휘감아 목을 꺾는다고 하는 특수한 용법이 등장하고 있습니다.

　케이프를 감는 법에 대해서는 아그리파가 자세하게 서술하였습니다(그의 케이프 기술은 대거를 함께 잡는 독특한 방법입니다).

　우선 케이프의 목끈을 풀고 오른손을 뻗어 케이프를 오른쪽 어깨에서 미끄러뜨립니다. 그 후 왼쪽 어깨에서 케이프가 떨어지지 않도록 주의하면서 오른손으로 검을 뽑고 왼손으로는 대거를 뽑습니다. 그리고 왼손으로 재빨리 케이프의 깃 바깥쪽을 붙잡고 허리를 조금 뒤로 빼면서 왼손을 뻗어 케이프를 팔에 감습니다.

제2부 무기 해설

제 10 장
DUAL SWORD
이도류

　이도류 기법 자체는 바이킹의 사가에도 등장할 만큼 역사가 깊습니다. 하지만 검을 두 자루 사용하는 전투는 극히 예외적인 것으로, 주로 상대의 마술을 무효화하기 위해 사용하였습니다. 예를 들어 Droplaugarsona saga 제15장에는 가우스라는 검의 칼날을 부수는 기법에 능숙한 바이킹과 대결하면서 이도류를 사용하는 장면이 등장하는데, 거기에서는 왼손의 검을 치켜드는 동시에(아마도 페인트) 오른손의 검으로 상대의 다리를 잘라 버리는 기법을 취하고 있습니다. 또한 서로 다른 2종류의 무기(검과 창, 도끼와 검 등)를 동시에 사용하는 장면도 많이 등장합니다.

　중세 시대에는 이도류에 관한 언급이(적어도 필자가 아는 범위 내에는) 존재하지 않습니다. 아마도 바이킹 시대와 마찬가지로 정식 기법이라기보다 긴급할 때 임기응변으로 사용하는 예외적 전법이었을 것입니다. 13세기 후반의 사본에 그와 비슷한 장식화가 존재하기는 하지만, 그것이 무술로서의 이도류인지 아니면 검을 사용한 춤의 일종인지는 명확하지 않습니다.

　이도류가 정식 검술의 기법으로서 등장하는 것은 르네상스 시대 들어서입니다. 이탈리아식 볼로냐파 검사의 페히트부흐에 특히 많이 등장하는 것으로 보아, 이탈리아에서 발원한 뒤 사이드 소드 검술이나 레이피어 검술과 함께 각지로 보급된 것 같습니다. 17세기 영국의 스웻남은 사범의 조건으로서 수양해야 할 무기 가운데 하나로 레이피어 이도류(Case of Rapier)를 들었으나, 안타깝게도 기법 자체에 대한 설명은 남기지 않았습니다.

　하지만 애초에 검을 두 자루나 함께 휴대하는 상황은 거의 없기 때문에 이도류는 굳이 말하자면 특수한 결투용 또는 훈련용 기법으로 보입니다. 이를 뒷받침하는 디 그라시의 증언에 따르면 이도류는 도장이나 결투장에서만 사용하며 전장에서는 사용하지 않는다고 합니다.

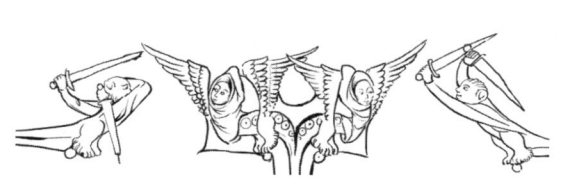

「아서 왕 이야기」 예일 대학 소장, 13세기 말.

⚜ 이도류의 기법

디 그라시는 이도류는 양쪽 손으로 똑같이 검을 다룰 수 있는 사람만 사용하는 것이 바람직하다고 서술하고 있습니다. 그리고 대부분의 검사들은 두 손을 모아 같은 방향으로 베거나 찌르는데, 그것은 효과적이지 않다고 합니다.

마로쪼의 이도류는 베기가 많은 것이 특징으로, 그는 양손을 「낮은」 자세(손이 허리보다 아래에 오는 자세)에 두고 싸울 것을 추천하였습니다.

만치올리노는 상당히 긴 이도류의 연무형을 게재하였는데, 이탈리아식 무술 연구가 톰 레오니가 정리한 바에 따르면 다음과 같습니다.

기본원칙
1. 한쪽 검을 높이 들고(흔히 「머리」 자세를 사용) 다른 한쪽 검은 낮게(대부분 「좁은 강철문」 자세) 든다.
2. 앞발 쪽의 검이 「낮은」 자세가 된다. 예를 들어 왼발이 앞으로 나왔을 경우에는 왼쪽 검을 낮게 들고 오른쪽 검을 높이 든다.
3. 패싱 스텝(평범한 걸음걸이처럼 뒷발이 앞발을 지나 앞으로 나오는 보법)이 가장 일반적인 보법이다.
4. 상대의 공격을 방어할 때 발의 움직임에 대한 언급이 없다. 이는 상황에 따라 바꾼다는 것 또는 발은 움직이지 않는다는 것 가운데 하나를 나타낼 것이다.

공격의 원칙
1. 한 걸음 나아가면서 찌르기를 한다.
2. 찌르기를 하는 검이 먼저 움직이기 시작하여 「높은」 자세에서 찌르기를 완료한다.
3. 다른 한쪽 검은 찌르기 바로 뒤에 베기로 공격하고 「낮은」 자세에서 끝난다.
4. 「얼굴」 자세에서 정지하지 않고 계속 휘둘러 「강철문」 자세로 전환한다. 이 사이 다른 한쪽 검을 위로 들어 「머리」 자세를 취한다.
5. 「강철문」 자세에서 뒷날을 이용해 베고 다른 한쪽 검은 「얼굴」 자세로 전환한다.
6. 뒷날을 이용한 만드리토(오른쪽에서 왼쪽으로 내리치기)와 리베르소(왼쪽에서 오른쪽으로 올려베기)는 동시에 행할 수 있다.
7. 만약 양쪽 검이 낮은 위치에 왔다면 상반신 보호를 위해 즉시 Tutta Coperta(양손을 들고 앞날이 위를 향한 상태에서 내린 칼끝을 교차시키는 것) 자세를 취한다.

제 11 장
BASKET-HILT SWORD
바스켓 힐트 소드

바스켓 힐트 소드는 16세기경 중세의 한손검에서 발달한 검의 총칭입니다. 사이드 소드나 레이피어와 기원은 같지만, 사이드 소드가 평시의 결투용인 데 비해 바스켓 힐트 소드는 전장용 검으로서 발전하였습니다. 그래서 흔히 스몰소드와 레이피어를 「명예의 검(Sword of Honour)」, 백소드(바스켓 힐트의 일종)를 「의무의 검(Sword of Duty)」이라 부르기도 합니다.

검을 잡는 손을 보호하기 위한 바구니 모양 날밑이 최대의 특징이자 "'바스켓'(바구니) 모양 손잡이를 가진 검」이라는 명칭의 유래이기도 합니다. 검의 칼날을 따라 날아오는 찌르기를 방어하기 위한 손잡이가 발달한 레이피어와 달리, 찌르기와 베기 등 모든 방향에서의 온갖 공격으로부터 손을 보호하기 위해 주먹 전체를 덮는 형태가 많은 것이 특징입니다.

바스켓 힐트는 16세기 초 유럽 각지에서 발달하기 시작하여 1560년경 기본형이 완성되었습니다. 왜 이러한 변화가 일어났는가에 대해서는 여러 가지 설이 있으나, 르네상스 시대 들어 그때까지 장비하던 건틀릿 또는 장갑을 더 이상 사용되지 않게 되면서 별도로 손가락을 보호할 필요성이 생겼다고 보는 설이 유력합니다. 왼발을 앞으로 내미는 중세의 자세에서 오른발과 검을 앞으로 내미는 양식으로 변화함에 따라 상대가 손가락을 노리는 기회가 증가한 것도 요인 중 하나일 가능성이 있습니다.

생 디디에(1573년)에서. 왼발을 앞으로 내미는 자세를 취하고 있습니다.

바스켓 힐트 소드에는 매우 많은 베리에이션이 존재하지만, 보통 일자 날밑이 달려 있는 초기 타입과 달려 있지 않은 후기 타입으로 나눌 수 있습니다. 검신은 군사용으로 사용되는 베기·찌르기 겸용 칼날이 가장 일반적입니다.

바스켓 힐트 소드 용법은 찌르기와 베기 양쪽을 사용하며, 또한 전장의 검이라는 점도 있어 다양한 무기에 대응할 필요가 있습니다. 18세기의 와일드는 바스켓 힐트 소드가 「원운동」을 한다고 설명하였는데, 앞에서 언급한 물리네 같은 움직임을 말하는 것으로 보입니다.

게다가 더욱 흥미 깊은 것이 18세기 초반의 검사 도널드 맥베인이 남긴 글로, 그는 영국의 백소드(바스켓 힐트 소드의 일종) 검술에 대해 「손잡이 부분으로 공격을 막는 습관이 있다」고 서술하였습니다. 즉 바스켓 힐트의 높은 방호력을 이용하여 손잡이 부분으로 상대의 검을 힘껏 쳐내 방어했다는 말입니다. 이러한 방어법에 대해서는 실버도 「병사가 밀집하여 검을 생각대로 사용할 수 없을 때 몸을 지키는 손잡이」라고 기록하였으므로, 상당히 오래된 기원을 가진 기법인지도 모릅니다. 한편 맥베인은 손잡이로 공격을 막는 버릇이 생기면 다른 검을 가졌을 때도 그렇게 방어하려 하다가 손가락을 잃게 될 수도 있다고 하였습니다.

⚜ 대표적인 바스켓 힐트 소드의 종류

1. 백소드(Backsword)

백소드는 영국에서 주로 사용된 외날 직검의 바스켓 힐트 소드입니다. 이름의 유래는

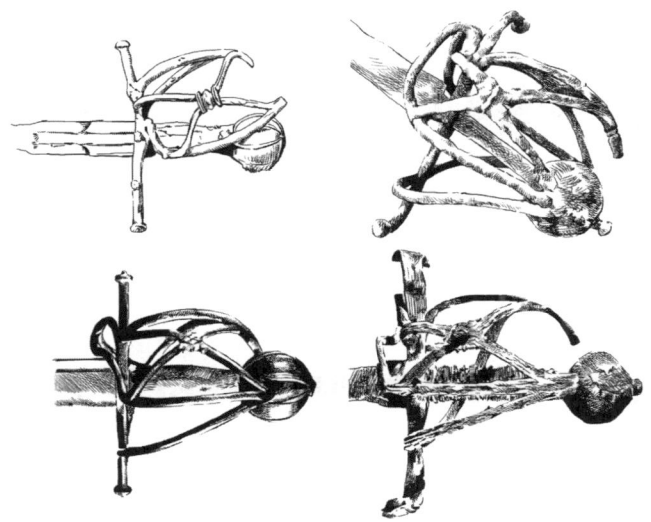

좌상 : 메리로즈호의 발굴품(82A3589).
우상 : 네이즈비 전투 유적에서 출토된 검.
좌하 : 왕립 무기고 박물관에 소장되어 있는 검(IX 4427).
우하 : 첼름스퍼드 에식스 박물관에 소장되어 있는 검.

외날에 「등(칼등)이 있는」 검이라는 의미지만 외날이라고 해도 칼끝에서 4분의 1까지는 양날이므로 찌르기에도 적합합니다.

현재 연대를 확실하게 특정할 수 있는 것 중 가장 초기의 백소드는 1545년 침몰한 메리로즈호의 잔해에서 인양된 검입니다. 또한 같은 디자인의 손잡이를 가진 검이 왕립 무기 박물관과 첼름스퍼드 에식스 박물관에 소장되어 있으며, 1645년의 네이즈비 전투 유적에서도 출토되었다는 점을 통해 동일한 디자인의 검이 1세기에 걸쳐 사용되었다고 하는 흥미로운 사실을 유추할 수 있습니다.

2. 클레이모어 또는 브로드소드(Claymore / Broadsword)

매우 특징적인 스코틀랜드 지방의 바스켓 힐트 소드입니다. 가장 큰 특징으로 대형 바스켓 힐트와 이름의 유래가 되기도 한 길고 넓은 검신을 들 수 있습니다.

초기의 클레이모어에는 다양한 종류의 바스켓 힐트가 사용되었으나 이윽고 거의 동일한 형태로 통일됩니다. 최종적으로는 손뿐만 아니라 손목까지 덮을 만큼 크기가 커지고 다른 것에 비해 네모난 인상을 갖습니다.

클레이모어의 검신은 개인의 취향에 따라 가지각색이라서, 일반적으로는 폭이 넓은 양날 직검이지만 백소드 같은 외날이나 세이버 같은 곡도는 물론 칼날이 톱니 모양인 것

상 : 제임스 1세의 검. 빅토리아 알버트 박물관 소장, 독일(칼날) 잉글랜드(손잡이), 17세기 초.
중 : 대영 박물관 소장, 스코틀랜드, 17세기, 전체 길이 97cm, 칼날 길이 83.7cm, 무게 1160g, 양날 직검. 칼날에 Andrea Ferrara의 각문이 있다. 안드레아 페라라는 16세기의 반전설적인 도공이지만 이 검에 새겨진 것은 위조로 추정.
하 : 대영 박물관 소장, 스코틀랜드, 17세기, 전체 길이 90.3cm, 칼날 길이 76.9cm, 무게 1090g, 외날 직검. 칼날에 +ME FECIT SOLINGHAM+(졸링겐산)의 각문이 있다.

까지 존재합니다.

클레이모어라는 이름은 스코틀랜드어로 「큰 검」을 의미하는 클레이드헴 모르(Claidheamh mor)의 영어 방언입니다. 흔히 양손검을 클레이모어라고 부르지만 양손검이 사용되던 시대에 양손검을 클레이모어라고 부른 기록은 찾아볼 수 없고, 오히려 한손 바스켓 힐트 소드를 클레이모어로 지칭하고 있습니다. 따라서 클레이모어란 한손 바스켓 힐트 소드를 가리키는 말이라고 단정해도 좋을 것입니다.

대부분의 클레이모어는 칼날이 외국산이었는데(수입품 유입으로 지역산업이 궤멸하였기 때문입니다), 원산지인 독일에서는 스코틀랜드로 수출하는 칼날을 「스코트 대검(Grosse Schotten)」이라고 불렀습니다. 이것은 스코틀랜드 고객이 「넓고 긴 칼날」을 선호한 데서 유래합니다. 또한 잉글랜드에서 스코틀랜드의 바스켓 힐트 소드를 「폭이 넓은 검」을 의미하는 브로드소드라고 부른 것도 스코틀랜드의 검은 칼날이 넓다는 인식이 퍼져 있었다는 사실을 증명하고 있습니다.

클레이모어의 「큰 검」이라는 이름은 당연히 여타 검에 비해 크기 때문에 붙은 것이지만, 잉글랜드 등 다른 지역의 바스켓 힐트 소드보다도 넓고 「큰」 검이라는 점이 스코틀랜드의 바스켓 힐트 소드가 클레이모어로 인식되는 까닭일 것입니다.

클레이모어 기법은 중세 시대의 검술과 매우 비슷하다(또는 같다)는 생각이 지배적이나 안타깝게도 17~18세기 당시의 클레이모어 기법을 기록한 저작은 아직 확인되지 않고 있습니다. 당시의 목격정보 등에 따르면 머리를 겨냥한 강력한 베기가 주요한 공격법으로, 머리를 두 동강 내거나 목을 날려버리는 모습을 많이 볼 수 있는데, 이는 실버가 제창한 「두부에 대한 강력한 일격」을 중시하는 전법과 일치합니다. 맥베인은 첫 출진 때 대치한 하일랜드 전사에게 총검의 밑부분을 잘렸다는 이야기를 자서전에서 언급하였습니다. 또한 1746년 토마스 페이지의 말에 따르면 하일랜드 전사가 전장에서 갖는 기본 이념은 「공격받기 전에 공격하는 것」이라고 합니다.

한편 17세기 스코틀랜드의 병사들을 묘사한 페니퀵 스케치에는 중세의 『I.33』에 등장하는 자세와 거의 똑같은 자세를 취하고 있는 인물이 그려져 있는데, 이것도 스코틀랜드의 전통검술이 중세 시대의 검술에 깊은 영향을 받았다는 증거라고 할 수 있습니다.

3. 스키아보나(Schiavona)

이탈리아 베네치아 지방의 검으로 슬로베니아 부근 출신의 슬라브계 용병이 사용하던 검에서 발달한 것이라고 전해집니다. 본래 크게 구부러진 S자형 날밑을 가진 검이었으나, 이후 풀이나 뼈 같은 모양의 바스켓 힐트를 갖는 검으로 발전하였습니다. 어느 시기

상 : 양손검 버전의 스키아보나.
하 : 대영 박물관 소장, 이탈리아, 17세기, 전체 길이 107cm, 칼날 길이 93cm, 무게 1215g.

나폴레옹 시대의 흉갑기병용 팔라쉬. 앙시앵 레짐 시대 국왕 친위대의 검과 거의 같은 구조를 가지고 있습니다.

의 검이든 고양이 머리를 닮은 손잡이 머리를 가지고 있습니다.

4. 팔라쉬(Pallash)

독일과 동유럽 여러 나라에서 대형 군용 직검(대부분의 경우 외날)을 가리키는 말로 사용되었습니다. 터키어의 Pala(곧은)가 이름의 유래이며 나중에 등장하는 17~18세기 중기병용 군용 검의 선조라고도 합니다.

5. 싱클레어 힐트(Sinclair Hilt)

16세기 독일 남부에서 기원한 메서의 손잡이로서 등장했다고 하는 타입으로, 스코틀랜드 클레이모어의 손잡이가 발전하는 데 영향을 주었습니다. 삼각형 판이 손등을 보호하는 형태입니다.

6. 모튜어리 힐트(Mortuary Hilt)

17세기에 사용된 간이식 바스켓 힐트를 가진 검입니다. 특히 잉글랜드에서 애용되어 영국식 하프 바스켓 소드라고 불리기도 합니다. 주로 기병용 검으로 사용되다가 1670년경 쇠퇴하였습니다.

싱클레어 힐트의 예.
두세게(Dusägge), 월레스 컬렉션 소장, 이탈리아(칼날), 독일(손잡이),
1580~1590년경, 전체 길이 78.7cm, 칼날 폭 5cm, 무게 1225g.

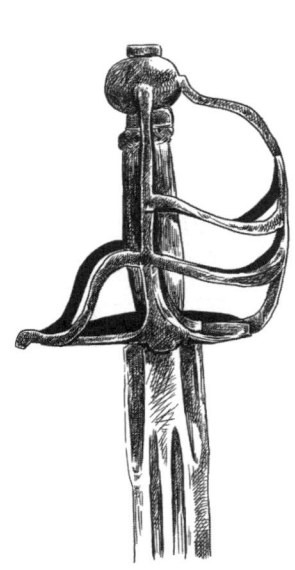

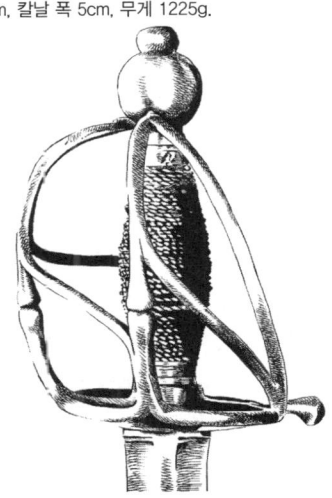

왈론 소드.

모튜어리 힐트, 잉글랜드, 17세기.

7. 왈론 소드(Walloon Sword)

　17세기 중엽 독일, 스위스, 네덜란드 등의 지역에서 매우 인기 있던 타입의 검입니다. 타원형 판이 두 장 붙어 있는 듯한 날밑이 특징이며 너클 가드가 달리는 경우도 있습니다. 벨기에 남부 프랑스어권에 위치한 왈로니아 지방이 이름의 유래가 되었습니다.

제 12 장
SMALL SWORD

스몰소드

 스몰소드는 17세기 중엽 레이피어에서 발전한 검입니다. 레이피어의 장대한 길이 탓에 발생하는 결점을 시정하는 동시에, 보다 빠르고 세련된 검기를 지향하기 위해 찌르기 전용으로 칼날의 구조를 바꾸고 길이를 줄이며 복잡한 구조의 손잡이를 최대한 간략화함으로써 극한의 경량화를 달성하였습니다.

 손잡이 구조는 거의 획일적으로 타원형 판을 두 장 연결한 날밑, 레이피어의 흔적인 리캇소와 핑거 링, 그리고 짧은 일자 날밑과 너클 가드로 구성되어 있습니다. 리캇소 등에 실질적인 기능은 전혀 없으므로 후대에 갈수록 작아집니다.

 검신은 충분한 강도를 얻기 위한 삼각형 단면(정확하게는 각각의 변이 안쪽으로 휘어져 있습니다)을 가지고 있으며, 베기에는 대응하지 않는 완전한 찌르기 전용 검입니다.

 스몰소드의 베리에이션으로 콜리슈마르슈(Colichemarche) 또는 콜리슈마르드(Colichemarde)라 불리는 검이 있습니다. 기묘한 명칭은 발명자로 일컬어지는 스웨덴의 장군 쾨니히스마르크의 이름이 변형된 것으로 보입니다.

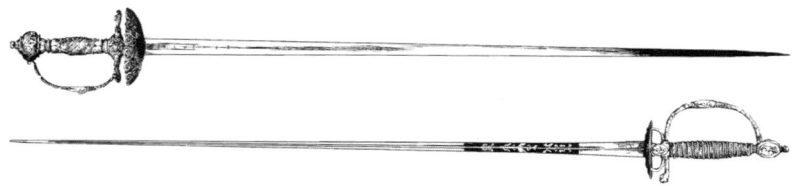

상 : 레이피어—월레스 컬렉션 소장, 네덜란드(손잡이), 독일 또는 스페인(칼날), 1635~1645년, 전체 길이 98.4cm, 무게 1kg.
하 : 스몰소드—동 컬렉션 소장, 프랑스(손잡이), 독일(칼날), 1780년경, 전체 길이 81.5cm, 무게 0.36kg.

콜리슈마르슈. 피츠윌리엄 박물관 소장, 프랑스(칼날), 잉글랜드(손잡이), 1760년경.

가장 큰 특징은 날밑 부근의 칼날 폭이 매우 넓은 것입니다. 이는 스몰소드 이외의 다양한 무기 기법에 대응하기 위해 발전한 것으로 추정되는데, 실제로 공격을 받아넘기는 능력과 찌르기의 정확도 향상에도 효과가 있었다고 합니다.

이 검은 1685년에서 1720년 사이에 인기를 누리다가 그 후 쇠퇴하였습니다.

⚜ 스몰소드의 기법

프랑스식

프랑스식 스몰소드 검술은 무척 특징적인 기법과 자세를 가진 검술입니다. 이탈리아식 레이피어 검술을 기원으로 프랑스 독자의 자세와 기법, 개념을 발전시켰습니다(1692년 리앙쿠르의 저서에 등장하는 스몰소드 검술은 이탈리아식 레이피어 검술과 상당히 유사합니다).

레이피어 검술에서 변화한 점으로는 90도마다 검을 회전시키는 자세의 분류(위쪽 : 첫 번째, 오른쪽 : 두 번째, 아래쪽 : 세 번째, 왼쪽 : 네 번째)를 폐지한 것, 네 번째 자세를 가장 중시한 것, 「약한」 부분으로 상대의 검을 치는 듯한 기법이 있는 것, 자신의 몸이 아니라 손잡이의 위치를 기준으로 4개의 타깃 지역을 설정한 것 등을 들 수 있습니다. 또한 검이 가벼워 고속으로 다룰 수 있게 되었기 때문에, 페인트를 이용하여 상대의 방어를 무너뜨리는 기법이 필수적으로 자리잡았습니다. 결과적으로 스몰소드 검술은 상대가 어떻게 나오는지 예측하면서 상대의 예상을 뛰어넘어 움직이는, 마치 체스와 같은 기술로 발전하게 됩니다.

캐프웰이 저술한 월레스 컬렉션에 대한 책을 보면, 레이피어 검술과 스몰소드 검술의

프랑스식 자세(오른쪽 인물). 잉글랜드 1688~1699년. 타이틀은 「프랑스식 자세(무릎을 조금 굽히고 있다). 이 자세는 안쪽으로 들어오는 공격을 완전히 막는다. 따라서 공격하고자 한다면 2번으로 공격하거나 일단 검을 거둬들인 다음 반대편에서 4번으로 공격해야 한다」.

가장 큰 차이는 기하학을 중심으로 하는 레이피어 검술의 각도와 거리에 대한 집착을 버리고 스피드 자체를 무기로 삼은 것이라고 합니다.

18세기 영국의 검사 윌리엄 호프는 프랑스식의 결점을 하단(검의 손잡이보다 아래)에 대한 공격에 매우 취약한 점이라고 서술하였습니다.

스몰소드 검술은 현대 펜싱의 직계 선조라고 일컬어지고 있으나 다양한 검 빼앗기 기술, 관절기나 발차기 같은 격투술, 왼손으로 상대의 검을 쳐내는 기술 등이 포함되어 있다는 점에서 상당한 차이를 엿볼 수 있습니다.

독일식과 호프의 「신방식」

17세기 말의 프랑스인 검사 리앙쿠르의 말에 따르면 독일인과 네덜란드인은 특수한 자세를 선호했다고 합니다. 그 자세는 「매달기」 자세라고도 불리는 「두 번째」 자세의 변종입니다. 고개를 숙이고 몸을 앞으로 크게 기울여 체중을 오른발에 싣는 자세로, 오른손을 높이 들고 칼끝을 지면에 비스듬히 늘어뜨립니다.

리앙쿠르의 말에 따르면 이 자세를 취한 상대의 검과 자신의 검을 맞대기(가볍게 바인드)는 매우 어렵기 때문에, 상대의 검과 자신의 검이 교차한 상태에서의 공방을 전제로 하는 프랑스식 검사에게 있어 방심할 수 없는 까다로운 상대라고 합니다. 다만 이 자세는 체중이 오른발에 실려 있어 리치가 짧고, 두 발 사이의 간격이 넓어 비교적 가까운 거리밖에 이동할 수 없다는 결점이 있습니다.

이와 거의 같은 자세를 독자적으로 고안한 것이 윌리엄 호프입니다. 그는 호신술을 위한 스몰소드 검술과 하단공격에 약한 프랑스식 검술의 결점 극복을 모색한 결과 스코틀랜드의 클레이모어 검술을 참고로 독자적인 검술을 고안하여 「신방식」이라고 명명하였습니다.

그의 말에 따르면 이 자세에는 아래와 같은 특징이 있다고 합니다.

1. 범용성. 스몰소드는 물론 클레이모어나 로카버액스(스코틀랜드의 긴 손잡이 무기)에 대응할 수 있으며 마상에서도 사용 가능하다.
2. 습득이 용이. ―이 자세는 검의 「상」, 「하」 2개의 타깃 지역밖에 없기 때문에 4개의 타깃 지역에서의 공방을 학습할 필요가 있는 일반적인 스몰소드 검술에 비해 훨씬 간단하게 습득할 수 있습니다. 호프는 6개월만 있으면 충분히 기술을 마스터할 수 있다고 자신하였습니다.
3. 프랑스식의 최대 결점인 하단공격을 효과적으로 방어할 수 있다.
4. 바인드 시 검과 검의 각도가 매우 커지므로 상대가 이쪽의 검을 회피하여 공격하기가 대단히 어렵다.

호프의 「신방식」 자세.

다만 그 자신도 이 자세는 공격에 적합하지 않다고 서술하였습니다. 그러나 검술의 원칙은 자신의 몸을 지키는 것이며 상대에게 위해를 가하는 것이 아니기 때문에 큰 문제가 되지 않는다는 입장입니다. 또한 이 자세가 비록 우아하지는 않지만, 진정한 아름다움이란 외견이 아닌 기능으로부터 나타나는 것이므로 신경 쓸 필요가 없다고도 언급하였습니다.

이탈리아식

리앙쿠르의 말에 따르면 이탈리아식 자세는 두 무릎을 굽혀 허리를 내리고 오른팔을 구부린 상태에서 손을 「4번」 위치(손바닥이 똑바로 위를 향한 상태)에 가져간 자세로, 검은 거의 수평을 유지한다고 합니다.

그가 서술하기로 이탈리아인은 공격을 받아넘기지 않는다고 하지만, 이것은 레이피어처럼 상대의 검을 옆으로 밀어내면서 카운터 공격을 하는 것을 표현한 말이라고 생각합니다. 또한 일부러 허점을 드러내 상대의 공격을 유도하는 기술이 많다고도 서술하였습니다.

리앙쿠르의 이탈리아식 자세(오른쪽 인물).

제 13 장
WRESTLING
레슬링

레슬링은 유럽 무술의 근본이라고도 할 수 있는 기술입니다. 중세에는 무술의 기초로서의 전투 격투술은 물론 스포츠로서도 널리 성행하였습니다. 하지만 르네상스 시대 들어서자 신사에게 어울리지 않는 야만적인 기술이라 하여 점차 쇠퇴하게 됩니다. 이러한 사실은 마로쪼가 책에서「무술의 일환으로서가 아닌 레슬링 기술은 신사에게 바람직하지 않다」라고 언급한 것이나 15세기의 포르투갈 왕 두아르테가「최근의 신사들은 레슬링 훈련을 하지 않는다」고 개탄한 것을 통해서도 알 수 있습니다.

중세의 레슬링은 단순한 몸싸움뿐만 아니라 타격기와 관절기 같은 온갖 격투 기법을 포함합니다. 다만 당시의 페히트부흐를 살펴보면 상대와 맞붙는 것을 전제로 하고 있으며, 타격기 등의 기술은 주로 기습이나 메치기를 위한 빈틈을 만들어내려는 목적에서 사용되고 있습니다.

또한 레슬링이라는 개념에는 맨손으로 이루어지는 공방만이 아니라 무기를 가지고 하는 격투도 포함됩니다. 무기격투는 맨손격투와 거의 차이가 없지만 무기를 지렛대로 사용하여 상대의 관절을 꺾는 기술이 존재한다는 점이 다릅니다.

독일식 무술의 레슬링 기술에 가장 큰 영향을 준 오토 유트(유대의 오토)의 말에 따르면 레슬링에는 기술・스피드・적절한 힘의 사용법 등 세 가지 요소가 있으며, 그중에서도 스피드가 제일 중요하다고 합니다.

또한 그는 전작 p.172에서 소개한「선(先)・동시・후(後)」와 비슷한 이론을 남겼습니다. 자신보다 힘이 약한 상대와는 스피드를 중시하는「선」의 싸움, 동등한 상대와는 밸런스를 중시하는「동시」의 싸움, 그리고 자신보다 강한 상대와는 무릎 뒤쪽을 공략해 균형을 무너뜨리는「후」의 싸움을 하라는 것입니다.

⚜ 맨손 레슬링

맨손 레슬링 기술은 크게 타격기・메치기・관절기・바닥 기술의 4종류로 나눌 수 있습니다.

타격기

이것으로 직접 상대를 쓰러뜨리는 것이 아니라 다른 기술을 걸 틈을 만드는 것이 주된 목적입니다. 아일랜드의 고서 『디안 케트의 심판(Bretha dein checht)』을 보면 이·위팔·아래팔·넓적다리·정강이·쇄골·뒤꿈치 끝(뒤꿈치 또는 손목) 등 7종류의 뼈를 공략하는 기술이 등장하는데, 팔꿈치나 무릎이 리스트에 없는 것으로 보아 이들 7개 부위는 관절기의 타깃이 아니라 골절을 노린 타격기의 타깃을 나타낸다고 볼 수 있습니다.

메치기

발 걸어 넘어뜨리기, 다리 잡고 잡아당겨 쓰러뜨리기, 허리메치기 등 3종류가 중세에 가장 일반적으로 사용된 기법입니다. 다리후리기나 다리조기와 같은 기술을 많이 찾아볼 수 없는 것은 상대와 함께 쓰러지는 것을 경계했기 때문일 것입니다. 만약 스포츠라면 넘어진다고 해도 크게 문제될 것이 없지만 적군과 아군이 뒤엉켜 싸우는 전장에서 넘어졌다가는 목숨을 잃을 가능성이 크기 때문입니다.

관절기

일자로 뻗은 팔꿈치를 공략하는 스트레이트 암바와 직각으로 구부린 팔을 비틀어 어깨를 공략하는 키 록의 두 가지로 나눌 수 있습니다. 즉 상대의 팔을 붙잡았을 때 비교적 곧게 뻗어 있다면 스트레이트 암바, 구부러져 있다면 키 록이라는 양자택일이 당시 격투에서의 선택지였던 것입니다.

또한 메치기를 할 때 동시에 관절을 꺾어 상대를 더욱 무방비하게 만들거나 저항력을 약화시키는 방법도 자주 사용되었습니다.

바닥 기술

중세에는 별로 중시되지 않았습니다. 앞에서 말했듯이 전장에서 지면에 눕는다는 것은 자살행위이므로 바닥 기술 자체가 그다지 필요하지 않았다는 이유도 있습니다. 당시의 바닥 기술은 대거를 뽑아 결정타를 날리기 전까지 일순 상대를 제압하는 것이 대부분입니다.

⚜ 무장격투술

갑옷을 입은 상대와 레슬링을 할 때는 전혀라도 해도 좋을 만큼 타격기가 사용되지 않았습니다. 대신 메치기와 관절기를 많이 사용하였으며 상대의 투구, 바이저, 건틀릿 소맷부리를 붙잡고 끌어당겨 넘어뜨리는 등 갑옷의 구조를 이용한 기법을 많이 찾아볼 수 있습니다.

『Cod.l.6.4.5』 42v : 아우크스부르크 대학 도서관 소장. 상대의 말에 옮겨 타는 기술.

⚜ 마상격투술

 마상격투술의 가장 큰 특징은 말에 올라탄 상태에서 몸싸움을 벌인다는 점입니다. 따라서 상대와 자신의 위치관계, 즉 상대가 전후좌우 어느 쪽에서 오는가, 상대가 이쪽을 향하고 있는가 아니면 등을 보이고 있는가, 서로 간의 속도는 어떤가 등이 중요해집니다. 게다가 말에 올라타고 있어 상대의 발을 걸어 넘어뜨릴 수가 없기 때문에 필연적으로 상반신의 힘을 이용해 상대의 균형을 무너뜨리거나 관절기를 걸게 됩니다. 또한 상대의 고삐나 마구를 붙잡고 상대의 말을 컨트롤하는 기술도 다수 존재합니다.
 마상격투술 중 가장 이색적인 기술은 상대의 말에 옮겨 타는 것입니다. 무척 화려하고 눈에 띄는 기술이라 많은 페히트부흐에 등장하지만 과연 어느 정도 효과가 있었는지는 의문이 남습니다.

⚜ 스포츠 레슬링

 고대 이집트의 벽화에도 그려져 있듯이 오락으로서의 레슬링은 아득한 옛날부터 무척 인기 있는 스포츠였습니다. 아이슬란드의 사가에는 바닥에 돌을 둥글게 깔아 링을 만든 다음 레슬링을 했다고 묘사되어 있습니다. 이처럼 지역과 시대에 따라 매우 많은 레슬링 규칙과 양식이 존재한 것은 확실하지만 기록은 거의 남아 있지 않습니다.

「메리 왕비의 기도서」(대영 도서관 소장, 14세기 초)에 등장하는 레슬링 그림. 지팡이 위의 닭은 우승상품으로 추정. 1623년 독일의 Cod.10779에서도 비슷한 기술을 소개하고 있는데, 독일의 기술은 띠로 상대의 목을 졸라 살해합니다.

16세기의 파비안 폰 아우어스발트는 「구멍 레슬링(Ringen im Grublein)」이라는 게임의 기술을 몇 가지 남겼습니다. 이 경기는 한 선수가 「구멍」이라고 불리는 테니스공 정도 크기의 마크 또는 홈에 한쪽 발을 딛고 움직이지 않는 동안 다른 선수가 한쪽 발로 이리저리 뛰어다니면서 레슬링을 하는 것으로, 보고 있으면 상당히 즐거웠다고 합니다.

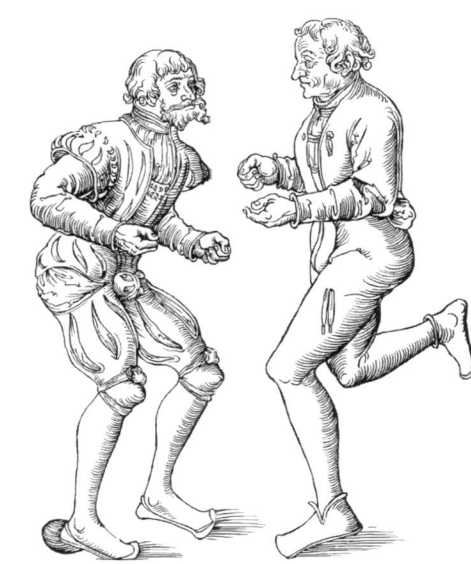

「구멍 레슬링」. 폰 아우어스발트의 페히트부흐. 독일 1539년.

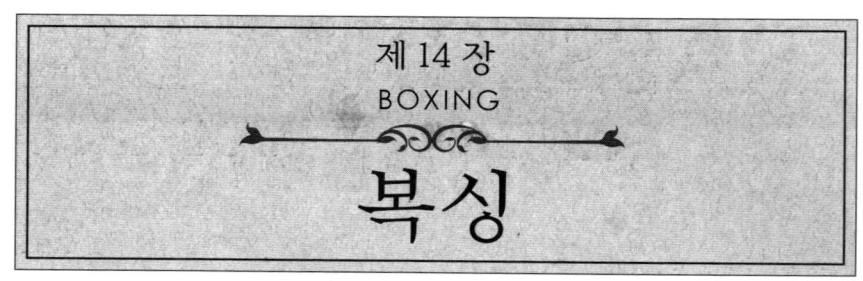

제 14 장
BOXING
복싱

퓨질리즘(Pugilism)이라고 불리던 당시의 복싱은 현대 복싱의 선조에 해당합니다. 그 기원이 되는 것은 무술조합의 승단시합이 흥행화한 프라이즈 파이트입니다. 당시 스테이지 글래디에이터라고 불리던 선수들은 맨손격투는 물론 검과 스태프 등 무기를 가지고도 싸웠는데, 맨손격투가 무기를 사용한 격투보다 안전성 면에서 뛰어났기 때문에 이윽고 복싱이 오락 격투기의 주류로 자리잡습니다. 기록으로 남아 있는 최초의 복싱 시합은 1681년 1월 11일에 열린 알베말 공작의 종사와 푸줏간 주인 간의 시합입니다.

그러나 17세기 당시의 복싱은 매우 위험한 것이었습니다. 글러브를 끼지 않은 베어 너클이었을 뿐만 아니라 메치기, 발차기, 조르기까지 기술에 포함되었고 넘어진 상대를 발로 차거나 머리카락을 잡고 구타하는 것도 반칙이 아니었습니다.

그것을 변화시킨 것이 자신도 선수였던 제임스 피그로, 그는 1743년의 규칙에서 쓰러진 상대에 대한 공격과 허벅다리 또는 바지 붙들기를 금지함으로써 근대 복싱으로의 길을 제시합니다. 또한 그는 연습용 글러브(그는 머플러라고 불렀습니다)를 도입하기도 하였습니다. 그리고 그 후 18세기 후반에 활약한 다니엘 멘도사가 풋워크를 중시한 전법을 도입하게 됩니다.

⚜ 복싱의 기법

기본적으로 다음과 같은 다섯 가지를 들 수 있습니다.
- 항상 상대의 주먹을 시야에 넣고 상대의 얼굴을 똑바로 본다.
- 상대의 오른손 공격은 왼손으로 막고 왼손 공격은 오른손으로 받아넘길 것. ―예외는 왼손으로 상대의 왼손 공격을 막으면서 오른손으로 상대의 명치를 공격할 때뿐입니다. 한편 몸통에 대한 공격을 방어하기 위해 양손을 함께 내리는 것은 엄격히 금지되어 있습니다.
- 양팔을 교차시키지 않을 것. ―만약 교차시키는 경우 상대가 자신에게 가까운 쪽의

팔을 붙잡아 끌어내리면 양팔을 한꺼번에 봉쇄당하기 때문입니다.
- 공격을 되받아칠 기회를 놓치지 않을 것.
- 바지의 허리띠 아래를 공격하는 것은 반칙.

타격에는 세 가지 타입이 있습니다.
- 스트레이트 : 복서가 사용하는 가장 빠르고 일반적인 공격법입니다.
- 라운드 블로 : 호를 그리며 날아가는 타격으로 궤도의 추측이 용이하여 방어하기 쉽습니다. 인간이 본능적으로 취하는 공격법이며, 경험이 부족한 복서나 아마추어가 주로 사용합니다.
- 촙 : 멘도사라고도 불리는 공격법으로 우리가 생각하는 촙과 달리 손등을 위에서 아래로 내리쳐 공격합니다. 이 공격은 상대의 공격을 방어한 뒤 반격하기에 적합하고, 통상적인 펀치와 다른 궤적을 그리며 날아가기 때문에 방어하기가 무척 어렵습니다.

또한 공격목표와 각각의 효과에 대해서는 아래와 같이 정리할 수 있습니다.
- 눈 : 일시적으로 시계를 빼앗는다.
- 두 눈 사이 : 눈과 눈꺼풀에 혈액을 흘려보내 눈을 공격하는 것과 동일한 효과를 얻는다.
- 콧대 : 스트레이트 또는 촙으로 공격하면 코를 찢을 수 있다.
- 관자놀이 : 심신상실. 매우 위험한 부위로 죽음에 이르는 경우도 있다.
- 왼쪽 귀 아래 : 뇌에 혈류를 흘려보내 감각을 잃게 만든다. 또한 귀, 입, 코에서 출혈시킨다.
- 복부 : 상대의 호흡을 빼앗아 일어서지 못하게 만든다. 또한 구토·토혈시킨다.
- 명치 : 키드니라고도 불리는 부위로 격통을 주어 호흡을 빼앗고 실금을 유도한다.

제 15 장
DAGGER
대거

대거와 나이프는 당시 가장 흔한 무기이자 일상생활의 필수품이었습니다. 대거는 가볍고 저렴하며 부피가 작은 데다 검 등 무기의 휴대가 제한되던 대부분의 도시에서 일반시민이 가지고 다닐 수 있는 유일한 무기이기도 하였습니다. 따라서 대거는 중세의 무기 중 가장 빈번하게 사용됩니다. 전장에서는 여차할 때의 백업용 무기로서 애용되었고, 이후 플레이트를 사용한 갑옷이 발달한 뒤에도 갑옷의 틈새를 찌르기 위한 근접병기로서 중요성이 높아졌습니다. 15세기 중반 프랑스의 소집기록장에는 대거 병사·기마 대거 병사라는 기록이 남아 있으나 이들 병사가 과연 어떠한 것이었는지는 전혀 알 수 없습니다.

당시의 대거는 현대의 나이프와 비교해 훨씬 긴 날을 가지고 있었습니다. 당시 검사들의 말에 따르면, 대거의 길이는 그립을 잡고 팔에 댔을 때 칼끝이 팔꿈치 부근에 오는 정도(약 40cm)가 적당하다고 합니다. 실제 현존하는 대거의 칼날 길이도 40cm 전후로 그들의 말을 뒷받침하고 있습니다. 하지만 더욱 긴 날을 가진 대거도 존재합니다.

칼날의 형태는 다종다양하여 양날과 외날은 물론 날이 없는 바늘 같은 것, 칼끝에는 날이 없고 중간부터 날이 생기는 것까지 있습니다. 다만 모든 예에서 칼날은 일직선으로 찌르기에 적합한 구조입니다.

중세 시대의 대거는 칼날이 새끼손가락 쪽으로 오는 역수법으로 잡는 것이 일반적이었습니다. 메일이나 누비옷 등의 방어구를 꿰뚫기 위한 힘을 넣기 쉽다는 점 외에도, 당시 대거는 주로 오른쪽 허리에 차는 것이었으므로 오른손으로 대거를 뽑으면 자연스럽게 역수가 되는 것이 주된 이유라고 할 수 있습니다. 이후 르네상스 시대 들어 대거가 보조무기로서의 역할을 담당하기 시작하자 방어하기 편리한 정수법이 일반적으로 사용됩니다.

대거 검술은 「대거를 가지고 하는 레슬링」이라고 표현해도 과언이 아닐 정도로 레슬링 기술과 밀접한 관계가 있습니다. 무기의 리치가 매우 짧아 필연적으로 두 사람의 간격이 가까워지기 때문입니다. 또한 대거가 아니라 직접 손목을 잡는 편이 방어하기 쉽다는 이유도 있습니다.

중세 아일랜드의 『디안 케트의 심판(Bretha dein checht)』을 보면 「12의 문」이라는 이름 아래 당시 의사들이 생각하던 인체의 급소가 나열되어 있습니다. 그것은 정수리·목덜미 · 관자놀이 · 울대뼈 · 쇄골 사이 · 겨드랑이 아래 · 흉골 · 배꼽 · 팔꿈치 관절 · 종아리 · 넓적다리 안쪽 고관절 부근 · 발바닥으로 당시의 전사들은 이곳을 공략하였을 것입니다.

⚜ 대거의 종류

색스(Seax/Sax/Sex/Sachsum)

색스(고대 노르드어, 색슨어로는 세익스 또는 시악스)는 게르만 민족이 나이프 · 단검으로서 사용하던 외날의 날붙이입니다. 흔히 스크래머색스라고 부르지만, 이 단어는 6세기 후반 투르의 그레고리우스가 집필한『프랑크족의 역사』에서 단 한 번 등장할 뿐 그것이 어떠한 것인지조차 전혀 언급되어 있지 않습니다. 따라서 현재의 학자들은 스크래머색스라는 단어 자체의 사용을 피하고 있습니다.

색스는 지역에 따라 앵글로색슨계(영국 : 칼끝 부근의 칼등이 떨어져 나간 듯한 브로큰 백이라 불리는 타입), 프랑크계(프랑스 · 독일 : 칼끝 부근의 칼등이 완만한 커브를 그리고 있는 타입), 노르드계(스칸디나비아 반도 : 칼등이 일직선인 타입과 브로큰 백 타입을 함께 사용)의 3종류로 크게 분류할 수 있습니다. 이 중 앵글로색슨계의 1타입(휠러 분류법 타입 III / II, 슈미트 분류법 내로우 롱 색스)이 이후 그로스메서로 발전한 것이라고 추측하는 학자도 있습니다.

슈미트 분류법에 의하면 색스의 기본적인 형태는 쇼트 색스(전체 길이 26~50cm, 칼날 길이 18~24cm, 폭 2.2~3.2cm), 내로우 색스(전체 길이 32~52cm, 칼날 길이 24~38cm, 폭 2.2~3.6cm), 라이트 브로드 색스(전체 길이 32~52cm, 칼날 길이 24~37cm, 폭 3.6~4.3cm), 헤비 브로드 색스(전체 길이 45~70cm, 칼날 길이 37~50cm, 폭 4.3~5.2cm), 롱 색스(전체 길이 58~94cm, 칼날 길이 50~80cm, 폭 4.3~5.2cm), 내로우 롱 색스(칼날 길이 50~80cm, 폭 3~4.3cm)로 나누어집니다.

라운들 대거(Roundel Dagger)

원반 모양 날밑이 달려 있는 중세 후기에 인기가 있던 대거입니다. 후기의 것에는 그립의 상하 양쪽에 원반이 달려 있습니다.

월레스 컬렉션 소장, 프랑스, 15세기 전반, 칼날 길이 39.4cm, 무게 0.41kg.

바젤라드(Baselard)

「H」를 옆으로 눕힌 듯한 모양의 손잡이를 가진 대거로, 스위스의 바젤 시가 발상지로 알려져 있습니다. 특히 잉글랜드에서 유행하여 「바젤라드가 없으면 어엿한 남자가 아니다.」라는 의미를 가진 중세 잉글랜드의 시도 있습니다.

런던 박물관, 14세기 후반에서 15세기 전반, 전체 길이 78.2cm, 칼날 길이 65cm, 그립 길이 10.8cm.

발럭 대거(Ballock Dagger)

「고환」대거라는 이름처럼 남성의 성기를 본뜬 형태의 손잡이를 가지고 있습니다. 이러한 모양은 아마도 힘과 용기를 상징한 것으로 추측되며, 실제로 다리 사이에 늘어뜨려 차고 다니는 모습이 당시의 회화 자료에 등장합니다.

대영 박물관 소장, 1500년, 전체 길이 52cm.

키용 대거(Quillon Dagger)

날밑을 가진 대거라는 이름처럼 검과 같은 모양의 날밑을 가지고 있습니다. 대부분의 예에서 검과 동일한 형태를 가진 것으로 보아 주무기인 검과 세트로 제작된 것이 아닌가 합니다.

대영 박물관 소장, 잉글랜드, 1400년, 전체 길이 31cm, 칼날 길이 19cm, 무게 174g.

이어 대거(Ear Dagger)

손잡이 머리에 원반 두 장이 귀처럼 붙어 있는 희귀한 형태의 대거입니다. 이 독특한 모양의 손잡이는 페르시아 등지의 검과 대거에서 예로부터 나타나던 것으로, 이슬람권의 영향이 십자군과 스페인을 경유하여 전해진 것이라고 합니다.

이어 대거. 메트로폴리탄 미술관 소장. 프랑스 1540년경. 전체 길이 43.2cm, 칼날 길이 26.6cm, 무게 476g.

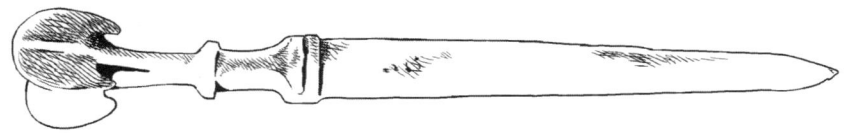

이란 서부 루리스탄 주에서 출토된 대거. 이란 국립 박물관, 테헤란. 기원전 12~9세기. 전체 길이 36.4cm, 칼날 길이 23cm, 손잡이 길이 13.4cm, 칼날 폭(날밑 부근) 3.3cm, (중앙) 3cm.

파냐드(Poniard)

패링 대거라고도 불리는 대거로 키용 대거에서 발달한 것으로 보입니다. 왼손에 들고 상대의 검을 받아넘기는 것이 주된 목적이며, 그 때문에 날밑이 크게 벌어져 있습니다.

베를린 독일 역사 박물관 소장. 17세기 초, 전체 길이 49.8cm, 칼날 길이 35.5cm.

더크(Dirk)

스코틀랜드어로 「대거」를 의미하는 비다크(Biodag)라고 불리는 무기로 중세의 발럭 대거에서 발전한 대형 대거입니다. 가장 일반적인 칼날 타입은 외날이며, 검의 날을 재이용한 것이 많고, 개중에는 날이 50cm를 넘는 것도 있습니다.

더크는 스코틀랜드 씨족원의 상징으로 씨족의 남자들은 반드시 더크를 몸에 지니고 있었다고 합니다. 기법도 발도술, 나이프 던지기, 방패(타지)와 함께 사용하기 등 여러 갈래에 걸쳐 있었습니다.

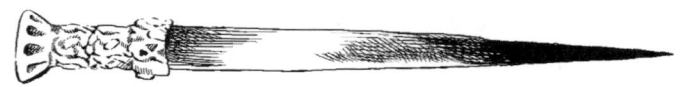

스킨 두(Sgian Dubh)

스코틀랜드에서 사용되던 나이프로 사냥할 때는 사냥감을 해체하는 데 이용했다고 합니다. 그 원형은 「겨드랑이 나이프(Sgian Achlais)」라고 하며 겨드랑이 아래 또는 가슴 주머니에 휴대하였습니다. 특수한 예로 소맷부리에 숨기는 경우도 있었고, 몰래 가지고 있다가 상대를 기습하기도 하였습니다.

친퀘디아(Cinquedia)

「다섯 손가락」이라는 이름을 가진 무척 폭이 넓은 대거 또는 단검입니다. 이탈리아에서 기원한 대거로, 이탈리아식 무술의 연구가 톰 레오니의 말에 따르면 볼로냐를 수도로 갖는 에밀리아 로마냐 지방 특유의 타입이라고 합니다. 그것이 사실이라면 이 대거는 볼로냐파 검술 기법과 매우 밀접한 관계가 있을 것입니다. 실제로 이 타입의 대거는 칼날로 상대의 공격을 받아넘기는 디 그라시의 기법에 적합합니다.

또한 넓은 칼날은 장식하는 데 적당한 캔버스가 되어주므로 다양한 장식이 되어 있는 호화로운 예도 찾아볼 수 있습니다.

체사레 보르자의 검, 이탈리아, 1493~98년. 칼날 길이 84.8cm. 이탈리아의 효웅 체사레 보르자가 발렌티노 추기경이었을 때 제작된 친퀘디아의 형식을 가진 검으로, 오크셧은 타입 XXI로 분류하였습니다.

유골을 통해 보는 무기의 위력(3)

타우턴 집단매장묘의 유골

타우턴 전투는 1461년 3월 29일에 벌어졌습니다. 양측을 더해 총 6만을 넘는 군세 중 2만 8천 명이 전사하였다고 하는 「잉글랜드 사상 가장 많은 전사자가 발생한 피투성이 전투」입니다. 하지만 2만 8천을 헤아리는 전사자 가운데 지금까지 확인된 유해는 1996년 발견된 집단매장묘에서 출토한 43구뿐입니다.

출토한 유골은 일반적인 중세인과 비교해 강건하며 현대의 프로 스포츠 선수에 가까운 골격을 가지고 있습니다. 골격의 특징이나 뼈에 남아 있는 치료 흔적 등에서 미루어 그들은 용병이거나 무술 실력을 인정받아 징집된 소집병이었을 것으로 추측됩니다.

Towton 16이라는 이름이 붙은 유골은 특히 특징적입니다. 40대 후반의 남성으로 무척 강건한 골격을 가지고 있는데, 폴액스나 워해머로 보이는 둔기에 여러 번 가격당해 왼쪽 눈 주변의 뼈가 산산이 깨진 상태입니다. 하지만 진짜 중요한 상처는 왼쪽 턱에 있습니다. 뼛속 깊이 박힌 창상으로 사망하기 몇 년 전에 생긴 것입니다. 학자들을 놀라게 한 것은 이 상처가 아주 깨끗하다는 사실이었습니다. 전장은 매우 불결하여 세균에게 있어서는 천국과 같은 환경입니다. 그럼에도 불구하고 감염증의 흔적이 없는 것으로 보아 당시 의료 기술이 우리의 생각보다도 훨씬 높은 수준이었다는 사실을 알 수 있습니다.

이상의 내용을 종합했을 때 그는 소질을 인정받아 어린 시절부터 훈련을 받은 프로 병사로 백년전쟁 말기의 전투에서 경험을 쌓았고, 집단매장묘 병사들 중에서는 리더 격 역할을 하던 존재였을 것입니다.

Towton 25도 충격적인 상처를 가지고 있습니다. 양손검 같은 무기로 공격받아 얼굴이 두 동강 난 상태이며, 후두부에서도 수평으로 베인 상처를 확인할 수 있습니다. 정황상 공격을 받을 때 투구를 벗고 있던 것으로 보이는데, 아마도 도망치던 중 살해당한 것이 아닌가 합니다. 뒤에서(아마도 기병에게) 공격을 받고 쓰러진 다음 얼굴을 베였거나, 얼굴을 베이고 쓰러지는 과정에서 후두부에 결정타를 맞은 것으로 추측됩니다.

(p242에 계속)

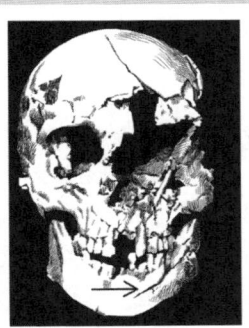

Towton 16. 화살표는 턱의 창상.

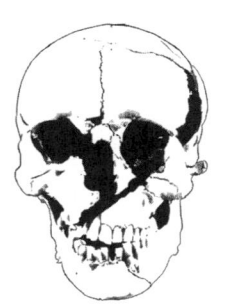
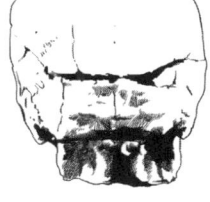

Towton25.

제 16 장
STAFF WEAPON
스태프 · 긴 손잡이 무기

스태프와 긴 손잡이 무기는 전장에서 가장 많이 사용된 무기였으며, 긴 리치(다른 무기에 비해)와 커다란 위력 덕분에 일상생활의 호신용으로도 선호되었습니다.

⚜ 스태프의 분류

스태프(Staff)

스태프는 중세와 르네상스 시대 전반에 걸쳐 훈련, 호신, 오락의 도구로서 사용되었습니다. 다만 전장에서 사용하기에는(특히 갑옷을 입은 상대에 대하여) 공격력이 지나치게 낮다는 평가를 받기도 하였습니다.

길이와 두께, 형태는 시대나 지역에 따라 다양하지만 일반적으로 전체 길이 180cm(또는 사용자의 신장) 정도가 쇼트스태프, 3~5.5m 정도가 롱스태프로 분류됩니다. 쇼트스태프는 당시 가장 인기 있던 스태프로 연습용 창으로서도 사용되었습니다. 적당한 리치와 민첩한 조작성이 장점이며, 타격과 찌르기를 균형 있게 사용할 수 있습니다. 롱스태프는 연습용 파이크로서 주로 사용되었습니다. 장대한 리치를 자랑하는 반면 조작성이 매우 나쁘기 때문에 찌르기를 주된 공격법으로 삼았습니다.

쿼터스태프(Quarter-Staff)

잉글랜드의 국민 무기입니다. 당시에는 쇼트스태프 등으로 불렸으나 대륙의 쇼트스태프보다 길이가 긴 편입니다. 실버는 신체의 크기에 맞는 최적의 스태프 길이를 산출하는 방법을 남겼는데, 그에 따르면 대부분의 스태프가 213.3~274.3cm의 범위 안에 들어간다고 합니다. 또한 17세기의 스웻남은 213.3~243.8cm, 1711년의 와일드는 213.3cm라고 언급한 것을 보면 적어도 기록으로 확인 가능한 쿼터스태프의 길이는 약 1세기가 지나도록 변하지 않았다는 사실을 알 수 있습니다. 18세기 밀러의 책에 실려 있는 쿼터스태프는 잉글랜드의 것보다 훨씬 짧고 잡는 법도 이질적이므로 아마도 스코틀랜드 특유

스웻남의 쿼터스태프 자세. 1617년.
밀러(1735년)의 쿼터스태프 기술.

의 스태프 기술로 추정됩니다.

그 후 19세기에 들어서면 쿼터스태프의 길이는 180cm 정도로 짧아지고, 기법도 대륙의 쇼트스태프 기술에 가까워집니다.

쿼터스태프의 그립법은 상황에 따라 좌우의 손을 바꿔 잡는 대륙의 스태프 기술과 달리 항상 오른손을 앞에 잡는 그립법을 채용하고 있습니다. 한편 스웻남이 저술한 책의 삽화에 양손 사이의 간격이 좁게 그려져 있거나, 와일드가 「양손의 간격은 30cm」라고 분명하게 언급한 것을 볼 때 전작에서 소개한 간격보다도 훨씬 좁았을 가능성이 있습니다.

실버의 말에 따르면 쿼터스태프의 기법은 양손검과 같다고 합니다. 그리고 와일드는 양손의 사용법, 그리고 타격과 찌르기 양쪽을 모두 배울 수 있는 양용무기라고 서술하였습니다.

싱글스틱(Single Stick)

검술 훈련용으로 사용되던 봉에서 발전한 것이라고 추정되는 스포츠 봉술로, 손을 보호하기 위한 바스켓이 손잡이 부분에 달려 있는 길이 90cm 정도의 한손봉을 사용합니다. 18세기에 스포츠로서 인기를 누렸으나 1850년대에는 찾아보기가 힘들 만큼 쇠퇴하였습니다. 스코틀랜드에서도 동일한 봉을 사용하여 검술 연습을 했을 것으로 추측됩니다.

라 칸(La Canne)

19세기에서 20세기 초반에 걸쳐 발달한 프랑스의 지팡이술로, 당시 신사들이 일용품인 지팡이를 사용한 호신술로서 습득하였습니다.

⚜ 긴 손잡이 무기의 분류

창(Spear)

　창은 세계에서 가장 오래된 무기 중 하나로, 총기가 전장을 석권하기까지 전 세계의 전장에서 사용되었습니다. 길이는 시대와 지역, 상황에 따라 가지각색이지만 중세 유럽의 창은 182~304cm(180~243cm가 가장 일반적) 정도였으며, 대략 20~40cm 정도의 나뭇잎 모양 창끝을 가지고 있었습니다. 개중에는 월레스 컬렉션의 창과 같이 창끝 길이가 1m에 달하는 것도 있습니다.
　창에는 던지기, 찌르기, 베기, 때리기 등의 용법이 있는데 유럽에서는 기본적으로 찌르기 또는 던지기를 사용하였습니다.

바이킹 시대의 창

　바이킹 시대에 사용되던 창은 품질이 낮고 조악한 물건에서 문양단련법을 사용하거나 촘촘한 장식을 입힌 고급품에 이르기까지 온갖 품질의 것이 있었습니다.
　창끝 길이는 작은 것은 20~30cm, 중형은 40cm, 긴 것은 60cm에 달합니다. 창끝은 소켓식이며 작은 못으로 간단하게 고정되어 있었습니다. 사가를 보면 적의 추적을 피하기 위해 창끝을 분리하여 나뭇가지처럼 보이게 하거나, 적이 되던지는 것을 방지하기 위해 못을 빼고 던지는(그 탓에 창의 궤도가 흐트러지기는 하였으나) 등의 사용법이 등장합니다.
　당시의 투창은 단창보다 짧고 가볍게 제작되었습니다. 창끝 형태는 나뭇잎 모양이나 미늘 달린 화살표 모양이 가장 일반적입니다. 가죽끈 등 투척의 보조도구에 대한 기록은 없지만 사용되었을 가능성이 매우 높습니다. 로마 시대 경량 투창(Hasta Velitaris, 무게 230g)의 복제품을 사용한 테스트에서 최대 비거리는 40~50m, 유효 사거리는 그 절반 정도였는데, 아마 바이킹의 투창도 이와 거의 비슷한 성능을 가지고 있었을 것입니다. 사가에는 창을 던져 싸우는 전투가 수없이 많이 묘사되어 있습니다. 또한 상대가 던진 창을 공중에서 받아 되던진다는 언급도 있으므로 그들에게 있어 투창의 중요성을 알 수 있습니다. 그 밖의 특수한 사용법으로 스노보드처럼 타고 설원을 미끄러져 내려갔다거나 장대높이뛰기의 요령으로 강을 건넜다는 등의 기록이 남아 있습니다.
　바이킹이 사용한 창 중에서도 가장 베일에 싸여 있는 것이 「할버드」라는 무기입니다. 아이슬란드의 사가에 의하면 찌르기·베기·던지기 등 온갖 기법에 대응할 수 있는 만능 무기로, 이 무기를 애용한 군나르는 상대의 몸을 꿰뚫어 들어올린 다음 멀리 던져버리는 필살기를 가지고 있었습니다.
　사실 할버드라는 이름은 번역 과정에서 붙은 것이며 실제로는 Atgeir, Brynþvarar,

사가를 통해 추측할 수 있는 할버드의 상상도.

보어 스피어.

「사냥의 서(Livre de la Chasse)」 84r. 모건 도서관 소장(MS M.1044). 프랑스 1400~1410년.

Kesja, Freinn, Heftisax, Spjót 등 여러 가지 이름으로 등장합니다. 이 중 Heftisax에는 「손잡이가 달린 색스」라는 의미가 있어 그 형태를 파악하는 데 중요한 힌트가 되고 있습니다.

　사가 중 할버드가 묘사된 것은 2회로, 둘 다 무척 견고한 구조를 가지고 있다고 언급되어 있습니다. Egils saga에 의하면 날은 길이가 2엘(약 1m)에 모양이 사각으로, 칼끝을 향해 뾰족하게 뻗어 있으며 밑부분은 폭이 넓다고 합니다. 단단한 소켓을 가지고 있는 한편 손잡이는 겨우 손의 너비 정도로 길이가 짧고 철로 완전히 덮여 있습니다. 또한 소켓부에는 철제 스파이크가 한 쌍 달려 있었습니다. Króka-Refs saga에서는 손잡이가 철로 덮인 거대한 창으로 묘사됩니다.

　이러한 내용을 종합할 때 할버드의 창끝은 길이 1m 정도로, 마름모꼴 혹은 각이 진 나뭇잎 모양을 하고 있었다는 사실을 알 수 있습니다. 철로 뒤덮인 손잡이라는 것은 소켓이 손잡이의 대부분을 차지하고 있는 모양을 나타낸 말일 것입니다. 그리고 스파이크는 손잡이를 고정하는 못의 일부일 것으로 추측됩니다.

보어 스피어(Boar Spear)

멧돼지 사냥 등에 사용하던 창입니다. 대부분의 페히트부흐에 비슷한 형태의 창이 등장하는 것으로 보아 어쩌면 당시 일반인이 가지고 다니던 전형적인 창이었는지도 모릅니다. 초기의 보어 스피어는 소켓부에 날개와 같은 돌기가 있어 창이 사냥감에 깊이 박히지 않도록 하였는데, 시간이 지나면서 돌출부는 창으로부터 독립하여 짧은 봉이 됩니다.

스페텀(Spetum)

창끝 밑부분에 날개가 달려 있는 창입니다. 당시의 페히트부흐에서는 동일한 무기를 스피에도(Spiedo)라 부르고 있는데, 아마도 스페텀을 지칭하던 당시의 명칭이 아닌가 합니다.

■접이식 스페텀

히긴스 박물관 소장, 이탈리아 1550년, 무게 약 2.3kg. 머리 부분 바로 밑에서 접을 수 있도록 제작된 스페텀으로, 날개는 창끝을 펼 때 자동적으로 정위치로 펴지도록 되어 있습니다.

좌 : 스페텀의 모식도.
중 : 1340년에 그려진 스페텀.
우 : 스피에도.

기아바리나(Ghiavarina)

피오레의 페히트부흐에 등장하는 창으로 소켓부에 날개가 달려 있습니다.

랜스(Lance)

기병용으로 발전한 무기로 전체 길이 3m, 무게 3kg 정도입니다. 손잡이 앞뒤가 불룩하게 튀어나와 있고, 랜스 레스트에 끼우기 위한 그래퍼라고 불리는 금속 도구가 달리기도 합니다. 던지기에는 적합하지 않으며 완전한 찌르기 전용 무기입니다.

투창, 다트(Throwing Spear, Dart)

투척용 창의 일종으로 뒷부분에 목제로 보이는 깃이 달려 있습니다. 길이는 통상적인 투창과 비슷하며, 갈고리 달린 창끝을 가진 것이 많아 마치 거대한 화살 같은 모양입니다.

독일에서는 셰플리나이센(Schefflineisen/Schefflin/Archegaie/Javelot/Gabelo/Zagaye 등)이라는 이름으로 13세기경에서 15세기경까지 사용되었습니다. 셰플리나이센의 전체 길이가 약 170cm인 것으로 보아 당시의 투창도 이 정도 길이였을 것입니다. 아드리아 해 연안의 두브로브니

피오레의 페히트부흐, 1405년.

좌 : 13세기 묵시록의 삽화로 추정. 오른쪽 위에 다트를 조준하는 남성이 보인다.
우 : 조반니 벨리니 작 「그리스도의 부활(부분)」 1475~79년.

「Drei Kriegsleute(부분)」 알브레히트 뒤러 작, 1489년.

크 공화국(아드리아 해의 진주라고도 불리는 현 크로아티아 공화국의 도시)에서는 다르다(Darda/Dardis)라고 불렸는데, 공화국의 상선은 항상 어느 정도의 다르다를 장비하고 있어야 한다고 법률로 정해져 있었습니다.

또한 16세기 영국 해군에서는 상대의 배를 불태우는 소이창(燒夷槍)으로서 사용하였습니다. 메리로즈호에서 출토된 창은 추정 전체 길이 222cm로, 58cm 길이의 철제 스파이크 밑에 연소물질을 담은 가방이 달려 있었습니다. 1546년의 기록에 의하면 메리로즈호는 40다스(480자루)나 되는 대량의 소이창을 적재하고 있었다고 합니다.

다트는 이보다 작은 투창의 일종으로 중세 아일랜드의 전사들이 즐겨 사용했다고 전해집니다. 다트를 이용한 놀이가 중세 시대에 이미 존재했던 것으로 보이며, 16세기 초반의 검사 피에트로 몬테가 레오나르도 다빈치에게 다트 놀이를 가르쳐줬다고 하는 일화가 남아 있습니다(이것이 낭설이라도 레오나르도가 슬링에서 날아가는 다트의 궤도를 계산하는 방법에 대해 그에게 상담했던 것은 사실인 듯합니다). 비슷한 무기로 스위스 애로우 또는 스카치 애로우라고 불리는, 가죽끈을 사용해 던지는 다트도 있습니다.

르네상스에서 근대까지의 창

17~18세기에 사용된 창은 스폰손(Sponson) 또는 하프 파이크(Half-pike)라고 불렸습니다. 하프 파이크 중에는 창끝이 앞뒤로 두 개 달린 것도 있습니다.

파르티잔(Partisan)

파르티잔은 중세 후기에 등장하여 16세기에 많이 사용된 창의 일종입니다. 아래쪽에 작은 날개가 달린 넓은 삼각형 창끝이 최대의 특징으로 찌르기·베기 양쪽에 사용 가능합니다. 또한 손잡이의 단면이 팔각형이라는 특징이 있는데(17세기 전반의 피스토필로의 말에 따르면 파이크는 원형, 할버드는 사각형 손잡이를 가지고 있다고 합니다), 왜 그런 모양인지는 알 수 없습니다.

전형적인 파르티잔의 창끝 길이는 60cm(소켓을 포함하면 68~76cm)이며, 칼날 폭은 9cm에 날개를 포함하면 14cm 정도이고, 무게는 2kg 전후입니다. 원래의 손잡이가 달려 있는 예가 적어 일반적인 전체 길이는 명확하지 않습니다. 다만 피에트로 몬테의 말에 따르면 폴액스보다 약간 긴 정도라고 합니다. 폴액스는 사용자의 신장보다 손 하나

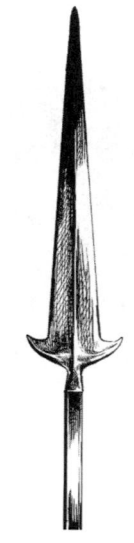

파르티잔.

한스 부르크마이어 작 판화. 중앙 부근.

독일의 판화. 중앙 부근.

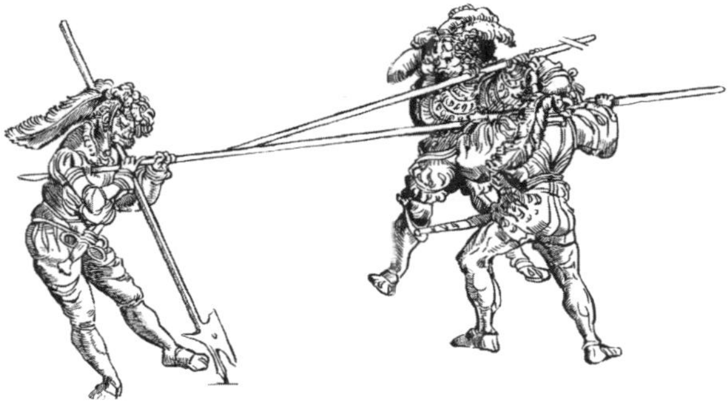

한스 부르크마이어 작 「나폴리 근교의 전투(부분)」 가장자리 부근.

한스 부르크마이어 작 「농민과의 전투(부분)」 중앙.

제2부 무기 해설

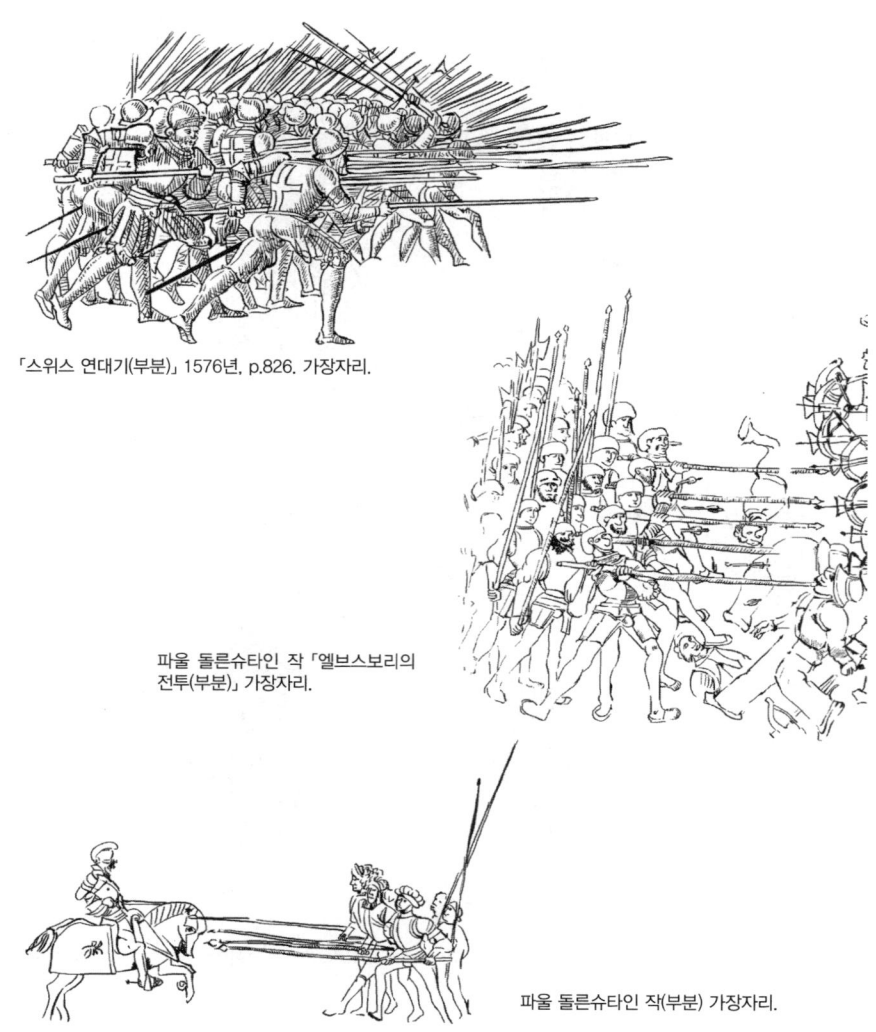

「스위스 연대기(부분)」 1576년, p.826. 가장자리.

파울 돌른슈타인 작 「엘브스보리의
전투(부분)」 가장자리.

파울 돌른슈타인 작(부분) 가장자리.

만큼 높은 위치에 도끼머리가 온다고 하므로 2.5m 정도가 대략적인 길이일 것입니다.

17~18세기 들어 파르티잔은 의례용 무기가 되어 전장에서 모습을 감추게 됩니다.

파이크(Pike)

파이크는 16세기에서 18세기 초반에 걸쳐 전장의 주력무기로서 군림하였습니다. 당시의 전장에서 파이크 병사는 「파이크 블록」이라고 불리는 대열에서 싸웠습니다. 때로는 60열 횡대에 달하는 거대한 직육면체의 대열을 편성하여 주변 일대에 파이크의 벽을 만들어냄으로써, 총화기나 활 등 원거리무기를 사용하지 않고는 격파하는 것이 불가능할 만큼 견고하고 거대한 인간 요새를 구축하는 전법입니다.

메리로즈호에서 발견된 파이크의 창끝은 길이 약 20cm의 나뭇잎 모양으로, 손잡이를 보강하기 위한 랑겟이라 불리는 금속판이 달려 있었습니다. 이러한 특징은 다른 박물관 등에 소장되어 있는 대부분의 파이크와 공통됩니다. 전체 길이는 12피트(365.7cm)에서 18피트(548.6cm)의 범위 안에 불규칙하게 분포되어 있습니다. 구체적으로 살펴보면 실버는 12피트에서 18피트까지 2피트마다 규격이 나뉜다고 하였으며, 스웻남은 18피트, 1678년의 프랑스의 가야는 14, 15피트(426.7cm, 457.2cm), 1683년의 제임스 터너 경은 18피트, 1677년의 오렐리 경은 16.5피트(502.9cm)라고 하였습니다.

파이크의 이점은 리치를 살려 적을 일방적으로 공격하거나, 상대의 접근을 허용하지 않고 다른 병사들이 공격할 틈을 만들어내거나, 다른 병사들을 지키기 위한 벽을 만들 수 있다는 점입니다. 또한 디 그라시는 매우 재미있는 이론을 제창하였습니다. 파이크의 창끝을 내린 상태에서 밀어 올리듯 공격하면 창끝의 속도가 손잡이의 길이에 의해 증폭되어 위력이 증가한다는 것입니다. 그의 말에 따르면 이 효과를 최대한 이용하기 위해서는 창끝이 내려가 있을 때는 상반신을, 올라가 있을 때는 하반신을 공격하는 것이 좋다고 합니다.

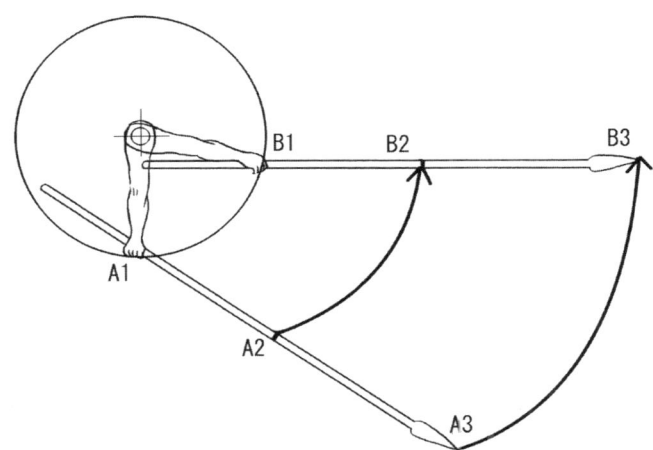

디 그라시의 이론의 해설. A가 초기 위치, B가 찌르기를 했을 때의 위치. A2와 32가 통상적인 창의 창끝 위치이며, A3와 B3는 파이크의 창끝 위치. 아래에서 위로 밀어 올리듯 찌를 경우 동일한 시간에 이동하는 A2~B2의 거리와 A3~B3의 거리의 차이로부터 창과 파이크의 속도 · 위력의 차이가 발생합니다.

제 2 부 무기 해설

야콥 드 게인 작 「군사연습」 파이크 제14번 그림. 네덜란드. 가장자리.

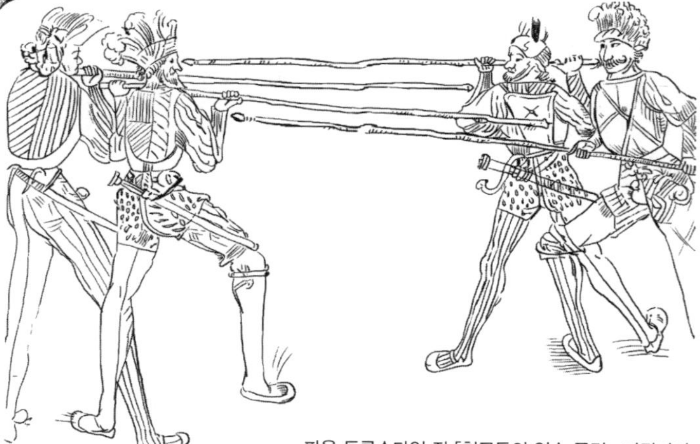

파울 돌른슈타인 작 「친구들의 연습 풍경」. 가장자리.

뒤러 작 「유대인과 싸우는 홀로페르네스(부분)」. 독일 1505년. 중앙.

파이크의 그립법은 끝부분을 잡는 법과 가운데를 잡는 법으로 나눌 수 있습니다. 디 그라시는 물미에서 팔 하나만큼 떨어진 위치를 오른손으로 잡고, 그보다 약간 앞을 왼손으로 잡는 것이 딱 좋다고 하였습니다. 그리고 영국의 스웻남은 전장에서 병사들은 창끝을 지면에 두고 물미를 높이 드는 자세를 취한다고 서술하고 있습니다. 한편 독일의 란츠크네히트는 파이크를 중앙에서 잡는다고도 말했는데, 이 는 16세기의 마이어가 파이크를 한가운데서 잡는 자세를 「전장」 자세라고 부른 것과 일치합니다.

파이크를 중앙에서 잡으면 파이크의 최대 이점인 긴 리치를 살릴 수 없게 됩니다. 또한 사용자의 후방에 남는 손잡이가 지나치게 길어지기 때문에 장해물에 부딪혀 움직임이 제한될 가능성이 있고 병사가 밀집한 전장에서는 치명적인 약점이 될 수도 있습니다. 반면 무게중심 가까이를 잡는 것이므로 겨냥하기 쉽고 명중률이 높아지며, 적이 파이크를 쳐낸다고 해도 신속하게 원래 위치로 되돌릴 수 있습니다. 그리고 무게중심 부분에서 들고 있으면 지치지 않고 오래 버틸 수 있다는 커다란 이점이 있습니다.

실제로 검증해본 결과 란츠크네히트 이외에는 거의 대부분 가장자리 근처를 잡고 있으며, 란츠크네히트도 임기응변으로 잡는 위치를 변경하고 있습니다. 특히 란츠크네히트 병사인 파울 돌른슈타인의 스케치에 등장하는 병사가 항상 파이크의 끝부분을 잡고 있다는 것은 의미 깊은 일이라고 할 수 있습니다.

흔히 양손검과 할버드는 파이크의 창끝을 잘라내려는 목적에서 사용했다고 하지만, 현대의 검증으로는 가장자리를 잡는 경우 다루기 쉽도록 가볍게 만든 파이크를 제외하면 크게 쳐내는 것은 가능해도 손잡이를 절단하는 것까지는 불가능하다는 것이 정설입니다.

폴액스(Pollaxe)

「머리를 깨부수기 위한 도끼」라는 이름을 가진 무기로, 15세기 중세 말기의 기사들 사이에서 주요 무기로서 압도적인 인기를 누렸습니다. 도보전투용 양손도끼에서 발달했다고 전해지며, 도끼날 또는 해머와 반대편의 갈고리, 꼭대기의 찌르기용 스파이크를 가지고 있습니다. 머리

폴액스. 왕립 무기고 박물관 소장.

부분은 스파이크가 달린 못으로 고정하고 손잡이 부분에는 랑겟이라 불리는 금속판을 부착하는 것이 일반적입니다.

도끼날과 해머는 상대를 갑옷째 때려눕히는 위력이 있으며, 갈고리는 갑옷을 꿰뚫는 것은 물론 상대의 몸에 걸어 쓰러뜨릴 수도 있습니다. 또한 꼭대기의 스파이크로는 빈틈을 주지 않는 재빠른 공격이 가능합니다. 최강의 갑옷을 상대로도 충분한 대미지를 줄 수 있는 높은 위력과 어떠한 상황에도 대응할 수 있는 유연성이 이 무기의 가장 큰 장점이라고 할 수 있습니다.

기사들 간의 결투나 스포츠로서도 인기가 있던 모양으로, 현존하는 폴액스 중 몇 자루는 칼날이 연마된 흔적이 없어 아마도 스포츠용이 아니었나 추측됩니다. 당시의 폴액스 시합에서는 규정공격횟수에 달하기까지 서로를 공격하여 그 사이 몇 번 다운되었는가, 어느 쪽이 더 우세하였는가로 승패를 결정하였습니다.

할버드(Halberd)

「자루가 달린 도끼」라는 이름을 가진 보병용 무기로, 폴액스와 마찬가지로 양손도끼에서 발전한 것으로 보입니다. 스위스 지방에서 기원하였으며, 역시 스위스 기원인 파이크와 함께 르네상스 시대를 대표하는 무기가 됩니다.

머리 부분의 형태는 차이가 크지만 도끼날·반대편의 갈고리·꼭대기의 스파이크라는 요소는 모두 할버드로 계승되었습니다. 이러한 요소만 놓고 보면 할버드와 폴액스의 차이는 거의 없는 것처럼 생각되지만, 각각의 요소가 독립되어 있던 폴액스와 달리 할버드는 이들 요소가 일체화되어 제작되었습니다. 구조가 단순해진 만큼 폴액스보다 훨씬 제조단가가 저렴하다는 이점이 있습니다.

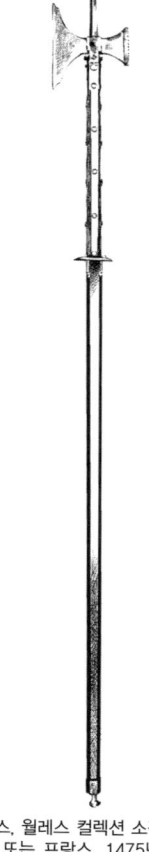

폴액스, 월레스 컬렉션 소장, 잉글랜드 또는 프랑스, 1475년경. 도끼날 길이 19cm, 머리 부분 폭 16.2cm, 스파이크 길이 19.3cm, 무게 2.49kg.

머리 부분은 의외로 커서 현존하는 유물을 보면 30~80cm 정도, 무게는 1.2~3kg(평균 2kg)입니다. 손잡이의 단면은 사각형인데, 이는 피스토필로의 증언과 영국에 남아 있는 유물에서 공통적으로 확인할 수 있는 특징입니다. 이것들을 전부 포함한 전체 길이는 2~2.5m 정도로 추정되며, 잉글랜드에 현존하는 예는 대략 2~2.3m 정도입니다.

전장에서 할버드는 파이크 블록의 중심부에 위치하면서 대열 안으로 치고 들어온 적을 배제하고 파이크 병사를 지키는 한편 적의 파이크 블록을 뚫고 들어갈 때 그 위력을 발휘했다고 합니다. 게다가 폴액스처럼 다양한 기법을 사용할 수 있어 상황을 가리지 않는 만능 무기입니다. 다만 당시의 회화 자료를 보면 대부분의 경우 할버드는 창처럼 상대를 찌르기 위해 사용하고 있습니다.

좌 : 루카스 크라나흐(父)의 판화. 1513년경. 할버드, 창, 롱스태프의 길이를 알 수 있다.
우 : 에르하르트 쇤 작. 16세기(부분).

잉글랜드에서는 17세기에 파르티잔으로 교체되기 전까지 요먼 근위대의 도보전투용 주요 무기로서 사용되었습니다. 16세기의 군역의무 자료나 군사평론가의 증언에서 할버드와 빌(후술)이 항상 세트로 언급되고 있다는 점을 보면 당시 이들 두 가지 무기는 같은 역할을 담당했다는 사실을 알 수 있습니다.

과거의 연구가와 역사가는 새로운 긴 손잡이 무기(특히 베기·찌르기 겸용 무기)를 발견할 때마다 할버드라는 이름을 붙였습니다(좋은 예가 바이킹의 「할버드」이며, 일본의 치도나 중국의 과(戈)와 극(戟)도 할버드라고 불렀습니다). 그러므로 할버드라는 이름이 붙어 있다고 해도 그 형태나 사용법은 크게 다를 가능성이 있습니다.

빌(Bill)

가지치기 등에 사용하던 동명의 농기구에서 발달한 무기로, 잉글랜드에서 무척 인기가 있었습니다. 무기로서의 빌의 형태가 정착한 것은 15세기 중반이지만, 현지에서는 적어도 13세기에 이미 무기로서 사용되었다는 기록이 남아 있습니다. 이탈리아에서도 비슷한 시기에 역시 농기구에서 발전한 론카 또는 론코네라고 불리는 무기가 등장하는데, 이것은 매우 복잡한 형태를 가지고 있었습니다.

잉글랜드의 빌은 단순하여 베기에 적합한 구조입니다. 1551년 베네치아의 대사인 다니엘 바르바로는 「잉글랜드의 빌은 이탈리아의 것에 비해 굵고 짧은 손잡이를 가지고 있으며 머리 부분도 두툼하고 무겁다.」라고 서술하였습니다. 그리고 빌을 사용해 어마어마한 힘으로 기병을 가격하여 낙마시켰다고 언급하면서, 빌의 손잡이가 짧은 것은 접근전을 선호하기 때문이라고 분석하고 있습니

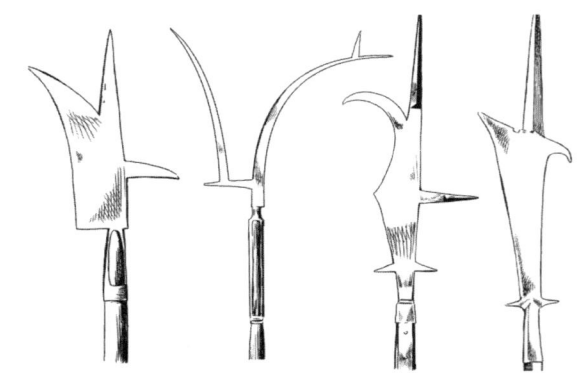

왼쪽부터 : 빌, 웰시 훅, 론카, 스코르피오네.

다. 또한 실버의 해설을 보면 머리 부분의 작살처럼 생긴 부위로 상대의 무기를 눌러 제압한 다음 빌을 그대로 상대의 손 쪽으로 미끄러뜨려 공격하는 기술이 많이 등장합니다.

메리로즈호에서 발견된 빌은 추정 전체 길이 204.5cm, 머리 부분 길이 48.8cm, 무게 2.3kg이고, 필라델피아 박물관에 소장되어 있는 빌은 전체 길이 2.19~2.6m이며, 월레스 컬렉션의 것은 머리 부분 길이 40~80cm, 머리 부분 무게 0.7~3kg으로 파르티잔이나 할버드보다 짧습니다.

빌은 16세기 잉글랜드에서 가장 많이 사용된 무기였으나, 17세기 후반에 들어서면 대륙에서 도입된 할버드 등에 밀렸기 때문인지 점차 사용되지 않게 됩니다.

빌이 인기를 누린 원인으로는 평소 사용하는 농기구와 형태가 같아 위화감이 없다는 점과 저렴한 가격을 들 수 있습니다. 1542년의 가격통제령에서 검은 2실링 8펜스, 할버드(아마도 머리 부분만)는 16~20펜스, 재블린(파이크)은 10~14펜스, 빌(손잡이 포함)은 12펜스로 여타 무기보다 훨씬 싼 가격이었습니다. 그러나 메리로즈 트러스트가 진행한 복제품 제작 작업에서는 머리 부분 하나를 만드는 데 현대의 파워해머를 사용하여 9시간 반이 소요되었습니다. 따라서 당시의 무기 직인에게 있어 한 자루의 빌을 만드는 것은 아마도 이틀이 걸리는 작업이었을 것으로 추측되며 단순하다고는 해도 결코 간단한 일이 아니었을 것입니다.

한편 웨일스 지방에서는 빌의 한 형태인 웰시 훅이 발전하여 잉글랜드로 전파되는데, 당시 무술에서 웰시 훅과 빌의 기법은 거의 같은 것으로 취급되었습니다.

이탈리아식 빌(론카)은 날씬한 날, 찌르기를 위한 스파이크, 크게 휘어진 훅, 등 부분

의 갈고리, 그리고 머리 부분 아래쪽에 작은 가시를 가진 매우 복잡한 형태입니다. 이 복잡한 머리 부분은 온갖 기법에 대응할 수 있는 반면 가격이 비싸고 전투 시 상대의 의복에 걸리기 쉽다는 결점이 있었습니다.

론카에는 스코르피오네라고 하는 베리에이션이 있습니다. 스코르피오네는 론카에서 혹을 떼어낸 듯한 형태로, 날카롭게 할퀴다기보다 힘껏 가격하는 느낌으로 베기 위한 디자인이라고 할 수 있습니다.

기타 긴 손잡이 무기

전장의 주역인 긴 손잡이 무기에는 셀 수 없을 만큼 다양한 종류가 있습니다. 따라서 여기에서는 유명한 것만 선별하여 소개합니다.

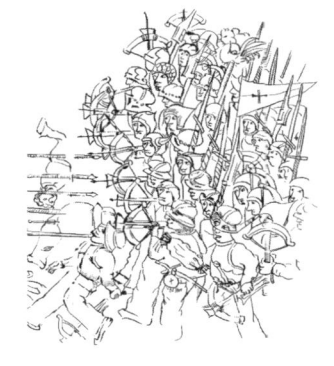

파울 돌른슈타인 작 「엘브스보리의 전투(부분)」.

한스 부르크마이어 작 「코친인(부분)」 1526년.

소드스태프(Sword-Staff)

S자형 날밑을 가진 검이 달려 있는 긴 손잡이 무기입니다. 16세기 핀란드에서 사용되었다고 전해질 뿐 실물은 물론 이름조차 확실하지 않습니다.

좌 : 페니퀵 스케치에서, 로카버액스를 들고 있는 전사.
우 : 로카버액스.

로카버액스(Lochabar axe)

스코틀랜드의 긴 손잡이 무기로 18세기까지 계속해서 사용된 무척 수명이 긴 무기입니다.

홀리 워터 스프링클러(Holy Water Sprinkler)

긴 손잡이 위에 네모난 형태의 머리 부분이 있으며, 꼭대기에는 찌르기용 스파이크가 달린 무기입니다. 성직자가 성수를 뿌리는 도구와 닮았다는 데서 붙은 이름으로 추측됩니다.

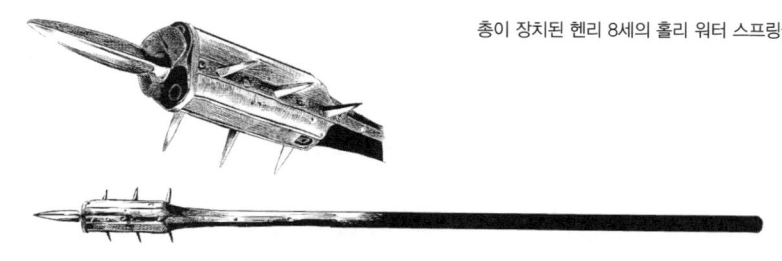

총이 장치된 헨리 8세의 홀리 워터 스프링클러.

총검(Bayonet)

총검은 나이프 손잡이를 총구에 밀어 넣어 즉석 창으로 만든 것이 시초라고 전해지며, 플러그 바요넷이라 불리는 초기의 총검도 나이프(대거) 모양을 하고 있습니다. 하지만 이 타입의 총검은 착검한 상태에서 발포할 수 없다는 결점이 있어 1667년에는 이미 구식으로 취급받았습니다(앞에서 언급한 하일랜더 전사가 베어버린 총검도 이 타입입니다). 그 후 착검한 상태에서 발포할 수 있는 총검이 발명되었고 이후 군용 총검의 주류가 됩니다.

플러그 바요넷. 월레스 컬렉션 소장. 전체 길이 48.2cm. 칼날 길이 33.33cm, 폭 2.5cm, 무게 0.37kg.

⚜ 긴 손잡이 무기의 기법

우리의 관점에서는 여러 가지 긴 손잡이 무기가 형태와 기능에 있어서 많은 차이를 가진 것처럼 보이지만, 당시의 검사들은 이들 무기를 거의 동일한 기법으로 사용하였습니다.

17세기 피스토필로가 서술한 할버드의 그립법에 따르면 앞쪽 손은 무게중심보다 약간 뒤를 잡고, 뒤쪽 손은 물미에서 30cm 정도를 잡는다고 합니다.

그리고 16세기 마로쬬의 파르티잔 기법에 의하면 상대의 공격을 방어할 때는 앞쪽 손을 움직이지 않고, 뒤쪽 손을 벨트 가까이 끌어당겨 창을 회전시킴으로써 쳐낸다고 합니다. 또한 상대가 왼쪽에서 공격할 경우 창을 「반회전」시켜 방어합니다. 이러한 내용을 통해 창은 몸에서 어느 정도 떨어뜨려 잡았을 것이라고 추측할 수 있습니다.

이탈리아식 무술의 연구가 톰 레오니는 파르티잔의 공격법을 아래와 같이 정리하였습니다. 베기·찌르기 겸용 파르티잔의 조작법은 대부분의 긴 손잡이 무기에 응용할 수 있을 것입니다.

1. 「감싸 찌르기(Punta Portata)」: 양손으로 창을 잡고 찌르는 공격법으로, 피스토필로 는「교체 찌르기」다음에 사용하는 것이 좋다고 서술하였습니다.
2. 「띄워 찌르기(Punta Slanciata)」: 뒤쪽 손으로 밀어낸 창이 앞쪽 손 사이를 미끄러 져 통과하도록 찌르는 공격법입니다. 피스토필로는 다양한 상대(특히 복수)에게 대항 할 수 있는 공격법이라고 하였습니다.
3. 「교체 찌르기(Punta Cambiata)」: 한 걸음 내디디면서「띄워 찌르기」요령으로 공격 한 다음, 양손이 서로 닿을 만큼 가까워졌을 때 뒤쪽 손을 창에서 떼어 앞쪽 손 앞을 붙잡습니다. 그리고 뒤쪽으로 온 손을 당겨 처음 시작할 때와 좌우가 바뀐 자세에서 끝납니다. 연속해서 사용하면 전진하면서 공격할 수 있다는 장점이 있습니다.
4. 「감싸 베기(Taglio Portato)」: 양손으로 창을 단단히 잡고 베는 공격법으로 신속히 행할 수 있다는 이점이 있습니다.
5. 「교체 베기(Taglio con Cambiamento)」: 머리 위로 회전시키면서 앞뒤의 손을 바꿔 잡고 베는 공격법으로 시간이 걸리는 대신 매우 강력합니다.

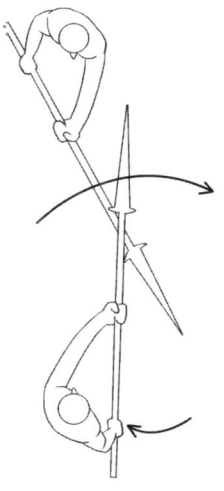

좌 : 상대가 왼쪽에서 공격할 경우. 한 발 물러 나거나 몸을 비틀면서 무기를 「반회전」시켜 상 대의 공격을 왼쪽으로 받아넘긴다. 중 : 서로 대 치하고 있는 상태. 우 : 상대가 오른쪽에서 공격 할 경우에는 오른손을 당겨 상대의 공격을 오른 쪽으로 받아넘긴다.

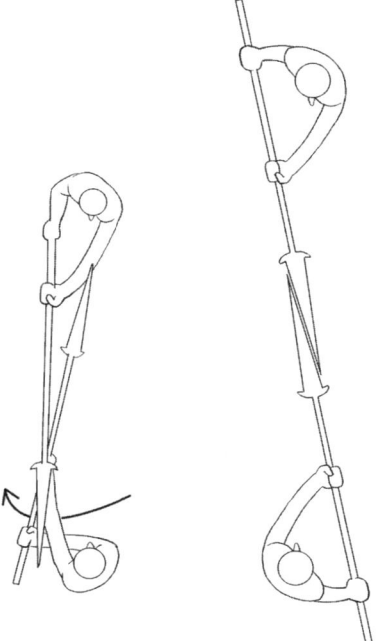

제 17 장
SICKLE/SCYTHE/FLAIL/CUDGEL
낫 · 대낫 · 플레일 · 곤봉

⚜ 낫 · 대낫(Sickle, Scythe)

 낫과 대낫은 당시 일반적인 농기구로서 널리 사용되었으나 군사용으로 발전하지는 않았고 페히트부흐에 등장하는 일도 드물었습니다. 다만 16세기의 마이어가 낫의 기법을 자세하게 서술하였습니다. 하지만 그가 왜 이 무기의 기법을 게재한 것인가, 낫의 기법은 결투나 호신술로서 고안된 것인가, 아니면 기술적인 연무와 같은 것인가, 그는 어떠한 경위로 이 기법을 알아낸 것인가, 지금으로서는 전혀 알 수 없는 상태입니다.

한손낫
 한손낫은 풀을 베거나 보리 이삭을 수확하는 데 사용하던 농기구로 C자형 날을 가지고 있다는 점에서 동양의 낫과 다릅니다. 리치가 무척 짧기 때문에 전투에서 사용할 때

마이어 저 『MSS Dresd.C.93』 238r.

는 필연적으로 상대와 몸싸움이 발생하기 쉬워집니다. 상대의 목과 손목을 베거나, 활 모양으로 크게 구부러진 날을 다리 등에 걸어 넘어뜨리거나, 낫을 던지는 식으로 사용하였습니다. 상대의 팔을 붙잡고 막는 것이 가장 흔히 볼 수 있는 방어법입니다.

대낫

대낫은 목초 등을 수확하기 위한 농기구입니다. 거대한 날과 핸들이 달린 자루로 구성되며, 날을 지면에 스칠 정도의 높이에 두고 호를 그리듯 휘둘러 풀을 벱니다. 선 채로 풀을 밑동부터 벨 수 있는 편리한 도구지만, 날의 마모가 심해 줄 등으로 자주 갈아줄 필요가 있었습니다.

전투에서는 긴 날을 살려 상대의 몸을 감싸듯 휘둘러 공격하는데, 날이 직각으로 붙어 있기 때문에 방어하기 어렵다는 이점이 있습니다. 한편 본래 전투용이 아니므로 빠르게 휘두를 수 없고 취급이 어려운 데다 무겁다고 하는 결점도 있습니다.

마이어 저 『MSS Dresd.C.93』 214r.

⚜ 플레일(Flail)

플레일은 탈곡용 농기구에서 발달한 무기입니다. 크기와 모양이 다양하지만 타격에 사용하는 머리 부분과 손잡이가 사슬 또는 로프로 연결되어 있다는 점은 동일합니다. 매우 오랜 옛날부터 사용하던 무기로 다양한 형태 · 종류가 있습니다.

원심력에 의해 머리 부분이 가속하기 때문에 통상적인 타격무기보다 강력한 일격을 가할 수 있으며, 무기가 명중했을 때의 충격이 손으로 직접 전해지지 않아 쉽게 지치지 않고, 유연한 사슬로 연결된 머리 부분이 상대의 방어를 회피하여 들어가기 때문에 방어가 곤란하다는 이점이 있습니다. 반면 휘두를 때 실수로 자신(아군)의 머리를 강타하거나, 사슬이 길어 자신의 손가락에 머리 부분이 직격할 경우 손가락이 부러지거나, 명중한 머

「아서 왕 이야기」 282v : 예일 대학 소장, 프랑스, 1275~1300년.

대영 박물관 소장, 16세기. 당시의 판타지 또는 퍼레이드용 갑옷을 입고 있다.

리 부분이 튕겨 나오는 사고가 일어날 가능성이 있습니다.

확인 가능한 범위 내에서 가장 오래된 플레일의 페히트부흐는 15세기의 검사 한스 탈호퍼가 저술한 MS XIX.17-3(1446~59년)입니다. 이후 16세기의 야콥 수토어 폰 바덴에 이르기까지 여러 차례 플레일 기법이 소개되고 있는 것으로 보아 당시 일반적으로 교육하던 기술이었을 가능성이 높습니다. 특히 스페인에서는 몬탄테에 필적할 만한 최강의 근접무기로서 오랫동안 교육하였습니다.

플레일이란 「타격용 머리 부분이 달린 스태프」로서, 머리 부분으로 하는 공격뿐만 아니라 손잡이 부분을 사용하여 공격과 방어를 행하는 기법이 많은 것도 특징입니다. 특히 상대의 공격을 방어하는 경우에는 상대의 손잡이를 손잡이로 받아넘깁니다.

 곤봉(Cudgel)

곤봉은 인류사상 가장 역사 깊은 무기이자 가장 단순한 구조를 가진 무기입니다. 손에 들기 적당한 나뭇가지를 다듬은 것뿐인 단순한 무기지만, 갑옷을 입은 상대에게 매우 효과적이며 검과 같이 지속적으로 날을 세울 필요가 없다는 이점도 있습니다.

중세의 곤봉은 권위의 상징으로서 다양한 회화 자료에 등장합니다. 무기로서는 한손

「수도사 기욤(Moniage Guillaume)」 13세기 후반.

좌 : 「쿠르트레의 궤(부분)」 플랑드르 14세기 초, 1303년의 「황금박차 전투」를 묘사한 것으로 초기의 고덴닥이 보인다. 우 : 후기의 고덴닥.

용 곤봉에서 발전한 메이스에 그 자리를 내주지만, 긴급한 상황에서 즉석 무기로서 활용되었습니다. 또한 당시 유럽에서는 스태프와 곤봉 사이에 명확한 구별이 없던 모양으로, 예를 들어 영국의 쿼터스태프의 명칭으로 Club, Cudgel 등 「곤봉」을 의미하는 단어가 사용되었습니다. 곤봉과 스태프는 모두 나무로 만들어진 봉이자 상대를 때려눕히는 둔기이기 때문일 것입니다.

　이 책에서 소개하는 기법은 고덴닥(Goedendag, 당시의 프랑스 기록에는 Godendarz)이라 불리는 메이스의 일종을 사용할 때도 적용할 수 있습니다. 다양한 종류가 있으나 (정확히는 현대의 분류법이 혼란스럽기 때문입니다), 어느 것이든 가슴 높이까지 오는 곤봉이라는 점은 동일합니다.

　초기의 고덴닥은 굵은 선단 꼭대기에 스파이크가 달려 있는 간단한 무기였습니다. 후기의 것은 짧은 홀리 워터 스프링클러라고 할 수 있는 모습을 하고 있습니다.

제 18 장
HORSEBACK COMBAT
기승전투

기사를 중심으로 한 중장비 기병의 돌격은 중세의 전장에 있어서 주요한 공격수단이었으며, 기승전투술은 기사에게 가장 중요한 전투기술로 간주되었습니다. 기사와 말의 관계는 15세기 스페인의 격언 「Muerto el caballo, perdito el hombre d'armas(말이 죽을 때 기사도 죽는다)」에도 잘 나타나 있습니다.

그리고 기승전투술에서는 상대를 어떻게 쓰러뜨리느냐가 아니라, 어떠한 상황에서도 안장 위에서 버티는 기술과 말을 지치게 하지 않고 유리한 위치로 몰고 가는 기술이 중요합니다.

영화 등의 미디어를 보면 흔히 말이 전력질주하고 있으나, 실제로는 말이 전력질주를 한다는 것은 설령 돌격 시라도 매우 드문 일이었습니다. 마상전투의 거의 대부분은 말이 걷고 있거나 멈춰 있는 상태에서 이루어졌을 것으로 추측됩니다.

⚜ 마상의 무기

기승전투에 사용되는 무기는 활과 투창 등의 원거리무기 · 랜스를 비롯한 창 · 검과 같은 근접무기 · 대거를 포함한 레슬링의 네 가지로 크게 나눌 수 있습니다.

그중 근접무기는 18세기경까지 직검이 주류였으나 이후 직검과 곡도를 함께 사용하게 됩니다. 어느 쪽 타입을 선택하느냐는 기병 병종의 역할이나 국민성에 따라 달라집니다.

직검은 밀집 대열로 적에게 돌격하는 중기병의 검입니다. 아군의 무릎과 무릎이 맞닿을 정도의 대열을 이루기 때문에 상대는 거의 항상 자신의 전방에 옵니다. 따라서 소형 창처럼 찌를 수 있는 직검이 선호되는 것입니다. 18세기의 프랑스 기병은 찌르기를 선호하여 직검을 많이 사용하였습니다.

곡도는 주로 산개하여 싸우는 경기병의 검입니다. 병사들 간의 간격이 넓기 때문에 적은 자신의 옆을 지나쳐 이동합니다. 그래서 스쳐 지나가는 적을 베어버리는 데 적합한 곡도가 유리해지는 것입니다(흔히 곡도는 직검보다 짧다고 생각하기 쉽지만 1817년의 La Guide des Officiers de Cavalerie를 보면 세이버는 칼날 길이 806~860mm가 적절하다고 나와 있으므로 둘의 길이에 큰 차이는 없습니다). 영국군은 전통적으로 베기를 선호하였다고 전해집니다.

15세기 포르투갈의 왕 두아르테는 마상격투에 대해 다음과 같은 여섯 가지 조언을 남겼습니다.

1. 평상시 허리를 지탱하고 여차할 때는 붙잡을 수 있도록 캔틀(좌석 뒷부분에 위로 올라온 부분)이 있는 안장을 사용한다. —왕은 브라반테풍(p168 참조) 안장을 추천하고 있습니다.
2. 등자가 말의 몸에 고정되어 있지 않은 이상 등자 위에서 지나치게 힘을 주지 않도록 주의한다. —몸의 움직임에 따라 등자도 움직이므로 등자 위에서 힘을 주면 오히려 균형이 무너지기 때문입니다.
3. 자신의 움직임과 말의 움직임을 동조시킨다. —안장 위에 똑바로 앉아 두 다리로 말을 단단히 조입니다. 그 상태로 두 다리의 압력을 늦추지 않고 안장 위에 묵직하게 앉아 말을 조작합니다.
4. 가능한 한 상대 몸의 윗부분 또는 팔을 붙잡을 것. —허리 부분은 안장에 고정되어 있으므로 안장에서 되도록 멀리 떨어진 부분을 붙잡는 편이 상대의 균형을 무너뜨리기 쉽습니다.
5. 상대가 이쪽을 붙잡으려고 덤벼들 때 조금이라도 상대의 균형이 무너졌다고 느껴진다면 상대의 팔을 붙잡고 잡아당겨 떨어뜨린다.
6. 양자가 단단히 붙잡고 맞붙어 싸우는 경우 가능한 한 신속하게 자신의 말을 상대의 말을 향해 선회시킨다. —이렇게 상대의 말을 억지로 선회시키는 동시에 상대를 밀거나 당겨 지면에 쓰러뜨리는 것입니다. 만약 상대의 말까지 쓰러뜨리고 싶을 때는 상대의 고삐를 잡고 있는 힘껏 끌어올리면 된다고 합니다.

말의 갑옷에 대해서

로마 시대에는 이미 마갑이 사용되었습니다. 로마 시대의 가장 일반적인 마갑은 샤프런이라 불리는 것으로 머리와 눈을 방호하는 갑옷입니다. 동체를 보호하는 마갑(사산조 페르시아 장갑기병의 것으로 추정)은 3세기의 두라 에우로포스 유적에서 완전한 형태로 출토되었는데, 두 겹의 리넨 원단에 작은 금속(청동과 철) 조각을 꿰매 붙인 이른바 스케일 메일이라 불리는 종류의 갑옷이었습니다.

중세 시대의 전장에서는 마갑을 입히는 일이 별로 없었는데, 아마도 기동성 확보와 말의 스태미나 보존을 위한 것으로 추측됩니다. 회화 자료에 등장하는 말도 대부분 갑옷을

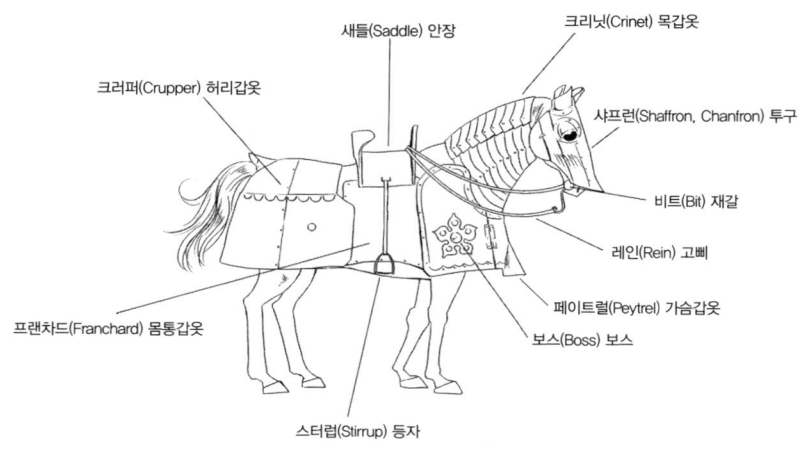

마갑의 각부 명칭

입고 있지 않은 상태로 묘사되어 있습니다. 반면 토너먼트 등에서는 스태미나가 문제되지 않기 때문에 귀중한 말을 보호하고 주위에 어필하기 위한 목적에서 호화로운 마갑이 많이 사용되었습니다.

말의 종류

무기와 방어구 이상으로 중요한 것이 바로 말 자체입니다. 현대의 마종과 달리 중세시대의 말은 혈통이 아니라 용도에 따라 정해졌습니다.

1. **데스트리어(Destrier, Dextrarius)** : 최상급 군마입니다. 새끼 때부터 군마로서 특수한 훈련을 받은 상마(수컷)이자 엄청난 스태미나와 강력한 파워, 스피드와 민첩성을 겸비한 말로 현재의 초고급 스포츠카에 필적하였습니다. 그러나 실제로는 가격이 지나치게 비싸 데스트리어를 전장에 데려가기에는 위험부담이 너무 컸습니다(14세기경의 평균가격으로 코서의 2배 이상, 라운시의 10배 이상이었습니다). 그래서 전쟁의 상황에 따라 적합하다고 판단되는 다른 종류의 말을 사용하였기 때문에 데스트리어가 항상 전장에 등장하는 것은 아니었습니다(14세기 당시 데스트리어는 군마 전체의 5% 이하에 불과했다고 합니다). 반면 살해당할 염려가 없고 파워가 가장 중시되는 토너먼트에서 데스트리어는 그 능력을 최대한으로 발휘할 수 있었습니다. 당시의 회화 자

료 등에서는 말의 목을 마치 뱀이 고개를 쳐들고 있는 것처럼 묘사하고 있는데, 이것도 데스트리어의 특징이라고 합니다.

2. **코서(Courser, Cursarius)** : 헌터라고도 불리는 말입니다. 데스트리어보다 경량급 군마로 전투는 물론 사냥이나 토너먼트에 사용되었습니다. 데스트리어보다는 급이 낮지만 상급 군마로 취급받았습니다.
3. **라운시(Rouncy, Roncin, Runcinus)** : 평범한 승용마입니다. 본래 전투용 군마의 일종이었으나 14세기 초반에는 전투용이 아니라 지세가 험한 토지를 빠르게 행군하기 위한 목적에서 사용된 것으로 보입니다. 일상에서 타는 말이기도 하며, 1085년의 둠즈데이북에서는 나름대로 값싼 농경용 말의 명칭으로 사용되고 있습니다.
4. **폴프리(Palfrey, Palaffredis, Palefridus)** : 매끄럽게 걷는 것으로 유명한 고급 승용마입니다. 일상생활은 물론 여행, 사냥, 축전 때 사용되었습니다.
5. **해크니(Hackney)** : 주로 잉글랜드에서 사용한 일반 승용마입니다.
6. **트로터(Trotter)** : 군마로 추정되는 말입니다. 말의 보법 중 하나인 「트로트(빠른 걸음)」에서 유래한 이름일 것입니다.
7. **호비(Hobby, Hobyn)** : 경량급 승용마로 경기병(이 말의 이름에서 따와 경기병을 호블러 또는 호빌러라고 불렀습니다)에게 무척 인기가 있었습니다.
8. **섬프터(Sumpter)** : 짐을 실어 나르는 말입니다.
9. **헤르카토르(Hercator)** : 가래를 끄는 데 쓰는 농경용 말입니다.

⚜ 토너먼트

본래 군사훈련의 일환으로 프랑스에서 탄생한 토너먼트는 그 후 중세・르네상스 시대를 거치며 상류계급에서 가장 인기 있는 스포츠로 자리매김하게 됩니다. 토너먼트에는 크게 기마전과 도보전이 있으며, 기마전은 다시 멜레와 주스트의 2종류로 나누어집니다.

멜레(Merée)는 팀전(일대일 싸움도 존재)으로 기마・도보 양쪽 버전이 있습니다. 주스트와 달리 창뿐만 아니라 검 등 다른 무기도 사용합니다.

주스트(Joust)는 일대일 대전이며 기본적으로 랜스만을 사용합니다. 흔히 마상창시합으로 번역되는 것이 바로 이 주스트입니다.

최초의 토너먼트는 9세기의 기록에 등장하는데, 한 무리의 기사가 양쪽으로 갈라져「거리 A와 거리 B 사이」라는 매우 광대한 공간에서 싸우는 것이었습니다. 이 시대의 토너먼트는 대부분 안전상의 규칙이라는 것이 없으며, 기록으로 남아 있는 약간의 규칙은 참가자가 쉴 수 있는「세이프존」이 몇 군데 설치되는 것과 시합의 목적은 상대를 죽이는 것이 아니라 포로로 삼아 몸값(포로의 말과 장비)을 받는 것이라는 정도입니다.

토너먼트에 참가하는 팀은 실제 전장에서도 함께 싸우는 전우로, 토너먼트가 본래 군사훈련이었다는 사실을 분명히 시사하고 있습니다.

1130년까지는 토너먼트의 인기가 높아짐에 따라 그 위험성과 폭력성을 위험시한 교회가 토너먼트를 금지하려는 움직임을 보입니다(농지가 말에 짓밟히는 것을 방지하려는 목적도 있었을 것으로 추측됩니다). 또한 1125년경에는 토너먼트가 프랑스 국외로 전파되기 시작합니다. 프랑스의 연대기에 의하면 1127년 토너먼트는 이미 잉글랜드와 독일 일부에 보급되었다고 합니다.

그리고 1170년에서 80년경에 일대 전기가 찾아옵니다. 이 기간은 토너먼트가 군사훈련에서 스포츠로 전환을 이룬 시기로, 유명한 기사들이 영웅으로서 시나 노래 등을 통해 칭송받기 시작합니다. 그 후 13세기 들어서는 그때까지 사용되던 진검이 아닌 안전을 위해 특별히 고안된 무기가 등장하며 「평화 주스트(Hastiludia Pacifica)」와 「전쟁 주스트(Hastiludia de Guerre)」로 구분됩니다.

마지막 대전기는 틸트라고 불리는 목책이 발명된 1420년대로 틸트는 기사들끼리의 충돌사고를 방지하는 역할을 하였습니다.

이 무렵의 토너먼트는 완전한 스포츠로서 군사와 분리된 존재였습니다. 하지만 보병과 화기가 중심이 되는 현실의 전투와는 다른, 연대기와 기사도 이야기에 그려진 이상적인 기사상을 체현할 수 있는 가상의 전장이자 일종의 로맨티시즘을 가진 존재로서 계속해서 사람들에게 많은 사랑을 받았습니다.

「슐로스 볼페그의 하우스북」 20v, 21r(부분) 평화 주스트.

「슐로스 볼페그의 하우스북」 21v, 22r(부분) 전쟁 주스트.

알브레히트 뒤러 작 「황제 막시밀리안 1세와 안토니오 카르도나초의 주스트」 1516년경. 샤르프렌넨.

주스트의 규칙

주스트는 가장 인기 있는 시합방식으로 규칙에 따라 다양한 종류가 있었습니다. 하지만 그것들을 종합하면 틸트를 사용하지 않는 것(Rennen : 독일어로 「달리기」)과 사용하는 것(Plankengestech : 독일어로 「판자 주스트」)으로 크게 나눌 수 있습니다.

틸트를 사용하지 않는 렌넨은 상대를 낙마시키는 것 외에 창이 명중한 부위에 따라 얻게 되는 득점의 합계로 경쟁합니다. 또한 상대에게 공격을 명중시켜 창을 부러뜨리면 보너스 점수를 받을 수 있었습니다. 이 규칙은 이후 틸트를 사용하는 주스트에도 도입됩니다.

그 밖에 특수한 종류로서 호헨초이그게슈테히(Hohenzeuggestech)와 샤르프렌넨

(Scharfrennen)이 있습니다. 전자는 기사가 반쯤 일어난 상태 또는 완전히 일어선 상태로 안장에 몸을 묶고 승부를 겨루는 것으로, 낙마하면서 다리나 등뼈가 부러질 가능성이 높아 매우 위험하였습니다. 때문에 1400년경 이후에는 거의 열리지 않게 됩니다.

후자는 무척 독특한 시합형식으로 특제 샐릿과 몸의 왼쪽을 완전히 덮는 특수한 방패를 사용합니다.

■샤르프렌넨용 장비

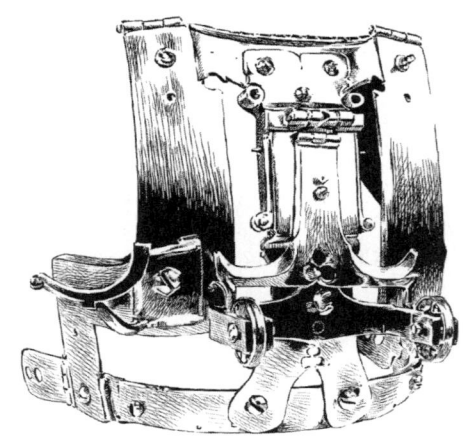

샤르프렌넨용 기계. 빈 군사 박물관 소장. 1490년.

다. 이 방패에는 용수철을 이용한 기계가 장치되어 있었는데, 창이 명중하면 그 충격으로 방패가 공중에 튀어나가는 구조였습니다.

도보로 이루어지는 토너먼트에서는 폴액스를 사용하는 경우가 많았습니다. 그 후 르네상스 시대에 접어드는 15세기 말에는 새로운 시합방식이 나타나 이후 가장 일반적인 시합의 형태로 자리잡습니다.

이 새로운 시합방식은 「목책을 사이에 두고 하는 전투」라 불리는 것으로 허리 높이의 목책을 끼고 싸우는 것입니다. 사용하는 무기는 봉(창)이 일반적이지만, 검이나 꽃다발을 사용하는 경우도 있었습니다. 이 목책은 난투를 방지함으로써 관객이 시합을 보기 편하게 만들어주는 동시에, 당시 신사에게는 어울리지 않는다고 인식되던 몸싸움을 방지하고, 허리보다 아래를 공격할 수 없도록 하여 안전성을 높이는 효과가 있었습니다.

⚜ 주스트의 장비

랜스(Lance)

랜스는 12세기경 통상적인 창에서 발전한 기병용 창입니다. 말을 탄 상태에서 겨드랑이에 끼고 몸통박치기를 하듯 부딪쳐 상대를 꿰뚫는 무기로, 이후 기사의 상징으로서 존속하였습니다.

　보병용 창을 넘어 공격할 수 있는 3~3.6m가 일반적인 랜스의 길이입니다. 목재(주로 물푸레나무) 하나를 통째로 사용해 제작하였으며, 흔히 창끝 부근에 사용자의 지위를 나타내는 공파농 또는 간펄런이라는 소형 깃발을 달았습니다. 무게는 약 3kg으로 다소 무거운 편입니다. 토너먼트용 랜스에는 뱀플레이트라고 불리는, 손을 보호하기 위한 커다란 갓 모양 날밑이 달려 있습니다. 「전쟁 주스트」에 사용되는 랜스는 전장에서 사용되는 것과 똑같은 창끝이 달려 있으나, 「평화 주스트」에 사용되는 랜스는 창끝에 찔리는 것을 방지하고 충격을 분산시킬 수 있도록 선단이 네 방향으로 갈라져 있는 것이 특징입니다.

　이윽고 창을 단단히 고정하기 위한 그래퍼가 발명됩니다. 이것은 손잡이 바로 뒤에 설치하는 원반 모양 부품으로, 겨드랑이 앞에 가져다 댐으로써 창이 뒤로 빠져나가는 것을 막고 창이 명중한 충격을 보다 효율적으로 억제하게 됩니다. 이후 랜스 레스트의 발명으로 그래퍼를 랜스 레스트에 끼워 넣게 되면서, 랜스가 견고하게 고정되는 동시에 충격은

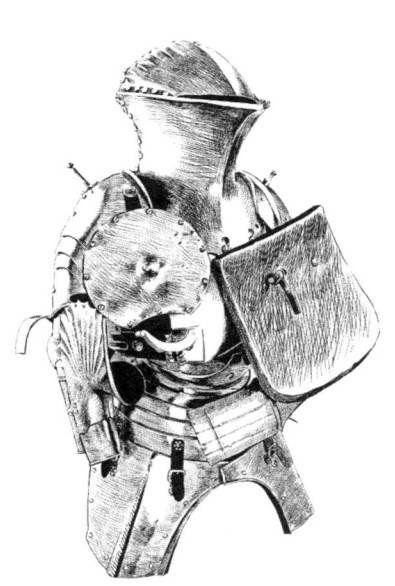

월레스 컬렉션 소장, 독일 1490~1520년경, 무게 40.91kg. 랜스 후단을 가져다 대기 위한 큐(Queue), 목제 타지, 오른팔에는 폴더 미튼이 달려 있다.

월레스 컬렉션 소장, 독일 1590년경, 무게 31.06kg. 왼쪽 어깨에 달린 것이 망토 다름.

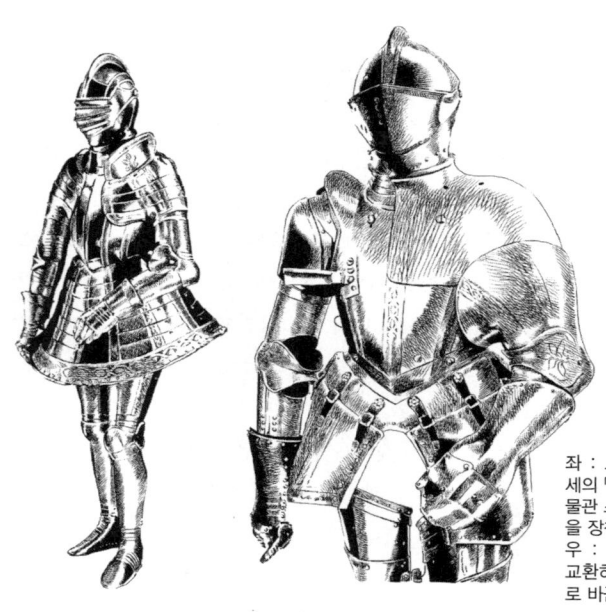

좌 : 오스트리아 황제 막시밀리안 2세의「장미 잎사귀 갑옷」. 빈 군사 박물관 소장, 1571년. 도보시합용 부품을 장착한 모습.
우 : 「장미 잎사귀 갑옷」의 부품을 교환하여「이탈리아풍 주스트」용으로 바꾼 것.

브레스트플레이트로 분산되어 랜스의 위력이 더욱 높아졌습니다.

갑옷

    토너먼트 전용 갑옷이 등장하는 것은 의외로 늦어 1446년의 기록이 최초입니다. 그때까지는 투구를 제외하고는 전장에서 사용하는 것과 다름없는 갑옷을 입었던 것 같습니다.

    토너먼트 전용 갑옷은 전투용보다 두껍게 제작되었고 관절의 가동범위를 최대한 제한함으로써 강도를 향상시켰습니다. 또한 갑옷 위에 볼트나 핀으로 추가장갑을 고정하여 더욱 방어력을 높이기도 하였습니다. 폴더 미튼(Polder-Mitten : 손목에서 오른쪽 팔꿈치 위까지 방어), 망토 다름(Manteau-d'Armes : 브레스트플레이트 위에 볼트로 고정시켜 사용하는 케이프 형태의 방어구. 왼쪽 어깨를 보호), 그랜드가드(Grandguard : 16~17세기에 사용된 방어구로 왼쪽 어깨·가슴·목·턱을 보호) 등이 대표적인 추가장비입니다.

    도보시합용 갑옷에는 하반신을 효과적으로 방어할 수 있도록 종 모양 스커트가 붙어 있습니다.

    이러한 전용 갑옷은 가격이 매우 비쌌기 때문에 16세기의 갑옷 대부분은 부품의 교체를 통해 다양한 시합 규칙과 갖가지 전장 상황에 대응할 수 있도록 제작되었습니다. 또한 토너먼트의 주최자가 대여용 갑옷을 준비하기도 하였습니다.

「탈호퍼 페히트부흐」 130r, 독일 1459년.

투구

 토너먼트에서 사용된 투구 중 가장 독특한 것은 프로그마우스 헬름이라고 불리는 타입일 것입니다. 투구 아랫부분이 마치 개구리의 입처럼 크게 돌출되어 있다는 데서 유래한 이름으로, 그레이트 헬름을 원형으로 발전하였습니다.

 이 돌출부는 아래에서 올라오는 창끝이 눈의 슬릿으로 들어오는 것을 막을 뿐만 아니라, 창이 명중하여 몸이 뒤로 젖혀질 때 밑에 있던 돌출부가 눈의 슬릿에 덧씌워짐으로써 전방에서 날아오는 창의 파편을 완전히 커버한다고 하는 이중의 안전장치 역할을 하고 있습니다. 하지만 앞으로 몸을 숙이지 않으면 시야를 확보할 수 없다는 결점도 있습니다.

 기마·도보를 막론하고 널리 사용된 투구의 형식으로 옴(Haume)이라는 것이 있습니다. 옴이라는 말은 본래 그레이트 헬름을 가리키는 말이기도 하였으나, 이 경우에는 바구니 모양 마스크가 붙어 있는 투구를 지칭합니다. 시계와 호흡, 그리고 충분한 안전성을 확보하고 있는 투구로 전체적인 형태는 이를테면 검도의 호면을 서양의 투구에 부착한 것 같은 모양입니다.

제19장
RIDING TREATISE OF KING DOM DUARTE
두아르테 왕의 승마기술

세계사적으로는 항해왕자 엔리케의 형으로 알려진 돈 두아르테 데 포르투갈 또는 「달변·철학왕」 두아르테 1세(생 1391~몰 1438)가 집필한 『마술전서(Livro da Ensinança de Bem Cavalgar Toda Sela)』는 기원전 5세기 크세노폰의 저작 이후 최초의 유럽 마술 입문서입니다.

여기에서는 그의 책 가운데 무술과 관계가 있는 부분을 요약하여 소개합니다.

⚜ 안장(Saddle)

안장은 기수가 앉기 위한 도구이자 가장 중요한 마구 중 하나입니다. 두아르테 왕의 말에 따르면 당시 유럽에서는 무수히 많은 종류의 안장이 사용되었으나 승마술상으로 보면 크게 다음과 같은 5종류로 분류할 수 있다고 합니다.

1. 브라반테식

다리를 약간 앞으로 내밀고 앉는 안장으로 발은 등자를 단단히 밟습니다. 이 타입의 안장을 사용할 때는 넓적다리로 말의 몸을 조이며 탑니다.

만약 안장의 전교(안장머리)와 후교가 높이 올라와 가운데 부분이 좁을 경우, 억지로 안장의 중앙에 앉으려 하면 균형이 무너지기 쉬우므로 다리를 뻗어 등자를 확실히 디딘 다음 몸을 안장에서 손가락 두세 개만큼 띄워 타면 좋다고 합니다. 반대로 안장이 길고 평평한 경우에는 묵직하게 앉는 것이 좋습니다.

2. 이탈리아·잉글랜드식

잉글랜드와 이탈리아의 몇 개 국가에서 사용되던 안장입니다. 다리를 곧게 펴거나 혹은 약간 구부린 상태로 몸과 일직선이 되도록 아래를 향해 뻗고 앉아 두 다리 사이에 말을 끼워 몸을 고정합니다. 왕의 말에 따르면 그들은 등자의 길이에 관해서는 크게 신경 쓰지 않았다고 합니다.

3. 고식(古式) · 주스트용

고식 승마법에서 사용하는 안장으로 다리를 뻗어 등자 위에 똑바로 서서 탑니다. 안장 위에는 앉지 않으며, 몸의 균형은 새들보우 즉 전교와 후교 사이에 위치한 좌석의 활 모양 곡선부를 이용하면서 무릎으로 말을 감싸 잡습니다. 이 승마법에는 우아함, 민첩성, 밸런스, 힘이 결여되어 있다고 합니다.

이 타입의 안장을 가지고 토너먼트나 전쟁에 임할 때는 말의 배에 두른 로프에 양쪽 등자를 연결하여 몸이 앞으로 움직이는 것을 방지합니다. 두아르테 왕은 그런 식으로 등자를 연결하고 있을 때는 등자 위에 똑바로 서서 타며, 그렇지 않을 때는 안장에 앉아서 타야 한다고 조언하였습니다.

4. 지네타식

지네타는 스페인과 포르투갈의 경기병으로 이슬람 기병의 영향을 받아 만들어졌습니다. 같은 이름을 가진 이 안장 또한 이슬람의 안장에 기원을 두고 있습니다. 등자의 길이가 짧아 다리를 충분히 굽힌 자세로 앉는 것이 특징으로, 등자를 힘껏 밟은 상태에서 발뒤꿈치를 내리고 탑니다. 이 안장을 사용할 때는 다리 전체로 가능한 한 단단히 말의 몸을 조이고, 몸을 앞뒤로 기울이지 않으며, 안장의 중앙에서 똑바로 등을 펴고 앉는 것이 최상의 승마법입니다. 말을 조이는 힘과 등자를 밟는 힘을 결코 풀어서는 안 되지만, 거꾸로 너무 강하게 조여 몸이 위로 떠올라서도 안 됩니다. 말을 조이는 데는 무릎을 사용하며 다른 승마법과 달리 허벅다리는 그다지 중요하지 않습니다.

왕의 말에 따르면 몸의 위치는 기본적으로 안장의 중앙에 와야 하지만, 상황에 따라 아래와 같이 대응하면 좋다고 합니다. 우선 말이 도약할 때는 안장의 중앙에서 조금 뒤로 몸을 기울입니다. 그리고 트로트(빠른 걸음) 때는 몸을 꼿꼿이 펴서 안장 후교에 기댑니다. 또한 갤럽(전속력) · 밸런스가 안 좋은 트로트 · 흥분하여 성급한 상태일 때는 몸을 전교에 기대고 안장으로부터 약간 띄우는 것이 좋습니다.

마지막으로 이 타입의 안장은 무릎을 구부리고 타기 때문에 어느 정도 여유가 있는 부츠를 고르며 신발끈은 너무 꽉 매지 않는 것이 좋다고 합니다.

5. 나마(裸馬)

안장을 사용하지 않고 새들크로스만을 얹은 상태로 말을 타는 방법입니다. 이 승마법에서는 몸을 곧게 펴고 다리 사이에 말을 단단히 끼우는 것이 중요합니다.

다리를 뻗어 허벅다리와 무릎으로 말을 감싸는 방법, 다리를 가능한 한 굽혀 다리 전체로 말을 감싸는 방법, 다리를 뻗어 말을 감싸고 발끝을 말의 배에 두르는 방법의 3종류가 있습니다.

현존하는 안장을 관찰하는 것만으로는 안타깝지만 각각의 안장이 어떤 타입이었는지

■전투용 안장 1

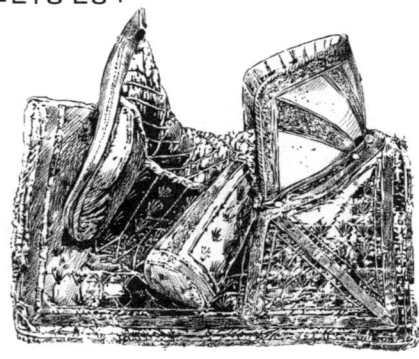

메트로폴리탄 미술관 소장, 이탈리아 1570~80년경. 무게 10kg. 르네상스 시대의 전투용 안장. 브라반테 식으로 추정.

■전투용 안장 2

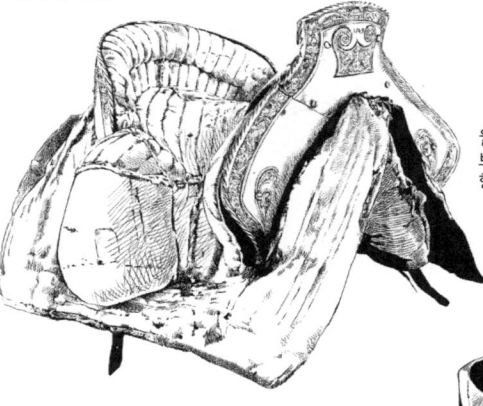

월레스 컬렉션 소장, 독일 1549년, 무게 14.97kg. 브라반테식으로 추정. 「전투용 안장 1」과 동일한 형식.

헨리 5세의 전투용 안장. 잉글랜드식. 오른쪽이 앞, 왼쪽이 뒤. 후교 한쪽은 파손되어 있다.

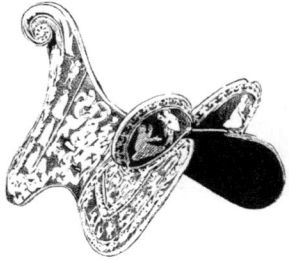

좌 : 프룽크자텔(Prunksattel) : 빈 군사 박물관 소장, 1438~39년. 우 : 베를린 역사 박물관 소장, 독일 또는 오스트리아 1440년경. 둘 다 고식으로 추정.

■ 칸그란데 델라 스칼라의 상

■ 성 게오르기우스의 상

베로나 1342년. 잉글랜드 · 이탈리아식.

보헤미아 1373년. 잉글랜드 · 이탈리아식.

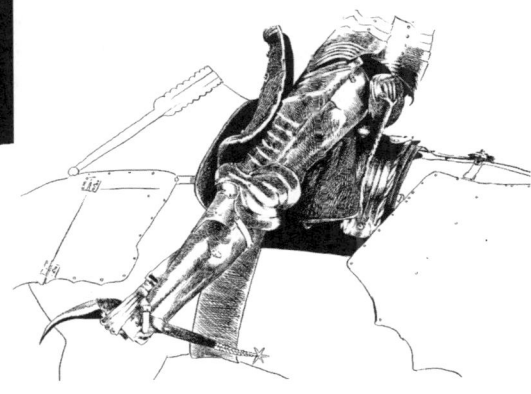

월레스 컬렉션 소장. 1480년경. 브라반테식 또는 잉글랜드 · 이탈리아식. 축이 매우 긴 박차를 달고 있다.

■ 마스티노 2세 델라 스칼라의 상

베로나 1351년. 고식 또는 잉글랜드·이탈리아식으로 추정.

파울 돌른슈타인의 스케치, 16세기. 고식(?).

■ 베르나보 비스콘티의 상

밀라노 1363년. 브라반테식 또는 잉글랜드·이탈리아식. 1817년의 스케치에서. 매우 작은 안장으로, 후교 위에 걸터앉아 타고 있다.

■칸시뇨리오 델라 스칼라의 상

베로나 1375년. 잉글랜드 · 이탈리아식 또는 고식. 베르나보 비스콘티와 같은 타입의 안장. 후교 위에 앉아 있다.

「지네타 복장을 한 카스티야 왕국 돈 엔리케 4세」 브라반테식 또는 지네타식.

「볼로냐에 입성하는 카를 5세(부분)」 1530년경. 잉글랜드 · 이탈리아식 또는 고식. p170 「전투용 안장」과 동일한 형식.

제2부 무기 해설

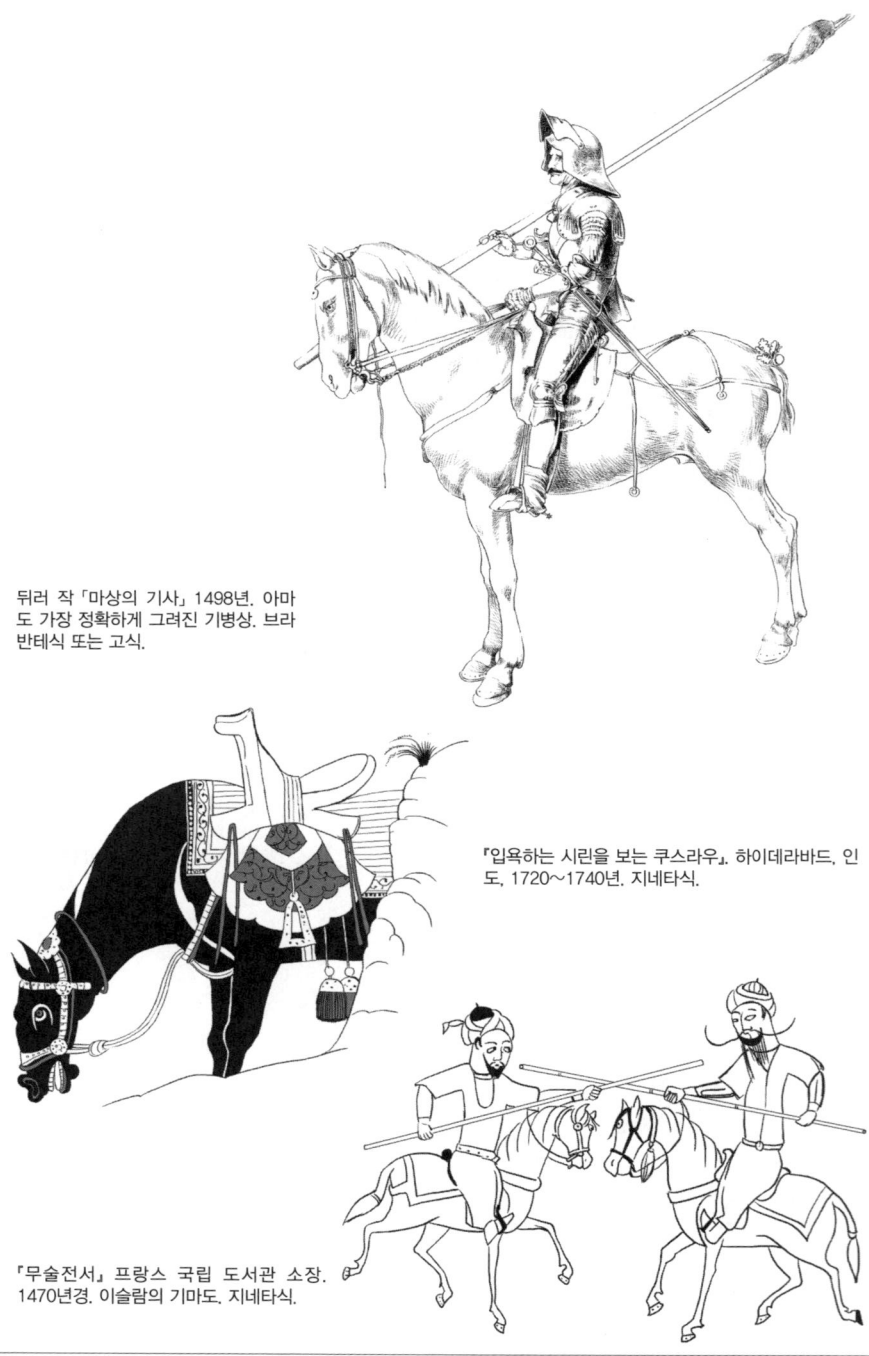

뒤러 작 「마상의 기사」 1498년. 아마도 가장 정확하게 그려진 기병상. 브라반테식 또는 고식.

「입욕하는 시린을 보는 쿠스라우」. 하이데라바드, 인도, 1720~1740년. 지네타식.

「무술전서」 프랑스 국립 도서관 소장. 1470년경. 이슬람의 기마도. 지네타식.

정확하게 판단하기가 어렵습니다. 특히 2번 잉글랜드 · 이탈리아식과 3번 고식은 구별이 거의 불가능하다고 할 수 있습니다.

전투용 안장은 대부분의 경우 기수가 낙마하는 것을 방지하기 위해서 안장의 후교가 허리 주변을 둘러싸고 있는 형태입니다.

박차(Spur)

■박차

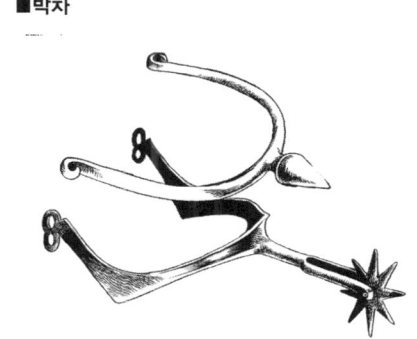

박차는 발뒤꿈치에 다는 금속 도구이자 말의 배를 차서 자극을 주는 마구입니다. 말을 급가속시키거나 말이 위험한 장소로 향하는 것을 제지하기 위해 사용합니다. 박차의 사용법은 매우 어려워 너무 자주 사용하거나 지나치게 세게 차면 말이 갑자기 멈추거나 날뛰게 될 뿐만 아니라 말의 심리상태에 악영향을 끼칠 가능성도 있습니다.

위는 프릭스퍼. 아래는 라웰스퍼.

박차에는 무수히 많은 베리에이션이 존재하지만 크게 나눠 6종류의 타입이 있으며, 사용 목적과 기수의 버릇에 따라 각각을 적절하게 가려 쓰는 것이 바람직합니다. 두아르테 왕은 유행이나 관습을 항상 따를 필요는 없다고 조언하였는데, 그것은 당시 박차의 대부분이 기능성보다는 패션성을 중시하여 디자인되었기 때문일 것입니다.

· 타입 1

일직선으로 적당한 길이의 축을 가진 박차입니다. 프랑스식 안장에 적합하며, 온갖 마종과 상황에 대응할 수 있는 범용 박차이기도 합니다. 이 타입은 프릭스퍼라고 불리는 오래된 타입으로, 바퀴처럼 회전하는 부품이 없고 못과 같은 가시가 달려 있습니다.

· 타입 2

라웰스퍼라고 불리는 타입의 박차로 가시 달린 바퀴가 붙어 있습니다. 프릭스퍼처럼 가시가 깊이 박히지 않기 때문에 말에게 안전하면서도 가장 아름다운 박차로 평가받습니다. 왕은 스파이크의 길이가 길수록 말의 반응이 빨라진다고 서술하였습니다.

· 타입 3

축이 아래로 구부러져 있는 타입의 박차입니다. 두 발로 말을 감쌀 때 박차가 말을 자극하지 않으므로 쉽게 흥분하는 성질의 말에게 적합합니다.

· 타입 4

축이 긴 박차로 갑옷을 입고 있을 때 사용합니다. 특히 다갑을 착용하고 있을 경우 통상적인 박차로는 말에게 닿지 않기 때문에 이 타입의 박차가 필수적입니다. 왕의 말에 따르면 이 타입 이외의 박차에 대해서는 사용법을 전혀 모르는 사람도 있다고 합니다.
- 타입 5

  축이 위로 구부러져 있는 박차로, 박차를 자주 사용할 필요가 있는 소형 말에게 적합합니다.
- 타입 6

  짧은 축과 짧고 굵직한 가시를 가진 박차로 이슬람권에서 사용되었습니다. 지네타식 안장에 가장 적합하다고 평가받는 안장입니다.

박차의 사용법

주스트의 경우

박차를 자주 사용하는 것은 피해야 한다고 합니다. 서툰 기수는 질주하는 말에 계속해서 박차를 가하다가 격돌하기 직전에 그만두는 경향이 있습니다. 말의 입장에서 보면 상대에게 두려움을 느끼기 시작할 때 갑자기 박차의 자극이 사라지는 것이므로 급히 정지하거나 상대로부터 도망치게 됩니다.

올바른 사용법은 질주하고 있을 때는 결코 박차를 가하지 않고, 격돌 직전에 말의 성격에 맞춰 적절한 힘으로 박차를 가하는 것입니다. 그러면 말은 멈추거나 피하지 않고 똑바로 나아갑니다.

투척의 경우

주스트의 경우와 마찬가지로 박차를 자주 사용하지 말아야 합니다. 서툰 기수는 던지는 데만 지나치게 집중하여 던지기 직전 박차를 가하는 것을 잊어버리고 맙니다. 결과적으로 박차의 자극이 사라진 시점에서 말이 정지하여 비거리가 줄어들게 됩니다.

올바른 방법은 도움닫기 중에는 박차를 사용하지 않다가 던지기 직전에 박차를 가하는 것입니다. 이때 힘껏 차서 말의 속도를 충분히 올린 다음 던지는 것이 좋습니다.

창으로 사냥을 하는 경우

사냥에서 박차를 사용하는 일에 익숙하지 않다면 함부로 박차를 사용해서는 안 됩니다. 그 대신 말이 사냥감을 향해 다가가도록 내버려두고, 사냥감에 충분히 가까워졌을 때 힘차게 박차를 가하여 사냥감에 대한 말의 공포심을 해소하면 공격 가능한 위치에 도달하기 전에 발을 멈추지 않게 됩니다.

장해물을 뛰어넘는 경우

말이 장해물에 다가가기를 기다렸다가 도약하기 직전 딱 한 번만 힘껏 박차를 가한 뒤 마음을 가라앉히고 안장 위에서 침착한 자세를 유지합니다.

두아르테 왕의 책을 번역한 루이스 프레토는 왕이 남긴 기법이 현대 쇼 점핑의 기법에 비해 매우 원시적이고 묘사도 불완전하다고 지적하였습니다. 그러면서 원인을 분석하고 있는데, 그것은 왕이 박차의 사용법만을 서술하고 나머지 것은 생략한 데다 당시는 아직 도약 기법이 발달 도상에 있었기 때문이라고 합니다.

사람이 밀집한 곳을 통과하는 경우

만약 말에게 주저하는 기색이 없다면 군중들에게 접근했을 때만 박차를 사용해도 말은 특별한 문제 없이 사람들 사이를 빠져나갑니다. 말의 기질이 난폭할 경우에는 박차를 세게 차지 말고, 게으른(반응이 둔한) 말이라면 적절하게 박차를 가합니다. 자주 박차를 가할 필요가 있을 때는 등자를 견고하게 딛는 것이 좋습니다.

⚜ 랜스의 사용법

두아르테 왕은 기사의 상징이라고 할 수 있는 랜스의 사용법에 대해서도 귀중한 증언을 남겼습니다.

전투 전에는 허벅다리나 발등에 물미를 얹고 창끝을 수직으로 세워 잡습니다(p173 카를 5세의 그림 참조). 그 후 창을 힘차게 들어올려 겨드랑이 아래에서 감싸 쥡니다. 만약 랜스 레스트(전작 p475 참조)를 사용할 수 없는 경우라면 랜스를 겨드랑이 아래에 단단히 감싸 쥐고 최대한 견고하게 고정합니다. 이때 오른손은 가능한 한 어깨에서 멀리 떼고 팔꿈치를 높이 듭니다. 또한 손이 몸의 정면에 위치하지 않도록 하는 것도 중요합니다.

나뭇가지 등 장해물이 없는 이상 창끝은 상대의 머리보다 위로 유지하고 있다가 상대가 가까이 다가오면 서서히 아래로 내립니다. 창끝을 아래로 향하고 있다가 들어올려 겨냥하자면 큰 힘이 필요할 뿐만 아니라 대부분의 경우 창끝이 지나치게 올라가거나 타이밍이 맞지 않아 공격이 빗나가기 때문입니다. 맞바람이 불 때는 풍압 탓에 창이 내려가는 속도가 느려지므로 평소보다 창끝을 많이 내립니다. 이때 갑자기 머리를 움직이면 겨냥이 빗나가는 원인이 됩니다.

그리고 몸을 오른쪽으로 많이 기울였을 때, 머리를 높이 들어 자세가 뒤로 젖혀졌을 때, 안장 위에 똑바로 앉아 있지 않을 때, 얼굴을 창에 너무 가까이 댔을 때, 창의 각도가 크게 벌어졌을 때 공격이 실패한다고 합니다. 그 밖의 원인으로는 아래의 요소를 들 수 있습니다.

시계

 부딪치는 순간 눈을 감아 공격이 빗나가는 경우 교관은 간결하고 직설적인 말로 문제점를 알려주고, 만약 창의 움직임이 너무 늦을 경우에는 서둘러 겨냥하라고 재촉합니다. 두아르테 왕의 말에 따르면 창이 목표에 명중했을 때의 성취감은 기수가 계속해서 정진하기에 충분한 동기를 부여해 준다고 합니다.

 기수 중에는 상대를 시야에서 놓치지 않으려고 무의식중에 몸을 움직이는 사람이 있습니다. 이런 사람은 창끝이 예상 이상으로 크게 움직여 공격을 빗맞히게 됩니다. 이때도 객관적으로 조언할 수 있는 교관 밑에서 문제를 바로잡습니다.

 몸에 맞지 않는 갑옷도 시계를 방해하는 원인입니다. 그러므로 갑옷을 입고 공격자세를 취함으로써 충분한 시계가 확보되는지 확인합니다. 만약 잘 맞는 갑옷을 입고 있다면 자기 랜스의 절반(적어도 3분의 1)을 볼 수 있다고 합니다. 갑옷의 사이즈가 적절하지 않은 경우에는 훈련을 쌓아 결점을 극복하거나, 투구를 쓸 때 우선 뒷부분을 고정한 다음 앞부분을 고정하면 시계를 최대한 확보할 수 있습니다.

 왕이 권하는 최상의 방법은 돌격하는 동안 계속해서 몸의 정면을 상대에게 향하다가 부딪치는 순간 상대에게로 고개를 돌리는 것입니다.

랜스의 취급

 갑옷의 짜임새가 좋지 못하면 창을 바르게 장비할 수 없습니다. 두아르테 왕은 뱀브레이스(완갑)의 상태불량을 첫째로 꼽고, 이어서 조정부족, 랜스 레스트의 위치, 방패·뱀플레이트·그래퍼의 미비를 공격 실패의 주된 요인으로 들고 있습니다. 이를 바로잡기 위해서는 훈련이나 리허설을 통해 항상 갑옷의 부품을 조정하고 실전에 들어가기 전에 랜스를 들고 여러 차례 자세를 취함으로써 상태가 완벽한지 확인해야 한다고 합니다.

 지나치게 무거운 창을 사용하면 목표를 정확하게 겨냥할 수 없을 뿐 아니라 창의 무게 탓에 낙마하는 일까지 있습니다.

 기수가 불안정한 상태일 때도 랜스를 정확하게 다루기 힘들어집니다. 마술에 대한 훈련과 지식을 쌓으면 기수는 자연히 침착하게 말을 잘 탈 수 있게 되지만, 마구가 원인으로 안정을 잃어버리는 경우도 있습니다. 예를 들어 양쪽 등자를 연결하는 로프가 느슨하거나, 안장의 사이즈가 맞지 않거나, 발판에 발을 디딜 만한 충분한 공간이 없는 경우입니다. 왕은 좌석이 너무 길지도 짧지도 않고 속이 탄탄히 채워져 있는 안장을 선택하라고 충고하였습니다.

 또한 말이 흥분해서 날뛰면 고삐로 컨트롤하기가 곤란해질 수 있습니다. 그럴 때를 대비해 튼튼한 고삐를 사용하고, 가시가 적고 짧으며 날카롭지 않은 박차를 달아야 한다고 합니다. 물론 근본적인 대책은 말에 대한 성실한 훈련입니다. 왕은 기수 자신이 말을 훈련시켜야 하며 타인에게 맡겨서는 안 된다고 서술하였습니다.

부적절한 말의 취급

　고삐를 바르게 사용하지 않으면 말은 적절한 지시를 받지 못한 채 스스로 행동하는 수밖에 없습니다. 그리고 원인의 대부분은 알맞은 길이의 고삐를 사용하지 않는 데 있습니다.

　훈련을 할 때는 우선 갑옷을 입지 않고 말에 올라타 올바른 위치에서 고삐를 잡습니다. 그리고 그 위치에 매듭을 하나 만들고 다시 한 번 그 위치가 맞는지 확인합니다. 그 후 갑옷을 입고 고삐의 위치를 확인합니다.

　혹은 트라비안카라는 짧은 나무막대를 이용하는 방법도 있습니다. 앞에서 언급한 매듭의 위치에 봉을 두고 고삐를 묶어 매듭이 움직이지 않도록 합니다. 그리고 봉에 고삐를 감아서 고삐가 아니라 직접 봉을 잡고 말을 조종하면 갑옷과 관계없이 자유롭게 말을 몰 수 있습니다.

　전장에서 임시로 고삐의 길이를 확인하고 싶다면 먼저 고삐를 잡고 말을 전속력으로 달리게 합니다. 그리고 양손이 아니라 한 손으로 고삐를 잡고 말을 정지시킵니다. 숙련된 기수라면 이때 감각적으로 고삐의 길이가 적절한지 판단할 수 있습니다.

　만약 투구 때문에 손 주변이 보이지 않는 상태지만 부근에 종자가 있다면 오른쪽 건틀릿을 벗고 고삐를 잡은 다음 종자에게 매듭을 만들게 하면 적절한 위치를 확인할 수 있습니다.

　고삐가 끊어지거나 말의 재갈(말의 입 안에 가로 물리는 금속 도구) 아래를 지나는 사슬이 끊어지면 말을 정상적으로 컨트롤할 수 없게 됩니다.

　기수 중에는 안정성을 높이기 위해 말의 머리에 로프나 띠를 잡아맨 다음 그것을 고삐와 함께 사용하는 사람도 있습니다. 두아르테 왕의 말에 따르면 그들은 이 로프의 장점을 활용하려는 생각에 급급한 나머지 고삐를 사용하는 것을 소홀히 하여, 결과적으로 말을 제대로 컨트롤할 수 없게 된다고 비판하였습니다. 왕은 이에 대한 대책으로서 고삐의 길이를 조정한 다음 로프를 갑옷에 연결하면 좋다고 설명하고 있습니다. 이때 로프의 길이는 고삐보다 길어지도록 합니다.

기수의 정신

　주스트 때 두려움 때문에 일부러 격돌을 피하거나 도중에 마음이 바뀌어 도망치는 일은 흔히 있었습니다. 그 외에도 공포에 사로잡힌 나머지 몸이 굳어지거나, 의욕만 앞서 충분한 준비를 갖추지 않거나, 몸을 너무 급하게 움직이면 실패하게 됩니다. 또한 일부러 약한 척하여 자신보다 약한 상대하고만 싸우는 사람이 있습니다. 이러한 사람은 자신이 유리하다는 사실을 알고 있기 때문에 상대를 바르게 평가하거나 장비를 빈틈없이 조정하는 중요한 일에 소홀해져 결과적으로 실패하게 됩니다.

　두아르테 왕은 이러한 정신적인 결점을 극복하기 위해서는 이성과 이해력을 발휘하여 리스크를 정확하게 판단하는 일이 무엇보다 중요하다고 하였습니다.

제 20 장
SHIELD
방패

방패란 간단히 말하자면 휴대용 벽입니다. 구조가 매우 단순하면서도 높은 방어력을 제공하기 때문에 지역과 시대를 불문하고 전 세계에서 사용되었습니다.

방패에는 여러 가지 종류가 있으나 크게 두 가지 형태와 두 가지 그립법으로 분류됩니다.

형태에 따른 분류에서는 모양이 평면인 「평면식」과 구부러진 「곡면식」으로 나눌 수 있고, 그립법에 따른 분류에서는 손으로 핸들을 잡고 드는 「핸들식」과 스트랩을 팔에 동여매서 드는 「스트랩식」으로 나눌 수 있습니다.

「평면식」

세계적으로 가장 널리 사용된 타입입니다. 유럽에서는 그리스의 아스피스, 바이킹의 방패, 로텔라, 스코틀랜드의 타지, 결투용 큰 방패 등이 여기에 해당합니다.

평면식 방패는 우리의 생각과 달리 상대에게 정면을 향하지 않고 비스듬하게 장비합니다. 정확히는 약 70도 또는 방패의 측면이 상대의 왼쪽 어깨를 향하도록 손을 뻗어 잡는 자세입니다. 이러한 자세를 취하면 방패가 좌반신을 완전히 커버하고 오른손의 움직임을 방해하지 않으며, 충분한 시야를 확보할 수 있습니다. 또한 상대가 오른손에 든 무기로 공격하는 궤적은 이쪽에서 볼 때 왼쪽에 위치하므로 방패를 정면으로 드는 것보다 효과적입니다. 더 나아가 상대가 방패의 측면을 타격하여 억지로 회전시키는 것을 방지하는 동시에 상대의 접근을 차단하고, 기회가 생기면 방패의 모서리를 이용해 상대를 가격하는 것도 가능합니다.

「평면식」 방패를 드는 법. 화살표는 오른손잡이 상대의 공격이 지나는 궤적.

■아킬레스와 멤논의 싸움

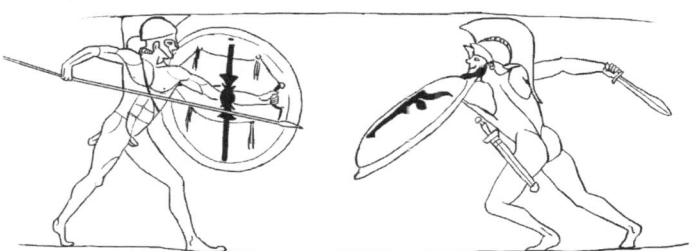

기원전 490년경. 아킬레스는 방패의 측면을 앞으로 내밀고 있는 반면 멤논은 방패의 정면을 상대에게 향하고 있습니다. 멤논은 리치가 짧은 검을 가지고 있어 우선 아킬레스의 창을 방어할 필요가 있기 때문입니다.

참고로 방패를 드는 법에 관해서는 아래와 같은 예가 있습니다.

그리스의 도자기에는 상대에게 방패를 쑥 내밀어 들고 있는 모습이 그려져 있습니다. 흔히 이것은 예술적 표현에 불과하다고 말하지만, 방패를 옆이나 대각선으로 들고 있는 그림도 다수 존재하므로 예술적 표현이 아닌 실제 기법을 묘사한 것이라고 보아도 좋을 것입니다.

과거 검사들의 증언을 살펴보면, 16세기의 디 그라시는 로텔라(원형 방패)를 허벅다리에 받쳐 드는 자세는 휴식을 취할 때나 움직이지 않을 때만 유효하다고 해설하였습니다. 이어서 그는 방패 잡는 법의 핵심을 언급합니다. 방패를 몸 앞에 평행하게 들면(상대에게 정면으로 들면) 스스로의 시야를 가릴 뿐 아니라 방해가 되어 기술을 사용하기 힘들어지며, 방패의 측면으로 상대를 겨냥하면서 팔을 구부리지 않고 드는 방법이 바람직한 그립법이라는 것입니다.

역시 16세기에 활약한 마로쪼는 디 그라시의 자세보다 방패를 더욱 오른쪽으로 들어 무기를 방패 뒤에 감춤으로써 상대가 이쪽의 의도를 예측하지 못하게 하는 것이 좋다고 하였습니다.

18세기의 맥베인은 스코틀랜드의 타지에 대해 언급하면서, 방패의 사용법이 익숙지 않은 검사에

■「아서 왕 이야기」 341v

프랑스, 1275~1300년경.

■탈호퍼 페히트부흐 98r

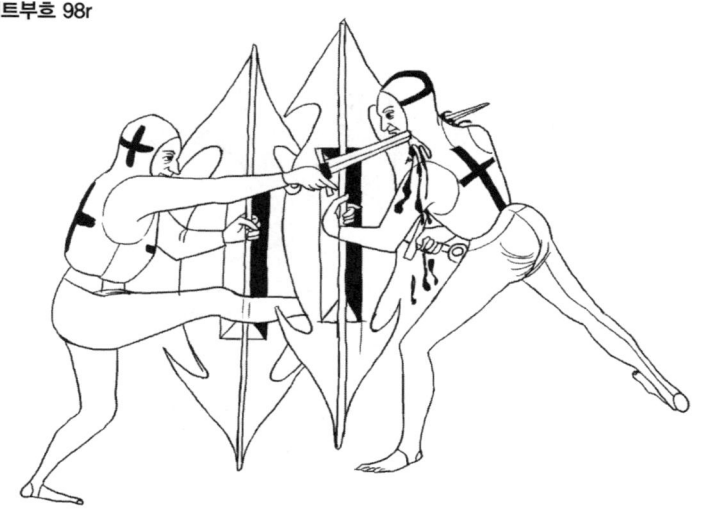

독일 1459년. 상대의 방패를 발로 차서 회전시킨 다음 무방비해진 상대의 좌측면을 공격하는 기술입니다. 방패를 정면으로 들면 이처럼 방패를 회전시키는 기술의 희생양이 됩니다. 게다가 옆으로 돌아간 자신의 방패가 오른팔의 움직임을 방해합니다. 왼쪽 인물은 방패를 비스듬히 들고 있습니다.

게 있어 방패는 도움은커녕 오히려 해가 된다고 서술하고 있습니다(시야를 가리기 때문입니다). 그의 말에 따르면 방패의 측면을 상대에게 향하고 앞으로 쑥 내밀어 드는 것이 좋다고 합니다.

또한 평면식 방패는 곡면식 방패에 비해 움직임이 많다는 특징이 있습니다. 가령 방패 모서리로 상대의 몸이나 방패를 가격하거나 상대의 공격을 쳐내기도 합니다. 평면식 방패는 곡면식 방패처럼 상대의 무기를 뒤로 받아넘기지 못하기 때문에 공격을 쳐내는 식으로 방어하지 않으면 방패를 관통당할 우려가 있습니다.

⚜ 「곡면식」

위에서 내려다본 모양이 곡선을 그리고 있는 방패로 로마의 스큐툼, 카이트 실드, 히터 실드 등이 이 타입에 속합니다.

이 타입의 방패는 평면식 방패와 달리 무기의 움직임을 제한하지 않는 한도 안에서 최대한 몸의 정면에 밀착하여 잡습니다. 상대가 방패를 회전시켜 옆으로 치우려 해도 둥글게 휘어진 방패의 표면을 미끄러질 뿐이라 불가능합니다. 또한 방패의 곡면이 몸을 감싸주므로 평면식 방패보다 훨씬 효율적으로 방어할 수 있으며, 방패를 거의 움직이지 않아

■탈호퍼 페히트부흐 98r

좌 : 『쾌락의 정원』 프랑스 1185년.
중 : 『산문 트리스탄 이야기』 19v : 대영 도서관 소장, 이탈리아, 제노바, 1275～1325년.
우 : 『프랑스 대연대기』 프랑스 국립 도서관 소장, 1375～80년경.

도 된다는 점이 특히 뛰어난 장점입니다.
 반면 가장 큰 단점은 공격할 때 방패로 오른팔을 커버할 수 없다는 점입니다. 연구가 스티븐 헌트는 곡면식 방패가 등장한 시기와 팔꿈치 길이였던 메일의 소매가 손목에 닿을 정도로 길어진 시기가 거의 일치한다는 사실을 들면서, 이는 방패 대신 메일로 팔을 보호하려 한 증거라고 설명하였습니다.

「핸들식」

청동기 시대의 방패, 로마의 스쿠툼, 버클러, 바이킹의 방패 등이 대표적입니다. 오래된 타입의 그립법이며 손으로 방패의 손잡이를 잡고 조작합니다. 우리의 일반적인 인식과 달리 손잡이의 방향은 대부분 세로가 아니라 가로로 달려 있습니다.

좌 : 『로체스터 동물기』 잉글랜드 1225～50년.
우 : 『다이슨 페린스의 묵시록』 22v 게티 박물관 소장, 런던, 1255～60년. 오른쪽 가장자리 인물의 자세는 피오레의 무장창술 중 『왼쪽 창문』 자세(전작 p383)와 흡사합니다.

장점은 방패를 앞으로 내밀어 상대의 접근을 차단하고 상대를 쳐내거나 가격하는 등 무척 다양한 기법과 자세가 존재하므로 여러 가지 상황에 대응할 수 있다는 점입니다.

단점으로는 왼손의 악력에만 의존하기 때문에 방패를 빼앗기거나, 타격을 받아 놓치거나, 옆으로 돌아가기 쉽다는 점을 들 수 있습니다. 또한 왼손이 쉽게 피로해지는 데다 방패를 장비한 상태에서는 양손으로 창을 잡을 수가 없습니다.

⚜ 「스트랩식」

복수의 스트랩을 이용해 팔에 동여매는 타입의 방패로 그리스의 아스피스, 히터 실드, 카이트 실드, 임브라차투라가 대표적인 예입니다.

팔 전체로 방패를 지탱하므로 더욱 견고한 자세를 취할 수 있고 핸들식처럼 방패를 빼앗기는 일도 거의 없습니다. 또한 쉽게 피로해지지 않으며 보다 강한 충격에 견딜 수 있다는 이점이 있습니다. 반면 방패를 팔에 고정하기 때문에 손으로 잡는 것보다 기동성이 현저하게 떨어집니다.

그 밖의 그립법으로 지면에 내려놓는 것, 몸에 매다는 것, 팔에 완전히 고정하여 왼손을 자유롭게 움직일 수 있도록 한 것 등이 있습니다.

■부조(부분)

애벌렘노, 스코틀랜드, 8세기. 가운데 인물은 방패를 어깨에 매달고, 양손으로 창을 잡고 있습니다.

⚜ 방패 자세

방패 자세에 관한 문헌은 지금까지 전혀 발견되지 않았습니다. 아마도 방패에는 자세라는 개념 자체가 없었던 것이 아닐까 생각되지만, 여러 연구자들은 회화 자료와 문헌 등을 통해 다음과 같은 네 가지 자세가 존재하였을 것으로 추정하고 있습니다.

1. 「바깥쪽」 자세 : 평면식 방패의 통상적인 자세로 몸의 왼쪽을 커버합니다.
2. 「안쪽」 자세 : 평면식 방패 자세로 몸의 오른쪽을 커버합니다. 예를 들어 상대의 무기를 바인딩한 상태에서 상대의 무기를 상대의 방패 쪽으로 밀어붙이는 자세가 여기에 해당합니다.

■『메리 왕비의 기도서』 Fol.150

런던 1310~20년.

■아비오 성의 프레스코화(부분)

이탈리아 1330년대.

■Bib. Mazarine MS.348

마자랭 도서관 소장. 프랑스 13세기 말. 프랑스의 결투재판을 묘사.

3. 「중심」 자세 : 곡면식 방패 자세로, 방패를 몸의 정면에 장비합니다. 이 자세의 베리에이션으로서 방패의 밑면을 올려 비스듬히 드는 방법도 있습니다. 이 자세는 다리가 방패에 부딪히는 것을 방지하고, 방패를 수직으로 들 때보다 효과적으로 다리를 커버합니다.
4. 「상단」 자세 : 평면식 방패 자세로, 방패를 머리 옆에 들어올려 장비합니다. 바이킹의 조각과 중세의 회화 자료에서 몇

■ 처트시 수도원의 타일

잉글랜드. 잉글랜드의 결투재판을 묘사한 귀중한 예.

가지 예를 찾아볼 수 있습니다(하지만 위에서 날아오는 화살을 막는 모습을 보고 오해한 것이라는 관점도 있습니다). 이 자세는 상반신 전체로 방패를 지탱하므로 보다 강한 충격에 버틸 수 있고, 당시 전투에서 가장 일반적이던 머리 부분에 대한 공격을 충분히 방어할 수 있다는 장점이 있습니다. 단점은 몸통과 다리가 무방비 상태가 되며 무기로 공격을 받아넘기기가 매우 어렵다는 점입니다.

방패의 기법

방패는 벽으로 상대의 공격을 차단하는 것과 비슷하지만, 실제로는 공격을 막는다기보다 받아넘기듯 사용하였을 것으로 추측됩니다. 그것은 실존하는 방패 대부분은 상대의 공격을 정면으로 받아내 정지시킬 만한 강도를 가지고 있지 않기 때문입니다. 바이킹의 사가에는 무기가 방패를 관통하는 장면이 다수 등장하고 그리스의 자료에서도 비슷하게 묘사되고 있는 것을 보면, 무기가 방패를 관통한다는 것은 의외로 드물지 않은 일이었는지도 모릅니다. 특히 평면식 방패는 곡면식 방패처럼 무기가 방패의 표면에서 미끄러지지 않기 때문에 상대의 무기를 쳐서 방어할 필요가 있었습니다. 이슬람의 방패에도 동일한 기법이 있으며, 이것이 아마 방패의 기본기술이었을 것입니다.

바이킹의 사가에서는 무기가 방패를 관통하는 순간 방패를 비틀어 상대의 무기를 빼앗는 기법이 자주 등장합니다. 연구자 중에는 이 기술을 사용하기 위해 일부러 방패를 얇게

만들었다고 주장하는 사람도 있으나, 과연 기술 하나만을 위해 최대의 방어수단인 방패를 일부러 약하게 만들 가치가 있는지 의문입니다. 아마도 실제로 이러한 기술이 있었던가, 아니면 방패로 공격을 쳐내려 하다가 의도치 않게 상대의 무기가 방패를 관통하는 바람에 빼앗게 되었던 것으로 보입니다.

 방패로 상대를 타격하는 기법도 흔히 사용되었습니다. 보통 방패의 정면으로 가격한다고 생각하기

『Abrege des histoire divines』(Morgan M.751). 프랑스, 아미앵, 1300~1310년.

쉽지만, 사실은 방패의 가장자리를 이용해 가격했던 모양입니다. 로마 시대의 부조에는 방패를 수평으로 들고 아래쪽 모서리로 때리는 장면이 묘사되어 있습니다. 또한 바이킹의 방패를 사용한 실험에서는 갈비뼈 몇 대 정도라면 한꺼번에 간단히 부러뜨릴 수 있었

리돌포 카포페로, 17세기 초. 방패로 상대의 검을 옆으로 쳐내 방어하면서 카운터 공격을 하고 있습니다.

을 것이라는 결과가 나왔습니다.

그리고 방패로 상대의 검이나 방패를 바인딩하여 무효화하는 기법도 빈번하게 이루어졌을 것으로 추측됩니다. 방패는 기본적으로 넓은 판자이기 때문에 검보다 훨씬 효과적으로 바인딩할 수 있기 때문입니다.

그 밖의 사용례로서 상대의 시야를 차단하거나, 자신의 무기를 상대의 시야에서 감추거나, 방패로 포위하여 움직이지 못하게 하고 사로잡거나, 상대의 발치에 프리스비처럼 던져서 넘어뜨렸다는 기록이 있습니다.

⚜ 방패의 종류

바이킹의 방패(skjoldrr : 평면 · 핸들식)

가장 전형적인 평면식 방패입니다. 대형 원형 방패로, 비교적 얇은 나무 판을 서로 맞대 한 장으로 만든 다음 표면에 가죽을 붙여 강도를 높였습니다(가죽은 마르면서 수축하기 때문에 실험에 의하면 대략 3~6배가량 강도가 증가한다고 합니다). 가운데 부분에는 손으로 잡기 위한 구멍을 뚫고 손을 보호하기 위한 보스라는 반구형 금속 도구를 부착합니다. 매장품으로서 발굴된 방패에 금속제 장식판으로 꾸며진 예가 매우 많은 것을 보면, 실제 전장에서도 상당히 화려한 방패가 사용되었을 가능성이 있습니다.

발굴된 현물을 분석한 결과, 대부분이 지름 90cm 정도의 원형이고 사용된 목재는 포플러나무가 가장 많으며, 두께 0.7~1cm(실측값은 0.4~4cm 사이에 분포), 무게 1.5~3kg 정도가 평균값으로 추정되고 있습니다. 보스는 로마 시대의 것보다 두껍게 제작되었습니다.

바이킹 시대의 방패는 기본적으로 상반신을 보호하는 데 이용되었던 모양입니다. 아이슬란드의 Droplaugarsona saga 제10장에서는 어떤 사람과 싸우게 된 형제(헬기와 그림)가 상대의 어디를 공략할 것인지에 대해 이야기를 나누는 장면이 등장합니다. 이때 그림이 「위쪽을 노리겠다」고 말하자, 헬기는 상대를 죽일 생각이 없는 것 아니냐고 말하며 「내가 겨냥하는 곳은 방패로 커버할 수 없다」고 덧붙입니다. 결과적으로 상단을 향한 그림의 공격은 방패를 관통하였을 뿐 부상을 입히지는 못하고, 무릎에 대한 헬기의 공격은 조금 빗나가면서도 다리 안쪽에 명중하였습니다. 이러한 내용을 통해 당시 사람들은 기본적으로 방패란 상반신을 보호하는 것이라는 개념을 가지고 있었다는 사실을 알 수 있습니다.

돔형 원방패(Convex Shield : 평면/곡면 · 핸들식)

그리스의 아스피스와 같은 돔 모양 방패입니다. 초기 앵글로색슨 시대(기원 5~7세기)

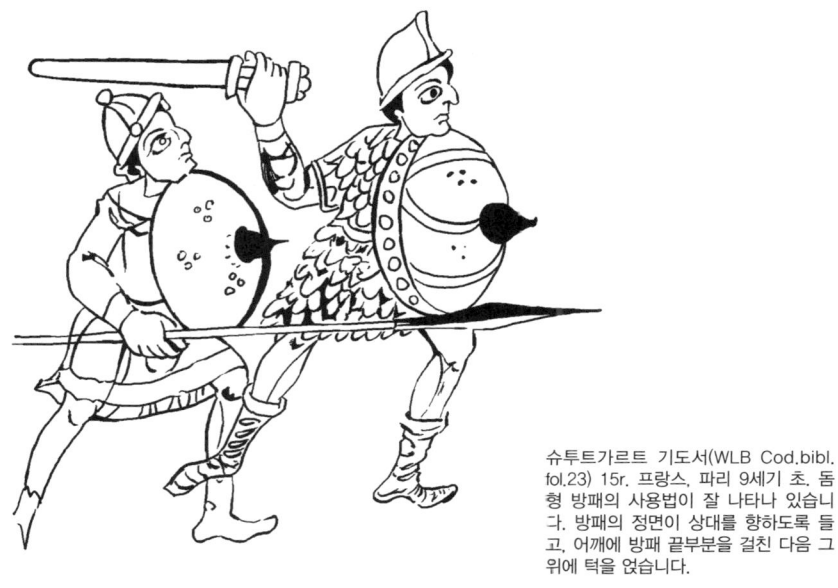

슈투트가르트 기도서(WLB Cod.bibl. fol.23) 15r. 프랑스, 파리 9세기 초. 돔형 방패의 사용법이 잘 나타나 있습니다. 방패의 정면이 상대를 향하도록 들고, 어깨에 방패 끝부분을 걸친 다음 그 위에 턱을 얹습니다.

의 방패가 특히 유명한데, 10~11세기경까지 사용된 흔적이 있습니다. 대부분 오리나무(앨더), 버드나무, 포플러나무로 제작되었고 표면에는 가죽을 덮었습니다.

사이즈는 바이킹의 방패에 비해 작아 대부분의 예가 지름 45~66cm 사이에 분포하며 최소형은 34cm, 최대형은 92cm입니다. 두께는 부위에 따라 5~13mm로 불규칙하지만, 통상적인 두께는 6~8mm로 추정되고 있습니다.

연구가 언더우드가 방패를 재현한 결과 지름 72cm, 두께 10~15mm(가장자리가 두껍고 가운데가 얇습니다), 돔 높이 35mm, 무게 4kg이 되었다고 합니다.

스큐툼(Scutum : 곡면 · 핸들식)

본래 스큐툼이라는 단어는 「방패」 전반을 의미하지만 여기에서는 로마군이 장비하던 방패의 명칭으로 사용합니다. 이 방패는 이탈리아의 토착 방패로부터 발전한 것이라고 전해지고 있으나, 갈리아인이 사용하던 방패도 스큐툼과 상당히 유사하므로, 어쩌면 양자의 영향을 함께 받으며 발전한 것일 수도 있습니다.

형태는 초기의 것은 타원형, 후기의 것은 직사각형입니다. 현재 거의 완전한 상태로 발견된 스큐툼은 2개 있는데, 타원형 방패가 이집트의 카스르 엘 하리트, 직사각형 방패가 시리아의 두라 에우로포스에서 출토된 것입니다.

두 방패의 구조는 거의 같습니다. 본체는 나무 판을 3층으로 덧붙인 베니어 구조를 취하고 있으며, 각각의 층은 판의 방향이 직각이 되도록 배치하여 강도를 높였습니다. 방

Epistulas Pauli(Alençon BM MS.96) 63v, 프랑스 12세기 후반.

■잉글랜드의 결투재판

아담클리시 전승 기념비(트라야누스 전승 기념비) 제 17번 메토프. 루마니아 기원 109년.

패 뒷면에는 보강재로서 금속 끈이 달려 있고, 양모 패드를 붙이는 경우도 있습니다.

일반적인 스큐툼의 두께는 약 0.5~1cm 정도(두라 에우로포스의 방패는 5mm, 파편으로 발견된 방패는 7mm)로 추정됩니다. 가운데가 제일 두껍고 가장자리로 갈수록 얇아지는데, 이는 방패에 유연성을 부여하여 내구도 향상을 꾀한 것이 아닌가 합니다.

상당한 대형 방패로, 두라 에우로포스의 것은 높이 102cm, 폭 66cm(휘어진 상태에서의 폭이며, 실제 바깥 둘레는 83cm)이며, 이집트의 것은 높이 128cm, 폭 63.5cm입니다. 포에니 전쟁을 기록한 폴리비오스는 스큐툼의 사이즈가 높이 118cm, 폭 74cm이고,

가장자리 부분의 두께는 손바닥 너비(손바닥 두께?) 정도라고 서술하였습니다. 무게는 2~5kg 정도일 것입니다.

이 타입의 방패는 로마 시대 이후 소멸했다고 알려져 있습니다. 그러나 중세 프랑스·영국의 결투재판에서 모양이 완전히 똑같은 방패가 사용되는 모습이 묘사됩니다. 따라서 기록이 남지 않았을 뿐 스큐툼 타입 방패는 중세 시대 들어서도 계속 사용되었을 가능성이 있습니다.

한편 로마군은 평면식 방패도 사용하였습니다. 구조는 바이킹의 것처럼 나무 판을 맞댄 것으로 베니어 구조는 아닙니다. 두라 에우로포스의 방패를 예로 들자면 높이 105cm, 폭 90cm, 가운데 두께 7~9mm, 가장자리 두께 3~5mm입니다.

아스피스(ἀσπίς : 평면 · 스트랩식)

고대 그리스에서 사용되던 얕은 완형(椀型) 모양이 특징적인 원형 방패입니다. 보통 호플론 등으로 불리기도 하지만 호플론이란 방어구 일반을 가리키는 단어입니다. 사이즈는 지름 80cm~1m, 두께 2cm, 무게 6~7.5kg 정도가 일반적이라고 합니다. 방패 테두리에는 폭 4cm 정도의 림이 달려 있는데, 이것이 방패의 전체적인 구조를 지탱하고 강도를 높여주고 있습니다.

거의 완전한 형태로 실제 발굴된 방패는 「보마르초의 방패」라고 불리고 있습니다. 이탈리아의 에트루리아에서 사용된 것으로 포플러나무 블록을 깎아내 정형한 다음 안쪽에 가죽을 덧붙이고 바깥쪽에 두께 0.5mm의 청동 시트를 접착하였습니다(다만 아스피스에는 다양한 제법과 공정이 있을 것으로 추정되므로 이것이 유일한 구조는 아닙니다). 두께는 림 부분 12~18mm, 가운데 부분 10~11mm, 무게는 약 6.5kg 정도(청동 시트를 방패 가장자리에만 접착하는 타입일 경우 여기에서 수kg 더 가벼워집니다)로 추정됩니다.

아테네에서 발견된 스파르타 병사의 방패는 원형이 아닌 타원형이며 세로 95cm, 가로 83cm입니다.

히터 실드(Heater Shield : 평면/곡면 · 스트랩식)

카이트 실드에서 발전한 타입의 방패입니다. 목제 본체에 가죽이나 캔버스가 붙어 있고, 뒷면에는 패드를 부착하기도 하였습니다. 명칭은 모양이 아이론 히터(흔히 말하는 다리미)를 닮았다는 데서 유래하였으나, 실제로는 회화 자료를 통해 물방울·삼각형·하트 등 세 가지 형태의 존재를 확인할 수 있습니다. 초기의 히터 실드는 크게 휘어져 있으며 사이즈도 대형이지만(높이 약 90cm), 시대가 흐르면서 평평해지고 사이즈도 작아집니다(높이 약 40~50cm). 형태도 후기의 것이 보다 삼각형에 가깝습니다.

스트랩의 배치는 현존하는 20개 전부 가지각색이지만 어깨에 매다는 숄더 스트랩, 팔을 끼우는 스트랩, 왼손으로 잡는 핸드 스트랩 등 세 가지는 공통적으로 가지고 있습니

제2부 무기 해설

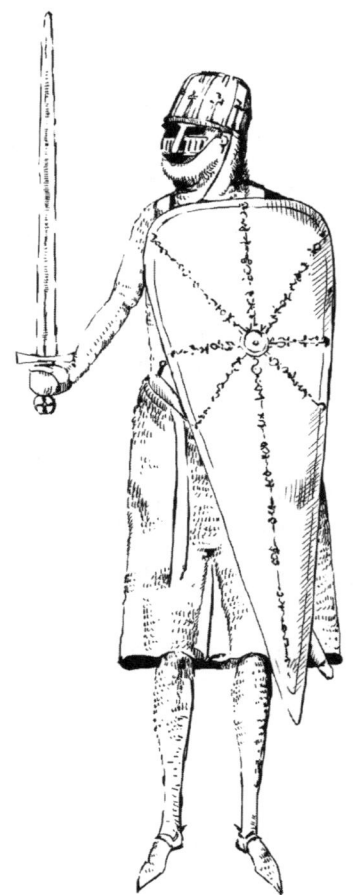

웰스 대성당의 상. 잉글랜드 1230년.

기욤 클리트의 묘비. 프랑스 1170년.
초기 히터 실드의 예.

Spieghel Historiael(부분) 158r.
서플랑드르, 벨기에 1325~35년.
하트 모양 히터 실드.

『베르됭 기도서』 141v, Bibliothèque-Discothèque intercommunale de Verdun 소장. 프랑스, 메스 1302~1305년.

로버트 셔랜드 경의 묘비. 잉글랜드 1320~25년경. 방패의 스트랩이 보인다.

좌 : 제5대 튜튼 기사단 총단장 튀링겐 방백 콘라트 폰 튀링겐의 당패. 1240년경. 높이 88cm, 폭 72cm, 두께 10mm. 우 : 뒷면 리벳 구멍과 스트랩의 추정복원도. 핸드 스트랩이 두 개 달려 상황에 따라 바꿔 잡을 수 있는 구조입니다(A는 단단히 장비할 수 있는 전투용, B는 고삐를 잡기 위한 승마용일 것입니다). 현존하는 가장 오래된 히터 실드 중 하나로, 본래 카이트 실드의 일종이었으나 윗부분을 잘라내 히터 실드로 개조하였습니다. 오리지널의 높이는 약 92cm로 추정.

다(이 외에 방패를 벽에 걸어두기 위한 끈도 있습니다).

카이트 실드(Kite Shield : 평면/곡면 · 핸들식/스트랩식)

9~10세기경 나타난 타입이며 사가에도 「꼬리」 달린 방패로서 등장합니다. 마상에서의 조작성을 향상시키고, 무게를 높이지 않으면서 커버하는 면적을 늘리기 위해 디자인된 방패입니다. 명칭은 뒤집어진 물방울 모양이 연을 닮았다는 데서 유래하였습니다. 12세기 후반 무렵 히터 실드로 대체되지만, 회화 자료를 보면 동유럽에서는 비교적 오랜 기간 사용했던 것 같습니다.

체스의 말. 남이탈리아 11세기.

임브라차투라(Imbracciatura : 곡면/평면 · 스트랩식)

이탈리아에서 사용되던 방패로 카이트 실드처럼 물방울 모양입니다. 임브라차투라에는 「숄더 스트랩」이라는 의미가 있으므로 특정한 타입의 방패가 아니라 스트랩식 방패 전

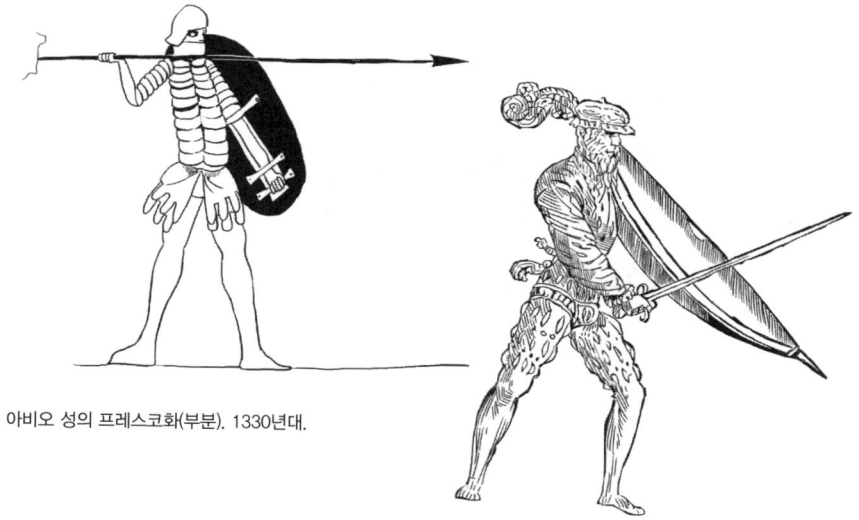

아비오 성의 프레스코화(부분). 1330년대.

마로쪼 「Opera Nova」. 1536년.

부를 지칭하는 단어일 가능성도 있습니다(1544년의 편지에서 임브라차투라를 「스트랩」 이라는 뜻으로 사용하고 있는 예가 있습니다).

회화 자료를 보면 상당히 커다란 방패로 높이가 대략 120cm에 달합니다. 15세기 마로쪼의 삽화에 등장하는 임브라차투라는 밑에 용도를 알 수 없는 스파이크가 달려 있는 것이 특징입니다. 히터 실드 등과 달리 팔을 뻗은 상태에서 방패를 따라 수직으로 잡습니다.

파비스 1(Pavise : 평면 · 휴대식/특수)

북이탈리아의 도시 파비아가 이름의 기원이 된 방패입니다. 노병(弩兵)을 보호하기 위한 대형 방패로, 가운데 부분이 돌출되어 있는 직사각형에 가까운 형태를 하고 있습니다. 밑에 스파이크가 달린 것도 있어 지면에 효과적으로 세울 수 있습니다. 전장에서는 파베사리우스라고 불리는 사

프랑스 국립 도서관 소장, 15세기. 다양한 방법으로 파비스를 들고 있는 모습이 그려져 있습니다.

파비스. 메트로폴리탄 미술관 소장, 보헤미아(아마도 호무토프), 체코 1450년경. 높이 107.95cm, 폭 52.07cm, 휜 부분 높이 12.7cm, 두께 2.54cm, 무게 7569g.

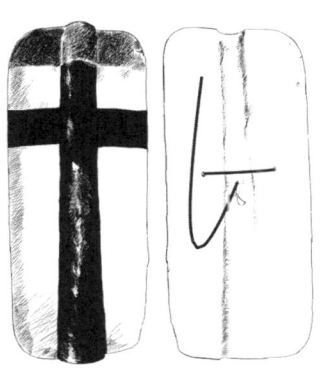

파비스. 대영 박물관 소장, 독일 15세기 말. 높이 106.8cm, 폭 45cm, 무게 4.4kg. 굵은 선은 스트랩의 추정 위치.

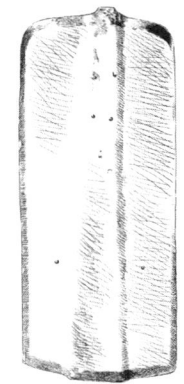

튜튼 기사단의 것으로 추정되는 파비스. 월터스 미술관 소장, 마리엔베르크 성, 북폴란드 15세기 중엽. 높이 127cm, 폭 54.3cm, 돌출부 높이 15.5cm.

『벨리포르티스(Göttinger MS Philos.63)』
독일 1405년. 특수한 타입의 파비스. 이
것과 같은 타입의 방패는 여럿 존재하지
만 대부분 노병용입니다.

람들이 노병을 서포트하면서 사용하였습니다.
　대부분 목제이며 높이 약 1m, 무게 4~10kg 정도입니다.

파비스 2(Bohemian Pavise : 평면 · 휴대식)
　손에 드는 직사각형 방패로 대형 파비스와 완전히 똑같은 구조를 가지고 있습니다. 동유럽 기원 · 이탈리아 기원이라는 두 가지 설이 있는데, 13세기 중반에 등장하여 14세기 중반에는 잉글랜드와 프랑스에 전래되었다고 합니다. 16세기 르네상스 시대에는 이탈리아에서 유행하여 널리 사용되었습니다. 또한 1696년의 페히트부흐에도 등장하는 등 가장 늦게까지 사용된 방패이기도 합니다.
　목제나 금속제가 일반적이며 뒷면에는 T자형 손잡이가 달려 있습니다. 몇몇 파비스는 가죽이나 양피지로 제작되어, 일부러 상대의 칼끝이 박히게 한 다음 방패를 비틀어 검을 봉쇄하는 기법을 사용할 수 있었습니다. 높이는 약 40~60cm 정도가 일반적이었을 것으로 추정되나 월레스 컬렉션의 실물은 높이 20~30cm, 무게 0.8~1.2kg 정도로 조금 작습니다.
　이탈리아식 검사의 말에 따르면 이 형식의 방패는「똑바로 들지 않고 비스듬하게 장비하여 시야를 가리지 않도록 하는 것이 좋다」고 합니다.

한스 부르크마이어 『막시밀리안의 개선』 16세기 초.

『막시밀리안의 개선』에 등장하는 「헝가리인」. 란츠크네히트의 것보다 큰 방패로 휴대식과 스트랩식을 모두 확인할 수 있다.

몇 안 되는 예로 임브라차투라처럼 스트랩으로 팔에 동여매는 타입도 있습니다. 방패 자체도 휴대식이라기보다 대형입니다.

타원형 방패 또는 「프로토타입 타지」(Oval Shield/Pro-Tarce Shield : 곡면・스트랩식)

13세기 후반에서 14세기 전반 무렵 사용된 타입으로, 뒤에서 설명할 타지 1의 원형으로 추정되는 방패입니다. 타원형 또는 뒤집어진 계란형을 하고 있으며 창을 통과시키기

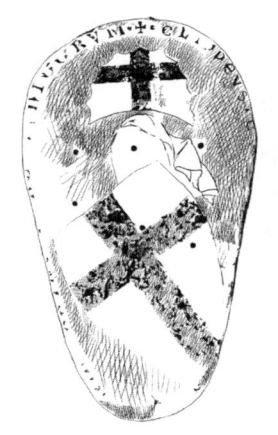
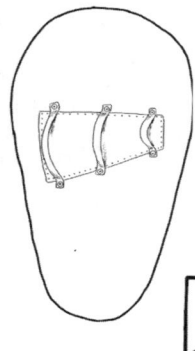

좌 : 제16대 튜튼 기사단 총단장 카를 폰 트리어의 방패. 티롤 주립 박물관 소장. 1320년. 높이 98.5cm, 폭 57.5cm, 두께 15mm. 우 : 스트랩의 추정복원도.

『성지 기독교국의 역사』 49v. 불로뉴 지역 도서관 소장. 1287년, 이스라엘제.

위한 구멍은 없습니다.

타지 1(Targe : 평면/곡면 · 스트랩식)

고대 게르만 어족의 「방패」를 의미하는 단어(Tiarga)에서 유래한 이름(아랍어의 다라콰, 무어어의 아다가, 라틴어의 테르굼, 폴란드어의 타르츠 또는 타르차가 기원이라는 설도 있습니다)을 가진 방패로 중세 후기부터 히터 실드를 대신하여 사용되었습니다. 동유럽에서 기원한 것으로 보이며, 타지라는 단어가 최초로 등장한 것은 1279년이지만 회화 자료를 통해 직접 모습을 확인할 수 있는 것은 1350년경입니다.

가장 큰 특징은 랜스를 통과시키기 위한 구멍이 있는 것으로, 랜스의 방해를 받지 않고 방패로 몸의 정면을 방어할 수 있습니다. 초기의 것은 가로 방향은 안쪽으로 구부러지고 세로 방향은 바깥쪽으로 휘어져 있으나, 후기의 것은 평면이거나 모든 귀퉁이가 바깥쪽으로 휘어져 있는 것이 많습니다. 글라디아토리아 페히트부흐에서는 이것과 똑같은 형태의 소형 휴대식 방패가 에크랑셰(ecranche)라는 이름으로 등장합니다.

헝가리식 타지는 얼굴 부분이 낮게 만들어져 시야를 가리지 않고 보다 넓은 범위를 커버할 수 있습니다. 이 타입의 방패는 독일과 오스트리아에서 「헝가리식 토너먼트 (Hussarisch Turnier)」를 행할 때 사용되었습니다.

「Chronica Pictum」 fol.32, 헝가리 1325~60년. 초기의 타지.

 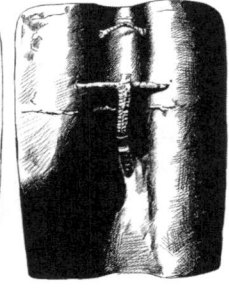

타지. 메트로폴리탄 미술관 소장. 독일 15세기 후반. 높이 56cm, 폭 40.5cm.

 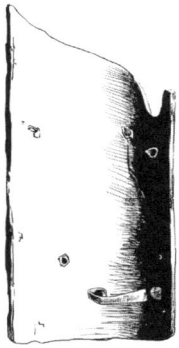

헝가리식 타지. 메트로폴리탄 미술관 소장. 독일 16세기 초반. 높이 67cm, 폭 31.4cm, 깊이 14cm, 바깥 둘레 49cm. 올빼미 그림과 「나는 미움받는 새지만, 그런 부분이 조금 좋다.」라는 표어가 새겨져 있습니다.

후사르 실드. 대영 박물관 소장. 헝가리 15세기 후반. 높이 77.2cm, 폭 52cm, 무게 3070g.

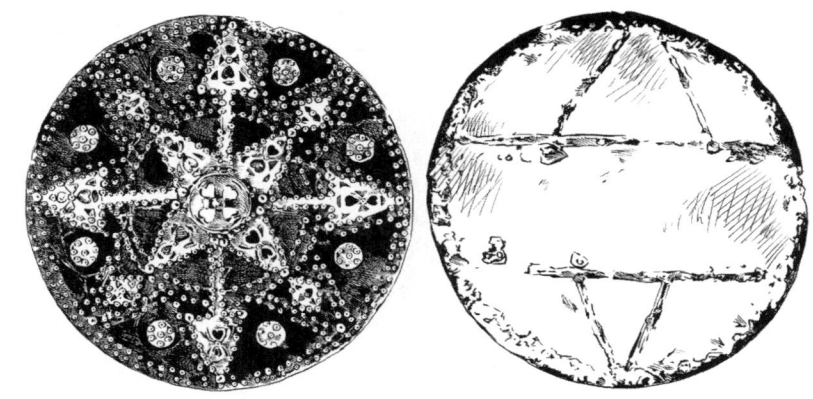

메트로폴리탄 미술관 소장, 18세기 초반, 지름 50.17cm.

타지 2(Targe : 평면 · 스트랩식)

14세기 중반에 등장한 이래 18세기까지 계속해서 사용된 스코틀랜드의 대명사라고 할 수 있는 방패입니다. 본체는 떡갈나무나 구주소나무 등 무거운 목재를 2층으로 사용한 베니어 구조이며, 앞면에는 장식과 보강을 목적으로 가죽·금속 끈·못 등을 고정하였습니다. 뒷면에는 충격 흡수를 위해 누빈 사슴가죽을 꿰매 붙였고 팔을 끼우기 위한 스트랩과 손잡이도 달려 있습니다. 앞면에 보스가 달려 있으나 순수한 장식용이며, 때로는 최대길이 25cm에 달하는 스파이크가 장착되기도 하였습니다.

타지는 1745년 제2차 재커바이트 분쟁 이후 영국 정부가 제정한 무장해제법에서 사용을 금지당해 모습을 감추게 됩니다. 1773년에는 이미 타지를 보기조차 힘들어졌다고 하는데, 대부분 버터 뚜껑으로 재이용되었다는 증언이 남아 있습니다.

일반적인 타지는 지름 45~52.5cm, 두께 1.25cm 정도입니다.

로텔라(Rottela : 평면 · 스트랩식)

얇은 완형 방패입니다. 금속제 또는 목제이며, 지름 50~60cm 정도(월레스 컬렉션에 소장되어 있는 목제 방패는 완만한 타원형으로 지름 56.5~58.4cm, 무게 1.99kg입니다)로 르

■『Bib. Ste. Genevieve MS.1029』

성 주느비에브 도서관 소장, 프랑스 1350년경. 평면식 원형 방패는 비스듬히, 곡면식 히터 실드는 정면으로 들고 있습니다.

네상스 시대의 페히트부흐에 등장하는 최대의 방패입니다. 원형 표면이 장식에 최적이었으므로 화려하게 장식된 것이 많고, 결과적으로 미술품으로서 다수의 예가 현존하고 있습니다.

르네상스 시대에는 시민들이 야간경비와 치안유지를 위한 자경단 활동을 할 때 특히 로텔라를 선호하여 사용했기 때문에, 랜턴 실드와 같이 회중전등 대용의 소형 랜턴을 부착한 것이나 접이식 검을 장착한 것 등 여러 가지 특이한 방패가 제작되었습니다.

스페인에서는 로텔라를 장비한 병사를 로델레로라고 불렀는데, 그들은 대항해시대에 크게 활약했다고 합니다.

건 실드(Gun Shield : 평면 · 스트랩식)

로텔라의 일종인 특수 방패 중 하나로 소형 총이 장착되어 있습니다. 16세기 초반 이탈리아에서 발명된 것으로 추정되는데, 목제 로텔라 앞면에 철제 판을 고정시키고, 조준용 구멍과 시야 확보용 창을 마련하였으며, 예비탄약용 파우치를 달았습니다.

■『Bib. Ste. Genevieve MS.1029』

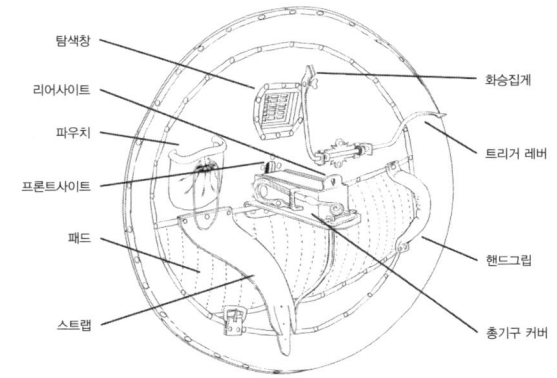

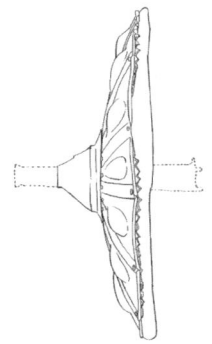

왕립 무기고 박물관 V.38 건 실드. 떡갈나무, 지름 45cm, 두께 1.5cm, 무거 3405g, 총 길이 24.8cm, 구경 1.6cm.

제 21 장
DUELLING SHIELD
결투용 큰 방패

결투용 큰 방패는 독일 지방의 결투재판에서 주로 사용된 무기 겸 방어구입니다. 당시의 명칭은 정확히 알 수 없지만, 글라디아토리아 페히트부흐에서는 「긴 방패(Langen Schilt)」라 부르고 있습니다.

회화 자료를 살펴보면 특별히 정해진 형태가 없으며 무수히 많은 베리에이션이 기록되어 있습니다. 다만 가장 기본적인 형태는 타원형 방패 본체의 위아래에 찌르기용 스파이

■가장 기본적인 큰 방패

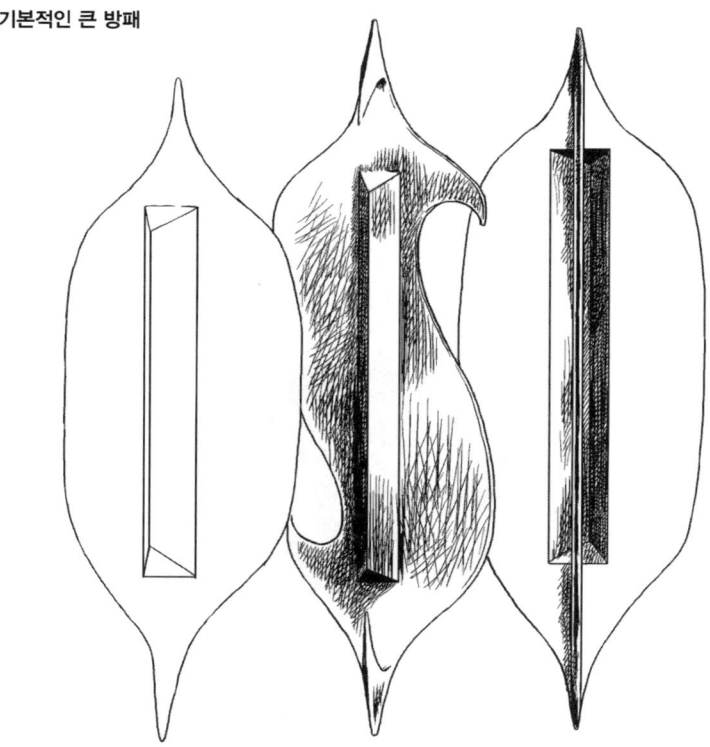

크가 달린 것으로, 중앙에 손잡이가 있고 손잡이 부분을 보호하기 위한 지붕 모양 돌출부도 설치됩니다. 탈호퍼의 페히트부흐에는 타원형 방패에 봉을 붙여 만든 연습용 큰 방패가 그려져 있습니다.

재질은 목제로, 그 위에 젯소나 페인트를 칠했던 것 같습니다. 전투용 방패보다 단순한 구조를 가지고 있는데, 형태의 다양성에서 미루어 짐작할 때 결투재판이 열릴 때마다 새로 제작된 것이 아닌가 합니다.

회화 자료 등을 통해 나타나는 크기는 높이 1.8~2.4m, 폭 60~80cm, 무게 8~15kg 정도로 추측됩니다.

큰 방패를 사용한 전투는 지역마다 함께 장비할 수 있는 무기에 차이가 있습니다. 독일 중서부 프랑켄 대공국에서는 큰 방패와 목제 메이스, 독일 남부 슈바벤 공국에서는 큰 방패와 검을 가지고 싸우도록 법률로 정해져 있었습니다. 그리고 그 이외의 지역에서는 큰 방패만을 사용하였습니다.

큰 방패의 기법으로는 통상적인 방패처럼 사용하는 방법, 윗부분의 스파이크로 공격하는 기술, 갈고리가 달려 있을 경우 그것으로 상대의 목이나 다리를 걸어 쓰러뜨리는 기술 등이 존재합니다.

파울루스 칼은 1480년대에 저술한 자신의 페히트부흐에서 방패와 메이스를 사용한 전투에 대해 흥미 깊은 언급을 남겼습니다. 상대에게 메이스를 던진 다음 심판을 통해 무기를 교환하라는 조언이 바로 그것인데, 이 증언을 통해 메이스와 방패를 사용한 결투재판에서는 여러 개의 메이스를 사용할 수 있었으며, 게다가 던지는 것까지 허용되었다는 사실을 알 수 있습니다.

제 22 장
MISSILE WEAPON
원거리무기

중세 유럽에서 사용한 무기 가운데 원거리무기만큼 경시되어온 무기는 아마 없을 것입니다.

원거리무기에는 손으로 던지는 무기와 활이나 쇠뇌 같은 기계식 무기의 2종류가 있습니다. 손으로 던지는 무기는 투창과 슬링 등 인간의 완력을 주된 에너지원으로 사용하는 무기, 기계식 무기는 활 등 도구에 축적된 에너지를 이용하여 투척하는 무기를 가리킵니다.

흔히 귀족은 원거리무기를 사용하지 않는다고 합니다. 기사와 귀족에게 어울리지 않는다는 인식이 있던 것은 사실이지만, 사냥을 할 때는 그들도 평범하게 활과 쇠뇌를 사용하였고 귀족과 국왕이 소속된 크로스보우 길드(대개 정치적인 이유에서였으나)도 존재하였습니다. 게다가 프랑스에서는 귀족 계급 궁병의 존재가 확인되었습니다. 1470~1569년의 소집기록을 보면 궁병 전체의 9~100%, 군 전체의 1~54%가 귀족 계급 출신 궁병이라고 기록되어 있습니다(다만 이들이 반드시 활과 쇠뇌를 사용했다고는 할 수 없습니다). 1481년의 소집기록에 의하면 수입 140리브르 이하의 봉토를 가진 귀족은 활이나 긴 손잡이 무기, 140~200리브르 사이의 봉토를 가진 귀족은 활을 지참하도록 규정되어 있었다고 합니다.

⚜ 슬링(Sling)

무척 오래된 기원을 가진 무기입니다. 가운데 주머니가 달린 끈이라는 심플한 구조로, 주머니에 돌멩이를 넣고 회전시키다가 한쪽 끈을 손에서 놓으면 돌멩이가 날아갑니다. 간단히 만들 수 있고 휴대성이 뛰어나며 투척물도 주변에 흔히 있는 돌멩이로 얼마든지 조달할 수 있었기 때문에, 일반인의 호신용에서 고대 군대의 군사용에 이르기까지 널리 사용되었습니다. 특히 로마군에서는 병사들의 필수과목으로서 전 군단병이 슬링 훈련을 받을 정도였습니다.

슬링에는 위아래와 좌우를 합쳐 총 4종류의 회전방향이 있으며, 여러 번 회전시켜 던지거나 회전시키지 않고 던지는 등 다양한 투석법이 존재합니다. 탄환도 단순한 돌멩이는 물론 초벌구이 도기와 납에 이르기까지 다양한 재질의 것을 사용하였습니다.

또한 슬링에 봉을 연결한 스태프 슬링이라는 것도 있습니다. 슬링을 봉의 끝에 연결함으로써 회전하는 속도를 증가시켜 위력을 높인 것으로, 명중률을 향상시키는 효과도 있었다고 합니다.

매우 특수한 슬링의 일종으로 케스트로스펜던(kestrosphendone)이 있습니다. 기원전 168년 제3차 마케도니아 전쟁에서 사용된 무기로 돌 대신 다트를 던지는 것입니다. 통상적인 슬링보다 커다란 위력을 가지고 있으나, 특수한 슬링을 사용하는 탓에 다트의 장전이 복잡해져서 별다른 효과를 보지 못했고, 이후 사용되지 않게 됩니다.

헐배트(Hurlbat)

월배트(Whirlbat)라고도 불리는 투척무기로 할버드를 작게 만든 것 같은 모양을 하고 있습니다. 전체가 금속으로 이루어져 있으며 도끼날 · 스파이크 · 갈고리 외에 손잡이 하단도 스파이크이기 때문에 어느 부분이 명중해도 대미지를 줄 수 있는 구조입니다. 시대는 의외로 늦어 15~16세기에 주로 사용되었다고 합니다.

■헐배트

일회용 무기이므로 현존하는 헐배트는 손질이 되지 않아 상당히 거칠고 장식도 찾아볼 수 없습니다. 사진 등을 참고하면 전체 길이가 약 20~30cm, 무게 400~700g 정도로 추정됩니다.

쇼트보우(Shortbow)

쇼트보우라는 이름은 매우 막연한 명칭입니다. 넓은 의미로는 「롱보우가 아닌 활」 전부를 가리키고, 좁은 의미로는 롱보우보다 짧은 단일활(Self bow : 한 가지 나무로만 만든 활)을 가리킵니다. 사이즈는 대부분의 예에서 길이 60~120cm 정도입니다.

하지만 롱보우와 쇼트보우의 가장 큰 차이점은 활의 조준법입니다. 롱보우는 얼굴 옆에 손이 오도록 활시위를 당기지만, 쇼트보우는 가슴 · 쇄골 근처 · 턱 아래에 손이 오도록 활시위를 당겨 사용합니다. 다만 가슴 쪽에 당기는 방법은 일부러 활시위를 끝까지 당기지 않음으로써 가까운 목표에 연속으로 화살을 쏘기 위한 것이라는 설이 있습니다.

롱보우(Longbow)

잉글리시 롱보우나 웰시 롱보우라고 불리는 활로 잉글랜드의 대명사라고 할 수 있는

■아비오 성의 프레스코(부분)

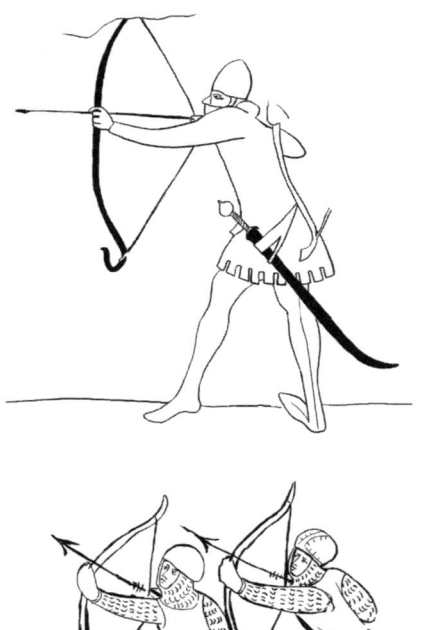

『고대 황제기(부분)』. 북이탈리아 13세기 후반.

『프랑스 연대기(부분)』 118v. 프랑스 1332~50년.

무기입니다. 롱보우 자체는 결코 잉글랜드 고유의 무기가 아니라 유럽 전역에서 사용되었습니다. 현존하는 가장 오래된 중세의 롱보우는 10세기 아일랜드에서 발견된 것으로 185cm(본래 190cm)의 길이를 가지고 있습니다. 함께 발견된 유물을 통해 추측하기로 바이킹이 남긴 활이라고 합니다.

다만 롱보우를 가장 많이 활용한 나라는 역시 잉글랜드였습니다. 잉글랜드가 롱보우 병사를 다수 보유한 원래의 이유는 다른 병사보다 급료가 싸기 때문이었으나, 이윽고 잉글랜드군의 대명사로 자리잡게 됩니다.

그 후 르네상스 시대 들어 총기가 일반적이 되자 롱보우는 더 이상 무기로서 사용되지 않지만, 18세기 말 나폴레옹 전쟁 시기에 롱보우를 다시 정식 무기로 도입하려는 움직임이 나타납니다. 총보다 가격이 저렴하고 사격속도가 빠르며 유효 사정거리가 길다는 명목이었으나, 훈련에 필요한 시간이 너무 길어 비현실적이라는 이유로 무산됩니다.

「루트렐 기도서」 1330년경. 롱보우의 연습 풍경. 활시위를 얼굴 옆까지 당기고 있다.

참고로 롱보우를 사용해 적을 쓰러뜨린 역사상 최후의 인물로 전해지는 것은 1940년 됭케르크 전투에서 독일군 하사관을 처치한 매드 잭이라는 이명을 가진 존 처칠 대위입니다.

롱보우의 위력

1188년 웨일스의 제라드가 일화를 통해 「웨일스 궁병이 쏜 화살이 두께 10cm의 떡갈나무 문을 관통했다」고 언급한 것처럼 롱보우의 관통력은 무척 뛰어난 것으로 알려져 있습니다.

롱보우의 높은 위력은 그 길이에서 발생합니다. 활이 길수록 더욱 강한 힘을 축적할 수 있으며 활시위를 한층 멀리 당길 수 있기 때문입니다. 그리고 활시위를 당기는 길이가 길수록 활에 축적된 에너지를 보다 효율적으로 화살에 전달할 수 있습니다. 쇼트보우는 그 거리가 71cm이지만 롱보우는 76cm 이상이므로 그만큼 효율이 좋습니다. 이러한 사실은 얼굴 옆까지 당길 수 있도록 투구의 일부가 가동식으로 되어 있는 롱보우 병사용 투구를 통해서도 알 수 있습니다.

게다가 잉글랜드의 궁병은 관통력을 증가시키기 위한 보드킨이라는 특수한 화살촉을 사용하였습니다. 보드킨은 일자로 된 바늘 같은 촉으로 롱보드킨(제솝 분류법 M7)과 쇼트보드킨(제솝 분류법 M8, M10)의 2종류가 있습니다. 처음 등장한 보드킨은 긴 타입의 것으로 마치 롱소드의 칼끝처럼 링 메일의 틈에 미끄러져 들어가도록 제작되었습니다. 한편 짧은 타입은 판금 갑옷에 대항하기 위한 것입니다. 긴 타입과 달리 판금에 명중해도 구부러지지 않는

■궁병용 샐릿

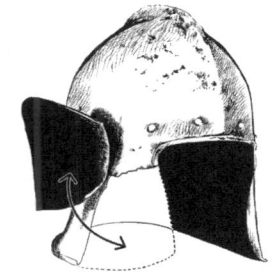

월레스 컬렉션 소장. 이탈리아 1470년경, 무게 2.06kg. 잉글랜드로 수출된 것. 당시 잉글랜드는 이 타입의 투구를 대량으로 수입하였습니다.

데, 제작할 때 뼛조각 안에 넣고 가열하여 경화한 것이라고 전해지고 있습니다.

롱보우의 결점

롱보우의 가장 큰 결점은 활을 충분하게 다루기까지 걸리는 시간입니다. 중세에는 7세 정도부터 장난감 활을 쏘기 시작해 19세 무렵까지 훈련을 계속해야 겨우 한 사람 몫을 할 수 있게 되었다고 합니다. 잉글랜드에서는 활쏘기 훈련을 의무화하고 일요일에는 다른 스포츠를 법률로 금지하면서까지 궁병의 육성에 힘썼습니다.

흔히 장기간 훈련을 하면 몸이 변형된다고 하지만 실제로 특별히 눈에 띄는 변화는 없었던 것으로 보입니다. 메리로즈호에서 발견된 FCS83은 가장 보존상태가 좋은 궁병의 유골(추정 신장 182cm, 근육질의 청년 남성)인데, 그의 골격을 조사해보면 쇄골로 이어지는 힘줄이 매우 발달한 것을 알 수 있습니다. 오른쪽 쇄골은 늑쇄인대(쇄골과 늑골을 잇는 인대)가 발달하고 왼쪽 쇄골은 그 이외의 힘줄이 발달한 점, 왼쪽 견봉이 견갑골과 융합되지 않은 점(본래 나이를 먹으며 융합되지만 뼈에 걸리는 거대한 압력 탓에 융합이 이루어지지 않았습니다), 척추가 강하게 압축된 흔적이 있는 점이 궁병의 골격상 특징이라고 합니다(타우턴 전투 유적의 집단매장묘에서 발굴된 유골은 활을 쏠 때의 압축력에 대항하기 위해 왼팔의 골격이 강화되어 있었습니다). 다만 이들 골격의 변화는 모두 외견을 바꿀 만한 것은 아니므로, 아마도 뼈에 변화가 있으니 외모도 바뀔 것이라는 억측에서 비롯된 이야기일 것입니다. 유럽의 활 사용법은 지중해식이라 불리는 조준법으로 집게손가락과 가운뎃손가락(경우에 따라서는 약손가락과 새끼손가락도 더합니다)으로 활시위를 당기는 방법입니다(화살은 집게손가락과 가운뎃손가락으로 집어 지탱합니다). 이 방법은 엄지손가락으로 당기는 몽골식에 비해 약한 조준법으로 평가되기 때문에, 롱보우 병사는 불리한 조건

■성 세바스티아누스의 순교(부분)

으로 활을 쏘는 과정에서 몸에 보다 큰 부담이 실렸을 가능성이 있습니다.

롱보우에는 또 다른 결점이 있습니다. 바로 재료의 공급입니다. 잉글랜드의 주요 군사 창고인 런던탑의 납품기록을 보면 1359년 1년간 화살 100만 개, 활 2만 5천 개, 활시위 7만 5천 개, 그리고 이듬해 5월에 화살 39만 개, 활 1간 개와 6월에 화살 85만 개, 활 2만 개라는 방대한 양의 물자가 끊임없이 공급되었다는 사실을 알 수 있습니다. 이처럼 방대한 군사물자를 획득하기 위해 잉글랜드는 국내뿐만 아니라 전 유럽으로부터 계속해서 주목나무를 수입한 결과, 리처드 3세의 재위기간 중(1483~85년) 활 재료 100개 분의 가격이 2파운드에서 8파운드로 급등했다는 기록이 남아 있습니다.

롱보우는 주목나무로 제작됩니다. 주목나무의 중심어 있는 속재목은 단단하며 바깥에 있는 어린 나무는 부드럽고 유연한데, 속재목이 활의 안쪽에 오고 겉재목이 바깥쪽에 오도록 나무를 잘라낸 다음 단면이 D자가 되도록 정형합니다. 활시위를 매는 활고자에는 뿔을 사용하기도 합니다. 또한 당시의 롱보우는 현대의 롱보우와 형식이 다릅니다. 현대의 것은 빅토리아 시대의 스포츠용 롱보우에서 유래한 것으로 활의 몸통(중심부)이 단단하고 팔(양단부)은 부드러워 겨냥하기 편하고 쉽게 피로해지지 않는다는 이점이 있습니다. 반면 중세의 것은 활 전체가 휘어지는 타입으로 무척 다루기 힘들지만 활시위를 더욱 깊이 당길 수 있습니다.

현존하는 롱보우를 살펴보면 아일랜드의 워터퍼드에서 출토된 12~13세기의 활은 길이 125cm, 14~15세기의 스펜서 활은 길이 200.6cm, 장력(시위를 소정의 위치에 당기는 데 필요한 힘) 45.3kg, 1540년경의 멘들쉠 활은 길이 134.6cm, 장력 36.2kg, 1464년경의 헤질리 무어 활은 길이 166.3cm, 장력 22.6kg, 1513년경의 플로든 활은 길이 228.6cm로 사이즈가 상당히 불규칙합니다(이들 활의 강도는 시간이 경과하면서 저하되었을 가능성이 있습니다).

메리로즈호의 롱보우는 길이 183.9~211.3cm, 폭 3.5~4cm, 추정 장력 49~83.9kg(대부분 68~72.5kg) 정도입니다.

그리고 활의 강도는 화살의 무게와도 관계가 있습니다. 화살에는 그것이 날아가기 위한 최적의 장력이라는 것이 존재하는데, 지나치게 가벼운 화살을 사용하면 활의 힘을 견디지 못하고 화살이 부러지며, 지나치게 무거운 화살을 사용하면 속도가 느려 제대로 날아가지 않습니다. 메리로즈 트러스트에서 복원한 롱보우(MRA4)를 예로 들어 자세히 살펴보겠습니다. 이 활은 오리건주목나무로 제작되었는데, 턱으로 당겼을 때(71.1cm) 약 42kg, 얼굴 옆으로 당겼을 때(76.2cm) 약 47kg의 장력을 갖습니다.

이 활과 복제품 화살을 사용한 실험에서는,

가벼운 보드킨 : 무게 42.5g, 평균 비거리 244m, 초속(初速) 64.6m/s, 운동에너지 88.68J

중간 보드킨 : 무게 56.7g, 평균 비거리 242m, 초속 62.2m/s, 운동에너지 109.68J

무거운 보드킨 : 무게 63.8g, 평균 비거리 226m, 초속 55.8m/s, 운동에너지 99.32J 라는 결과가 나와 무게 56g의 화살이 가장 적합하다는 사실이 판명되었습니다.

위의 내용을 바탕으로 추론하면, 중세에 사용된 무게 100g의 전투용 화살을 효과적으로 쏘기 위해서는 적어도 46kg, 이상적으로는 60~75kg의 장력을 가진 활이 필요하다는 말이 됩니다(이는 14세기 시리아의 사수 알 유니니가 활의 강도 10로틀(약 4687.5g)마다 3.5디람(약 9g)의 화살을 사용하는 것이 딱 좋다고 말한 증언과 거의 일치합니다). 게다가 그만한 강도를 가진 활이라도 당시 사용되던 최대급 화살을 쏘기에는 역부족이었습니다. 17세기 중엽 찰스 2세는 4분의 1파운드(113g)의 화살을 쏠 수 있는 사수가 잉글랜드에는 더 이상 존재하지 않는다며 개탄하였는데, 위에서 언급한 활로 이 화살을 쏠 경우 속도는 16%, 운동에너지는 21% 감소하게 됩니다(하지만 장거리 사격일 경우에는 무게의 영향으로 같은 활에서 날아간 100g의 화살과 113g의 화살은 운동에너지가 그렇게 차이 나지 않습니다).

이렇게나 강력한 활과 화살이 등장한 것은 갑옷의 발전과 관련이 있습니다. 화살과 창을 방어하기 위해 갑옷이 발전하자 그것을 깨트리기 위해 화살의 크기가 커지고, 그러한 화살을 효과적으로 사용하기 위해 활이 강력해지고, 그것을 방어하기 위해 다시 갑옷이 발전한다는 연쇄반응이 일어난 것입니다.

하지만 여기까지 자세한 연구가 이루어지면서도 당시의 활이 갑옷에 대해 어느 정도 효과가 있었는가 하는 문제의 결론은 얻지 못한 상태입니다. 왜냐하면 이 테스트에서는 목표까지의 거리, 화살촉의 재질과 구조, 갑옷의 재질과 구조와 두께, 테스트의 방식(특히 어떤 식으로 인체를 재현하는가), 활의 강도와 구조, 데이터의 해석이라는 조건을 완전히 갖출 필요가 있기 때문입니다.

⚜ 크로스보우(Crossbow)

고대 그리스에서 발명된 크로스보우는 중세의 전장에서 주요한 원거리무기로 사용됩니다. 제노바 시의 노병은 유럽 최강의 노병으로서 각국에 고용되었고, 독일에서는 소형 크로스보우를 장비한 기병이 널리 활용되었습니다. 또한 크로스보우는 페히트부흐에 등장하는 유일한 기계식 원거리무기이기도 합니다. 후기의 크로스보우를 특별히 아바레스트라고 부르기도 하였으나 실질적인 차이는 없습니다. 화살을 발사하는 타입 외에도 돌을 발사하는 타입이 있었는데, 이것은 물새 등 작은 새를 사냥하는 데 이용하였습니다. 특수한 예로는 노르웨이에서 20세기 초까지 사용된 포경용 크로스보우와 사람의 신장만 한 길이의 공성용 크로스보우가 있으며, 이것은 전용 보조장치를 통해 장전하였습니다. 또한 고대 로마의 노포(발리스타)를 발전시킨 스프링얼이라는 병기도 있습니다.

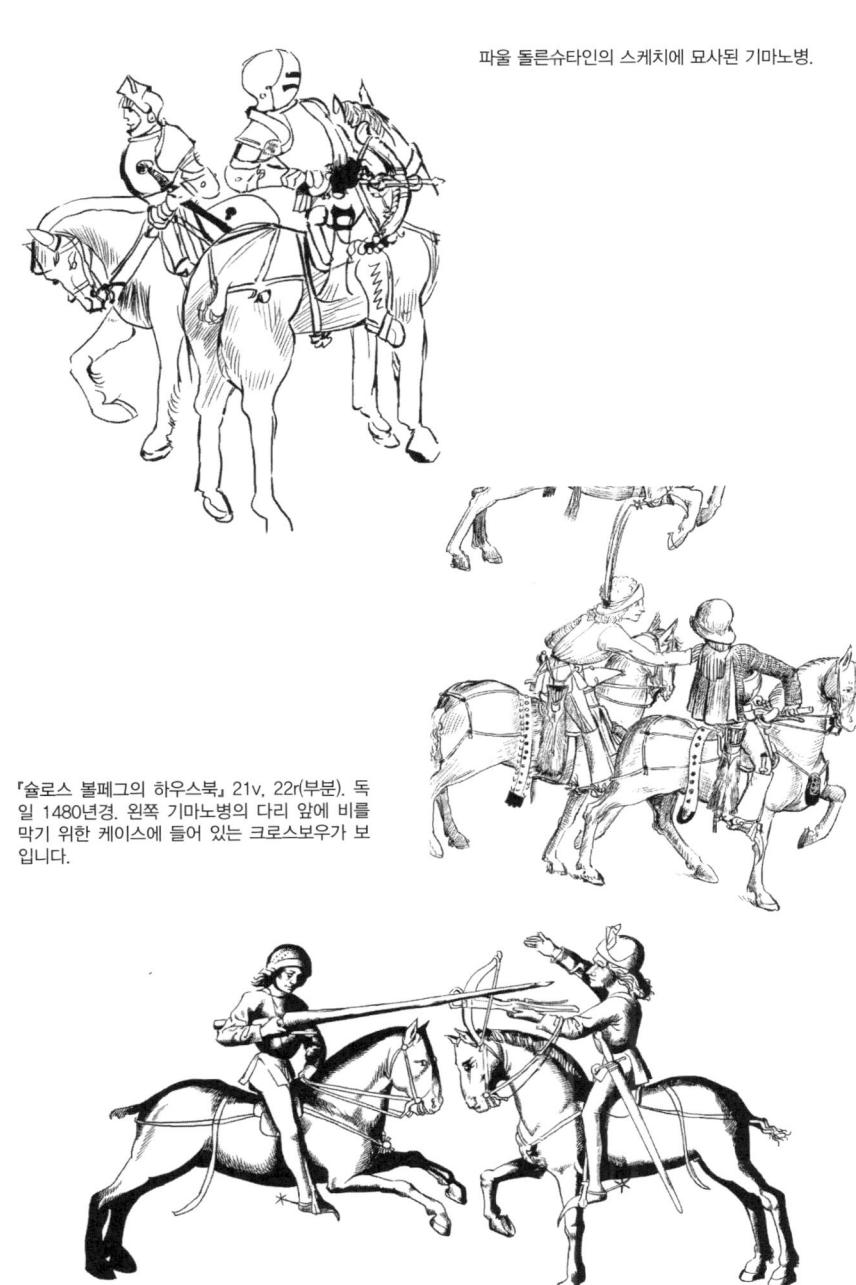

파울 돌른슈타인의 스케치에 묘사된 기마노병.

『슐로스 볼페그의 하우스북』 21v, 22r(부분). 독일 1480년경. 왼쪽 기마노병의 다리 앞에 비를 막기 위한 케이스에 들어 있는 크로스보우가 보입니다.

탈호퍼 페히트부흐 135v. 독일 1467년. 화살을 쏜 뒤 활로 상대의 창을 받아넘기고 있습니다.

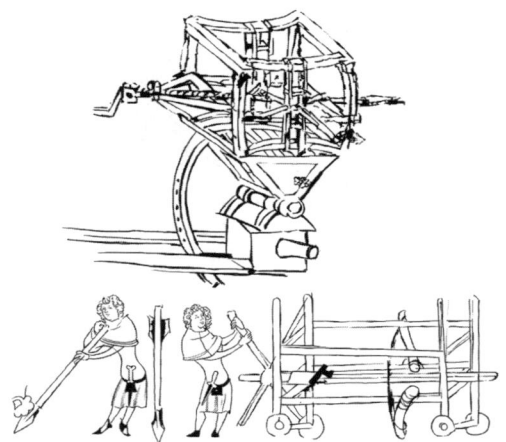

스프링얼. 상 : 레오나르도 다빈치의 스프링얼. 하 : 『알렉산더 이야기(MS Bodley 264)』 201r. 플랑드르 1338~1344년.

크로스보우의 구조

크로스보우의 활 부분은 주로 나무나 뿔을 조합한 복합구조로, 표면에 양피지를 감거나 문양과 그림을 그리기도 하였습니다. 이후 1330년대에 강철제 활이 등장했고, 1600년경이 되면 이전까지의 복합구조 활은 더 이상 쓰이지 않게 됩니다. 강철제라는 말을 들으면 강력한 활이라고 생각하기 쉬우나 실제로는 복합구조의 것과 비교해 무게당 40~50% 정도의 효율밖에 없었습니다. 그런데도 강철제가 선호되었던 이유는 제작과 유지가 훨씬 용이하다는 군사병기로서의 결정적인 장점을 가지고 있기 때문입니다.

활시위는 일반적인 활에 비해 무척 굵으며, 메인 활시위에 삼실을 감은 독특한 형태를 하고 있습니다. 화살(볼트)도 일반적의 활의 것과는 달리 길이 30~45.7cm(평균 38cm) 정도에 나무나 양피지로 만들어진 깃이 2, 3장 붙어 있습니다. 이것을 화살촉이 위로 가게 케이스에 넣어 보관하였습니다.

크로스보우의 장점과 단점

크로스보우의 장점은 다루기 편하다는 점입니다. 조작이 간단하고 겨냥하기 쉬우며 강력한 활을 비교적 약한 힘으로 쏠 수 있는 데다 훈련에 필요한 시간이 짧습니다. 또한 화살을 메긴 상태로 숨어 있는 목표를 계속해서 기다릴 수 있다는, 활로는 불가능한 기능을 가지고 있어 공성전에서 큰 힘을 발휘하였습니다.

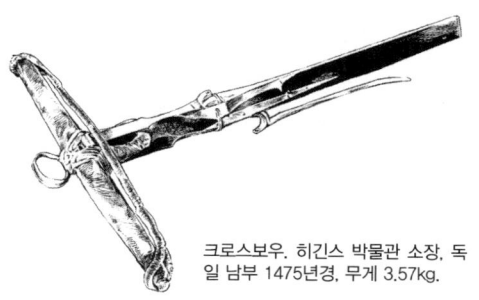

크로스보우. 히긴스 박물관 소장, 독일 남부 1475년경, 무게 3.57kg.

반면 단점도 많이 존재합니다. 우선 복잡한 기계의 제작기술이 필요하고, 유지와 보수에 시간과 비용이 소요됩니다. 전장에서는 장전 보조장치와 수리용품 등 부피가 큰 비품을 함께 운반해야 했으며, 일반적인 활에 비해 화살의 속도 저하가 빠르고 유효 사정거리가 짧다는 결점이 있었습니다.

크로스보우의 장력은 활보다 훨씬 강력합니다. 활시위를 당기는 길이가 매우 짧기(15.2cm 정도) 때문에 강력한 활을 사용하지 않으면 충분한 파워를 얻을 수 없기 때문입니다.

구체적인 수치를 들자면 15세기 독일제 대형 전투용 크로스보우의 장력은 추정 907.2kg으로 141.7g의 화살을 411m까지 날렸을 것으로 추측됩니다. 중형 크로스보우의 장력은 추정 453.6kg으로 85g의 화살을 사용할 경우 비거리가 320m였고, 소형 크로스보우라도 56~70.8g의 화살을 228~274m까지 날릴 수 있었습니다.

■훅

장전 보조장치의 발전

어떤 방법으로 활시위를 당길 것인가. 이것은 크로스보우의 역사에 걸쳐 끊임없이 기술자들을 괴롭혀온 문제입니다. 가장 오래된 중세의 장전 보조장치는 크로스보우 본체의 앞부분에 등자를 달아 그것을 밟고 손으로 당기는 것이었으나 금방 전용 장치가 등장합니다.

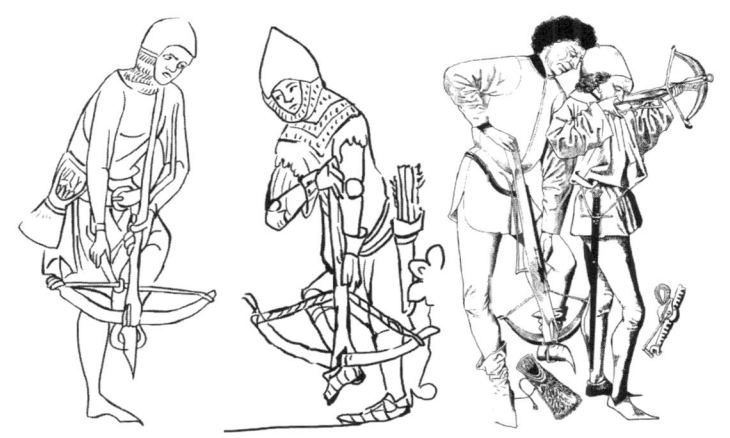

훅을 사용해 크로스보우를 장전하는 모습. 좌 : 『벨리슬라보바 성경』 118r. 체코 1325~49년. 중 : 『알렉산더 이야기(MS Bodley 264)』 플랑드르 1338~1344년. 우 : 아마도 15세기로 추정.

1. 벨트 훅식

　가장 처음 사용된 장전 시스템입니다. 훅이 달린 벨트를 허리에 맨 상태로 활시위에 훅을 걸고 활을 당깁니다. 회화 자료를 보면 한쪽 발로 서서 훅을 걸고 발로 밟아 시위를 당겼던 것 같습니다.

■푸시식 레버

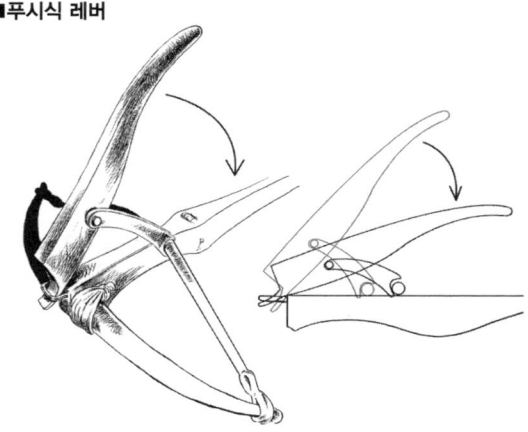

2. 고츠풋 레버식

　초기의 장전 보조장치로 지렛대의 원리를 이용하여 활시위를 당깁니다. 레버를 누르는 타입과 레버를 당기는 타입의 2종류가 있습니다. 전자는 동유럽에서 사용되었고 구조가 단순하지만 힘이 약한 반면, 후자는 서유럽에서 사용되었고 구조가 복잡한 대신 강한 힘으로 활시위를 당길 수 있었습니다.

■풀식 레버

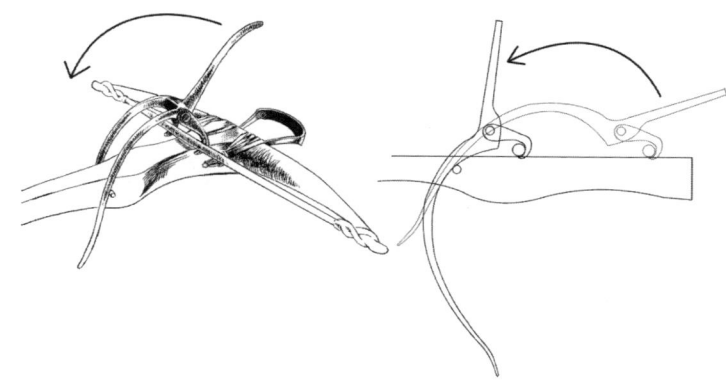

3. 윈들러스식

　윈치식 장전 보조장치로 중세 후기에 주력이 된 기계입니다. 도르래의 원리를 이용하여 이제까지의 것보다 훨씬 빠르고 강하게 활시위를 당길 수 있었습니다. 또한 장치 자체는 비교적 가볍다는 이점도 있습니다. 핸들부를 본체 스톡의 후단에 꽂고, 반대쪽 훅부를 활시위에 건 다음, 핸들을 회전시켜 장전합니다.

■윈들러스의 구조

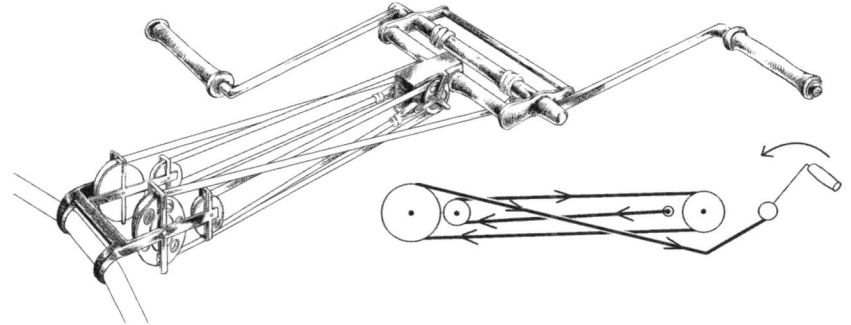

결점으로는 장전 보조장치를 설치하는 데 오랜 시간이 걸린다는 점(실험에서는 장전시간의 3배가 걸린다는 결과가 나왔습니다), 2개의 부품을 줄로 접속하는 것이기 때문에 줄이 엉키거나 도르래에서 빠질 경우 절망적일 만큼 시간이 손실된다는 점을 들 수 있습니다.

4. 크레인퀸식

윈들러스의 결점을 극복하기 위해 등장한 장전 보즈장치입니다. 전금속제 톱니바퀴 구조를 채용함으로써 윈들러스처럼 줄이 엉키지 않으면서 보다 신속하게 기계를 설치할 수 있었습니다. 크레인퀸을 설치하는 방법은 다음과 같습니다. 우선 기계에 붙은 고리를 크로스보우 스톡에 통과시킨 다음 본체 옆으로 튀어나온 봉에 겁니다. 그리고 혹을 활시위에 건 뒤 등자를 밟아 크로스보우를 고정하고 핸들을 돌려 활시위를 장전합니다.

이 타입의 장전 보조장치는 구조가 단순하여 유지와 토수가 용이할 뿐만 아니라 고장 등의 트러블이 쉽게 일어나지 않는다는 이점이 있습니다. 게다가 설치시간을 단축할 수 있고 휴대하기도 매우 간편합니다(대부분의 크레인퀸은 벨트에 매달기 위한 혹이 달려 있습니다). 유일한 결점은 충분한 내구력을 가진 톱니바퀴 구조의 기계부를 제조하는 것이 당시의 기술로는 어려웠다는 점입니다.

⚜ 총

■크레인퀸

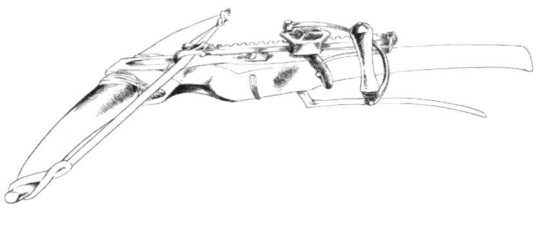

총은 14세기경 유럽에 모습을 드러냅니다. 초기의 총은 무척 단순한 구조로 포트형 본체에서 화살을 발사하는 타입이었습니다. 그 후 탄환을 발사하는 타입이 등장하기는 하지만, 손에 들고 사용하는 총의 위력이 본격적으로 인정받기 시작한 것은 16세기 초반의 일입니다.

발사에 화약을 사용하기 때문에 화약의 주원료인 초석의 확보, 화약의 보존과 운반에 대한 문제가 항상 따라다녔고 폭발사고도 드물지 않았습니다. 또한 제조단가와 정비성이 떨어지고 부속장비가 많으며, 장전속도가 대단히 느린 데다 명중률이 낮은 것도 중대한 결점이었습니다.

반면 총의 장점으로는 위력이 매우 높은 점, 소리로 상대를 놀라게 할 수 있다는 점을 들 수 있습니다. 게다가 무기의 위력이 사용자의 근력에 의존하지 않으므로 어느 정도의 체력만 있으면 누구나 평등하게 다룰 수 있어 활과 비교해 훨씬 훈련이 간단하다는 것도 총의 이점입니다.

총의 위력에 대해 살펴보자면, 현존하는 실물을 사용한 테스트를 통해 롱보우를 아득히 뛰어넘는 에너지를 가지고 있다는 사실이 증명되었습니다. 아래에서 초속이란 총구를 나온 순간 탄환의 속도, 초활력이란 총구를 나온 순간 탄환의 운동에너지를 가리킵니다.

- 1620년경 제작된 뉘른베르크제 휠록 피스톨
  - 탄환 무게 9.5g(추정), 초속 438m/s, 초활력 917J
- 1593년 제작된 휠록식 카빈총(괄호 안은 총구에서 8.5m 거리의 수치)
  - 탄환 무게 10.8g(추정), 초속 427m/s(406m/s), 초활력 988J(추정 893.2J)
- 17세기의 화승식 아쿼버스(괄호 안은 총구에서 8.5m 거리의 수치)
  - 탄환 무게 17.3g, 초속 449m/s(428m/s), 초활력 1752J(1592J)
- 16세기의 머스킷총(총신 길이 약 1m)
  - 탄환 무게 30g(추정), 초속 456m/s, 초활력 3125J

이에 비해 롱보우나 크로스보우의 운동에너지는 100J 전후이므로, 당시 총이 얼마나 강력했는지 알 수 있을 것입니다.

참고로 현대의 총이 가진 위력을 소개하면, 가장 약한 권총탄 중 하나인 22구경 쇼트탄이 롱보우와 거의 비슷한 110J, 로보캅이 사용한 10mm 오토탄이 880J, 44매그넘이 1009J, 현대 라이플의 5.56mm NATO탄은 1743J, 경기관총이나 저격총에 사용되는 7.62mm NATO탄이 3602J이므로 당시의 총기는 적어도 이론상의 에너지로는 현대화기와 비슷한 위력이 있었다고 할 수 있습니다.

하지만 총의 가장 큰 이점은 무엇보다 가격대 성능비가 뛰어나다고 하는 점일 것입니다. 의외일 수도 있겠지만 총은 활이나 쇠뇌보다 제작이 용이합니다. 구조적으로 가장 단순한 롱보우조차 그저 나무를 잘라 만들기만 하면 되는 것이 아니라 재료를 일정기간 구부렸다 폈다 하는 단축할 수 없는 공정을 반복할 필요가 있으며, 쇠뇌처럼 복합구조를 가진 활의 제작에는 그야말로 연 단위의 시간이 소요됩니다. 반면 총은 총신과 기계부의 제작이 복잡하기는 하지만 활처럼 시간을 들여야 하는 공정이 거의 없어 결과적으로 제작에 걸리는 시간이 짧아집니다(초기의 총은 기계식이 아니라 손으로 직접 점화했기 때문에 더욱 제조가 간단했습니다). 게다가 총은 재료 수급에 문제가 없다는 이점도 있습니다. 롱보우 항목에서도 언급한 대로 활과 같이 특수한 재료를 사용하는 무기는 재료가 고갈되어 가격이 상승하기 쉽고, 결과적으로 재료의 공급량이 격감하여 생산비가 폭등할 수 있으나 총의 경우 그럴 염려가 없습니다.

또한 활이나 쇠뇌는 재료의 탄성에서 발생하는 힘을 이용한다는 특성상 반복해서 사용하는 사이 약해지지만, 총은 한번 만들면 부서질 때까지 위력이 떨어지지 않습니다. 또한 복합구조인 쇠뇌는 비에 젖으면 접착제가 약해져 분해될 가능성이 있으나, 총은 수분을 닦아내고 잘 건조시키면 원래대로 돌아갑니다.

그리고 탄환이 저렴하다는 점도 들 수 있습니다. 화살은 매우 섬세한 도구로, 제작에는 여러 명의 전문 직인이 관여할 필요가 있고, 필요로 하는 원료도 다양한 데다 보관이 어렵습니다. 반면 화약과 화승의 제조는 기본적으로 단순작업이고 탄환도 총구에 밀어 넣을 수 있는 사이즈의 물체를 준비하기만 하면 되므로 일반병사라도 도구만 있으면 간단히 만들 수 있습니다.

탄환과 화약은 화살에 비해 부피가 작아 짐수레의 수를 줄일 수 있다는 것도 커다란 매력입니다. 짐수레 1대를 운용하자면 말(또는 소) 한 마리와 그것을 조종할 마부(소몰이꾼)를 비롯해 그들의 식량과 생활필수품을 운반할 짐수레가 따로 필요해지며, 이번에는 그 짐수레를 운반할 동물과 인원의 필수품을 실어 나를 짐수레가 또다시 필요해지기 때문에 기하급수적으로 비용이 증가하게 됩니다. 따라서 한꺼번에 나무통에 담을 수 있는 화약과 주괴 상태로 운반할 수 있는 탄환용 납의 간편함은 군대의 지휘관에게 있어 무시할 수 없는 매력이었을 것입니다.

『슐로스 볼페그의 하우스북』 51v, 52r(부분). 전위부대의 행군대형. 핸드곤이라 불리는 초기의 총과 크로스보우가 혼재해 있습니다.

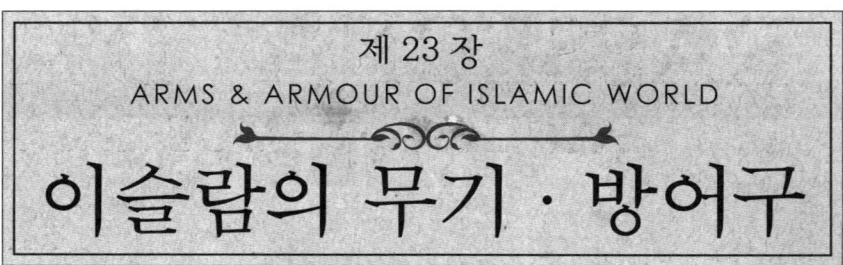

제 23 장
ARMS & ARMOUR OF ISLAMIC WORLD
이슬람의 무기 · 방어구

여기에서는 중세 · 근대 페르시아 지방(현 이란)의 무기 · 방어구를 중심으로 설명합니다.

❧ 샴시르(Šamšir)

샴시르는 페르시아어로「검」을 의미하는 일반명사입니다(가령 근대 올림픽 펜싱은 Šamšir bazi라고 불리고 있습니다).

Šam(꼬리/발톱)과 Šir(사자)를 합친「사자의 발톱」이 어원이며, 중세 페르시아에서 태양을 상징하던 사자의 힘을 검의 위력에 비유한 것으로 보입니다(후대에는 태양을 짊어진 사자가 검을 가지고 있는 의장이 등장합니다). 이 단어가 처음 등장한 것은 사만 왕조 시기(819~999년)로「검」을 의미하는 중세 페르시아어 Šafšer/Špšyl/Šfšyr/Šamšer가 변화한 것입니다.

보통 이슬람의 검이라고 하면 곡도를 떠올리기 쉽지만 중근동에서는 전통적으로 양날 직검을 사용하였습니다(이스탄불 토프카프 궁전에 소장되어 있는 예언자 무함마드의 검 중 하나도 직검입니다).

검. 후기 사산 왕조(기원 6~7세기). 전체 길이 106.5cm, 손잡이 길이 14.7cm, 칼날 폭(날밑 부근) 5.3cm, (중간) 5cm, (칼끝 부근) 4cm, 칼집을 포함한 무게 1350g.

양손검. 사산 왕조(기원 224~651년). 전제 길이 66cm, 손잡이 길이 26.5cm, 무게 494g.

곡도의 기원

곡도의 기원이 중동이 아니라는 것은 확실합니다. 그렇다면 그 기원은 어디에 있는가에 대해 지금까지 큰 논쟁의 대상이 되고 있습니다. 우크라이나에서 만주 지방에 걸친 중앙아시아 기원이라는 설, 터키인의 선조인 유목민족 돌궐(T'u-Chüeh)이 중국에서 도입한 다오(刀)가 기원이라는 설, 14~15세기 몽골에서 사용하던 검의 영향을 받았다는 설 등이 있습니다.

대부분의 학자들은 이븐 아키 히잠의 글에 등장하는 「외날 반검(Al-Khisrawani)」과 「수그드식 검(Al-Sughdi)」이 아마도 완만한 곡선을 이루고 있는 외날검을 묘사한 가장 오래된 기록이라고 추측합니다. 그는 847년에서 861년까지 아바스 왕조의 제10대 칼리프 알 무타와킬을 섬겼으므로 9세기 후반 무렵에는 곡검(곡도)이 도입되기 시작했다고 생각할 수 있습니다(이슬람권에서 가장 오래된 곡도는 이란의 니샤푸르에서 출토되었는데, 9세기에 터키인 노예병사가 사용한 것으로 추정됩니다). 현존하는 가장 오래된 곡도는 빈 군사 박물관에 소장되어 있는 「샤를마뉴의 세이버」입니다. 대대로 신성 로마 황제의 즉위식에 사용되던 검으로, 샤를마뉴가 아바르인에게서 전리품으로 획득했다고 하는

양손검. 초기 사산 왕조(기원 3~4세기). 전체 길이 117cm, 칼날 길이 85cm, 손잡이 길이 31cm, 두 원반 사이의 거리 21.5cm. 완만한 곡선을 이루고 있으나 본래 곡검으로 제작된 것인지, 매몰 과정에서 구부러진 것인지는 불명.

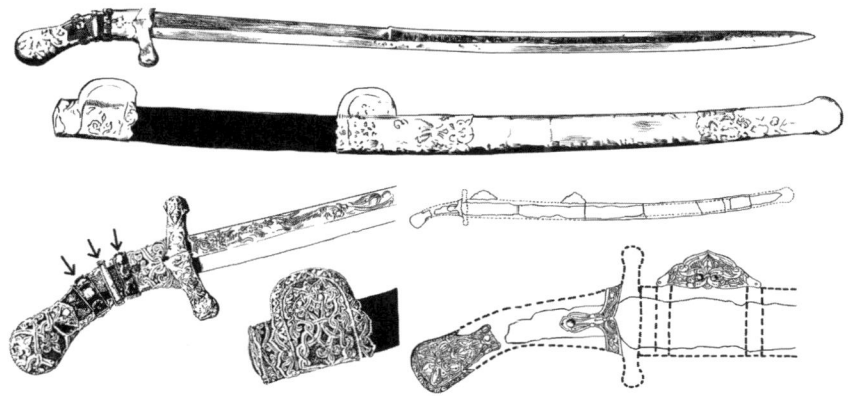

샤를마뉴의 세이버.

설과 아바스 왕조의 칼리프 하룬 알 라시드가 샤를마뉴에게 보냈다고 하는 설이 있습니다. 이 검의 형태와 장식은 아바르나 터키의 양식이며, 헝가리에서 출토된 훈족의 검과 거의 동일한 디자인을 하고 있습니다.

샴시르가 현재의 형태로 자리잡은 것은 14세기경으로 보입니다. 샴시르의 칼날은 시대가 흐르면서 점차 더 많이 휘어지게 된 것이라고 주장하는 학자도 있으나, 초기의 샴시르 중에도 급격한 곡선을 가진 것이 있고, 후기의 샴시르 중에도 직도에 가까운 형태인 것이 있으므로, 이 설은 성립하지 않습니다. 17세기 후반 이란을 여행한 장 바티스트 자르당이 이란인은 칼날이 곧은 세이버를 사용한다고 기록한 것만 보아도 다양한 타입의 샴시르가 공존하였다는 사실을 알 수 있을 것입니다.

티무르의 것으로 전해지는 샴시르. 테헤란 군사 박물관 소장. 1370~1405년. 전체 길이 97cm, 손잡이 길이 13cm, 칼날 폭(날밑 부근) 3.2cm, (중앙) 3cm, 휜 부분 깊이 12cm, 휜 부분 길이 40cm, 무게중심(날밑에서) 22cm, 타격 부위(칼끝에서) 27cm, 무게 800g(샴시르의 각부 명칭에 대해서는 그림 2-23-7 참조).

샴시르의 타입

샴시르는 칼날의 각도에 따라 세 가지 타입으로 분류됩니다.

1. 직도 · 직검 : 일직선에 가까운 칼날을 가진 샴시르 또는 양날검.

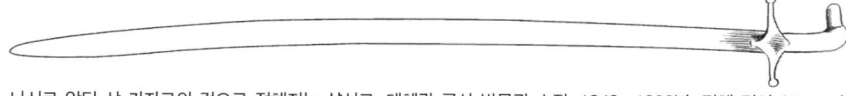

나시르 앗딘 샤 카자르의 것으로 전해지는 샴시르. 테헤란 군사 박물관 소장. 1848~1896년. 전체 길이 95cm, 손잡이 길이 12cm, 날밑 폭 10.5cm, 칼날 폭(날밑 부근) 2.3cm, (중앙) 2.3cm, 뒷날 길이 20cm, 무게중심(날밑에서) 17.5cm, 타격 부위(칼끝에서) 27.5cm, 무게 500g.

나시르 앗딘 샤 카자르 시기(1848~1896년)의 직검. 개인 소장. 전체 길이 87.5cm, 손잡이 길이 15cm, 날밑 폭 8.5cm, 칼날 폭(날밑 부근) 4.1cm, (중앙) 3.9cm, 무게중심(날밑에서) 18.5cm, 타격 부위(칼끝에서) 17.5cm, 무게 772g.

2. 세이버 : 완만한 곡선을 이루는 샴시르.

샤 사피 사파비의 것으로 전해지는 샴시르. 테헤란 군사 박물관 소장. 1629~1642년. 전체 길이 98.5cm, 손잡이 길이 14.5cm, 칼날 폭(날밑 부근) 3.7cm, (중심) 3.6cm, 뒷날 폭 3.4cm, 휜 부분 깊이 10cm, 휜 부분 길이 41cm, 무게중심(날밑에서) 21.5cm, 타격 부위(칼끝에서) 28cm, 무게 1210g.

3. 샴시르 : 급격한 곡선을 이루는 샴시르.

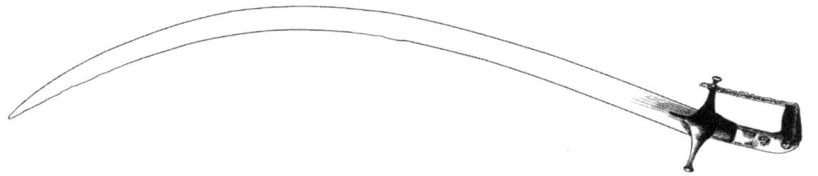

샴시르. 개인 소장. 아프샤르 왕조(1736~1796년). 전체 길이 92.5cm, 손잡이 길이 11cm, 날밑 폭 11.8cm, 칼날 폭(날밑 부근) 3cm, (중앙) 2.8cm, 칼날 두께(날밑 부근) 6.4mm, 휜 부분 깊이 14.9cm, 휜 부분 길이 37.5cm, 무게 중심(날밑에서) 21cm, 타격 부위(칼끝에서) 29.5cm, 무게 924g.

■ 샴시르의 각부 명칭

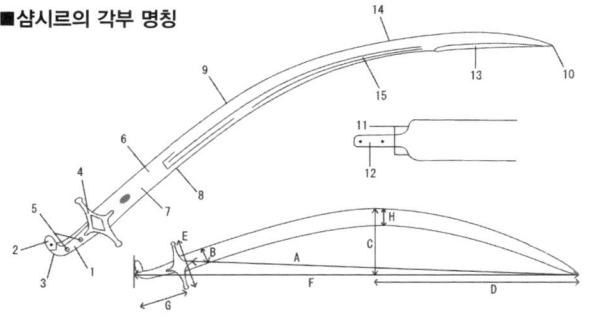

A. 칼날 길이
B. 칼날 폭(날밑 부근)
C. 휜 부분 깊이
D. 휜 부분 길이
E. 날밑 폭
F. 전체 길이
G. 손잡이 길이

1. 손잡이(Daste/qabze/mošte)
2. 손잡이 머리(Sar daste/Kura/Korah)
3. 손잡이 끝(Tabe šamšir)
4. 날밑(Bol chaq/Bolchaq/Sibil)
5. 리벳 · 고정못(Mileye etesal/Mikh-e daste)
6. 칼날(Tigheye fuladi : 강철날/Tigheye šamšir : 검날)
7. 도신(Badane)
8. 칼등(Laheye Pošt/Pošte tigh)
9. 앞날(Laheye ru/Ruye tighe)
10. 칼끝(Niš/nok/Sare tigh)
11. 어깨 부분(Kalf)
12. 슴베(Um-i-šamšir)
13. 뒷날(Pakh/Yelman)
14. 타격 부위(Mahal zadan zarbe)
15. 풀러(Nav)

페르시아 지방의 샴시르

페르시아 지방 샴시르의 특징으로는 손잡이 머리 부분이 직각으로 구부러져 있다는 점, 뒷날과 풀러가 없이 가느다란 모양을 하고 있다는 점을 들 수 있으나 몇 가지 예외도 있습니다. 또한 물결 모양 칼날을 갖는 것도 있습니다.

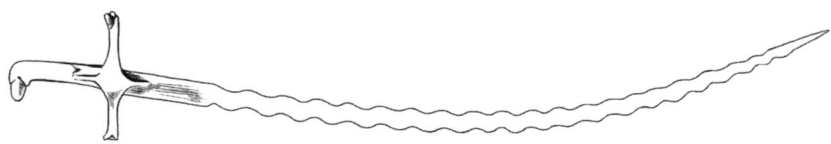

샤 술탄 후세인 사파비의 샴시르. 테헤란 군사 박물관 소장. 1694~1722년. 전체 길이 86cm, 손잡이 길이 12cm, 날밑 폭 16.5cm, 칼날 폭(날밑 부근) 3cm, (중앙) 2.8cm, 무게중심(날밑에서) 17.5cm, 타격 부위(칼끝에서) 24.5cm, 무게 860g.

풀러가 들어간 샴시르. 테헤란 군사 박물관 소장. 아프샤르 왕조(1736~1796년). 전체 길이 106.8cm, 손잡이 길이 11.35cm, 칼날 폭(날밑 부근) 3.8cm, (중앙) 3.4cm, 휜 부분 깊이 11cm, 휜 부분 길이 38cm, 무게중심(날밑에서) 26cm, 타격 부위(칼끝에서) 31cm, 무게 1040g.

■중(重)샴시르

테헤란 군사 박물관 소장. 아프샤르 왕조(1736~1796년). 전체 길이 96.8cm, 손잡이 길이(날밑 포함) 14.5cm, 날밑 폭 10.8cm, 뒷날 길이 28cm, 칼날 폭(날밑 부근) 4cm, (중앙) 4.5cm, (뒷날) 4.4cm, 휜 부분 깊이 13cm, 휜 부분 길이 28cm, 무게중심(날밑에서) 15cm, 타격 부위(칼끝에서) 27.5cm, 무게 670g. 무척 특수한 예입니다. 칼날 형태는 터키의 킬리지(Kilij)와 흡사하지만 칼등이 T자형으로 구부러져 있습니다. 또한 손잡이도 통상적인 샴시르와 달리 Karbala라고 불리는 키친 나이프 같은 모양입니다. 날밑은 Bolchaq라는 타입이며, 칼끝을 향해 구부러진 날밑의 선단은 용의 머리를 본떠 만들었습니다.

샴시르의 기법과 훈련

샴시르의 형태를 보고 많은 학자들이 샴시르를 베기 전용 검이라고 생각하였으나, 샴시르로 찌르는 기술도 실제 기록되어 있어, 본래의 샴시르는 베기·찌르기 겸용 검이었다는 사실을 알 수 있습니다.

17세기에 이란을 여행한 자르당은 현지의 샴시르 훈련법과 기법을 기록으로 남겼습니다. 그의 글에 따르면 샴시르의 조작법은 손목의 스냅으로 휘두르는 것이 주류였던 모양으로, 입문자들은 통상의 2배 무게를 가진 검을 전후좌우로 휘둘러 손목을 단련하였다고 합니다. 그리고 이후 어깨 위에 말굽 모양 추를 얹어 팔을 더욱 단련하게 됩니다.

검술 훈련은 직도와 버클러로 행했다고 서술되어 있습니다. 처음에는 우선 집단으로 춤을 추거나 다양한 동작(아마도 형의 연습으로 추정됩니다)을 한 뒤, 두 사람씩 짝을 지어 대련했던 것으로 보입니다(유혈 사태가 빚어지는 일도 있었다고 합니다).

또한 그는 이란의 전사들은 서로 간의 거리를 유지하며 싸우다가 칼끝 부근을 이용해 공격한다는 기록을 남겼습니다.

카메와 카다레(Qame & Qaddare)

이란의 전통적인 단검입니다. 오늘날 이란에서 카메(혹은 카마 Qama)는 풀러를 가진 양날 직검을 가리키고, 카다레(혹은 카다라 Qaddara)는 외날 직검(실제로는 칼끝 부근이 양날로 되어 있습니다)을 가리킵니다(카메와 카다레는 둘 다 날밑이 없습니다).

둘 다 페르시아 고유의 무기가 아니라, 사파비 왕조 초기(16세기 전반)에 체르케스 지방(흑해 동북 연안 지방), 조지아 지방, 코카서스 지방 출신 용병의 무기에서 영향을 받은 것으로 추정되고 있습니다.

전장에서 보조무기로 사용하였을 뿐 아니라 일상생활에서도 휴대하였으며, 죄인의 배를 가르는 처형법에서도 이용되었습니다.

카메와 카다레 용법에서는 따로 방패를 장비하지 않고 싸운다고 하는데, 아마도 일상생

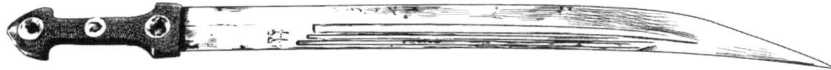

나시르 앗딘 샤 카자르 시기(1848~1896년)의 카다레. 개인 소장. 전체 길이 76.4cm, 뒷날 길이 18.5cm, 손잡이 길이 16.5cm, 칼날 폭(날밑 부근) 4.4cm, (중앙) 4.4cm, (뒷날 부분) 4.4cm, 무게중심(날밑에서) 12.5cm, 무게 1042g.

카메. 반다르 안잘리 군사 박물관 소장. 카자르 왕조(1794~1925년). 전체 길이 76.7cm, 손잡이 길이 16.5cm, 칼날 폭(날밑 부근) 4.8cm, (중앙) 4.6cm, 무게중심(날밑에서) 12.4cm, 무게 842g.

활에서 몸을 지키거나 결투를 할 때 사용하는 것을 전제로 하고 있기 때문인지도 모릅니다.

메이스(Gorz, Amud, Gorge, Čomāq, Gopal 등)

메이스는 중무장한 상대와 싸울 때 유효하기 때문에 고대로부터 페르시아 지방에서 인기 있던 무기입니다.

금속제 머리 부분에 길이 약 60~70cm의 목제 손잡이를 부착하는 것이 일반적이지만, 후대에는 전체가 금속으로 이루어진 메이스가 등장합니다. 또한 희귀한 예로서 전체가 나무로 만들어진 메이스도 현존하고 있습니다.

페르시아의 전사들은 안장 전교에 메이스를 매달아 휴대하였습니다.

페르시아에서는 무게로 메이스를 묘사하는 전통이 있었습니다. 이때 사용하는 단위는 만(Man)으로 지역·시대·물체에 따라 큰 차이가 있으나 대략 1091g 전후로 추측됩니다. 참고로 메이스를 묘사할 때 만의 단위는 20에서 1200인데, 가장 적게 잡은 것조차 과장이 지나치다고 할 수 있습니다(실제 메이스는 1kg 정도입니다). 따라서 페르시아 무술의 연구가 모스타그 호라사니는 이 무게가 실제 메이스의 무게가 아니라 메이스의 충격력을 표현한 것이라고 해석하고 있습니다.

메이스에는 다양한 타입이 있습니다.

1. 구(球)형·경봉형

가장 심플한 형태이자 가장 오래된 타입의 메이스입니다. 구형 메이스 중 가장 오래된 것은 기원전 2000년경의 것으로 추정되고 있습니다(하지만 이것은 발굴기록이 없어 기원전 1300년경으로 보는 것이 타당하다는 설도 있습니다). 그 다음으로 오래된 예는 기원전 1000년 정도의 것입니다.

형태는 매우 다양하며, 몇 가지 예는 정교한 장식이 되어 있습니다.

2. 플랜지드 메이스

플랜지드 메이스는 유럽 중세 후기·근세에도 일반적으로 찾아볼 수 있던 메이스로, 여러 장의 판을 중심축에 부착한(또는 입체 머리 부분에 결각 모양 톱니가 있는) 구조를 가지고 있습니다.

이 구조는 무기가 명중할 때의 접촉면적을 제한함으로써 보다 커다란 충격을 발생시킬 수 있습니다. 게다가 무게를 필요 이상으로 늘리지 않고 머리 부분을 크게 만들 수 있는 이점도 있습니다(메이스는 머리 부분으로 타격하지 않으면 효과가 없으므로, 머리 부분의 크기는 무기의 조작성에 직결됩니다).

페르시아에서는 여섯 장의 판을 붙인 것이 일반적이며, 그래서 「여섯 장의 날개

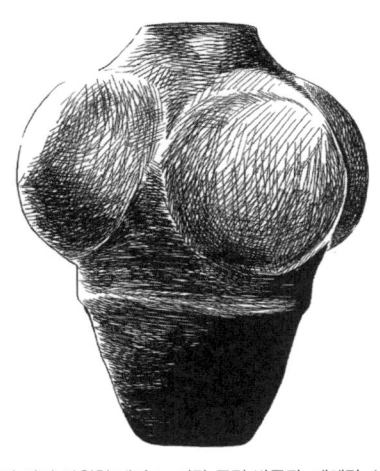
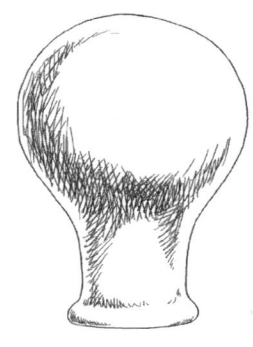

혹이 달린 타원형 메이스. 이란 국립 박물관, 테헤란 소장. 기원전 2000년(기원전 1300년). 높이 6.9cm, 적철광석제.

마를리크(이란 북부) 왕묘에서 출토된 구형 메이스. 이란 국립 박물관, 테헤란 소장. 기원전 14~10세기. 높이 10.5cm, 최대폭 8cm, 바깥 둘레 24cm, 손잡이 삽입구 지름 1.7cm, 무게 670g, 석회암제.

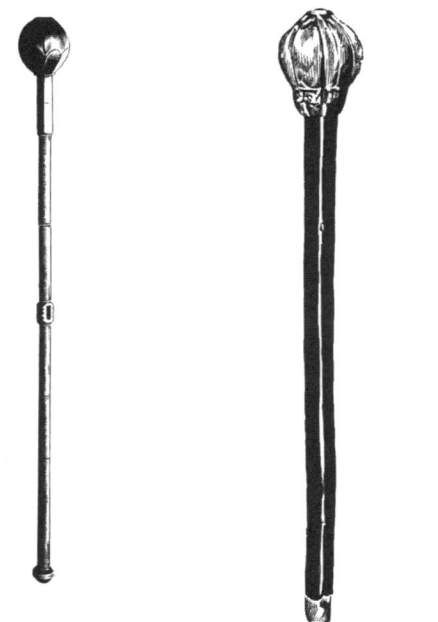
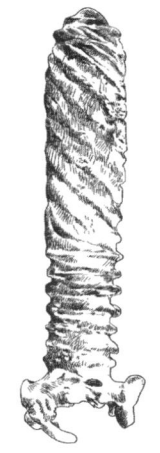
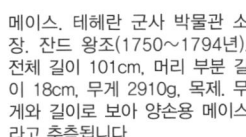

메이스. 개인 소장. 사파비 왕조(1501~1736년). 전체 길이 58cm, 머리 부분 길이 6cm, 무게 1089g, 강철제.

메이스. 테헤란 군사 박물관 소장. 잔드 왕조(1750~1794년). 전체 길이 101cm, 머리 부분 길이 18cm, 무게 2910g, 목제. 무게와 길이로 보아 양손용 메이스라고 추측됩니다.

계란형 메이스. 테헤란 군사 박물관 소장. 잔드 왕조(1750~1794년). 전체 길이 75cm, 머리 부분 길이 13cm, 무게 1220g, 강철제.

마를리크(이란 북부) 왕묘에서 출토된 경봉형 메이스. 이란 국립 박물관, 테헤란 소장. 기원전 14~10세기. 높이 17cm, 최대폭 3.5cm, 손잡이 삽입구 지름 1.8cm, 무게 624g, 청동제. 머리 부분 바로 밑에 염소의 머리가 붙어 있습니다.

플랜지드 메이스. 테헤란 군사 박물관 소장. 1719년. 전체 길이 63.5cm, 머리 부분 길이 13.5cm, 무게 1150g, 강철제.

(Šišpar)」라고 불리기도 합니다.

3. 동물형 메이스

여러 가지 동물·인간·악마 등의 머리를 본떠 만든 메이스입니다.

황소 머리를 본뜬 메이스는 고대 이란에서 가장 권위 있는 무기였습니다. 서사시 등에 등장하는 왕이나 영웅은 제일 중요한 장면에서 황소형 메이스를 사용하였고, 조로아스터교도는 지금도 입신 의식에서 황소형 메이스를 사용합니다. 또한 사산 왕조 바흐람 5세의 대관식에서도 왕이 황소형 메이스를 가지고 있는 모습을 찾아볼 수 있습니다.

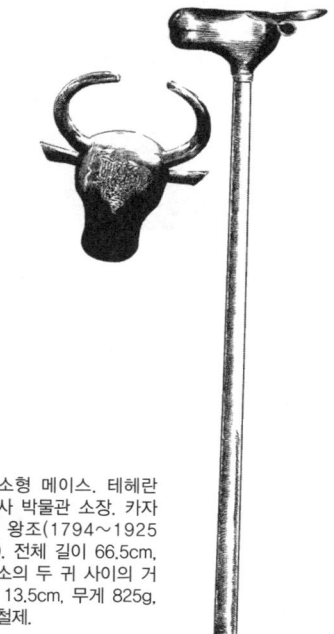

황소형 메이스. 테헤란 군사 박물관 소장. 카자르 왕조(1794~1925년). 전체 길이 66.5cm, 황소의 두 귀 사이의 거리 13.5cm, 무게 825g, 강철제.

도끼(Tabar/Tabarzin)

타바르는 10세기에「도끼」를 가리키던 일반명사이며, 타바르진은「안장도끼」라고 번역할 수 있는 단어로 전장에서 사용하던 전장용 도끼를 지칭합니다.

고대 페르시아의 기록에서는 Chakush(현대 페르시아어로「해머」를 의미하는 Chakosh의 원형)라는 투척 도끼가 등장하는데, 양날을 가진 것은 Bi-taêgha라고 불렀습니다.

기본적으로 도끼는 안장 전교에 늘어뜨려 휴대하였으나 어깨끈에 매다는 경우도 있던 모양입니다.

도끼날의 형태는 다양하지만 반대편은 항상 해머로 이루어져 있어, 도끼날이 통하지 않는 중무장한 적을 물리칠 수 있었습니다. 또한 꼭대기에 스파이크가 달려서 찌르기 공격을 할 수 있는 도끼도 있습니다.

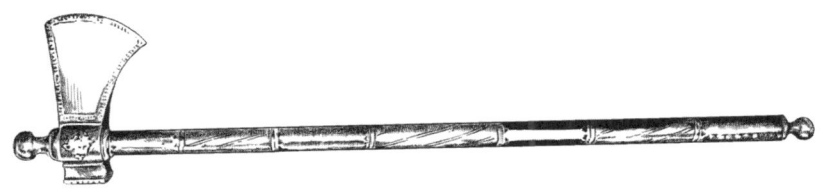

도끼. 나데리 박물관, 마샤드 소장. 아프샤르 왕조(1736~1796년). 전체 길이 67cm, 도끼날 길이 14.2cm, 손잡이 길이 59cm, 무게 1270g, 강철제.

도끼. 개인 소장. 1731년. 전체 길이(손잡이 끝에서 손잡이 꼭대기) 66.5cm, (손잡이 끝에서 도끼날 꼭대기) 71cm, 도끼날 길이(해머에서 날의 정점까지) 18cm, 도끼날 폭 10.2cm, 해머 크기 3.8X3.7cm, 무게 992g, 강철제.

⚜ 창·투창(Neyze/Zubin)

역사상 전장에서 가장 많이 사용된 무기는 뭐니뭐니해도 창일 것입니다. 창은 검이나 도끼보다 훨씬 적은 양의 금속으로 저렴하게 제작할 수 있고, 다른 근접무기보다 긴 리치를 가지고 있습니다(상대의 눈을 들여다볼 수 있을 만큼 접근해서 싸우던 당시 상황에서 어느 정도 거리를 두고 싸울 수 있다는 것은 그 사실만으로도 커다란 정신적 위안이 되었을 것입니다).

본래 페르시아 지방의 창 대부분은 슴베로 고정하는 타입이었으나(슴베 끝이 구부러져 있는 것이 특징입니다), 파르티아와 사산 왕조 들어 소켓식이 많아지기 시작하더니 중세 이후에는 소켓식이 대부분을 차지하게 됩니다. 이들 창은 전체 길이 3~4.6m, 짧은 것은 1.5~2m 정도로 추정됩니다. 16세기 초기에 쓰여진 샤리프 무함마드의 문헌에는 창의 길이가 40주먹 2콜라지(Qollāj)라고 서술되어 있습니다. 「주먹」은 인간의 주먹 폭을 말하는 것일 테고 콜라지는 대략 2핸드(약 20cm)이므로, 전체 길이 4.4m 정도의 기병용 창을 묘사하고 있는 것으로 보입니다.

창은 마상에서는 양손으로 사용하고, 도보에서는 양손 또는 한 손으로 사용합니다. 공격법도 찌르기는 물론 베기와 손잡이를 이용한 타격 등 무척 다채롭습니다. 또한 투창은 페르시아와 터키에서 매우 인기 있던 스포츠로 말을 탄 선수들이 상대의 머리를 향해 목제 창을 던졌다고 합니다.

모스타그 호라사니는 창의 타입을 다음과 같이 분류하고 있습니다.

1. 네이제(Neyze) : 「창」을 가리키는 일반적인 단어입니다.

창. 개인 소장. 잔드 왕조(1750~1794년). 전체 길이 74cm, 칼날 길이 48.5cm, 무게 786g.

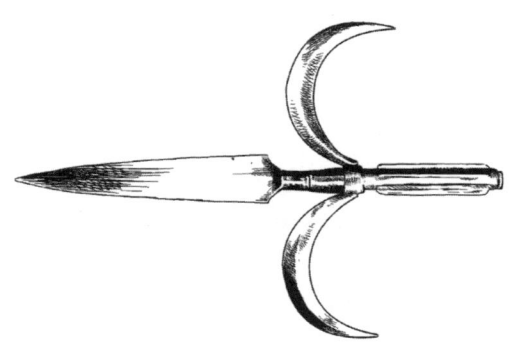

낫이 달린 창. 테헤란 군사 박물관 소장. 잔드 왕조(1750~1794년). 전체 길이 41cm, 소켓 길이 15cm, 최대폭 27cm, 무게 445g. 창끝을 낫 부분에 끼워 넣는 형식입니다. 또한 소켓에는 예리한 날이 달려 있어 적이 창을 붙잡지 못하게 합니다.

2. 세난(Senān) : 보통 창끝을 의미하는 말이지만, 창과 투창을 가리키기도 합니다.

3. 셰르(Šer) : 두 갈래로 된 투창. 전사 한 사람은 통상 5~10자루의 셰르를 가지고 다녔습니다.

파드 알리 샤 카자르의 것으로 전해지는 셰르. 테헤란 군사 박물관 소장. 1797~1834년. 전체 길이 156.6cm, 창끝 길이 40.5cm, 무게 660g.

4. 헤시트(Xešt) : 투창의 일종으로 중앙에 고리가 달려 있습니다. 이 고리와 가운뎃손가락을 끈으로 연결함으로써 적에게 창을 던진 다음 다시 회수할 수 있도록 하였습니다.

투창. 테헤란 군사 박물관 소장. 아프샤르 왕조(1736~1796년). 전체 길이 76cm, 창끝 길이(머리 부분 포함) 13.5cm, 무게 490g.

5. 주빈(Zubin) : 일반적인 투창입니다.
6. 두르바시(Durbāš) : 의식용 두 갈래 창.

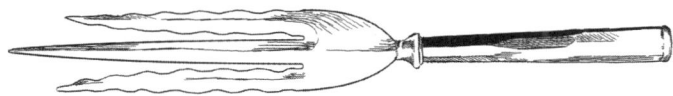

창갈. 테헤란 군사 박물관 소장. 카자르 왕조(1794~1925년). 전체 길이 50.5cm, 칼날 길이 32cm, 무게 460g.

7. 창갈(Cangāl) : 삼지창.
8. 자리드(Jarid) : 투창. 현재는 이슬람권의 투창을 가리키는 일반명사로 사용되고 있습니다.
9. 마즈랍/마즈라크(Mazrāb/Mazrāq) : 단창의 일종이나 구체적인 형태는 불명.
10. 람/롬(Ramh/Romh) : 창 또는 투창의 일종이나 구체적인 형태는 불명.

⚜ 나이프/대거(Kārd/Xanjar/Pišqabz)

나이프와 대거는 전장에서 최후의 수단으로 사용하였을 뿐만 아니라, 일생생활에서도 호신용으로 널리 이용되었습니다. 중세 이후 이란에서는 다음과 같은 세 가지 타입의 나이프가 사용됩니다.

1. 카르드(Kārd)

페르시아어로 Kārd라는 단어는 「나이프」 일반을 가리키는 말입니다. 카르드의 어원은 카레타(Kāreta)라는 단어로 「자르다」라는 의미의 Kārǝt에서 파생되었습니다.

역사상의 카르드는 칼등이 직선으로 이루어진 외날 나이프로 관통력을 높이기 위해 칼끝을 강화하기도 하였습니다. 이 타입의 나이프는 적어도 10세기에는 사용되기 시작했다고 추정됩니다. 사파비 왕조의 남성은 전장에서는 두 자루의 카르드를 몸에 지니고, 일상에서도 외출할 때면 카르드를 휴대하였다고 합니다.

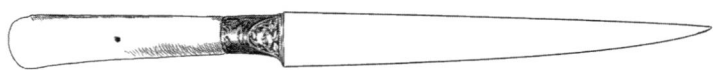

카르드. 개인 소장. 사파비 왕조(1501~1736년). 전체 길이 36.8cm, 칼날 길이 25.5cm, 칼날 폭(날밑 부근) 3cm, (중앙) 2.5cm, 칼날 두께 9.4mm.

2. 한자르(Xanjar)

일반적으로 잠비야라고 불리는 대거의 페르시아어명으로 아랍권 전역에서 사용되는 무기입니다.

통상적인 한자르는 구부러진 양날 대거로, 칼날 중앙에 칼날을 강화하기 위한 리브가 지나가 있습니다. 드문 예로 곡선 안쪽에 칼날이 달린 외날 대거, 풀러가 있는 것, 칼날이 물결 모양인 것이 있고, 매우 희귀한 예로 여러 개의 칼끝을 가진 것이 있으며, 대부분의 한자르는 호화롭게 장식되어 있습니다. 이란의 한자르는 다른 지역의 것과 비교해 크게 휘어지지 않은 경우가 많습니다.

한자르는 곡선 안쪽이 자기 쪽에 오도록 역수로 잡습니다. 기본적으로 칼끝을 사용해 찌르기 공격을 하지만 칼날로 베는 용법도 일반적입니다.

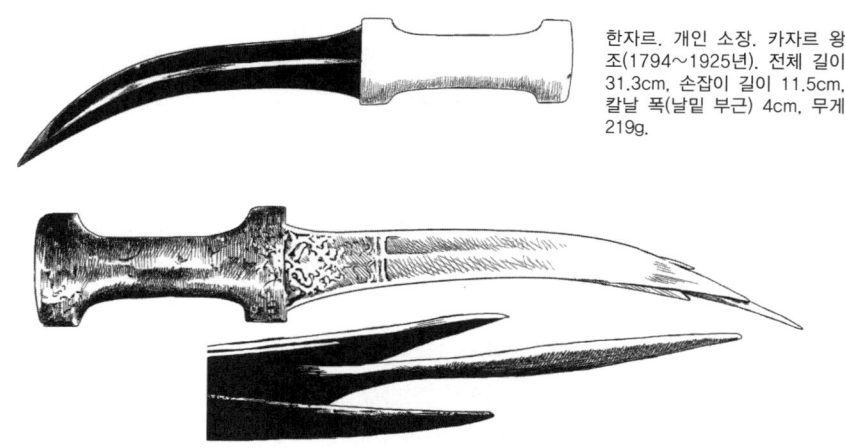

한자르. 개인 소장. 카자르 왕조(1794~1925년). 전체 길이 31.3cm, 손잡이 길이 11.5cm, 칼날 폭(날밑 부근) 4cm, 무게 219g.

여러 개의 칼끝을 가지고 있는 한자르. 테헤란 군사 박물관 소장. 전체 길이 43.5cm, 손잡이 길이 14cm, 칼날 폭(날밑 부근) 4.5cm, 무게 550g.

3. 피시카브즈(Pišqabz)

피시카브즈는 S자형 칼날을 가진 외날 나이프입니다. 칼등 부분이 T자형을 이루고 있으며, 관통력을 높이기 위해 칼끝을 강화한 것이나 칼끝에서 칼날 중간까지 양날로 되어 있는 것이 있습니다.

피시카브즈, 개인 소장, 후기 사파비 왕조(1600~1736년), 전체 길이 36.5cm, 칼날 길이 26.5cm, 뒷날 길이 13.9cm, 칼날 폭(날밑 부근) 4.5cm, (중앙) 2.2cm, 무게 353g.

⚜ 세파르(Separ)

본래 페르시아에서는 다종다양한 형태와 소재의 방패가 사용되었습니다. 고고학적 유물이나 회화·조각 자료를 통해 고대 페르시아에서는 원형·타원형·가운데가 잘록한 타원형·직사각형·야구의 홈베이스를 세로로 늘린 듯한 형태의 것이 사용되었을 것으로 추정하고 있습니다. 재질도 청동·가죽(소가죽은 물론 코끼리가죽과 코뿔소가죽도 사용되었습니다)·나무 외에 나뭇가지를 세로로 엮은 것 등 다양합니다.

12세기의 벤 만수르는 방패를 아래와 같이 분류하였습니다.

1. 목제 방패
2. 슈샤크(Šušak)
3. 창방패(구체적인 형태는 불명이지만 창병용 방패, 창끝형 방패, 스파이크가 달린 방패였을 가능성이 있습니다)
4. 샤크(Šakh 또는 차크 Cakh. 차크에는 「싸우다」라는 의미가 있으므로 아마도 「전장용 방패」일것입니다)
5. 코르그(Korg. 코뿔소가죽제 방패)
6. 카당(Khadang)
7. 사리크(Sarikh 또는 사루그 Sarug)

15세기 또는 사파비 왕조 이후, 시베리아에서 인도에 걸친 광대한 지역에서 사용되던

아시아식 원방패가 도입되어 방패의 주류로 자리잡습니다. 이 방패의 특징으로는 표면이 돔 모양으로 돌출되어 있는 점과 표면에 스트랩을 고정하기 위한 보스라는 금속 도구가 붙어 있는 점을 들 수 있습니다.

재질은 물소 또는 코뿔소의 가죽이 일반적이나, 후기의 것은 철제 또는 강철제도 존재합니다. 뒷면의 손이 닿는 부분은 천으로 누벼져 있습니다.

세파르는 보스의 수에 따라 두 가지 타입으로 분류됩니다. 일반적으로 보스가 4개 있는 것은 소형, 6개 있는 것은 대형이라고 하지만 현존하는 세파르를 보면 딱히 그렇지는 않은 것 같습니다.

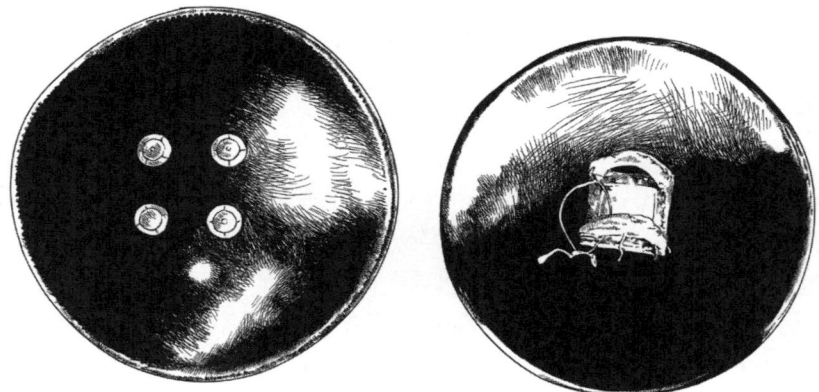

샤 이스마일 사파비의 것으로 전해지는 세파르. 테헤란 군사 박물관 소장. 1502~1524년. 지름 65cm, 무게 2840g, 코끼리가죽제.

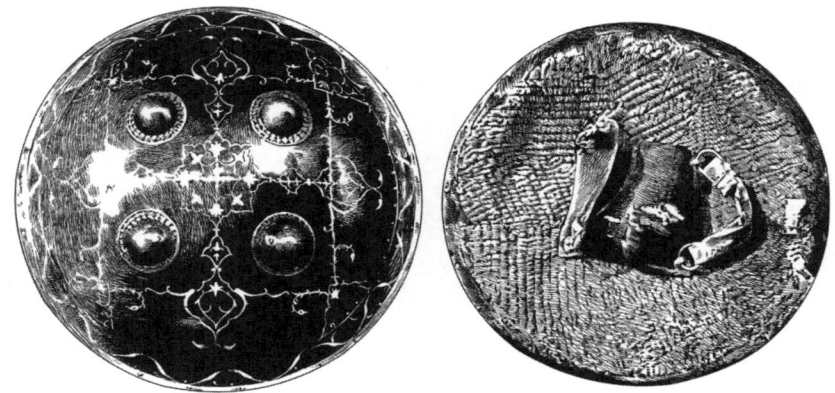

세파르. 테헤란 군사 박물관 소장. 사파비 왕조(1501~1736년). 지름 39.5cm, 무게 2270g, 강철제.

4보스 타입

보스가 4개 있는 세파르입니다. 뒷면에 손잡이가 2개 달려 있는데, 버클러처럼 이것을 손으로 잡고 사용합니다.

6보스 타입

보스가 6개 있는 타입입니다. 스트랩은 3개인데, 첫 번째 스트랩에 팔을 끼우고 남은 2개의 스트랩을 손으로 잡습니다. 형태와 사이즈, 잡는 법으로 보아 유럽의 원형 방패인 로텔라에 가까운 용법을 가진 것으로 추정됩니다.

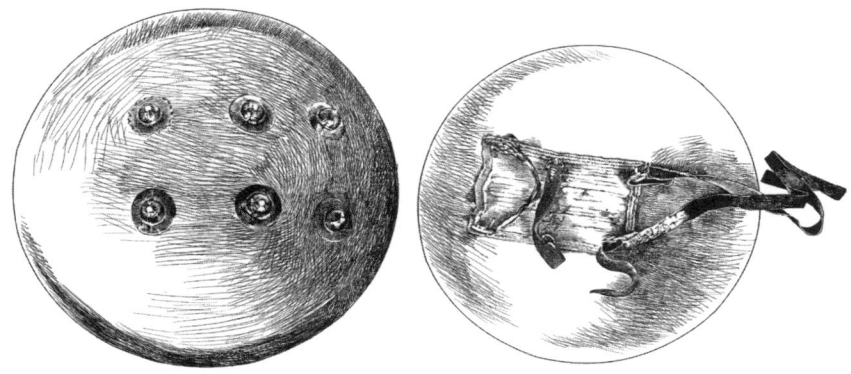

세파르. 반다르 안잘리 군사 박물관 소장. 사파비 왕조(1501~1736년). 지름 48cm, 무게 1460g, 코뿔소가죽제.

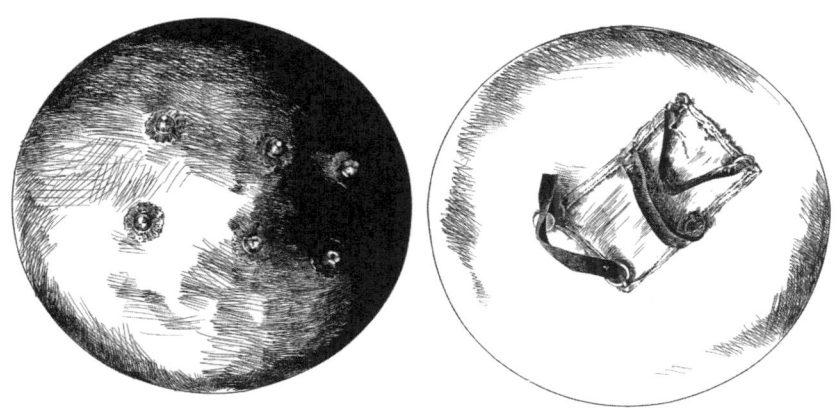

세파르. 반다르 안잘리 군사 박물관 소장. 사파비 왕조(1501~1736년). 지름 47.5cm, 무게 1553g, 코뿔소가죽제.

⚜ 갑옷

페르시아에서는 다양한 타입의 갑옷이 사용되었으나, 고대 페르시아 무렵에는 주로 메일과 금속(주로 청동) 미늘을 연결해 만든 스케일 아머와 라멜라 아머(일본의 갑옷도 이 타입으로 분류됩니다)가 사용되었습니다. 기원 3세기의 유적에서 출토된 메일은 팔꿈치보다 긴 소매를 가지고 있으며, 옷자락은 허벅지 위쪽에 닿을 정도(추정 길이 60~70cm)입니다. 형태는 미묘하게 다르지만(옷자락의 슬릿이 옆에 있다거나 목을 보호하는 가리반이 없는 등) 전체적인 형태와 사이즈는 당시부터 변하지 않았다는 사실을 알 수 있습니다.

1. 메일(Jawšam/Zereh)

페르시아에서 가장 기본적인 갑옷은 메일이었습니다.

사이즈나 형태는 가지각색이지만, 거의 모든 메일에 공통되는 특징으로 목 주변을 보호하는 가리반(Gariban)이라 불리는 부분이 있는 것, 머리를 통과시키는 슬릿이 목 앞에서 열려 있는 것(아마도 끈 같은 것을 메일의 고리에 묶어 여몄던 것으로 보입니다), 움직이기 쉽도록 옷자락(Daman-e zereh)의 앞뒤에 슬릿을 만든 것이 있습니다.

가리반은 가죽이나 패드가 들어간 천으로 만든 깃과 메일로 구성된 플랩을 가리킵니

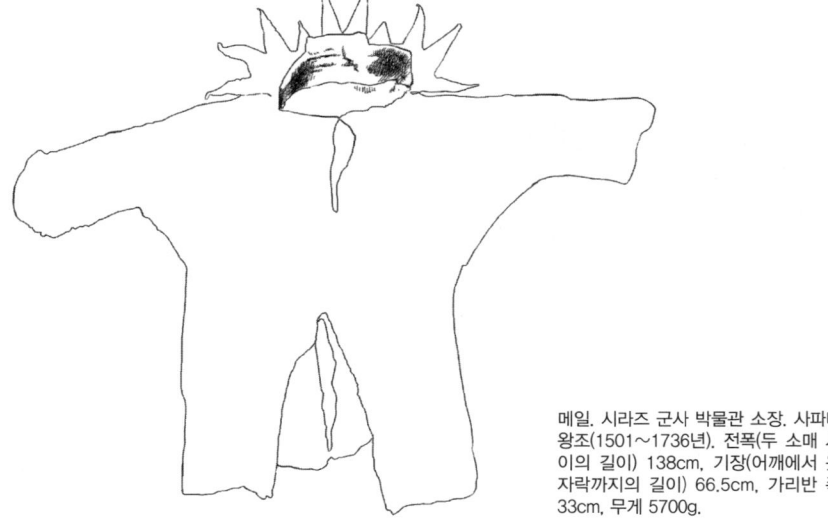

메일. 시라즈 군사 박물관 소장. 사파비 왕조(1501~1736년). 전폭(두 소매 사이의 길이) 138cm, 기장(어깨에서 옷자락까지의 길이) 66.5cm, 가리반 폭 33cm, 무게 5700g.

다. 세운 깃은 목의 옆면과 뒷면을 보호하고, 플랩은 대부분의 경우 모서리가 울퉁불퉁한 모양을 하고 있어 어깨와 목, 등과 가슴을 방어합니다.

2. 차하르 아이네(Cahr Ayne)

차하르 아이네는 메일 위에 껴입는 갑옷입니다. 차하르 아이네는 「네 장의 거울」이라는 의미이며, 말 그대로 이 갑옷은 네 장의 판으로 몸을 감싸는 형식입니다. 각각의 판은 직사각형에 가까운 모양으로(앞판이 원형인 경우도 있습니다), 옆판은 팔이 나올 공간을 확보하기 위해 윗부분을 반원형으로 잘라냈고, 안쪽에 패드를 꿰매 붙인 것도 있습니다.

이 갑옷은 판의 장착법에 따라 세 가지 타입으로 분류됩니다.

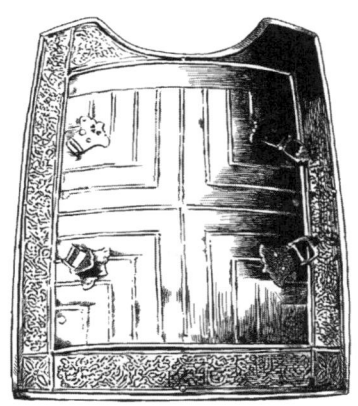 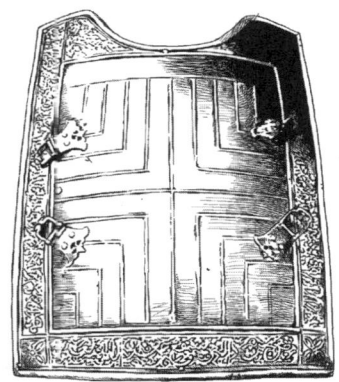

 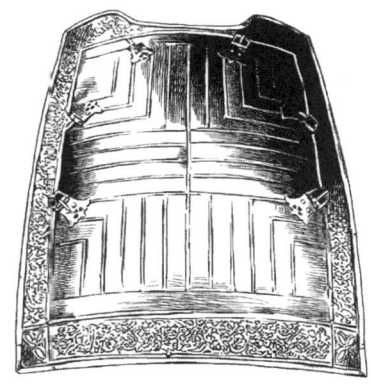

차하르 아이네. 테헤란 군사 박물관 소장. 잔드 왕조(1750~1794년). 등판(길이X폭) 22X17cm, 무게 470g, 옆판(길이X폭) 17.5X13.3cm, 무게 290g/360g, 앞판(길이X폭) 22X17cm, 무게 490g, 총무게 1610g.

1. 판 4장 · 스트랩식 : 네 장의 판을 스트랩으로 연결하는 타입입니다.
2. 판 4장 · 경첩식 : 네 장의 판을 스트랩이 아닌 경첩과 핀으로 고정하는 타입입니다.
3. 판 5장 · 경첩식 : 구조 자체는 위의 경첩식과 동일하지만, 앞판이 분할되어 옷을 입듯이 장착할 수 있습니다.

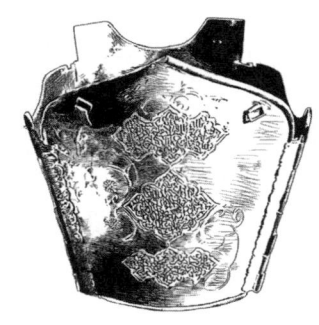

샤 이스마일 사파비의 것으로 전해지는 차하르 아이네. 테헤란 군사 박물관 소장. 1502~1524년. 등판(길이X폭) 29.5X22cm, 무게 1070g, 옆판(길이X폭) 23X17.5cm, 무게 550g, 앞판(길이X폭) 32X23cm, 무게 820g, 총무게 2990g.

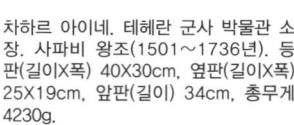

차하르 아이네. 테헤란 군사 박물관 소장. 사파비 왕조(1501~1736년). 등판(길이X폭) 40X30cm, 옆판(길이X폭) 25X19cm, 앞판(길이) 34cm, 총무게 4230g.

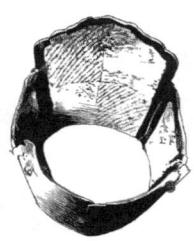

3. 바주반드(Bazuband)

바주반드는 완갑의 일종으로, 손목에서 팔꿈치까지는 한 장의 판으로 덮고, 손목보다 앞쪽은 천제 방어구를 메일로 강화한 구조를 가지고 있습니다. 손목 부근은 경첩과 메일로 연결된 작은 판을 감아서 착용합니다. 판은 대부

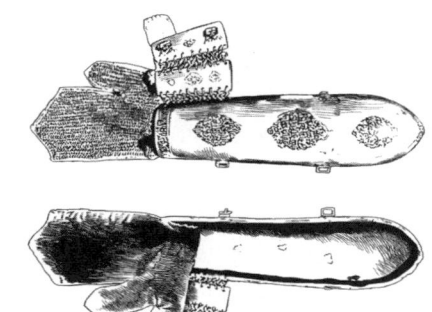

바주반드. 테헤란 군사 박물관 소장. 잔드 왕조(1750~1794년). 판 길이 53cm, 무게 520g, 코뿔소가죽제.

분의 경우 강철제이나 그림의 예와 같이 코뿔소가죽으로 만들기도 하였습니다.

4. 투구(Kolāhxud)

13세기 몽골 침입기 이후의 페르시아 투구는 기본적으로 볼(bowl)형 본체의 꼭대기에 스파이크가 달린 모양을 하고 있으며, 가죽이나 쇠사슬로 만들어진 애번테일(목과 얼굴을 방어하는 부품)이 달려 있습니다. 애번테일은 대부분 눈과 얼굴 윗부분을 덮는 디자인입니다. 또한 투구 앞부분에 코와 얼굴을 방호하는 봉과 같은 것이 달리는 경우도 있습니다.

또한 터번 헬멧이라고 불리는 터키에서 기원한 투구도 사용되었습니다.

악마의 투구(Kolahxud-e divsar). 닥터 요르게 카라바나 컬렉션 소장. 카자르 왕조(1794~1925년). 지름 18cm, 높이 25cm, 무게 1820g. 악마(Div)의 얼굴을 본떠 만든 투구입니다.

투구. 시라즈 군사 박물관 소장. 카자르 왕조(1794~1925년). 높이 27.5cm, 애번테일 길이 32.5cm.

제3부 기술 해설

Graphic Illustration

기술 도해 읽는 법

도해의 기본자세

이 책에 수록한 기술은 가능한 한 원문(오리지널의 도판)에 충실하게 재현하는 것을 목표로 하고 있습니다. 원문에 오류가 있어 어쩔 수 없이 기술의 흐름을 변경하는 경우에는 그때마다 문장에 명시합니다.

출전

출전에 대해서는 권말의 「문헌 약칭 일람」을 참조하기 바랍니다. 또한 「21r」과 같이 「r」이나 「v」라는 문자가 붙어 있는데, 이것은 사본의 페이지 수를 나타냅니다. 사본의 페이지 수는 루스리프처럼 「맨 처음에서 X장째 종이의 앞(뒷)면」이라는 식으로 계산합니다. 「r」은 Recto(앞), 「v」는 Verso(뒤)를 의미하며, 예를 들어 「21r」은 「처음에서 21장째 용지의 앞면」으로, 통상적인 페이지 수라면 41페이지에 해당합니다. 그 밖에 pp.는 여러 페이지의 인용, pl.은 도판의 번호를 가리킵니다.

기술의 이름

전작과 마찬가지로 기술의 이름은 가능한 한 원문의 철자를 따릅니다.

방향

이 책에 등장하는 기술은 기본적으로 오른손잡이가 기준입니다. 하지만 일부 문헌에서는 특별히 왼손잡이를 위한(혹은 왼손잡이에 대항하기 위한) 기술을 소개하는 경우도 있습니다. 이 책에서는 이러한 왼손잡이용 기술을 적극적으로 소개하고자 합니다.

등장인물

전작과 마찬가지로 이 책에서는 세 명의 등장인물을 이용하여 해설합니다.

- **스승**
검은 머리와 수염을 가진 남성으로, 검은 옷 또는 갑옷을 입고 있습니다.

- **제자**
밝은 머리에 환한 옷을 입은 청년입니다. 스승의 짝으로서 대부분의 도해에 등장합니다.

- **여제자**
밝은색 긴 머리를 가진 인물입니다. 이 책에서는 힘이 약한 인물이나 왼손잡이 인물 역으로 등장합니다.

■스승
■제자
■여제자

요한 3세 폰 라폴트슈타인의 갑옷을 바탕으로 어레인지.

1740년대 스코틀랜드 검사의 복장.

18세기 초반에서 중반 사이 귀족의 옷차림.

유골을 통해 보는 무기의 위력(4)

리처드 3세(1452~1485년)

장미전쟁 최후의 싸움인 보즈워스 전투에서 전사한 리처드 3세는 영국 국토에서 전사한 최후의 국왕입니다.

2012년 발견된 그의 유체는 미토콘드리아 DNA 판정에 의해 본인의 것으로 확인되었습니다. 발굴 당시의 상태로 보아 유체는 양손이 묶인 채 관이나 수의를 사용하지 않고 발가벗겨져 다소 작은 구멍 속에 억지로 매장된 것으로 추정됩니다.

신장이 174cm 정도(당시 평균보다 조금 위지만 척추가 굽어 최대 30cm 정도는 작았을 것이라 추측됩니다)에 골격은 여성의 것이라 해도 좋을 만큼 가냘픈데, 척추측만증 탓에 오

리처드 3세.
오른쪽 어깨가 높이 그려져 있다.

른쪽 어깨가 왼쪽 어깨보다 상당히 높이 올라와 있습니다. 하지만 일상생활에는 지장이 없었을 것이라고 합니다.

그의 뼈에서는 많은 상처를 찾아볼 수 있습니다. 가장 눈에 띄는 상처는 후두부에 있는데, 도끼(할버드, 빌, 폴암 등. 전승에 의하면 왕을 처치한 것은 웨일스인이라고 하므로 웰시 훅일 가능성도 있습니다)로 보이는 흉기가 후두골을 강타하여 즉사한 것으로 추정되고 있습니다. 또한 후두부에는 상처가 하나 더 있습니다. 검이나 창 같은 흉기에 찔린 것으로, 뇌를 관통하여 반대편 뼈까지 도달한 깊은 상처(깊이 10.5cm)입니다. 당연하지만 이것도 즉사할 정도의 부상이라고 할 수 있습니다.

(p247에 계속)

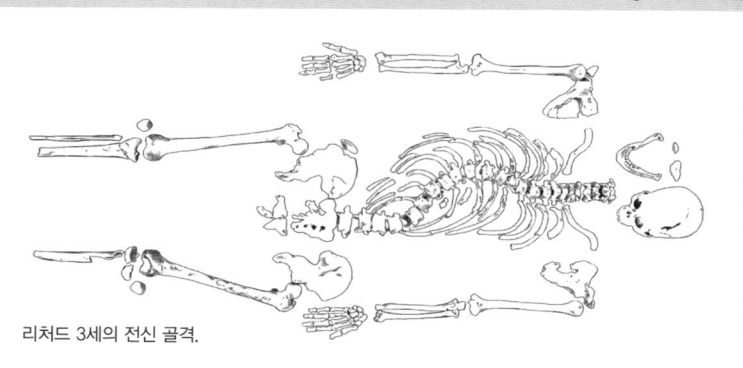

리처드 3세의 전신 골격.

제1장
LONG SWORD
롱소드

⚜ 롱소드 기술 1

Vier Versetzen 1 : Twerchhau

4대 카운터 기술 1「즈베히하우(상단수평베기)」

출전 : St. G: pp. 117, 118   Döbringer: 27r, 27v, 28r   I.6.2.2: 7r

4대 카운터 기술이란 독일식 검술의 다섯 가지 「비기」 중 「존하우(사선베기)」를 제외한 나머지 네 기술의 총칭으로, 각각의 기술은 독일식 검술의 네 가지 기본자세를 파훼한다고 합니다.

여기에서 「파훼한다」는 말은 조금 의미가 애매하지만, 일반적으로 「어떤 특정한 자세에서 발생하는 공격을 가장 효과적으로 방어하거나 카운터하는 기술」 또는 「어떤 자세를 취하고 있을 때 가장 방어하기 어려운 공격을 발생시키는 기술」이라고 해석할 수 있습니다.

여기에서 소개하는 것은 전작 p82, 83에서 다룬 「즈베히하우」로 「천장」 자세를 파훼하는 기술입니다.

「즈베히하우」는 검을 머리 위에 높이 들고 수평으로 휘두르는 기술로, 검의 움직임이 마치 헬리콥터의 회전 날개처럼 보인다는 데서 현대 단봉술(Bâton)의 「헬리콥터베기(Helicopter Molinello)」와 비슷한 동작일 것이라고 판단하는 연구자도 있습니다.

머리 위에서 검을 눕혀 들고 대각선 앞으로 나아가면서 몸을 회전시켜 수평으로 공격하는데, 이때 「천장」 자세로부터 내려오는 검을 날밑 부분으로 막아 옆으로 쳐내고 카운터 공격을 하는 것입니다.

1
두 사람 모두 「천장」 자세를 취하고 있습니다.

2

제자가 내리치기를 합니다. 스승은 오른쪽 대각선 앞으로 발을 내디디며 제자의 검을 날밑 부근에서 받아내고 제자의 머리 왼쪽을 공격합니다.

3 카운터 1

제자는 스승 본인이 아닌 검을 향해 돌진하여 스승의 공격을 방어합니다. 스승은 또다시 「즈베히하우」로 이번에는 반대편을 공격하려 합니다.

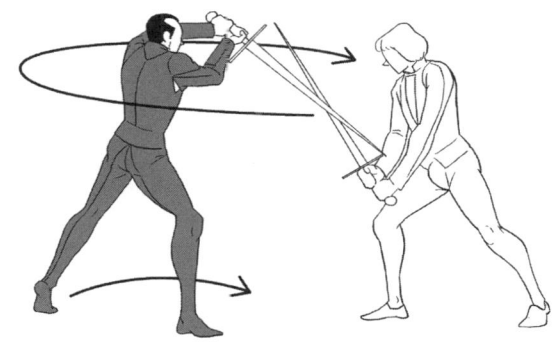

4

제자는 스승의 팔에 검을 들이대고 스승의 검을 밀어내는 동시에 자르기 공격을 합니다. 그리고 다음으로 스승의 머리를 공격합니다.

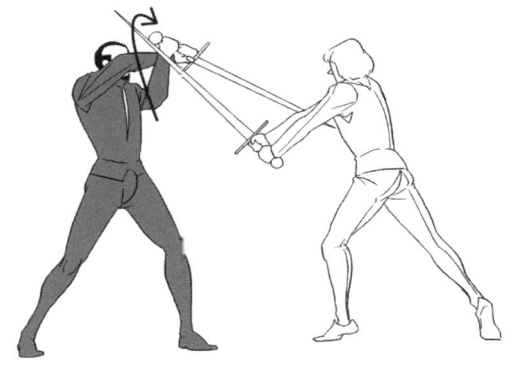

5 카운터 2

제자가 팔을 자르려 합니다. 그러자 스승은 검을 뒤집어 제자의 턱(목)에 칼날을 들이대고 자르기 공격을 합니다(전작 p76의 「듀플리에렌(감아들어가기)」과 같은 원리입니다). 문장에서는 별도로 발의 움직임에 대해 설명하고 있지 않지만, 아마도 왼쪽으로 내디딜 것이라 추측됩니다.

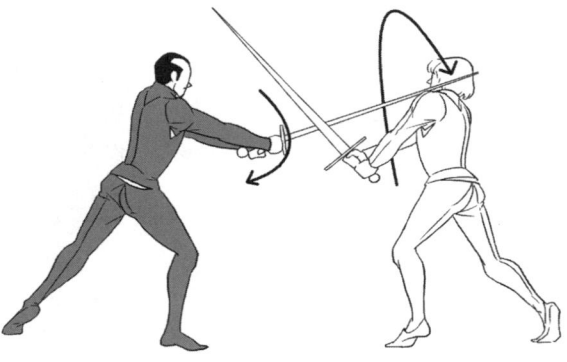

6 카운터 3

검을 감으며 손잡이를 들어올려 스승의 검을 오른쪽으로 뿌리칩니다. 동시에 뒷날을 스승의 목덜미에 밀어붙이고 자르기 공격을 합니다.

유골을 통해 보는 무기의 위력(5)

그리고 정수리에는 네모난 상처가 있습니다. 메이스나 대거에 의한 것으로 추측되며, 머리뼈 안쪽까지 금이 갈 만큼 세차게 가격당했는데, 치명상에 이를 정도는 아니라고 합니다. 또한 검과 같은 흉기로 머리뼈 일부가 얇게 잘려나간 것 외에 정수리 뒤쪽으로 작은 상처가 2개 보입니다. 오른쪽 턱에는 검으로 베인 상처, 오른쪽 뺨에는 대거로 찔린 상처가 있습니다. 이러한 상처 대부분은 투구로 방어 가능한 부위에 있으므로 일정 단계에서 투구를 벗고 싸웠다는 말이 될 것입니다.

머리 아래쪽으로는 상처가 얼마 없다는 사실은 매우 중요합니다. 폭력사건 희생자의 양팔에서는 방어흔이라고 불리는, 몸을 감싸려 하다가 생긴 독특한 흔적을 볼 수 있는데, 그의 양팔에서는 방어흔이 보이지 않고 몸의 뼈에도 상처가 거의 없습니다. 이는 그가 갑옷으로 완전무장하고 있었기 때문이며, 당시 갑옷의 높은 방어력을 엿볼 수 있습니다. 남아 있는 상처는 오른쪽 갈비뼈 한 대가 검으로 절단된 것과 골반을 대거로 찔린 것뿐입니다. 두 가지 모두 갑옷을 입고 있는 상태에서는 불가능한 위치에 있으므로 사후에 생긴 상처라고 판단할 수 있습니다.

이들 상처를 통해 상황을 추측해보겠습니다. 그는 도보로 싸우던 중 투구를 잃게 됩니다(아마도 더위를 견디지 못하고 스스로 벗었을 것입니다). 그 후 왕은 연이어 상처를 입습니다. 메이스나 대거로 정수리를 가격당하고, 검으로 오른쪽 턱을 베였으며, 후두부의 두피와 두개골의 일부가 잘려나간 것도 이 단계로 추정됩니다. 그리고 대거를 가진 적이 덤벼듭니다. 지면에 쓰러진 왕에게 올라탄 적이 대거로 얼굴을 찌르려고 몸싸움을 벌였을 때의 상처가 오른쪽 뺨의 것입니다(머리와 턱의 상처 또한 이때인지도 모릅니다). 대거를 가진 적을 처리한 왕이 일어서기 위해 엎드리거나 무릎을 꿇은 순간, 후두부에 도끼로 보이는 흉기의 직격을 맞고 즉사한 것으로 추측됩니다. 그리고 아마도 동일한 무기에 달린 스파이크로 후두부를 찔렀을 것입니다. 기록을 보던 왕의 유체는 나체로 발가벗겨진 뒤, 말 위에 태워져 구경거리가 되었다고 합니다. 이때 가슴을 검으로 베이고, 오른쪽 엉덩이를 대거에 찔린 것이라 추측되고 있습니다.

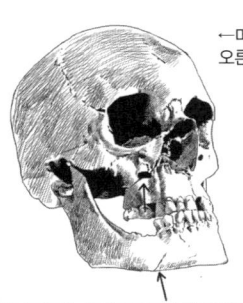

←머리뼈. 화살표는 오른쪽 뺨과 오른쪽 턱의 상처.

→머리뼈를 아래에서 본 그림. 오른쪽 구멍은 베인 상처. 왼쪽 구멍은 찔린 상처.

⚜ 롱소드 기술 2

Vier Versetzen 2 : Krumphau
4대 카운터 기술 2「크룸프하우(꺾어베기)」

출전 : St. G: pp. 116, 117　Döbringer: 25v I.6.2.2: 7r　Kal: 66v　Chidester: pp.9, 45

「크룸프하우」는 독일식 검술의 비기 중 하나로「황소」자세를 파훼합니다.

「천장」또는「방벽」자세에서 오른쪽 대각선 앞으로 크게 나아가며 팔을 교차시켜 베는 기술이라고 할 수 있습니다.

이때 오른발을 앞으로 내딛는 데도 불구하고 검 자체의 궤도는 왼쪽에서 오른쪽으로 지나는데, 이것은「오른발을 앞으로 내밀 때는 오른쪽에서 왼쪽으로 공격한다」는 독일식 무술의 기본원리에 반하는 움직임이기 때문에「크룸프(Krump라는 말에는「구부러지다」,「기울다」,「비뚤어지다」등의 의미가 있습니다)하우」라는 명칭이 붙었다는 설이 있습니다.

되브링어는「크룸프하우」에 대해 해설하면서「위에서 아래로 내리치는 기술」로「옆으로 충분히 발을 내디뎌 상대의 공격을 피하는」동시에「(발을 내디딘 방향과는)반대쪽에 쏠린 듯한 느낌으로 공격한다」고 묘사하였습니다. 그는 옆으로 발을 크게 내딛는 동작을 강조하고 있는데, 이는 옆으로 이동하여 상대의 공격선 밖으로 나가는 것이 이 기술의 열쇠라는 사실을 알려줍니다. 여기에는 독일식 검술의 연구가인 치데스터도 동의하고 있습니다.

왜 이 기술이「황소」자세를 파훼하는가 하면,「황소」자세에서는 직선적인 움직임을 가진 찌르기가 주된 공격법이기 때문에 옆으로 이동하는「크룸프하우」는 겨냥하기 어려운 데다 오른쪽 위에서 날아오는 공격은 방어가 힘들기 때문입니다.

1
스승은「천장」자세, 제자는「황소」자세를 취하고 있습니다.

2

스승은 오른쪽 앞으로 한 발 크게 내디뎌 상대의 공격선 밖으로 나가는 동시에 팔을 교차시켜 상대의 손 또는 검을 공격합니다. 파울루스 칼 버전에서는 손잡이를 위로 올리고 칼끝을 아래로 내려 공격합니다.

3 다른 버전

여기서 스승은 「크룸프하우」를 사용해 제자의 검에 바인딩할 것처럼 위장하고 있습니다. 하지만 스승은 일부러 공격을 빗맞히고 자신의 검을 제자의 검 아래로 통과시킵니다.

4

칼끝으로 제자의 목을 찌릅니다.

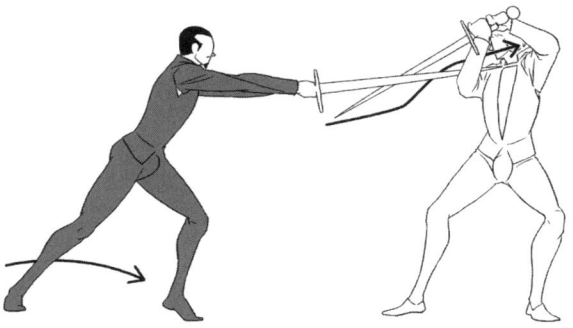

⚜ 롱소드 기술 3

Vier Versetzen 3 : Schielhau
4대 카운터 기술 3 「쉴하우(곁눈치기)」

출전 : St. G: pp. 120,121   Döbringer: 28v,29v   Chidester: pp. 10, 78, 83

「쉴하우」는 독일식 검술의 비기 중 하나로「쟁기」자세를 파훼합니다. 이 기술은 설명하기가 무척 까다로운 데다 두 가지 버전이 존재합니다.

첫 번째 버전은 전작 p88, 89에서 소개한 것으로 오른발을 내디디며 몸을 회전시켜 뒷날로 상대의 오른쪽 어깨를 내리치는 기술입니다.

두 번째 버전은 전작 p90, 91에서 소개한 방법으로 오른발을 내딛지 않고 상대의 검을 왼쪽으로 눌러 제압하는 것입니다(드레스덴판 링엑의 페히트부흐에는「뒷날로 상대의 검을 힘차게 내리친다.」라고 적혀 있습니다). 폰 단치히(1452년)는 두 번째 버전에 대해 상대가 검을 짧게 잡고 있을 때 유효하다고 하였습니다.

그의 말에 따르면「검이 짧다」는 것은 다음과 같은 상황이라고 합니다.
1. 팔을 충분히 뻗지 않고 공격했을 때.
2. 「바보」자세를 취하고 있는데 상대가 검을 비스듬하게 공격했을 때(원문이 상당히 애매하지만 아마도「크룸프하우」를 뜻하는 것으로 보입니다).
3. 상대가「황소」,「쟁기」자세를 취하고 있을 때.
4. 「빈덴(전작 p123~128)」을 사용할 때.

1
제자가「쟁기」자세를 취하고 있습니다.

2

「쉴하우」를 사용해 상대의 검에 바인딩합니다. 옆에서 때리는 느낌으로 바인딩하며, 제자의 칼끝을 왼쪽으로 밀어냅니다. 이렇게 되면 제자가 찌르기를 한다 해도 스승의 검이 레일로 작용하여 스승의 몸까지 닿지 않습니다.
이 상태에서 스승은 한 발 내디디며 제자의 가슴에 찌르기 공격을 합니다.

⚜ 롱소드 기술 4

Vier Versetzen 4 : Scheitelhau
4대 카운터 기술 4 「샤이틀하우(정수리베기)」

출전 : St. G: p. 121　　Döbringer: 30r　I.6.2.2: 14v　　Chidester: pp. 10, 85-88

「샤이틀하우」는 「바보」 자세를 파훼하는 기술입니다.

기본적인 기술 자체는 평범한 상단베기지만, 팔꿈치 앞쪽의 스냅을 이용해 칼끝으로 상대의 머리·얼굴 또는 가슴을 공격하는 매우 신속한 베기라고 할 수 있습니다. 또한 인간의 구조상 어깨 높이로 팔을 뻗을 때 가장 리치가 길어진다는 점을 생각하면 「샤이틀하우」는 독일식 검술에서 가장 긴 리치를 가진 기술 중 하나라고 할 수 있을 것입니다.

이처럼 뛰어난 스피드와 리치를 이용하여, 상대가 대응하지 못하는 속도로 「바보」 자세의 공격범위 밖에서 공격하는 것입니다.

독일식 검술에서는 전통적으로 「샤이틀하우」에는 「왕관」 자세로 대항하라고 가르칩니다. 이 자세는 검을 수직으로 들어올리고 날밑에서 상대의 공격을 받아내는데, 다만 폰 단치히 페히트부흐에는 「칼끝과 한쪽 날밑이 위를 향하도록」이라고 묘사되어 있는 것으로 보아 적어도 그의 「왕관」 자세에서는 검을 수직이 아닌 대각선으로 들고 상대의 공격을 막는다는 사실을 알 수 있습니다.

1

제자는 「바보」 자세를 취하고 있습니다.

2

스승의 「샤이틀하우」를 제자가 「왕관」 자세로 막았습니다.

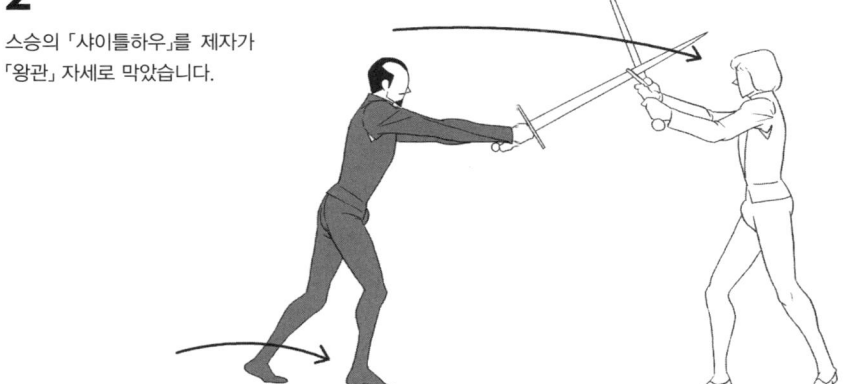

3

스승은 검을 시계방향으로 감아 칼끝으로 가슴을 찌릅니다. 원문에서는 이 부분의 공격법에 대해 아무런 언급도 하고 있지 않습니다(다른 부분의 공격은 「자르기」라고 부릅니다). 만약 제자가 검을 들어올려 방어한다면 일단 검을 떼고 아래에서 팔을 향해 자르기로 공격합니다.

⚜ 롱소드 기술 5

Veler

속여베기 1

출전 : St. G: pp. 119–120   Döbringer: 26v

    Veler(영 : Failer)란 일반적으로 페인트를 포함하는 일련의 기술을 가리킵니다. 여기서 소개하는 기술은 「즈베히하우」를 사용하는 예로, 전작 p86의 기술을 발전시켜 「즈베히하우」를 빠르게 연속으로 구사하는 것입니다. 마지막 단계에서는 「즈베히하우」와 「듀플리에렌(전작 p76)」을 조합하고 있습니다.

1

스승은 오른쪽 앞으로 발을 내디디며 「즈베히하우」로 제자의 머리를 공격하는 척합니다.

2

제자가 공격을 방어하려 하고 있습니다. 그러자 스승은 왼쪽으로 발을 내디디며 「즈베히하우」로 제자의 오른쪽을 공격합니다.

3

만약 제자가 막아낸다면 스승은 한 번 더 왼쪽으로 발을 내디디며 검을 감아 제자의 목덜미를 자릅니다.

롱소드 기술 6

Fehler
속여베기 2

출전 : Meyer: 1.19r, p. 64

Fehler라는 단어는 앞서 소개한 Veler의 또 다른 철자입니다. 메이어의 말에 따르면 이 기술은 방어에 주력하는 검사를 상대할 때 유효하지만, 실력이 뛰어난 검사만이 적절하게 사용할 수 있다고 합니다.

1
스승은 검으로 제자의 왼팔을 내리치는 척합니다. 제자는 스승의 공격을 방어하기 위해 검을 머리 위로 들어올렸습니다.

2
하지만 스승은 공격하지 않고 손잡이 머리가 오른손 아래에 오도록 검을 왼쪽으로 감습니다.

3
그대로 속도를 늦추지 않고 왼쪽에서 제자를 공격합니다.

롱소드 기술 7
Single Arm Key Hold
키 홀드

출전 : Fiore(Getty): 20v   Fiore(Pisani): 14r   Armizare: pp. 108, 109   Cod. 10779: 39r

이 기술은 전작 p277, 278에서 다룬 대거 기술의 롱소드 버전입니다.

14세기 말의 검사 피오레 데이 리베리는 한 손으로 롱소드를 잡고 있을 때의 기술이라고 설명하였으나, 상대가 양손으로 검을 잡고 있는 경우라도 충분히 사용할 수 있습니다.

이 기술은 본래 두 가지 기술(단계)로 소개되어 있습니다. 첫 번째 기술은 1번 도해, 두 번째 기술은 2번 도해에 해당합니다.

1

스승은 제자의 공격을 막고(또는 제자가 반응하기 전에), 왼손으로 제자의 오른쪽 손목을 안쪽에서 붙잡아 움직임을 봉쇄합니다. 피오레의 연구가인 샤레트는 이때 상대의 팔을 바깥쪽으로 밀어낸다고 해석하고 있습니다.

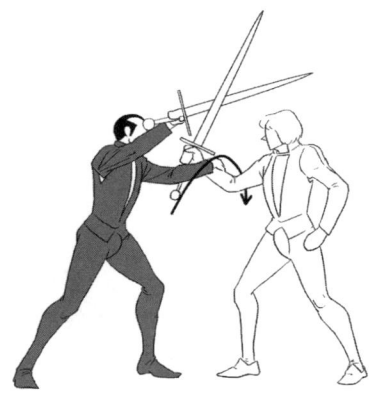

2

그리고 (아마도 발을 내디디며) 스승은 자신의 팔을 제자의 팔에 반시계방향으로 감아 제자의 팔을 꺾고 오른손에 든 검으로 찌릅니다.

제 2 장
ENGLISH SCHOLL LONG SWORD
영국식 롱소드 검술

영국식 롱소드 기술 1
(T)he 11 lesson & iij takyg vp

형 11

출전 : E.L: pp. 186-190

여기서 소개하는 형에는 몇 가지 중요한 기술이 포함되어 있습니다.

1. 「십자가에 대한 숭경(Reverence to the Cross)」

원문에서는 a reuence to ye cros of thy hilte(그대의 검의 날밑을 숭배하라)라고 소개하는 기술로 바인드 상태에서 검의 날밑을 이용해 상대의 검을 밀어내는 행위를 가리킵니다. 이 기술의 이름은 날밑과 십자가(둘 다 Cross)에 관련되며, 십자가는 영혼을 구원하고 십자형 날밑은 목숨을 구원한다는 언어유희이기도 합니다.

2. 「마부 베기(Carter's Stroke)」

원문에서는 Cartar Stroke라고 부르는데, 머리를 겨냥하고 위에서 내리치는 한손베기로 추측됩니다. 원문에는 검의 옆면으로 등을 때리고 채찍처럼 머리를 내리친다고 묘사되어 있습니다. 이러한 검의 용법이 마부가 채찍을 사용하는 모습과 닮았다는 데서 유래한 이름으로 보입니다.

3. 「살을 내주고 뼈를 취하다(Stroke a-venture)」

원문에는 Stroke avetur라고 나와 있습니다. 자신의 몸을 위험에 노출하고 무리하게 공격하는 것을 가리킵니다.

4. 「검을 발치에 두다(Settyg dovne thy swerd by thy foete)」

첫 번째 Takyg yp(검을 집어들다)과 세트를 이루는 말입니다. 형을 연습할 때 우선 바닥에 놓인 검을 집어들고, 연습이 끝나면 다시 검을 바닥에 내려놓는다는 일련의 동작을 나타내는 귀중한 증언이라고 할 수 있습니다.

1
스승은 검을 집어들고 제자의 얼굴을 향해 한손찌르기를 합니다.

2

오른손으로 재빨리 손잡이를 잡고 「반돌려베기(손목 또는 팔꿈치의 스냅을 이용한 돌려베기)」로 공격하지만, 제자가 방어합니다.

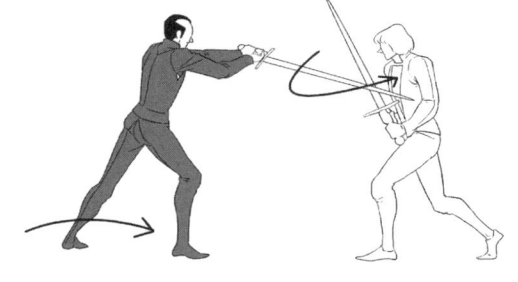

3

스승은 「십자가에 대한 숭경」을 사용해, 날밑에 제자의 검을 걸고 옆으로 밀어냅니다. 문장에서 언급되지는 않았으나, 스승은 거의 확실하게 한 발 내디뎠을 것으로 추측됩니다.

4

스승은 「마부 베기」를 사용해, 서둘러 후퇴하는 제자를 공격합니다. 제자는 이것을 막아냅니다.

5

제자가 반격에 들어갑니다. 원문의 표현은 다소 애매하지만, 제자를 견제하기 위해 후퇴하면서 한손찌르기를 두 번 합니다. 원문은 Doubil broky spryng인데, 한손찌르기가 막힌 상황 또는 바인드 상태에서 한손찌르기를 하는 상황이라고 해석할 수 있습니다.

6

제자가 더 이상 다가오지 않는다면 재빨리 전진하여 「할퀴기(Rake)」로 공격합니다. 원문에서는 Long rake 라고 하며, 팔을 최대한 뻗어 공격하는 모습을 표현한 것으로 보입니다.

7

후퇴하는 제자를 쫓아 두 걸음 나아가면서 「할퀴기」로 2회 공격합니다. 원문은 모호한 면이 있으나 우선 왼발을 내디디며 1회, 다시 왼발을 내디디며 1회 베는 것이 아닌가 합니다. 또한 같은 공격을 이번에는 오른발을 내디디며 행합니다.

8

앞의 4회 할퀴기를 되풀이합니다. 원문은 조금 애매하지만, 거기에 더해 2회 더 공격합니다. 이 단계에서 몇 초 사이에 합계 11회의 할퀴기를 실행했다고 하는 계산이 나옵니다.

9

원문에서는 명확하지 않지만, 이 시점에 스승은 뒤로 돌아 후방의 여제자를 향해 할퀴기로 2회 공격합니다.

10

오른손을 놓고 검을 오른쪽 어깨 위로 가져가 한손찌르기를 한 다음 머리 위로 들어올립니다.

11

자신의 몸을 위험에 노출하며 과감하게 나아가 위에서 내리칩니다. 그리고 검을 바닥에 내려놓고 형을 종료합니다.

영국식 롱소드 기술 2

The 5 lesson
다섯 번째 형

출전 : E.L: p. 164

당황해서 후퇴하는 상대를 더욱 몰아넣기 위한 기술입니다.

첫 번째 공격은 An hawke menyd our ye hede but bere ht vp wt a step(발을 내디디며 상대의 머리를 향해 위에서 내리치지만, 그대로 공중에 올린 상태로 둔다)이라고 묘사되어 있는데, 이것은 상단베기의 페인트로 추측됩니다.

다음에는 Breke of ye erthe(영지를 뛰쳐나오다)라는 단어가 등장합니다. 이 「영지」란 실버의 Ground와 같은 말로, 검사가 위치한 곳과 그의 간격 범위를 나타내는 개념이라고 할 수 있습니다.

1

스승이 페인트로 내리치는데 제자가 검을 들어올려 방어하려 합니다.

2

제자의 검이 올라간 것을 보고, 스승은 돌려베기로 전환하여 공격합니다. 원문에는 「필요한 만큼 몇 번이라도 공격한다.」라고 나와 있습니다.

3

당황해서 후퇴하는 제자를 「콕 스텝(p19 참조)」으로 쫓아가 반상단베기(손목과 팔꿈치의 스냅을 이용해 위에서 내리치는 기술)로 공격합니다.

⚜ 영국식 롱소드 기술 3

e chase
추격

출전 : E.L: pp. 139, 140, 143-146

「추격」이란 상대를 뒤쫓으며 공격하는 것을 가리킵니다. 여기서 소개하는 기술은 매우 긴 일련의 기술 중 후반부에 해당합니다. 그리고 이 후반부는 다시 개인연습용인 전반과 다수의 적을 상대하는 후반으로 나누어집니다.

참고로 원문 마지막에는 당시 검사들의 격언「And ever e fote e hand e hye and e herte to accorde(그리고 발과 손과 눈과 마음을 하나로 하라)」가 인용되어 있습니다.

1
돌려베기로 두 번 휘두릅니다.

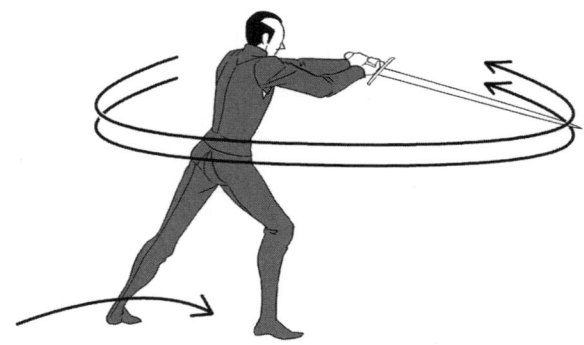

2
그리고 한 발 후퇴하며 찌르기를 합니다.

3

다시 전진하며 찌르기를 하고 「수사슴」 자세(독일식 무술의 「황소」 자세에 해당합니다)로 전환합니다.

4

재빨리 한 발 내딛고 돌려베기로 몇 차례 휘두릅니다(원문에 횟수는 적혀 있지 않습니다).

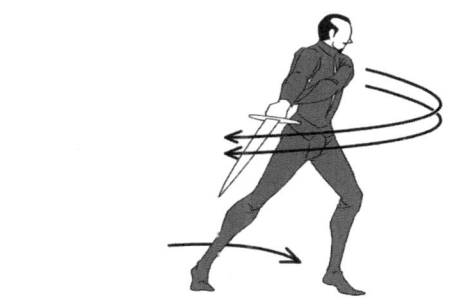

5

한 걸음 물러나며 찌르기를 합니다. 다음 문장(Voyding with a Reste)은 무척 애매하지만, 영국식 검술을 연구한 헤슬롭은 「한 걸음 물러나며 아래와 같이 한다.」라고 해석하고 있습니다.

6

여기서부터 일대다수의 기술로 이행합니다.
스승은 한 걸음 물러나며 제일 가까이에 있는 상대(제자)에게 찌르기를 합니다.

7

그리고 한 발 내디디며 다른 상대를 찌릅니다.

8

한 발 물러나며 찌르기를 합니다. 어느 쪽을 찌르는지는 원문에 언급되어 있지 않습니다.

9

(아마도 한 발 나아가며) 다시 찌르고 상단베기로 결정타를 날립니다.

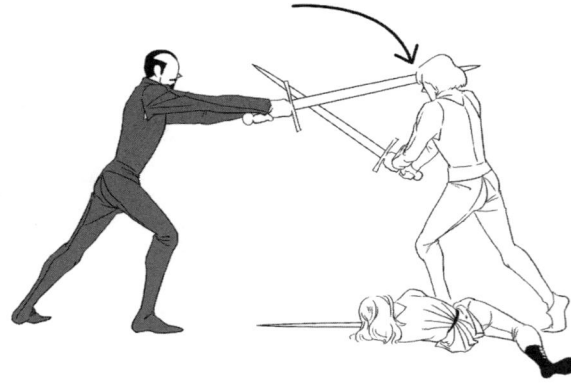

영국식 롱소드 기술 4
The 16th and ye Defence Yt Nowed Shalt
형 제16 : 방어불능

출전 : E.L: pp. 131-133

이름 그대로 방어하기가 무척 어려운 기술입니다.

한손찌르기를 하는 척하다가 할퀴기로 공격하는 페인트를 2회 반복하고, 다시 한손찌르기를 페인트로 사용하는 척하다가 이번에는 실제로 찌른다는 이중의 페인트가 이 기술의 핵심입니다.

또한 이 기술에서는 「찌르기 · 할퀴기 · 쿼터」의 콤비네이션이 여러 차례 등장합니다.

1
우선 상대에게 「찌르기 · 할퀴기 · 쿼터」의 콤비네이션을 사용한 다음, 뒤를 돌아 쿼터로 공격합니다.

2
오른발을 뒤로 물리며 쿼터로 공격하고 「쐐기」 자세(독일식 무술의 「쟁기」 자세에 해당합니다)로 전환합니다. 다시 「찌르기 · 할퀴기 · 쿼터」의 콤비네이션을 사용한 다음, 오른발을 앞으로 내민 상태에서 정지합니다.

3

오른발을 뒤로 물리며 왼손을 놓아 오른손찌르기 자세인 척 합니다.

4

하지만 찌르는 대신 할퀴기로 (아마도 제자의 왼팔을) 공격합니다.

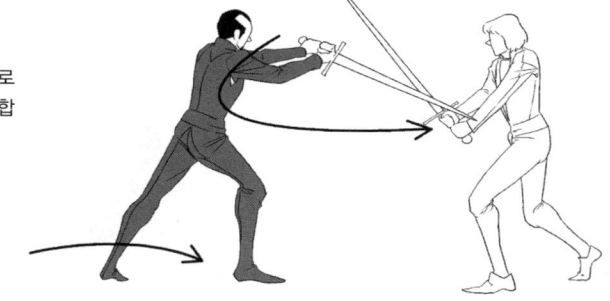

5

그리고 쿼터로 공격합니다.
이 페인트를 다시 한 번 반복합니다.

6

다시 오른손찌르기 자세를 취합니다.

7

또 할퀴기가 아닐까 망설이는 제자의 의표를 찔러 왼손찌르기로 공격합니다. 이때 발은 내딛지 않고 제자리입니다.

8

쿼터로 공격한 다음 왼발을 뒤로 물리며 다시 쿼터로 공격하고 「쐐기」 자세에서 종료합니다.

⚜ 영국식 롱소드 기술 5

The Dragonys Tayle with a Pendante
「용의 꼬리」와 「펜던트」

출전 : E.L: pp. 111, 112

「용의 꼬리」 자세와 「펜던트」 자세는 영국식 무술의 자세로, 독일식 무술의 「꼬리」 자세(전자)와 「매달기」 자세(후자)에 해당합니다. 「용의 꼬리」 자세는 검을 뒤로 돌린 자세, 「펜던트」 자세는 「황소」 자세에서 칼끝을 내린 자세로, 둘 다 방어 주체의 자세라고 할 수 있습니다.

다만 제목에 명시된 「용의 꼬리」 자세는 어째서인지 등장하지 않습니다.

이 기술에서는 하프 소드(Bow-foyne)가 등장하는데, 여기서는 갑옷을 입은 상대에게 대항하기 위해서가 아니라 상대가 검을 밀어내지 못하도록 사용하고 있습니다.

처음 일련의 동작(찌르기 뒤에 할퀴기)은 생략되어 있습니다.

1

찌르기·할퀴기 뒤에 오른손으로 검을 치켜듭니다. 제자는 위에서 내리치는 공격을 방어하기 위해 「펜던트」 자세를 취합니다.

2

하지만 스승은 왼발을 내딛고, 다시 오른발을 내디디며(왼쪽으로 돌아들어가듯 움직이는 것처럼 보입니다) 제자에게 찌르기를 합니다.

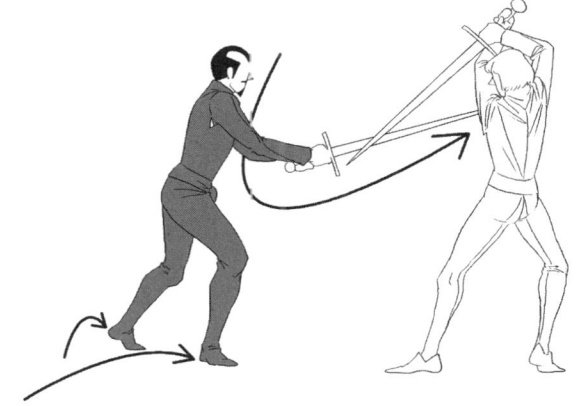

3

왼손으로 검신을 붙잡고 하프소드 태세에 들어가 제자를 찌릅니다.

4

쿼터로 공격한 다음 오른발을 뒤로 물리며 다시 쿼터로 공격하고 「쐐기」 자세에서 종료합니다.

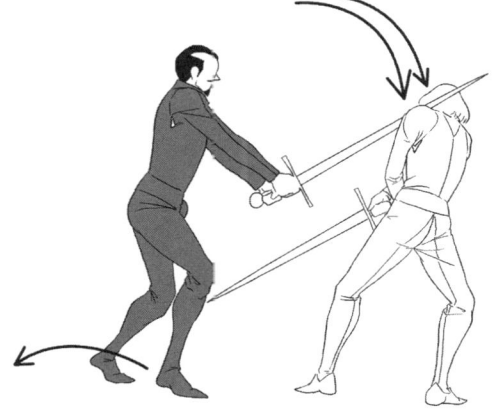

영국식 롱소드 기술 6
The 23th Callyd ye Facyng with ye Spryng
형 23 : 한손피하기
출전 : E.L: pp. 107-108

상대가 공격하기를 기다렸다가 반격하는, 상당히 희귀한 방어 주체의 기술입니다.

카운터로 행하는 한손공격(Spring)은 통상적으로는 찌르기를 가리키지만, 헤슬롭은 「파고들기(smytyng)」라는 단어를 들어 한손베기로 해석하고 있습니다.

1
스승은 제자의 공격을 기다립니다.

2
제자가 찌르기를 하자 스승은 왼발을 오른쪽으로 내딛고 제자의 공격을 피하면서 왼손으로 제자의 다리를 공격합니다.

⚜ 영국식 롱소드 기술 7
The 13th Callyde ye Gettyng Chase
형 13 : 몰아넣기

출전 : E.L: pp. 97-99

이 기술에서는 두 사람의 적에게 협공당하는 상황을 상정하고 있습니다.

1

오른발을 내디디며 쿼터로 제자를 공격합니다.

2

발은 움직이지 않고 찌르기를 합니다.

3

지체하지 않고 뒷날을 이용해 할퀴기로 (아마도 제자의 팔을) 공격합니다.

4

제자가 부상을 입은 시점에서 재빨리 뒤로 돌아, 한손찌르기로 배후의 여제자를 공격합니다.

5

오른발을 내디디며 베고, 그 다음 할퀴기, 쿼터의 순서로 공격합니다.

6

다시 뒤로 돌아 왼발을 앞으로 내민 자세를 유지하며 전진하고, 쿼터로 제자를 두 번 타격합니다.

영국식 롱소드 기술 8

The Seconde Florysth
연무 2

출전 : E.L: pp. 67-70

이 기술에는 restyng uppon youre ryghte arme then smyte a down rythe stroke voydyng yore loffte legge(검을 오른팔 위에 두고 왼발을 당기며 상단베기를 이용해 위에서 아래로 내리친다)라는 문장이 등장합니다. 미국의 리보니가 저술한 쿼터스태프 서적(1862년) 중 「오른쪽 풍차베기(Right flank moulinet)」라는 기술이 이와 동일하며, 1530~45년 독일에서 쓰여진 『Cod.I.6.2.4』 24v와 일본의 검술에서도 비슷한 기술을 찾아볼 수 있습니다.

또한 기술 도중(이 항목의 4번 그림)에 검을 머리 위로 들어올린 다음 sote he do ynd sofftly before you uppon yore grownde 하라는 구절이 있습니다. 헤슬롭은 의미를 알 수 없는 처음 세 단어를 True라고 해석하고, 문장을 「확실하고 신중하게 눈앞을 보고」라고 해석하였는데, 경우에 따라서는 「칼끝을 주의 깊게 지면에 내리고」라고 해석할 수도 있습니다.

여기서 소개하는 기술은 헤슬롭의 해석과는 조금 다릅니다. 이러한 해석의 차이는 끊임없이 쓰여진 원문 어느 곳에 구두점을 찍느냐에 따라 발생하게 됩니다.

1
오른발을 내딛고 한손쿼터로 여제자를 공격합니다.

2
그대로 왼손을 검에 가져가 「용의 꼬리」 자세를 취하고 후방의 제자를 경계합니다.

3

오른발을 왼발 옆에 가져가며 몸을 회전시키는 동시에 다시 한손쿼터로 제자를 공격합니다.

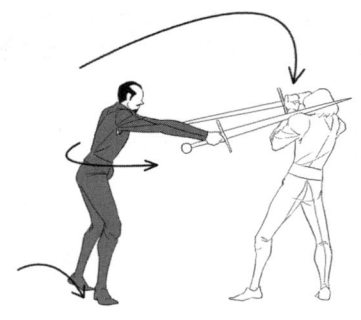

4

제자에게 주의를 기울이며 검을 머리 위로 들어올립니다.

5

그리고 발은 움직이지 않고 할퀴기로 몇 차례 공격합니다.

6

검을 오른팔 위에 얹고 왼발을 당기며 위에서 내리칩니다.

7

「검을 오른팔 위에 두다」라는 자세의 예.
우 : 『Cod.I.6.2.4』 24v에 그려진 왼쪽 버전 베기.
좌 : 알피에리의 양손검술 (1653년)에서.

8

오른발을 당기고 할퀴기로 공격합니다.

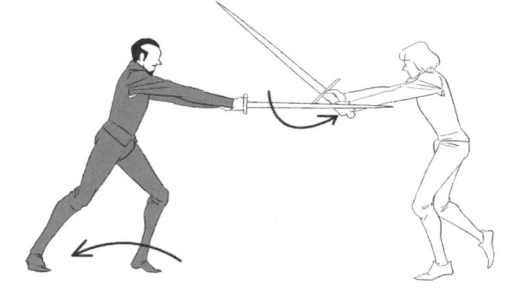

9

오른발을 왼발 위치로 되돌리고 검을 머리 위로 들어올린 다음 좌우로 두 번 찌릅니다. 원문에는 Brokyn foyne라고 적혀 있는데, 제자의 검과 바인딩한 상태에서 찌르는 것으로 보입니다.

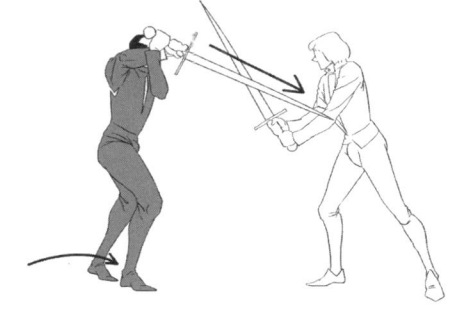

10

검을 오른팔 위에 얹었다가 칼끝을 지면에 두고 종료합니다.

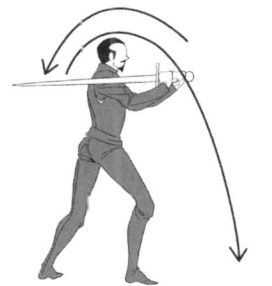

영국식 롱소드 기술 9

The Pley of ye ij Hondeswerd by twene ij bokelers
두 명의 적과의 싸움

出典 : E.L: pp. 167-171

여기서 Bokelers(버클러)란 「악인」이나 「강도」를 의미하는 말로, 반드시 버클러로 무장하고 있는 상대를 가리킨다고는 할 수 없습니다. 이 기술은 두 명의 적에게 앞뒤로 둘러싸인 상황을 상정한 호신용 기술입니다. 원문의 첫 구절 「fyrst take a sygne of ye gonde ther ye pley by twene ij bokelers(가장 먼저 두 명의 적과 싸우는 장소를 확인하고…)」도 우선 주위의 상황을 파악하여 자신에게 유리한 장소는 어디인가, 복병이 더 숨어 있지는 않은가 확인하도록 권하고 있습니다.

또한 거센 연속공격으로 상대를 가능한 한 신속하게 쓰러뜨리는 공격 중시의 기술이라는 점도 커다란 특징입니다. 특히 iij rolling strokis(3회 회전베기)라는 단어는 검을 세로 방향으로 3회 빙글빙글 회전시키며 연속으로 공격하는 것을 나타내는데, 이는 다른 무술에서는 찾아볼 수 없는 독특한 공격법입니다.

1

우선 스승은 검을 뽑으며 주위의 상황을 확인합니다.

2

그리고 (제일 가까이에 있는) 제자에게 상단공격을 합니다. 검은 그대로 아래까지 휘두릅니다.

3

아래로 휘두른 검을 회전시켜 (아마도 발을 내디디며) 회전베기로 3회 공격하여 제자를 처치합니다.

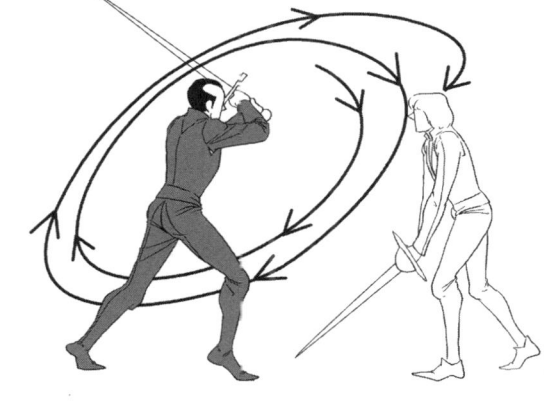

4

재빨리 뒤로 돌아 후방의 여제자에게 상단공격을 합니다.

실존하는 명검(1)

주와이외즈(Joyeuse)

「환희」라는 이름을 가진 이 검은 샤를마뉴(카를 대제 : 742~814년)의 것으로 전해집니다. 일설에는 기사 롤랑의 검 뒤랑달과 데인인 오지에의 검 커타나의 자매검으로 제작되었다고 하며, 손잡이 머리에 롱기누스의 창의 파편이 들어 있다고도 합니다. 이 검이 가장 처음 언급된 것은 11세기 「롤랑의 노래」로 1270년의 필리프 3세 이후 역대 프랑스 왕·황제의 대관식에 사용되었습니다.

여러 가지 보수가 이루어졌는데, 현 소유자인 루브르 미술관에 따르면 손잡이 머리는 10~11세기, 손잡이는 13세기, 날밑은 12세기 후반에 제작된 것이라고 합니다.

검신은 오크셧 분류법의 타입 XII입니다. 10세기에서 14세기에 걸쳐 사용된 타입이지만, 오크셧 자신도 인정한 것처럼 이 타입은 다른 타입과 혼동되기 쉽기 때문에 9세기까지 거슬러 올라갈 가능성도 있습니다.

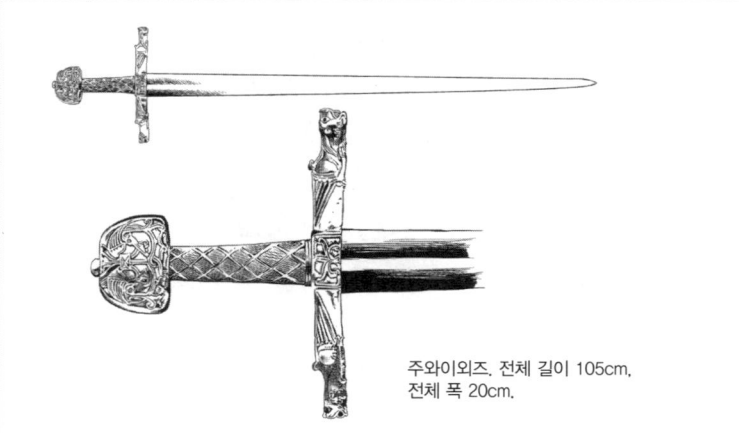

주와이외즈. 전체 길이 105cm, 전체 폭 20cm.

샤를마뉴의 세이버

제2부 제23장에서도 언급한 검으로 발굴품을 제외하고 유럽에 현존하는 가장 오래된 곡검입니다. 「신의 재앙」이라 불리며 두려움을 샀던 훈족의 왕 아틸라의 대검으로 오해받아 「아틸라의 검」이라고 불리기도 하였습니다.

전해지는 말에 따르면 서력 1000년 당대의 신성 로마 황제 오토 3세가 샤를마뉴의 묘를 열었을 때 발견했다고 하며, 그 이래로 역대 신성 로마 황제의 대관식에 사용되었습니다.

(p292에 계속)

제 3 장
HALF SWORD & MURDER STROKE
하프 소드와 살격

하프 소드와 살격 기술 1

Porta di Ferro Mezzana Play
「중단 강철문」

출전 : Fiore(Getty) : 32v   Armizare : pp. 186, 187

「중단 강철문」 자세는 피오레의 대 갑옷 검술 중 유일하게 하프 소드를 사용하지 않는 자세입니다. 이 자세에서는 기본적으로 두 가지 전투법을 사용할 수 있습니다.

첫 번째 방법은 왼쪽 대각선 앞으로 발을 내디디며 상대의 얼굴에 찌르기를 반복하는 것으로, 갑옷을 입고 있지 않은 상대에게도 유효하다고 합니다.

여기에서 소개하는 것은 두 번째 방법으로, 상대의 팔과 검 사이에 자신의 검을 통과시킨 다음 지렛대의 원리를 이용해 상대의 팔을 꺾는 기술입니다(전작 p164에도 같은 기술을 수록하고 있습니다). 검을 지렛대로 사용하는 유럽 무술 특유의 기법의 대표적인 예라고 할 수 있습니다. 피오레는 이 기술을 사용할 때는 검이 긴 편이 바람직하다고 하였습니다.

1
스승은 「중단 강철문」 자세로 제자와 대치하고 있습니다.

2
오른발을 내디디며 제자의 오른팔과 검 사이에 자신의 검을 집어넣습니다. 여기서는 제자가 스승의 검을 받아넘기려 하고 있습니다.

3
스승은 몸을 회전시켜 검신으로 제자의 어깨를 내리누르고 손잡이 부분으로 제자의 아래팔을 끌어올려 어깨를 꺾습니다.

하프 소드와 살격 기술 2

Scher
가위

출전 : Gladiatoria : 22r, 22v, 23r　I. 6.4.5 : 14v, 15r, 15v　Dueling : pp. 101, 102
　　　Talhoffer(1459) : 92r　Talhoffer(1467) : pl. 59　Wallerstein : pl. 169, 170　Kal : 27r, 27v

　가위라는 이름을 가진 이 기술은 대부분의 페히트부흐에 등장하여 당시 매우 대중적인 기술이었을 것으로 추측되지만 동시에 무척 이해하기 까다로운 기술이기도 합니다.
　위의 명칭은 두 사람이 서로 상대의 칼끝 부근을 붙잡은 상태에서, 상대의 손아귀에 들어 있는 자신의 검을 빼내는 행동에 대한 카운터 기술을 가리킵니다(이 항목에서는 4번 그림에 해당합니다). 두 사람의 검 사이에 상대의 돔을 끼워 넣고 경우에 따라서는 그 상태로 상대의 목을 찢는다(Scheren) 의미가 있습니다. 싸움에 있어서 상대의 검을 붙잡아 움직임을 봉쇄하는 것은 비교적 흔한 기술이었던 모양으로, 그 상태에서 탈출하기 위한 기술과 그에 대한 카운터 기술이 각지에 널리 알려져 있었습니다.
　매우 유명한 기술이기 때문에 다양한 카운터 기술이 존재합니다.
　예를 들어『I. 6. 4. 5』에서는 서로가 검을 잡고 있는 장면에서 시작해, 한쪽이 두 사람의 검을 어깨에 얹고 있는 태세로 종료합니다(이 항목의 2번 그림). 그리고 그에 대한 카운터로서 검을 놓고 상대의 두 다리를 뒤에서 끌어안아 메치는 기술을 소개하고 있습니다.
　안드레스 리그니처(리히테나워 18걸 중 한 사람)는 등을 돌린 상대의 목덜미에 검을 밀어붙여 자르는 카운터, 탈호퍼는 등을 돌린 상대의 등을 발로 차서 날려버리는 카운터를 소개하였습니다.

1
전투 도중 스승이 제자의 검을 붙잡아 움직임을 봉쇄하려고 합니다.

2

제자는 왼손으로 스승의 검을 붙잡습니다. 그리고 오른발을 내디디며 몸을 반시계방향으로 회전시켜, 오른손 아래를 지나 두 자루의 검 사이로 나오게 합니다. 이때 오른손에 든 검을 비틀어 스승의 손 안에서 회전시켜 빼냅니다.

3

오른발을 당겨 다시 정면을 향하고, 자신의 검을 스승의 검 아래에서 스승의 팔 위로 통과시킵니다. 그리고 자신의 검을 들어올려 스승의 검을 빼앗습니다.

4 카운터

제자가 회전하면 스승은 오른손의 검을 들어올리고 왼손의 검은 내리눌러 제자의 한쪽 팔로 다른 한쪽 팔을 봉쇄합니다. 그 밖에도 목을 자르거나 발차기를 하는 등 다양한 카운터가 존재합니다.

5 카운터 2

제자는 자신의 검을 놓고 돌아서며 오른손으로 스승의 검 손잡이를 붙잡습니다. 그리고 검을 회전시켜 빼앗습니다. 리그니처는 이 다음 살격으로 상대를 가격한다고 서술하였습니다.

하프 소드와 살격 기술 3

Holding down
누르기

출전 : I. 6.4.5 : 10v　　Talhoffer(1459) : 92v, 93r　　Talhoffer(1467) : pl. 60　　Cod. 10779 : 178v
　　　　Lecküchner: 53v

　이 기술은 자신의 검 또는 상대의 검을 이용해 상대의 몸을 누르는 기술로, 매우 다양한 베리에이션이 존재합니다.

　전작 p139에서 소개한 탈호퍼의 마지막 기술에 대한 카운터처럼 보이기도 합니다. 또한 이 기술은 「가위」 기술과 상당히 깊은 관계가 있을 것으로 추측됩니다. 왜냐하면 1459년과 1467년의 두 버전 모두 완전히 동일한 그림이 같은 흐름으로 기재되어 있기 때문입니다(안타깝지만 탈호퍼의 페히트부흐에는 설명이 거의 없어 그 이상은 알 수 없습니다).

　여기에서는 탈호퍼 버전을 소개합니다.

1
왼손으로 스승의 왼쪽 손목을 붙잡고, 역수로 잡은 검을 스승의 왼팔과 검 사이에 찔러 넣습니다.

2
스승의 어깨를 밀어내고 손목은 잡아당겨, 스승을 앞으로 쓰러뜨립니다.

3
스승의 머리 쪽으로 돌아가 손잡이를 밟고 스승을 누릅니다(이때 검은 스승의 검·동체와 제자의 발로 고정되어 있습니다). 그리고 대거로 결정타를 날립니다.

하프 소드와 살격 기술 4
Pommel Hook from the 3rd Word
세 번째 자세에서의 퍼멀 훅

출전 : Duelling : p. 81

「세 번째」 자세는 양손을 몸 앞으로 내린 상태에서 검을 잡는 자세로, 상대의 공격을 유도하여 카운터를 하기 위한 자세라고 할 수 있습니다.

여기에서는 검의 손잡이 부분을 이용하여 상대의 검을 빼앗는 기술을 소개합니다.

1
스승은 「세 번째」 자세로 제자의 공격을 기다립니다.

2
제자가 얼굴을 겨냥해 찌르기를 하자, 스승은 자신의 오른팔로 제자의 왼팔을 막아서 방어하는 동시에 자신의 검 손잡이를 제자의 검 바깥쪽으로 가져가 회전시킵니다.

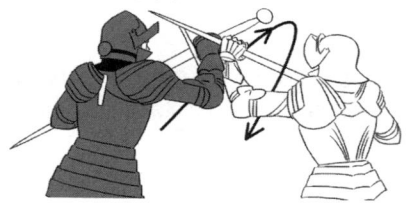

3
검을 내리누르며 강하게 당겨 제자의 왼손에서 검을 떼어냅니다.

4 다른 버전
만약 제자의 힘이 강해서 검을 빼앗을 수 없다면, 검으로 제자의 손목을 밀어 올리면서 비틀어 제자를 반대편으로 밉니다.

⚜ 하프 소드와 살격 기술 5

Straß der Glider
손목 꺾기

출전 : Gradiatoria: 13r, 13v　Cod. 10779 : 173r　Kal: 30r

　사실 이 기술명의 정확한 번역이 무엇인지는 불명입니다. 명칭을 번역하면 「관절의 길」이 되기 때문인데, 아마도 「길」이라는 단어에 우리가 모르는 어떤 무술적 의미가 있거나, 아니면 원문을 옮겨 적는 과정에서 실수를 한 것일 수도 있습니다.

　아무튼 이것은 상대의 팔에 검 손잡이를 걸어 관절을 꺾는 기술로, 상대의 공격을 막아낸 직후나 바인드 상태로 고착된 상황에서 기습적으로 사용합니다.

1
스승이 전력으로 찌르기를 합니다. 제자는 이것을 두 손 사이에서 받아넘깁니다.

2
아마도 한 발 내디디며 바인드 상태를 유지하면서 손잡이를 스승의 오른팔 위에 겁니다.

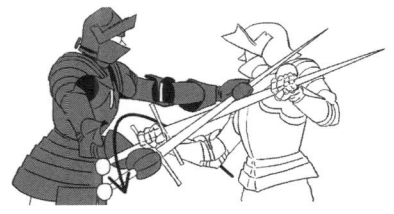

3
손잡이를 세게 당겨 스승의 오른쪽 손목을 꺾습니다. 이때 검을 이용해 스승의 검을 왼쪽 위로 밀어 올리는 것으로 보입니다.

4 다른 버전
처음 상황에서 제자는 자신의 검을 스승의 검 아래쪽으로 돌려 손잡이를 스승의 왼팔에 겁니다. 그리고 손잡이를 세게 당겨 스승의 팔을 꺾습니다.

하프 소드와 살격 기술 6
Knee Lift
무릎 들어올리기

출전 : Gradiatoria: 25v, 26r   Cod. 10779 : 180r   Kal : 33r   Wallerstein : pl. 167   I. 6.4.5 : 18v, 21v

이 기술은 전작 p340에서 소개한 기술의 다른 버전입니다. 전작의 기술에서는 검신으로 상대의 다리를 걸었으나, 이 기술에서는 손잡이 부분을 사용합니다.

『Cod. 10779』에서는 상대의 무릎을 안쪽이 아닌 바깥쪽에서 걸고 있습니다.

1
스승의 찌르기를 아래로 받아넘깁니다.

2
제자는 재빨리 한 발 내디뎌 검 손잡이로 스승의 왼쪽 무릎을 안쪽에서 겁니다. 그리고 검을 자기쪽으로 끌어올리는 동시에 머리로는 스승의 왼쪽 어깨 밑을 밀어내 스승을 쓰러뜨립니다.

3 카운터
검을 버린 스승은 왼손으로 제자의 어깨 언저리를 위에서 붙잡고, 오른손으로 제자의 왼쪽 팔꿈치 언저리를 붙잡습니다. 그리고 왼발을 제자의 오른발 바깥쪽에 내딛고 제자를 오른쪽으로 메칩니다.

하프 소드와 살격 기술 7

Chest Push Counter
가슴 누르기에 대한 카운터

출전 : Gradiatoria: 18v, 19r   Kal: 22v

칼끝으로 상대의 가슴을 밀어내는 기술은 언뜻 불가능한 것처럼 보이지만 사실 많은 페히트부흐에 등장하며, 경우에 따라서는 두 사람이 서로의 가슴을 누르는 상황도 묘사되어 있습니다.

여기에서는 서로가 상대의 가슴을 밀고 있는 상황에서, 카운터로 상대의 발등을 찌른다는 독특한 기술을 소개합니다.

1

두 사람은 칼끝으로 상대의 가슴을 누르고 있습니다. 이 상황에서 상대를 반대편으로 밀치거나 칼끝을 옆구리 등으로 미끄러뜨려야 합니다.

2

왼손으로 제자의 왼쪽 손목을 붙잡고 제자의 검을 옆으로 쳐냅니다. 제자의 검이 왼쪽 옆구리를 통과하는 타이밍에 맞춰 제자의 발등을 찌릅니다.

⚜ 하프 소드와 살격 기술 8

Vorsatzung
받아넘기기

출전 : Wallerstein : pl. 215   Duelling : pp. 85, 86

이 기술은 살격에 대한 방어를 정리한 것입니다.

안드레스 리그니처의 페히트부흐에서 살격에 대한 카운터는 항상 「세 번째」 자세로부터 시작합니다. 그가 이 자세를 살격에 가장 유효하다고 판단했기 때문일 것입니다.

처음 기술은 조금 이해하기 어렵지만 「첫 번째」 자세를 취하면 검이 오른쪽 위에서 왼쪽 아래로 다소 비스듬하게 기울어지므로, 스승의 검은 이 대각선 위를 미끄러져 내려가 왼쪽으로 벗어났을 것이라고 생각할 수 있습니다.

1 상대의 힘이 강할 때

만약 스승이 오른쪽(여제자 시점에서는 왼쪽)에서 내리친다면 재빨리 「첫 번째」 자세를 취하여 검 앞부분으로 스승의 검을 막고 왼쪽으로 받아넘깁니다.

2

만약 스승이 반대로 왼쪽에서 공격한다면 (아마도 오른발을 뒤로 물리며) 이번에는 오른쪽으로 받아넘깁니다.

3 상대의 힘이 약할 때

여제자의 공격을 두 손 사이에서 막아냅니다. 그런 다음 얼굴을 찌르거나 「하프 소드 기술 5」처럼 손잡이를 여제자의 손목 위에 걸고 세게 당겨 검을 빼앗습니다.

4 무릎 공격에 대한 방어

무릎에 대한 제자의 공격을 두 손 사이에서 막아냅니다. 그런 다음 검을 반시계방향으로 감아 제자의 검을 날밑 바로 앞에서 겁니다.

5

그 상태에서 검을 위로 잡아당겨 제자의 검을 빼앗습니다.

6 발뒤꿈치 공격에 대한 방어

제자가 매우 낮게 공격했을 때는 검에서 오른손을 놓고 손잡이 머리를 지면에 누르듯 고정하여 공격을 막아냅니다. 그런 다음 앞으로 나아가 제자에게 덤벼듭니다.

실존하는 명검(2)

슈체르비에츠(Szczerbiec)

「톱니 모양의 검」이라는 이름을 가진 검으로 1320~1764년에 걸쳐 폴란드 국왕의 대관식에 사용된, 유일하게 현존하는 중세 폴란드 왕국의 대관 의례용 도구입니다. 천사가 훗날 폴란드의 왕이 되는 볼레스와프 흐로브리(967~1025년)에게 내려주었다고 하며, 그 이름은 1018년 키예프 공략에서 전승 기념으로 키예프 성문에 검을 내리쳤을 때 칼날이 톱니처럼 거칠어진 데서 유래했다고 전해집니다. 하지만 검의 장식과 구조 등을 분석한 현대의 연구에 의하면 본래 비엘코폴스키에공(公) 볼레스와프 포보주니(1279년 사망)의 검이었다가 폴란드 왕 브와디스와프 1세에게 계승된 것이라고 합니다.

최대의 특징은 날밑 부근에 있는 슬롯과 구멍입니다. 이것은 폴란드 왕국의 문장과 각문이 새겨진 플레이트를 장착하기 위해 19세기경 뚫은 것으로, 검의 풀러가 부식하여 생긴 구멍을 넓힌 것으로 추정되고 있습니다. 또한 검에서 톱니 모양을 볼 수 없는 것은 오랜 세월 연마되었기 때문이며, 제작 당시는 폭이 넓고 장대한 검이었을 것입니다.

검의 외장에 관한 가장 오래된 기록은 1764년 폴란드 왕 스타니스와프 아우구스트 포니아토프스키의 대관식 때 검 손잡이 등의 장식과 각문을 모사한 스케치입니다. 이것을 보면 손잡이 측면에도 각문이 새겨져 있다는 사실을 알 수 있습니다(각문은 1795~1819년 사이에 소실되었다고 합니다).

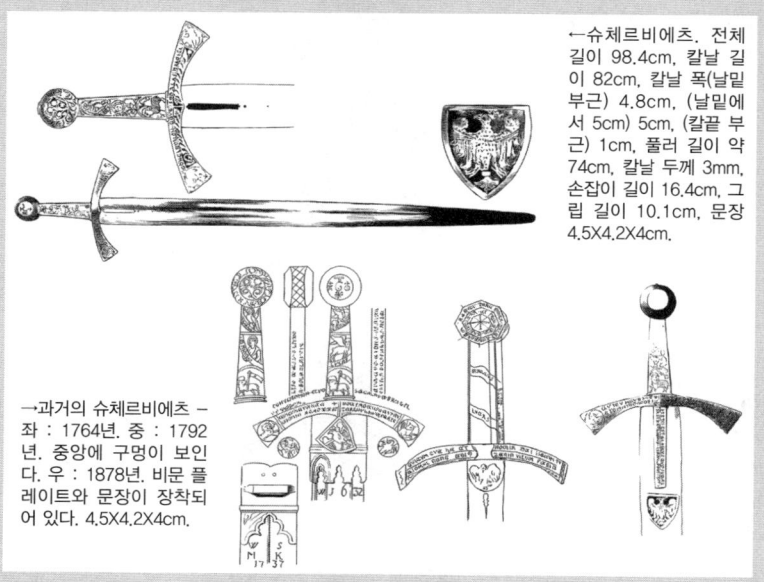

←슈체르비에츠. 전체 길이 98.4cm, 칼날 길이 82cm, 칼날 폭(날밑 부근) 4.8cm, (날밑에서 5cm) 5cm, (칼끝 부근) 1cm, 풀러 길이 약 74cm, 칼날 두께 3mm, 손잡이 길이 16.4cm, 그립 길이 10.1cm, 문장 4.5X4.2X4cm.

→과거의 슈체르비에츠 - 좌 : 1764년. 중 : 1792년. 중앙에 구멍이 보인다. 우 : 1878년. 비문 플레이트와 문장이 장착되어 있다. 4.5X4.2X4cm.

제 4 장
SWORD & BUCKLER
검과 버클러

검과 버클러 기술 1

Sturzhau
슈트루츠하우(뛰어들어치기)

출전 : St. G : p. 166

　이 기술은 폰 단치히 페히트부흐에 수록되어 있는 안드레스 리그니처의 검과 버클러 기술 중 다섯 번째 기법으로 전작 p448, 449에서 소개한 기술과 동일합니다. 왜 이처럼 동일한 기술이 다른 문서에 따로따로 수록되었느냐 하면 당시의 책은 기본적으로 스크랩북과 같은 것이라 책 주인이 마음에 드는 문서를 여기저기서 모아 하나로 엮었기 때문입니다.

　여기에서는 전작과 다른 번역문을 바탕으로 다른 버전의 해석을 소개합니다. 이 버전에서 「슈트루츠하우」는 페인트를 걸어 상대의 방어를 위로 유도한 다음 그 아래로 파고들어 찌르기를 하는 기술이며, 베기 공격은 포함되어 있지 않습니다.

　또한 마지막에 등장하는 「왼쪽으로 재빨리 검을 감는다」는 문장은 같은 페히트부흐의 두 번째 기법에서도 「그에 대항해 자신의 방패가 있는 왼쪽으로 검을 감는다. 이리하여 『두 개의 방패(zwaien schilten)』가 된다.」라며 언급되고 있습니다. 이 「두 개의 방패」가 무엇인지는 알 수 없지만, 아마도 뒤에서 소개할 검과 버클러를 포개는 「찌르기」 자세와 같은 것이 아닌가 합니다.

1

스승은 검을 오른쪽 어깨에 올려 제자의 방패 위로 찌르기를 할 것처럼 위장하고 있습니다. 제자는 방패와 검을 들어올려 이것을 방어하려 합니다.

2

스승은 위가 아니라 제자의 방패 아래로 파고들어 찌르기를 합니다.

3

재빨리 검을 왼쪽으로 감아 「두 개의 방패」로 이행합니다. 만약 제자가 첫 번째 찌르기를 막아낸다면 다리를 공격합니다.

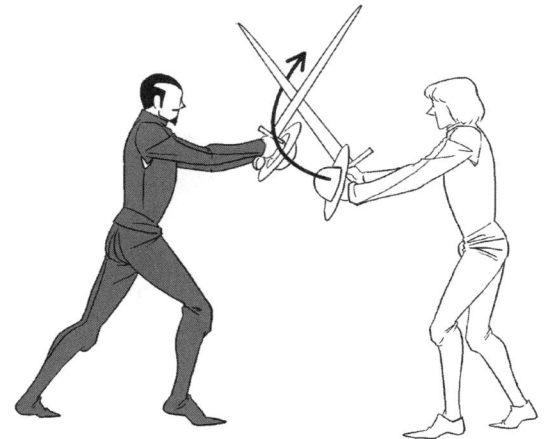

검과 버클러 기술 2

Sub Brach
「팔 아래」 자세

출전 : I.33 : 2v–4r, 8v, 11v

여기서부터는 현존하는 세계 최초의 중세 페히트부흐 『I.33』의 기술을 소개합니다.

이 기술은 「팔 아래」 자세에서 시작되는 일련의 공방입니다. 「팔 아래」 자세는 첫 번째 자세로서 제일 먼저 다루어지고 있으므로 아마도 가장 중요한 자세라고 생각합니다. 또한 앞에서 소개한 일러스트(p38 참조)를 보면 알 수 있듯이 『I.33』의 자세에서는 버클러를 비스듬히 들고 있습니다.

1

「팔 아래」 자세에는 「하프실드」로 대항해야 합니다. 여기에서는 제자가 검과 버클러를 합쳐 하프실드 자세를 취하고 있습니다.

2

만약 제자가 초심자라면 스승의 머리를 공격할 것입니다. 그러자 스승은 한 발 물러나며(혹은 왼쪽으로 발을 내디디며) 공격을 막는 동시에 제자를 찌릅니다.

3

만약 제자가 하단베기를 하면 스승은 오른팔을 뻗어 손목을 시계방향으로 비틉니다. 이렇게 함으로써 검이 시계방향으로 회전하여 제자의 검을 오른쪽에서 바인딩할 수 있게 됩니다. 이때 스승의 검은 위에서 제자의 검을 내리누릅니다.

4 카운터 1 : 실드 노크

이때 제자가 취할 수 있는 행동은 하나뿐입니다. 제자는 재빨리 발을 내디뎌 자신의 버클러로 스승의 검과 버클러를 누르는 동시에 머리를 공격합니다.

5 뮤티에렌

3번 바인드 상태에서 시작합니다. 스승은 손목을 반시계방향으로 회전시켜 자신의 검을 제자의 검 위에 감아 반대편으로 이동합니다. 이때 제자의 오른손이 왼손보다 아래에 위치한 것은 아마도 제자의 검이 왼쪽으로 밀려나고 있기 때문일 것입니다.

6

스승은 한 발 내디디며 검을 제자의 두 팔 사이에 때려 넣습니다. 그리고 제자에게 붙잡히지 않도록 재빨리 검을 뽑고 뒤로 물러나 자세를 취합니다.

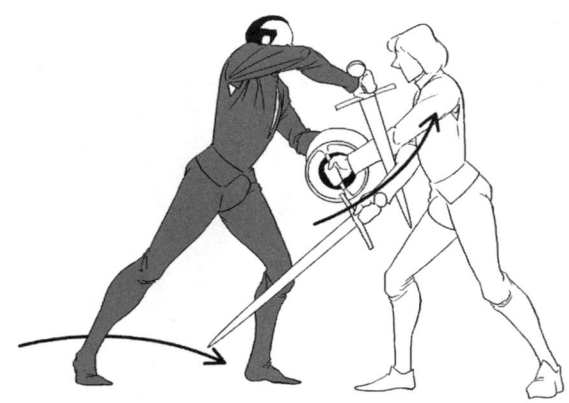

7 하프실드에 대한 공격

만약 제자가 하프실드 자세로 움직이지 않을 때는 제자의 검과 버클러 사이를 겨냥하여 아래에서 올려베기로 공격합니다.

✠ 검과 버클러 기술 3

Krucke
「움켜잡기」 자세

출전 : I.33 : 4r–6r

『I.33』의 저자는 이 자세가 매우 독특한 자세로 승려(정확하게는 수도사로 I.33에 등장하는 스승 역입니다)와 그 제자들만이 사용한다고 설명하였는데, 그것을 통해 저자(혹은 저자의 스승 격이 되는 사람)가 고안한 자세라는 사실을 짐작할 수 있습니다.

전작 p441에서 이 자세를 소개할 때는 검을 잡은 손이 버클러 아래에 오도록 묘사하였으나, 이후 재검토한 결과 아무래도 실제로는 검을 잡은 손이 버클러 위에 올 가능성이 높다는 사실을 알게 되었습니다. 왜냐하면 검을 잡은 손이 위에 있는 편이 검의 자유도가 훨씬 높아지기 때문입니다.

『I.33』에서는 이 자세에 대항하는 최선의 방법은 당장 바인딩을 하는 것이라고 하였습니다. 「움켜잡기」 자세를 취하고 있는 상대의 검을 위에서 누르며 왼쪽으로 밀어내면, 상대의 오른팔은 검에 이끌려 왼쪽 아래로 내려가다가 자신의 왼팔에 눌려 더 이상 움직일 수 없게 됩니다.

1 형1

제자가 「움켜잡기」 자세, 스승은 「팔 아래」 자세입니다.

 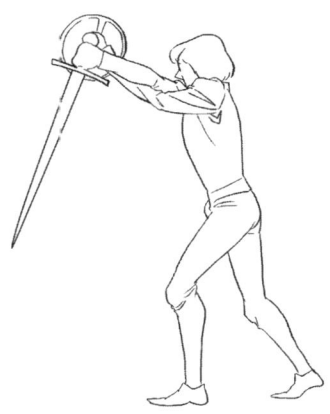

2

스승은 재빨리 바인딩하여 제자의 움직임을 봉쇄합니다.

3 공격 실패의 예

스승은 오른쪽 방향으로 나아가며 바인드 상태에서 제자를 찌르려 합니다.
제자도 똑같이 오른쪽으로 발을 내디뎌 스승의 검이 빗나가게 한 다음, 왼손으로 스승의 양팔을 끌어안아 봉쇄하고 공격합니다.

4 공격 성공의 예

2번 상황으로 돌아갑니다. 오른쪽으로 발을 내딛는 것은 동일하지만, 이번에는 실드 노크로 제자의 검과 버클러를 누르고 얼굴을 공격합니다.

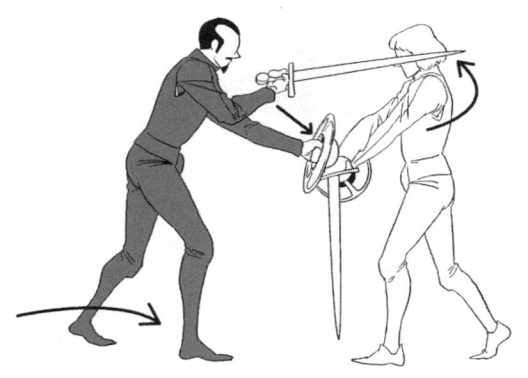

5 형 2

형 1과 마찬가지로 스승은 「팔 아래」 자세를 취하고 있으나 이번에는 스승이 먼저 움직이지 않습니다.
그러자 제자는 검을 시계방향으로 선회시켜 스승의 왼쪽에서 얼굴을 공격합니다.

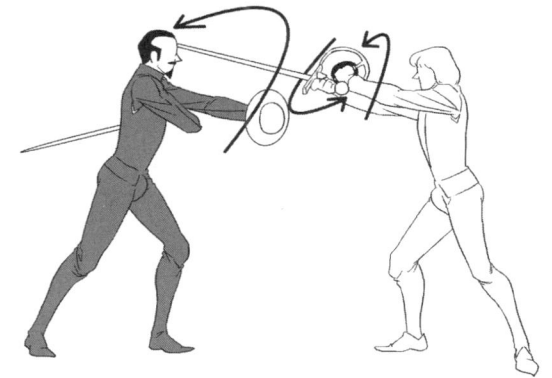

6 카운터

스승은 팔을 반시계방향으로 회전시켜 제자의 검을 왼쪽으로 받아넘기고 아래로 내리누릅니다.

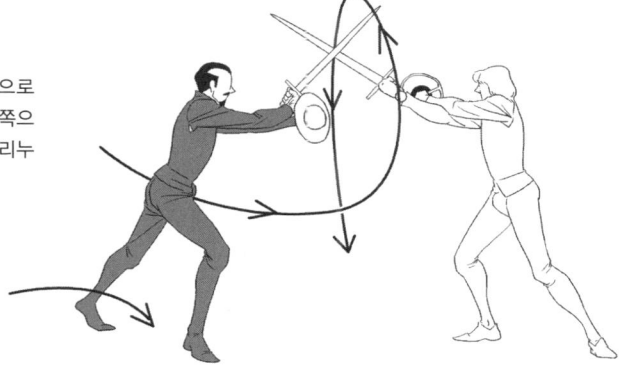

7

제자의 검을 내리누르면서 왼쪽으로 발을 내딛고 제자의 복부에 찌르기 공격을 합니다.

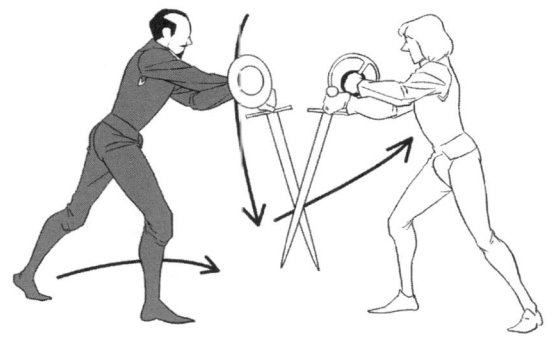

⚜ 검과 버클러 기술 4

Langort
「찌르기」 자세

출전 : I.33 : 6v–8r, 16r–16v, 17v–20v

　「찌르기」 자세는 검과 버클러를 합쳐 잡는 자세입니다. 검은 아마도 수평 또는 칼끝을 약간 내린 상태로, 상대에게 칼날이 아니라 옆면을 향하고 잡았을 수도 있습니다. 또한 버클러의 위치는 검의 왼쪽이 아니라 오른손 위에 포개지도록 잡았을 가능성이 있습니다.

　이 자세는 「팔 아래」 자세에 대항하기에 매우 불리한 자세로 인식되고 있습니다. 『I.33』에서는 「찌르기」 자세를 취하고 있는 상대와 싸울 때는 오른쪽 위에서 검을 누른다 · 왼쪽 아래에서 바인딩한다 · 오른손으로 상대의 검을 붙잡는다 등 세 가지 방법으로 대항할 수 있다고 하였습니다.

　다섯 번째 형에는 검을 위에서 눌렀을 때 대항하는 법으로서 옆으로 이동하여 바인드 상태로부터 벗어나는 기법이 해설되어 있으며, 그와 함께 라틴어 표어 Ligans ligati contrarij sunt & irate, ligatus fugit ad partes laterum peto sequi(바인딩하는 것은 정면에서 대치한 적대자. 당했다면 옆으로 도망쳐라)의 후반부가 인용되어 있습니다.

1 형 1 : 뮤티에렌

스승의 「팔 아래」 자세에 대항하여 제자는 「찌르기」 자세를 취하고 있습니다.

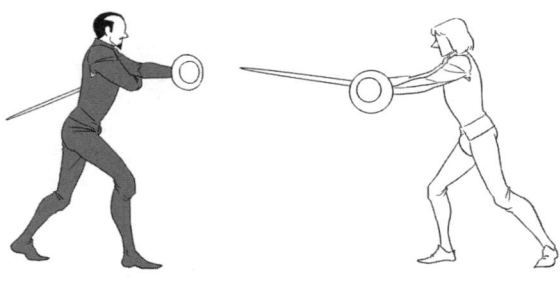

2

스승은 한 걸음 나아가 제자의 검을 왼쪽에서 바인딩하고, 그대로 위로 감아 반대편에 이동한 다음, 이번에는 제자의 검을 위에서 바인딩합니다(혹은 p297의 3번 그림처럼 하여 위에서 바인딩합니다).

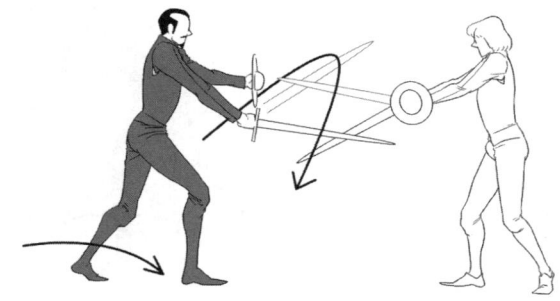

3

한 걸음 더 나아가 실드 노크로 제자의 양손을 왼쪽으로 밀어내고 얼굴 또는 목을 공격합니다.

4 형 2 : 검 붙잡기

여기에서는 처음 장면으로 돌아가 상황을 역전시켜 설명합니다.
제자는 「팔 아래」 자세에서 검을 왼손으로 옮겨 잡고 「찌르기」 자세를 취하고 있는 스승의 검을 오른손으로 붙잡습니다.

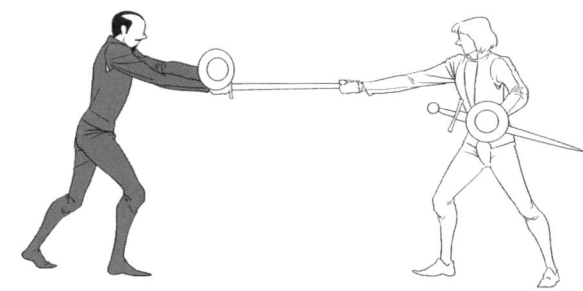

5 카운터

스승은 한 걸음 나아가 버클러로 제자의 오른손을 가격하여 검에서 떼어내고 재빨리 공격합니다.

6 형 3 : 팔 붙잡기

제자의 「찌르기」 자세에 대항하여 스승은 위에서 바인딩하고 있습니다.

7

제자는 오른발을 내디디며 몸을 회전시키는 동시에 오른팔로 스승의 양팔을 끌어안아 봉쇄합니다.

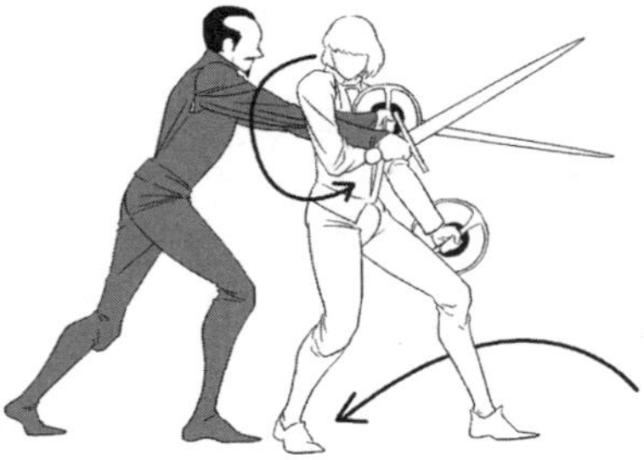

8 카운터 1

스승은 검과 버클러를 버리고 양팔을 빼내 격투로 이행합니다. 원본에서도 그림과 같이 제자를 등 뒤에서 붙잡아 발로 차고 있습니다.

9 카운터 2

스승이 무기를 버리는 것을 본 제자는 가능한 한 재빨리 뒤로 물러나 거리를 두고 「가슴」 자세로 대항합니다.

10 형 4 : 아래쪽에서의 바인드

「찌르기」 자세를 취하고 있는 스승에게 제자가 아래에서 바인딩하고 있습니다.

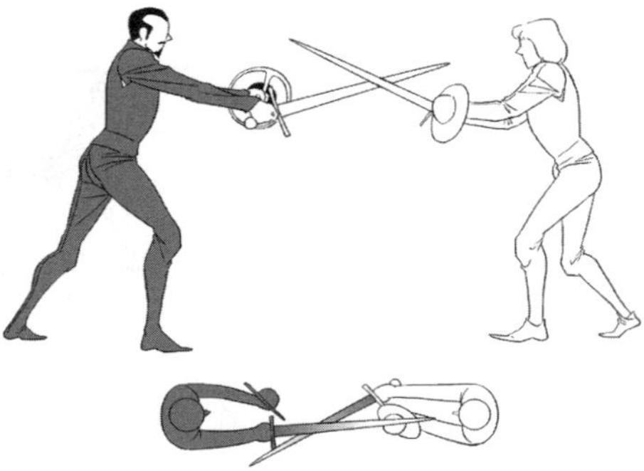

11

스승은 (아마도 왼쪽 앞으로) 한 걸음 나아가 제자의 얼굴을 공격합니다. 원문에서는 이러한 사태를 방지하기 위해 언제든 머리를 방어할 수 있도록 대비해야 한다고 설명하였습니다.

12 카운터

검과 버클러를 반시계방향으로 회전시켜 스승의 검을 막고 바인딩합니다.

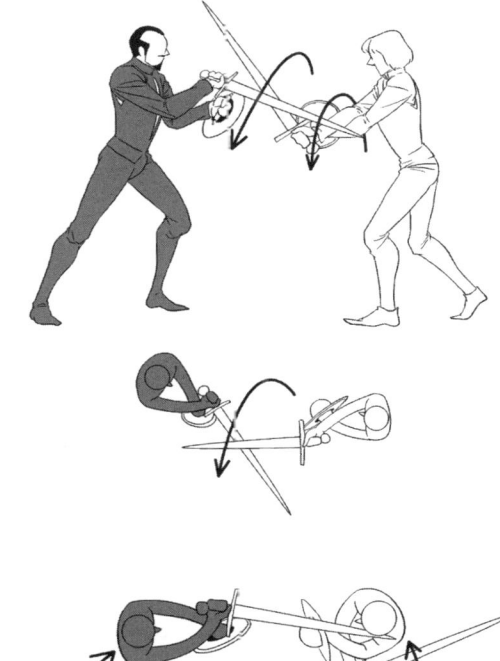

13

스승이 위에서 바인딩하고 있습니다. 제자가 옆(오른쪽)으로 이동하여 바인드 상태에서 벗어나 「팔 아래」 자세를 취하려고 합니다. 스승은 재빨리 같은 방향으로 이동하여 제자의 머리를 공격합니다.

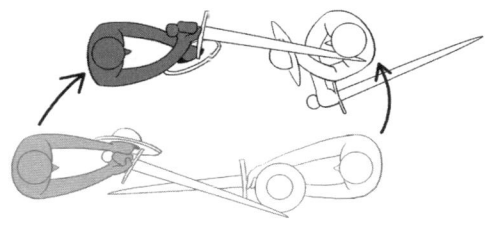

⚜ 검과 버클러 기술 5

humero dextrali

「오른쪽 어깨」 자세

출전 : I.33 : 9r–10v, 11r, 11v

「오른쪽 어깨」 자세는 검을 오른쪽 어깨 위에 얹는 자세로 『I.33』에서는 「두 번째 자세」라고도 소개합니다. 이 자세는 세 번째 자세인 「왼쪽 어깨」 자세(humero sinistro : 검을 왼쪽 어깨에 얹은 자세)와 기본적으로 동일합니다.

이 책에 의하면 「오른쪽 어깨」 자세에 대항하기 위한 자세는 「수비」 자세(Schutzen)로 하프실드와 거의 같습니다. 하지만 버클러가 오른쪽에 온다는 점이 다릅니다.

1   형 1

스승은 「오른쪽 어깨」 자세, 제자는 「수비」 자세로 대항합니다.

2

스승은 한 걸음 나아가 제자의 검을 바인딩합니다. 그 다음 원문에서는 제자의 검을 누르고 「두히트레텐(Durchtreten, 밟아넘기)」을 사용한다 · 오른쪽에서 공격한다 · 「듀플리에렌」으로 왼쪽에서 공격한다 등 세 가지 공격법이 있다고 하였습니다.

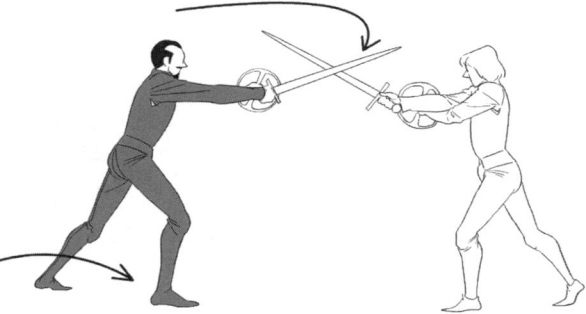

3 「두히트레텐」

스승은 한 걸음 더 나아가 위에서 제자의 검을 강하게 누르고, 제자의 팔을 공격합니다.

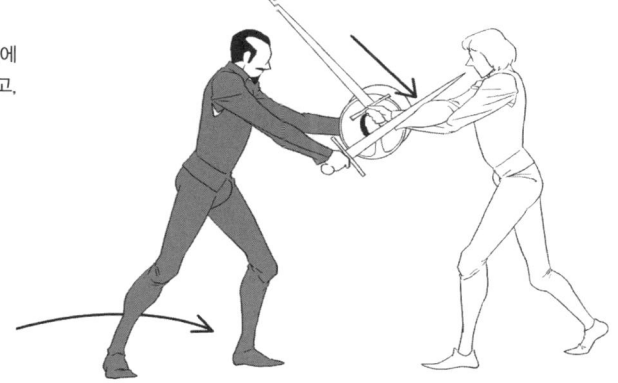

4 카운터 1

제자는 오른쪽으로 발을 내디디며 검을 반시계방향으로 회전시켜 스승의 검을 아래로 내리누릅니다.

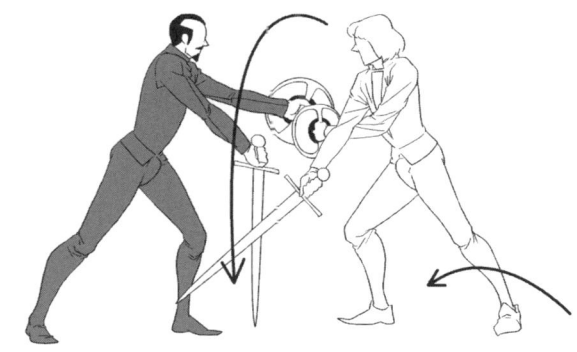

5 카운터 2

(아마도 왼쪽으로) 한 발 내딛고 버클러로 제자의 양팔을 오른쪽으로 밀어내며 검을 빙글 회전시켜 제자의 얼굴 또는 목을 공격합니다.

6 형 2

형 1과 같이 스승의 「오른쪽 어깨」 자세에 제자는 「수비」 자세로 대항합니다.
제자는 오른쪽으로 발을 내디디며 스승의 머리를 공격합니다.

7 형 3

이번에 제자는 하프실드로 대항합니다. 다음 상황에서 추측하기로 이 자세는 검과 방패의 위쪽이 무방비해지는 것 같습니다.

8

저자의 말에 따르면 평범한 검사는 이 자세에 현혹되어 검과 버클러 사이를 공격할 것이라고 합니다. 하지만 제자는 오른쪽으로 발을 내디디며 검과 버클러를 시계방향으로 회전시킵니다. 이렇게 하면 버클러가 위로 나와 스승의 공격을 커버하는 동시에 오른손의 검이 스승의 얼굴을 덮치게 됩니다.

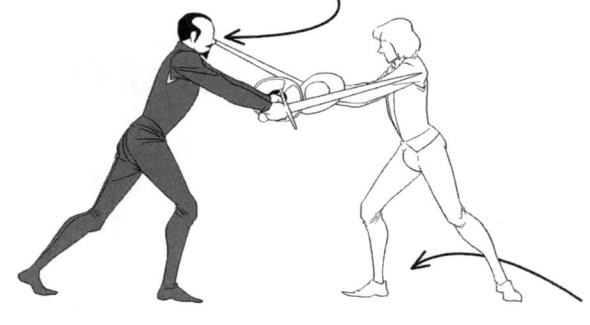

검과 버클러 기술 6

dextro latere
「오른쪽 후방」 자세

출전 : I.33 : 27v-29r

『I.33』의 다섯 번째 자세는 「오른쪽 후방」 자세라고 하는데, 이는 다른 유파에서 말하는 「꼬리」 자세에 해당합니다. 그 이름을 통해 검이 똑바로 뒤를 향하는 것이 아니라 오른쪽 후방으로 내려가는 것이라고 추측할 수 있습니다. 이 자세에서 발생하는 공격은 의외로 「찌르기」와 「검과 버클러 가르기(검과 버클러 사이를 공격하는 기술)」입니다.

1 형 1 : 찌르기

스승이 「오른쪽 후방」 자세, 제자는 하프실드 자세를 취하고 있습니다.

2

(아마도 왼쪽으로) 한 발 내디디며 오른손을 왼손 아래로 비틀어 버클러 쪽이 아닌 검 쪽으로 제자를 찌릅니다.

3 카운터

제자는 검과 버클러를 시계방향으로 회전시켜, 버클러로 스승의 찌르기를 오른쪽으로 쳐내는 동시에 스승의 머리를 공격합니다.

4 형 2

스승이 2번 그림에서처럼 찌르기를 하려 합니다.
제자는 오른쪽으로 발을 내디디며 스승의 검을 왼쪽에서 받아넘겨 바인드 상태로 만든 다음, 그대로 아래로 내리누릅니다. 그리고 앞으로 더 나아가 버클러로 스승의 팔을 눌러서 움직임을 봉쇄합니다.

제 5 장
FALSHION & MESSER
펄션과 메서

⚜ 펄션과 메서 기술 1

Wacht & Entürsthauw
「파수」자세와 「엔트뤼스트하우(분노베기)」

출전 : Dürer (Sloan) : 68r   Meyer : p.131, 2.11v   Wallerstein : pl. 62
　　　Lecküchner : 25r, 25v   Lecküchner(1478) : 16v, 17r

「파수」자세는 롱소드 검술의 「천장」자세에 해당하는 것으로, 검을 머리 위로 들어 올려 잡습니다. 메이어는 이 자세의 이름에 대해 「상대의 움직임을 파수한다는 데서 유래한 것」이라고 하였으나, 15세기 후반의 요하네스 레크흐너는 이 자세를 「파수탑 (Luginsland)」이라 부르고 있으므로 몸이 위로 길게 뻗은 모습이 마치 파수탑처럼 보인다는 것이 이름의 기원일 가능성도 있습니다.

이 자세에 대항하는 것이 「엔트뤼스트하우」입니다. 이 기술은 롱소드 검술의 「즈베히하우」와 기본적으로 동일하여 검을 수평에 가깝게 휘둘러 상대의 공격을 쳐내는 기술이지만, 레크흐너 버전은 약간 다르게 오른쪽으로 발을 크게 내디디며 검의 오른쪽 옆면을 이용해 상대의 검을 때리는 느낌으로 받아넘깁니다. 이름의 기원에 대해서는 불명이지만, 당시 「화가 나서」라는 말을 「재빨리」라는 뜻으로 사용한 적이 있으므로, 본래는 「고속 베기」라는 의미인지도 모릅니다.

여기에서는 메이어가 소개한 두 가지 버전에 대해 설명합니다.

1
두 사람은 「파수」자세입니다.

2

스승이 위에서 내리칩니다. 제자는 한 발 내디디며 검을 얼굴 높이보다 약간 밑에서 올려베듯 선회시켜 앞면을 스승의 검에 대고 바인드 상태에 들어갑니다.

3

이번에는 공수를 교대합니다. 스승은 제자의 「파수」 자세에 대항해 「멧돼지」 자세를 취합니다. 레크흐너의 「엔트뤼스트하우」는 이 자세에서 시작됩니다.

4

하프 소드로 제자의 공격을 막아냅니다. 그리고 왼쪽으로 검을 감아 제자의 검을 오른쪽으로 받아넘긴 다음 제자의 얼굴을 찌릅니다.

5

왼발을 당기며 검을 시계방향으로 비틀어 제자를 공격합니다(아마도 이 부분이 「엔트뤼스트하우」로 추측됩니다).

펄션과 메서 기술 2

Stier & Weckerhauw
「조타」 자세와 「베커하우(각성베기)」

출전 : Dürer (Sloan) : 69r   Meyer : p.130, 2.11r   Lecküchner : 14v   Lecküchner(1478) : 12r

「조타」 자세는 검을 얼굴 높이에 들고 칼끝으로 상대를 겨냥하는 자세로 롱소드 검술의 「황소」 자세에 해당합니다. 메이어는 이 자세를 다양한 기술에 적합한 자세라고 평가하였습니다. 뒤러는 왼쪽 「조타」 자세를 묘사하였는데, 이것의 목적은 공격을 방어하기 위해 검을 왼쪽으로 이동시키는 것으로 추측됩니다.

이 자세에 대항하는 공격은 「베커하우」라 불리는 기술로 롱소드 검술의 「크룸프하우」에 해당합니다. 이 기술은 우선 위에서 내리치기로 바인딩한 다음 검을 감아 칼끝으로 상대의 얼굴을 찌릅니다. 레크흐너는 아래에서 올려베기로 바인딩하고 나서 공격하는 방법도 소개하고 있으나 기본은 동일합니다.

1

스승이 「조타」 자세를 취하고 있습니다. 제자는 위에서 스승을 내리칩니다.

2

스승이 제자의 공격을 방어하고 바인딩하자, 제자는 검을 반시계방향으로 감아 칼끝으로 스승의 얼굴을 찌릅니다.

3

만약 스승이 검을 위로 들어올려 제자의 찌르기를 막으려 한다면 이번에는 검을 시계방향으로 감아 뒷날을 이용해 스승의 오른팔을 올려벱니다(혹은 뒷날을 스승의 오른쪽 손목에 걸고 아래로 눌러 자릅니다).

⚜ 펄션과 메서 기술 3

Eber & Zwingerhauw
「멧돼지」 자세와 「츠빙거하우(눌러베기)」

출전 : Dürer (Sloan) : 68r　Meyer : pp.129-130, 2.10r　Lecküchner : 28v
　　　Lecküchner(1478) : 19v, 20r

「멧돼지」 자세는 검을 잡은 팔을 자연스럽게 내리고 칼끝으로 상대를 겨냥하는 자세로 롱소드 검술의 「쟁기」 자세에 해당합니다.

이 자세에 대항하는 공격은 롱소드 검술의 「쉴하우」에 해당하는 「츠빙거하우」입니다. 레크흐너 버전에서는 팔을 힘껏 뻗어 뒷날을 이용해 왼쪽 위에서 오른쪽 아래로 상대의 얼굴을 베고, 다시 칼끝으로 상대의 얼굴에 찔러 견제하는데, 아래에 소개하는 메이어의 기술은 뒷날이 아니라 앞날로 벤 다음 칼날을 돌려 공격합니다.

1

스승은 「멧돼지」 자세, 제자는 「가운데」 자세를 취하고 있습니다.

2

스승이 공격하자 제자는 왼쪽으로 발을 내디디며 스승의 검을 왼쪽 위에서 오른쪽 아래로 쳐냅니다.

3

그리고 검을 돌려 스승의 얼굴이나 오른팔을 공격합니다.

펄션과 메서 기술 4

Bastey & Gefehrhauw
「보루」자세와 「게페르하우(위험베기)」

출전 : Dürer (Sloan) : 68r   Meyer : p.130, 2.11r   Lecküchner : 29r, 29v
　　　Lecküchner(1478) : 20r, 20v

「보루」 자세는 롱소드 검술의 「바보」 자세에 해당하는 자세로, 검을 왼쪽 무릎 앞에 늘어뜨리고 상대의 공격을 신속히 쳐냅니다.

이 자세에 대항하는 공격은 「게페르하우」입니다.

이 기술에는 매우 많은 버전이 있으며, 레크흐너 버전은 롱소드 검술의 「샤이틀하우」를 그대로 메서로 치환한 기술이지만, 메이어 버전은 일종의 「나흐라이젠(전작 p104, 105)」으로 상대가 공격하는 순간을 노려 공격합니다. 뒤러의 일러스트에서는 아래에서 올려베는 것처럼 보이지만, 이는 기술에 들어가기 직전 상황(이 항목의 1번 그림)을 묘사하고 있는 것으로 추측되며, 그와 메이어 버전은 동일한 것일 가능성이 높습니다.

1 메이어, 뒤러 버전

스승은 「보루」 자세를 취하고 있고, 제자는 「활」 자세로 스승의 움직임을 주시합니다.

2

스승이 공격하려 하는 순간을 포착해 손목의 스냅으로 스승을 공격합니다.

3   레크흐너 버전

스승은「보루」자세, 제자는「파수」자세로 시작합니다. 제자는 오른발을 내디디며 위에서 스승을 내리치지만, 이때 오른팔을 완전히 휘두르지 않고 높이 올라간 상황에서 멈춘 다음 손목만을 이용해 공격합니다.

제 6 장
TWO-HANDED SWORD
양손검

양손검 기술 1
Attack with 2-hand sword
양손검의 공격

출전 : Di Grassi : p. 62

  16세기의 검사 디 그라시는 매우 독창적인 양손검 기법을 소개하였습니다. 그는 동작이 커서 반격당할 우려가 있는 베기 공격은 별로 유효하지 않다고 하며 한손찌르기 공격을 추천하고 있습니다.

  여기서 소개하는 기술은 「상단」 자세(원문에서는 Guardia Alta)에서 이루어지는 공격으로, 영국·이탈리아 양쪽 판 모두 이 자세를 「검을 높이 들고, 칼끝을 지면에, 몸 쪽에 향하는 듯한 느낌으로 잡는다.」라고 설명하고 있어 마치 영국식 백소드 검술의 「가던트 (전작 p540)」 같은 자세로 보이지만, 다른 문장에는 「검이 (몸에서) 떨어져 있다.」라고도 묘사되어 있습니다.

  아마도 실제 이 자세는 볼로냐파에서 말하는 「오른발을 앞으로 내민 들어가기」 자세 (Guardia de Intrare non in Largo Passo)로 독일식 검술의 「매달기」 자세에 해당한다고 생각합니다. 칼끝이 몸 쪽에 향한다는 구절은 칼끝이 몸의 중심선을 향하는 모습을 나타내는 말일 것입니다.

1
스승은 디 그라시의 「상단」 자세, 제자는 볼로냐파의 「머리」 자세를 취하고 있습니다.

2

제자가 파고들어 옵니다. 그러자 스승은 양손으로 찌르기 공격을 합니다. 이때 스승의 검이 제자의 검을 막는 형태가 됩니다.

3

스승은 한 발 내디디며 오른손을 놓고 한손찌르기를 합니다. 이때 왼손을 높이 들어 보다 멀리 찌릅니다.

⚜ 양손검 기술 2

Crosses & Thrusts
교차와 찌르기

출전 : Mondschein : p. 157

    이 기술은 이탈리아의 프란체스코 알피에리가 1653년 저술한 유럽 최후의 양손검 페히트부흐 제11장에 등장하는 형입니다.
    앞뒤의 적을 빠르게 돌아보면서 페인트를 섞어가며 공격하는 훈련으로 양손검술 특유의 「수차베기」가 자주 등장합니다.

1

알피에리는 독일식 검술의 「황소」 자세를 기본으로 삼고 있습니다.

2

오른발을 후방에 딛고 뒤로 도는 동시에 검을 오른쪽 위에서 왼쪽 아래로 휘두릅니다.

3

검의 움직임을 멈추지 않고 계속 회전시키며 왼발을 내딛고, 왼쪽 위에서 오른쪽 아래로 작게 휘두르는 페인트 공격을 합니다. 그리고 역시 검을 멈추지 않고 회전시켜 다시 공격합니다.

4

왼발을 당겨 뒤로 돌아 찌르기를 합니다.

⚜ 양손검 기술 3

Serpentine
사행베기

출전 : Mondschein : p. 158   Figueiredo: pp. 12, 13

　알피에리의 페히트부흐 제17장에 등장하는 이 기술은 대각선으로 이동하여 「수차베기」로 공격하는 기술로, 사행베기라는 명칭은 지그재그로 나아가면서 공격하는 모습이 뱀과 닮았다는 데서 유래하였습니다.
　대각선으로 전진하며 검을 휘두름으로써 상대가 방어하기 어려운 각도로 공격하는 것이 가능합니다.
　피게이레도의 몬탄테(스페인, 포르투갈의 양손검) 기법에도 비슷한 기술이 존재합니다. 그의 버전은 거리에서 싸울 때 상대가 옆을 지나 뒤로 돌아가는 것을 막기 위해 길을 좌우로 횡단하면서 검을 휘둘러 상대를 몰아넣는 기술입니다.

1
검을 회전시키며 오른발을 오른쪽 앞으로 내딛습니다.

2

왼발을 끌어당기며 사선으로 휘두릅니다.

3

검을 멈추지 않고 회전시키며 왼발을 왼쪽 앞으로 내딛습니다.

4

오른발을 끌어당기며 검을 휘두릅니다.

⚜ 양손검 기술 4

Beat & Thrust
쳐내고 찌르기

출전 : Mondschein : p. 78

여기서부터는 1550년경의 이탈리아 페히트부흐 『MS Riccardiano』에 수록되어 있는 대 양손검용 기술을 소개합니다.

첫 번째는 상대의 검을 쳐내고 공격하는 기술로, 양손검술에서는 그다지 찾아볼 수 없는 기법입니다.

1

스승은 뒷날을 이용해 제자의 검을 오른쪽으로 쳐냅니다.

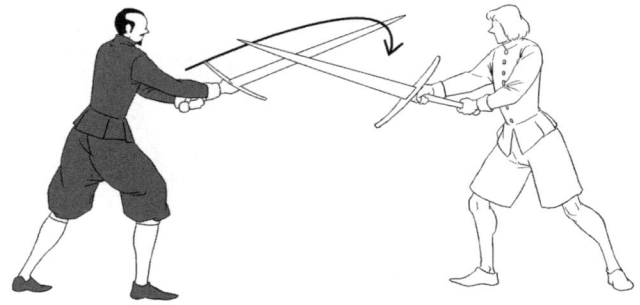

2

재빨리 검을 뒤로 빼고 왼발을 내디디며 제자의 얼굴에 찌르기를 합니다.

양손검 기술 5
Using Counter-time as Defence
카운터 타임에 의한 방어

출전 : Mondschein : p. 78

동작이 큰 「수차베기」를 이용해 상대의 공격을 유도한 다음 카운터하는 기술입니다.

이 기술을 연구한 몬트샤인은 원문에 등장하는 Mɛndoppia라는 기술에 대해 아마도 「수차베기」의 오자(혹은 다른 버전)일 것이라고 추측하였습니다.

1 베기에 대한 대응

스승이 「수차베기」로 공격하려 하면서 우상단을 무방비하게 노출하고 있습니다. 제자는 이것을 노려 재빨리 내리칩니다.

2

그러자 스승은 (아마도 한 발 내디디며) 제자의 검을 오른쪽으로 쳐냅니다.

3

재빨리 검을 빼내 왼쪽에서 제자의 다리를 공격합니다.

4 찌르기에 대한 대응

만약 제자가 베기가 아닌 찌르기로 공격한다면, 스승은 왼손을 오른손 아래로 비틀어 「매달기」 자세를 취하고 제자의 검을 왼쪽으로 받아넘깁니다.

5

오른쪽, 왼쪽으로 발을 작게 내딛고 제자의 다리를 공격합니다.

양손검 기술 6

2 Feints

페인트

출전 : Mondschein : p.75, 78, 79   Agrippa : p. 99

왼발이 앞에 있을 때는 상대의 왼쪽, 오른발이 앞에 있을 때는 상대의 오른쪽에 페인트 공격을 한 다음 실제로는 상대의 검 아래를 통과하여 반대편을 공격하는 기술입니다.

앞에서도 언급했지만 아그리파는 이 페인트 기법을 (양손검에도 응용할 수 있는) 긴 손잡이 무기의 기술로서 소개하였습니다.

1 왼발이 앞에 있을 때

(아마도 오른발을 내디디며) 제자의 좌상단에 페인트 공격을 합니다. 제자는 검을 왼쪽으로 가져가 이것을 막으려 합니다.

2

스승은 자신의 검을 제자의 검 아래로 통과시켜, 제자의 오른쪽에서 찌르기를 합니다.

3 오른발이 앞에 있을 때

오른쪽에서 제자를 찌르려 하고 있습니다. 그러자 제자는 검을 오른쪽으로 가져가 방어하려 합니다.

4

자신의 검을 제자의 검 아래로 통과시켜, 제자를 찌릅니다.

5 다른 버전

이 버전에서는 페인트 공격 후 왼발을 내디디며 제자의 아래쪽에 파고들어 한손찌르기로 공격합니다.

양손검 기술 7
Batalha do Montante
몬탄테의 싸움

출전 : Montante : 11p

　여기서부터는 포르투갈·스페인의 양손검인 몬탄테의 기법에 대해 설명합니다.

　몬탄테 페히트부흐를 남긴 피게이레도의 말에 따르면 몬탄테를 가진 사람끼리 전장에서 마주치는 것은 무척 드문 일이라고 합니다.

　하지만 만약 몬탄테 사용자끼리 싸우게 된다면 뒷날을 이용해 상대의 공격을 받아넘기고 반격하도록 권하고 있습니다. 반면 알피에리는 그와는 반대로 상대가 만드리토(앞날을 이용해 오른쪽 위에서 왼쪽 아래로 내리치는 것)로 공격했을 때는 역시 만드리토로 방어하는 것이 좋다고 하였습니다.

　몬탄테의 조작법에서는 탈루와 헤베즈라는 단어가 많이 등장합니다. 탈루는 오른쪽에서 왼쪽으로 베는 것(대부분의 경우 오른쪽 아래에서 왼쪽 위로 올려베기)이며, 헤베즈는 반대로 왼쪽에서 오른쪽으로 베는 것을 가리킵니다.

1

왼발을 앞에 딛고 서서, 발을 움직이지 않고 탈루를 이용해 오른쪽 아래에서 왼쪽 위로 공격합니다. 그리고 오른발을 내디디며 다시 탈루로 공격합니다.

2

왼발을 내디디며 뒷날을 이용해 제자의 공격을 오른쪽으로 쳐냅니다.

3

그리고 오른발을 내디디며 탈루를 이용해 제자의 다리를 오른쪽에서 왼쪽으로 공격합니다.

4

다시 왼발을 내디디며 뒷날을 이용해 제자의 공격을 오른쪽으로 쳐냅니다.

5

그리고 오른발을 내디디며 탈루로 제자의 팔을 공격합니다.

🗡 양손검 기술 8

Combat against Shieldmen
방패 병사와의 싸움

출전 : Montante : 12p

여기서 말하는 방패 병사란 원문에서는 Rodelyeros(복수형 : 스페인어 Rodeleros, 영어 Targetteer)라고 하는데, 로텔라(원형 방패)와 검을 장비한 병사를 가리킵니다. 이베리아 반도의 공성전 속에서 발달한 병종으로 신대륙 정복에도 크게 기여하였습니다.

이 기술은 한쪽 발을 축으로 삼아 회전하며 베는 것이 가장 큰 특징이며, 회전하면서 상대의 방패를 회피하여 공격합니다.

1

왼발을 앞에 딛고 서서, 몸을 앞으로 기울인 다음 탈루를 이용해 오른쪽에서 왼쪽으로 휘두릅니다.

2

그리고 오른발을 내디디며 몸을 오른쪽으로 선회시키고 다시 탈루로 오른쪽에서 왼쪽으로 휘두릅니다(원문에는 「첫 번째 탈루로 공격한 방향을 향해」라고 적혀 있습니다).

3

이어서 제자리에 멈춰 선 채 헤베즈를 이용해 왼쪽에서 오른쪽으로 휘두르고, 오른발을 축으로 왼발을 시계방향으로 돌려 후방에 내딛습니다. 이렇게 하면 몸이 시계방향으로 회전하면서 저절로 뒤를 향하므로, 그것에 맞춰 헤베즈로 왼쪽에서 오른쪽으로 휘두릅니다.

4

이번에는 조금 전과 반대로 움직입니다. 탈루를 사용한 다음 왼발을 축으로 오른발을 돌려 뒤를 향하는 동시에 탈루로 휘두릅니다.

5

발은 가만히 두고 헤베즈를 이용해 왼쪽에서 오른쪽으로 휘두르고, 오른발을 당기며 다시 한 번 헤베즈로 휘두릅니다.

6

이번에는 발을 가만히 두고 탈루를 이용해 오른쪽에서 왼쪽으로 휘두르고, 오른발을 한 발 내디디며 다시 탈루로 휘두릅니다.

7

왼발을 당기며 다시 한 번 탈루를 사용합니다.

8

발을 가만히 두고 헤베즈를 사용하고, 오른발을 내디디며 다시 한 번 헤베즈를 사용합니다. 마지막으로 내디딘 오른발을 당기며 다시 한 번 헤베즈를 사용하고 종료합니다.

양손검 기술 9

coxia de galé

갤리 갱웨이

출전 : Montante : 13p

갤리 갱웨이란 갤리선의 갑판(통로)을 말합니다. 양옆에 노잡이의 공간을 확보해야 하기 때문에 매우 좁아 회화 자료 등을 보면 폭 1.5m 정도밖에 되지 않습니다. 이 기술은 갤리선의 갑판처럼 좌우로 이동할 수 없는 좁은 공간에서 싸우기 위한 것입니다.

1

오른발을 앞에 딛고 서서, 발을 움직이지 않고 탈루를 이용해 오른쪽에서 왼쪽으로 수평하게 휘두릅니다.

2

검을 한 번 회전시켜 오른발을 내디디며 다시 탈루를 사용합니다. 하지만 이번에는 끝까지 휘두르지 않고 얼굴 앞에서 정지합니다.

3

이번에는 발을 움직이지 않고 헤베즈를 이용해 왼쪽에서 오른쪽으로 수평하게 휘두릅니다. 그리고 오른발을 한 발 내디디며 다시 헤베즈를 사용하다가 얼굴 앞에서 정지합니다.

4

왼발을 앞으로 내딛고 오른발을 뒤로 당겨, 몸을 180도 회전시켜 후방에 찌르기를 합니다.

⚜ 양손검 기술 10

Two-hand Sword, Play 5

양손검 · 다섯 번째 형

출전 : Marozzo : Book3, Ch.5, Part5

　양손검의 마지막 기술로는 16세기 이탈리아의 검사 아킬레 마로쬬의 형을 소개합니다. 그는 양손검의 형에서 엄청난 분량으로 다른 검사들을 압도하고 있는데, 형의 대부분은 검을 낮게 위치시키는 『강철문』 자세와 그 파생 자세에서 시작합니다. 다만 양손검의 「강철문」 자세에서는 거의 칼끝을 내리지 않습니다.

　이 자세에는 특수한 공격법이 존재하므로 여기서 설명합니다.

1. 스트라마초네(Stramazzone : 원문에서는 Tramazzon) : 「수차베기」의 일종으로 검을 작게 회전시켜 위에서 아래로 내리칩니다.
2. 리베르소 리도피오(Riverso Ridoppio) : 앞날을 이용해 왼쪽 아래에서 오른쪽 위로 올려베는 공격입니다.

1

스승은 「높은 강철문」 자세, 제자는 스승과 같은 자세 또는 그림과 같은 「좁은 강철문」 자세를 취하고 있습니다.

2

왼발을 내디디며 스트라마초네로 제자의 검을 때려 떨어뜨립니다.

3

지체하지 말고 제자의 얼굴을 찌릅니다. 제자는 이것을 방어합니다.

4

제자가 방어한다면 왼발을 크게 내디디며 검을 내리고 리베르소 리도피오로 공격합니다.

5

만약 제자가 공격을 막아낸다면 스승은 오른쪽으로 크게 내디디며 제자의 머리를 위에서 내리칩니다.

6

만약 제자가 이것도 막아낸다면 스승은 스트라마초네로 공격하고 「큰 강철문」 자세로 이행합니다.

7

만약 제자가 똑같이(스트라마초네를 말하는 것으로 추정됩니다) 공격한다면 스승은 뒷날로 이것을 방어합니다.

8

그리고 왼쪽으로 크게 내디디며 제자의 머리 왼쪽을 오른쪽 위에서 왼쪽 아래로 내리치고 「긴 꼬리」 자세로 이행합니다.

9

검을 왼쪽 무릎 앞에 이동시켜 「멧돼지 강철문」 자세를 취합니다. 이후 마로쪼는 「장식」 형을 해설하고 있으나 여기에서는 생략합니다.

제 7 장
SIDE SWORD
사이드 소드

⚜ 사이드 소드 기술 1

If you wish to deceive an enemy with Bogy Language

페인트

출전 : Meyer : 2.66v, p. 188

지금까지 다양한 페인트를 소개하였으나, 실제 어떤 식으로 페인트를 구사하는지에 대해서는 아직 구체적으로 설명하지 못했습니다.

메이어는 자신의 저서에서 시선과 보디랭귀지를 통해 상대를 기만하는 독특한 방법을 해설하고 있습니다.

포인트는 시선으로 상대의 주의를 끄는 것입니다. 메이어의 말에 따르면 실제로 공격할 부위와 다른 곳을 응시함으로써 상대는 공격 위치를 특정할 수 없게 된다고 합니다.

1 상단 페인트

스승은 「하단」 자세로 검을 오른쪽에 두고 있습니다.

2

스승은 검을 왼쪽으로 감으며 상대의 얼굴을 응시합니다. 그리고 오른발을 내디디며 콧소리를 내, 마치 제자의 얼굴에 찌르기를 할 것처럼 위장합니다.

3

제자가 스승의 찌르기를 막기 위해 검을 들어올립니다. 하지만 스승은 검을 빙글 돌려 제자의 다리를 공격합니다.

4 하단 페인트

「강철문」 자세(칼끝으로 상대의 얼굴을 겨냥하는 「하단」 자세)에서 두 눈을 똑바로 떠 제자의 다리를 응시하고, 손과 발을 들어 제자의 다리를 공격할 준비를 하는 척합니다.

5

스승은 계속해서 다리를 응시한 채로 팔을 뻗어 제자의 얼굴을 찌릅니다.

⚜ 사이드 소드 기술 2

A Good Device that can be executed with a Hanging

「매달기」 자세에서의 후방 찌르기

출전 : Meyer : 2.88v, p. 205, 206

이 기술은 상대의 찌르기를 받아넘기며 몸을 회전시켜 피하는 기술로, 이탈리아식 레이피어 검술의 「전회전 피하기(Tutta Girata)」 또는 17세기 말 리앙쿠르 스몰소드 검술의 「회전(Volta)」과 비슷한 원리를 가지고 있습니다.

본래 이탈리아식 레이피어 검술에서 이 기술은 상대의 공격을 재빨리 피할 때나 이쪽의 공격을 카운터당했을 때 사용하는 긴급회피용이었습니다. 전작 p582에서 소개한 기술은 이 기술의 일종입니다.

1

제자가 「황소」 자세로 스승에게 찌르기를 하고 있습니다.

2

스승은 오른발을 오른쪽으로 내디디며 칼끝을 내려 「매달기」 자세를 취하고 제자의 검을 왼쪽으로 받아넘기기 시작합니다.

3

오른발에 이어 왼발을 오른쪽으로 내딛고 몸을 반회전시켜 제자의 공격을 피합니다.

4

등을 돌린 채 오른발을 제자 쪽으로 내디디며 제자의 배를 찌릅니다.

5

오른발을 당겨 제자 쪽으로 돌아서면서 제자의 얼굴을 위에서 내리칩니다. 그대로 검을 멈추지 않고 크게 호를 그린 다음 「황소」 자세에서 종료합니다.

⚜ 사이드 소드 기술 3
Single Rapier, First Thrust
레이피어와의 싸움

출전 : Saviolo : pp. 15-17

여기에서는 16세기 말 런던에 거주하던 이탈리아인 검사 빈센티오 사비올로의 기술을 소개합니다(실버가 결투를 신청한 사람입니다).

사비올로의 기술은 왼손으로 상대의 검을 받아넘기며 공격한다는 것이 큰 특징입니다. 또한 그는 두 다리에 체중을 균등하게 싣지 않고 내디딜 예정이 아닌 발에 체중을 싣는 자세를 취했는데, 이것은 르네상스 시대에 흔히 볼 수 있던 방법이라고 합니다.

1
오른발을 앞에 딛고 서서, 체중은 왼발에 더 많이 싣습니다. 오른손은 오른쪽 무릎 앞에 두고 칼끝으로 상대의 얼굴을 겨냥합니다.

2
오른발을 약간 오른쪽으로 내디디며 검을 제자의 검 아래로 통과시켜 제자의 배를 찌릅니다.

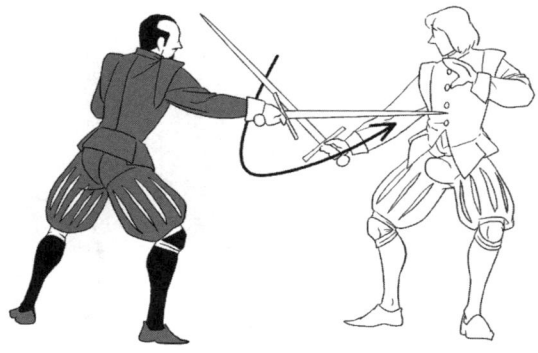

3 카운터 1

제자는 우선 오른발을 오른쪽으로 내딛고 왼발을 오른발 뒤로 당기는 동시에 검을 「네 번째」 위치(손바닥을 위로 향하는 자세)로 가져가 스승의 오른쪽 옆구리를 찌릅니다.

4 카운터 2

오른발을 뒤로 물리며 왼손을 이용해 제자의 검을 오른쪽으로 밀어내고 제자의 머리를 왼쪽에서 오른쪽으로 벱니다.

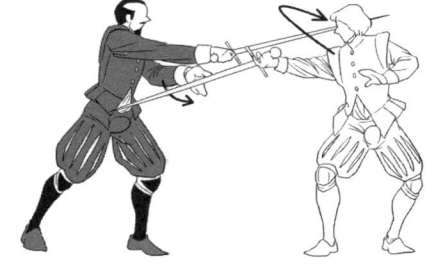

5 카운터 3

제자는 스승의 오른발이 있던 자리에 왼발을 내딛습니다. 그리고 왼손으로 스승의 오른팔을 막아 공격을 차단하면서 손을 「두 번째」 위치(손바닥을 아래로 향하는 자세)로 가져가 스승을 찌릅니다. 사비올로는 스승의 검을 검으로 막지 않도록 충고하고 있습니다.

6 카운터 4

스승은 몸을 돌려 제자의 검을 오른쪽으로 쳐냅니다.

7

그리고 왼발을 당기며 제자의 머리를 오른쪽에서 왼쪽으로 벱니다.

8 카운터 5

빠르게 전진하여 왼팔로 스승의 오른팔을 막아 공격을 차단하고 스승의 배를 찌릅니다.

9 카운터 6

몸을 웅크리며 제자의 검을 왼쪽으로 쳐냅니다.

10

오른발을 오른쪽으로 내디디며 위에서 제자를 찌릅니다.

11 카운터 7

오른발을 오른쪽으로 내디디며 스승의 얼굴을 공격합니다(동시에 왼손으로 스승의 검을 밀어내는 것처럼 보입니다).

12 카운터 8

오른발을 오른쪽으로 내디디며 왼손으로 제자의 검을 왼쪽으로 밀어내는 동시에 제자의 머리를 공격합니다.

13 카운터 9

제자는 발을 움직이지 않고 몸을 비틀어 자신의 오른쪽 옆구리가 상대에게 향하도록 합니다. 그리고 스승의 몸통을 찌릅니다. 원문에는 스승의 공격을 어떻게 막는지 적혀 있지 않지만 아마도 왼손으로 막을 것입니다.

⚜ 사이드 소드 기술 4
Single Rapier, First Guard
레이피어의 첫 번째 자세

출전 : Swetman : p. 25, 26

    이 기술은 17세기 초의 영국인 검사 스웻남의 기술입니다. 이탈리아식 검술의 영향을 무척 강하게 받았으며, 역사 깊은 영국식 무술이 상당히 쇠퇴한 상태라는 사실을 알 수 있습니다.

1

오른발을 앞에 딛고 서서, 오른손은 벨트 높이로 가능한 한 멀리 뻗습니다. 칼끝으로 상대의 우반신을 겨냥하여 제자의 공격선을 차단합니다. 스웻남의 말에 따르면 자신의 검은 항상 상대의 검의 바깥쪽(오른쪽)에 오도록 하는 것이 좋다고 합니다.

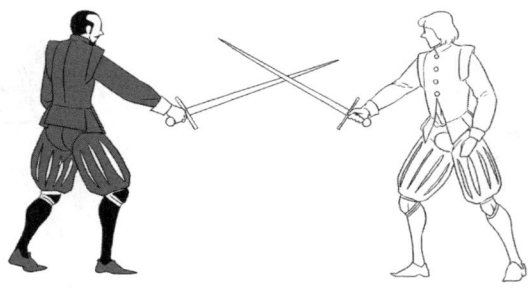

2

제자가 찌르기로 공격하면 검을 반시계방향으로 감아 「첫 번째」 위치(손바닥이 오른쪽에 오는 자세)로 가져가, 제자의 검을 왼쪽으로 유도합니다. 이때 칼끝은 계속 상대를 겨냥해야 합니다.

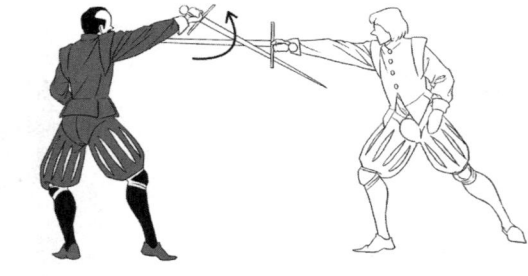

3

이어서 검을 시계방향으로 감아 「네 번째」 위치로 가져가, 제자의 검을 완전히 옆으로 밀어내고 제자의 허벅다리나 몸통에 찌르기를 합니다.

⚜ 사이드 소드 기술 5
Attack & Defend against High Strike
상단찌르기에 대한 카운터

출전 : Saint-Didier : pp. 62-69

프랑스의 검사 생 디디에는 군인으로서 이탈리아 각지를 옮겨 다니며 싸우는 과정에서 이탈리아식 검술의 영향을 강하게 받은 독자적인 검술을 고안합니다.

그의 검술의 특징으로는 왼손을 가슴 언저리에 두고 언제든 상대의 검을 쳐낼 수 있도록 대비하는 점, 볼로냐파와 같은 리포스트(공격을 방어하는 즉시 반격하는 것)를 사용하지 않고 카운터 공격을 하는 점, 그리고 왼손잡이용 동작을 소개하고 있는 점을 들 수 있습니다.

왼손잡이용 동작은 기본적으로 오른손잡이의 움직임을 좌우 반전시킨 것입니다.

1

스승은 왼발을 앞에 딛고 서서, 검을 왼쪽 허벅다리 앞에서 잡습니다. 이때 앞날은 아래, 칼끝은 제자의 고간을 향하며, 왼손은 가슴 앞에 둡니다.
제자는 검을 오른쪽 어깨보다 약간 높이 들고 칼끝으로 스승의 입을 겨냥합니다.

2

오른발을 내디디며 오른손을 「네 번째」 위치로 가져가 제자의 가슴을 찌릅니다. 왼손은 얼굴 앞에 들고 제자의 카운터에 대비합니다.

3 카운터 1

제자는 왼발을 당기며 손을 「네 번째」 위치로 가져가 스승의 공격을 왼쪽으로 받아넘기고 찌르기를 합니다.
왼손잡이일 경우에는 오른발을 당기며 「두 번째」 위치에서 스승의 검을 오른쪽으로 받아넘기고 찌르기를 합니다.

4 카운터 2

자신의 검을 제자의 검 아래로 통과시켜 제자의 오른쪽을 찌릅니다.
왼손잡이일 경우에도 똑같이 검을 통과시켜 제자의 오른쪽을 찌릅니다.

5 카운터 3

「두 번째」 위치에서 스승의 공격을 오른쪽으로 받아넘기고 스승의 목을 찌릅니다.

6 카운터 4

다시 자신의 검을 제자의 검 아래로 통과시켜 제자의 머리 또는 목을 공격합니다.

7 카운터 5

제자는 「네 번째」 위치에서 스승의 공격을 막고 스승의 얼굴에 찌르기를 합니다.

⚜ 사이드 소드 기술 6

Grappling
검 빼앗기

출전 : Sainct-Didier : pp. 98-105, 106-109

상대의 손목을 붙잡아 검을 빼앗는 기술로, 스몰소드 검술에도 동일한 기술이 존재합니다.

여기서 소개하는 기술은 두 사람이 서로 상대의 검을 빼앗는다는 매우 특이한 상황에서 종료합니다.

1

스승은 왼발을 앞으로 내민「세 번째」자세, 제자는「두 번째」자세를 취하고 있습니다.

2

스승은 오른발을 내디디며, 오른쪽 위에서 왼쪽 아래로 베기 또는 상단찌르기로 제자를 공격합니다. 이때 왼손을 내립니다.

3 카운터 1

왼발을 당기며 「네 번째」 자세를 취하고 스승의 공격을 방어합니다.

4

그리고 재빨리 왼발을 내디디며, 왼손으로 스승의 검 손잡이를 안쪽에서 붙잡고 바깥쪽으로 회전시켜 검을 빼앗습니다. 이때 자신의 검으로는 스승의 얼굴을 겨냥하여 견제합니다.

5

제자는 빼앗은 검을 옆구리에 끼고 한 걸음 물러나 찌르기를 합니다.

6 카운터 2

3번 상황으로 돌아갑니다. 제자가 스승의 공격을 방어하면 스승은 지체하지 않고 왼발을 내딛는 동시에 왼손으로 제자의 검 손잡이를 안쪽에서 붙잡아 봉쇄한 다음 찌르기를 합니다.

7 카운터 3

제자는 첫 번째 카운터와 같이 스승의 팔을 붙잡습니다.

8

두 사람은 서로 상대의 검을 가지고 한 걸음 물러납니다.

⚜ 사이드 소드 기술 7

Unicorn Guard
「유니콘」 자세

출전 : Swetman : pp. 126-127

「유니콘」 자세는 이탈리아식과 독일식 검술에 예로부터 등장하던 이름으로, 검을 유니콘의 뿔처럼 내미는 자세라고 추측할 뿐 정확한 실태는 알 수 없습니다.

여기서 소개하는 「유니콘」 자세는 이탈리아식 검술에서 말하는 「첫 번째」 자세 또는 스토카타 자세와 비슷하지만, 검을 수평하게 든다는 점이 다릅니다. 스웻남의 말에 따르면 이 자세는 「강한 검」을 가지고 있을 때 더욱 위력을 발휘한다고 합니다.

1

스승은 검을 얼굴 높이에서 수평으로 잡는 「유니콘」 자세를 취하고 있습니다. 이때 칼끝으로는 상대의 얼굴을 겨냥합니다.

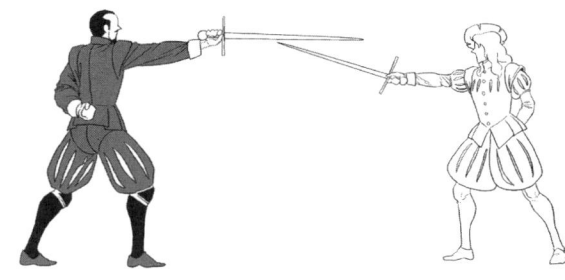

2

여제자가 오른쪽을 공격하면 검을 「두 번째」 위치로 가져가 여제자의 검을 방어합니다. 이렇게 하면 여제자는 자신의 기세를 이기지 못하고 스스로 검을 향해 돌진하게 됩니다.

3 카운터 1

스웻남은 힘이 없는 검사가 이 자세에 대항하려면 「이중베기(2회 연속공격)」를 사용하는 수밖에 없다고 서술하였습니다.
여제자는 스승의 검을 때려 떨어뜨린 다음 즉시 스승의 얼굴을 공격합니다.

4 카운터 2

여제자가 검을 때려 떨어뜨리려고 하면 검을 위로 들어올려 일격을 피하고, 여제자가 태세를 바로잡기 전에 머리를 내리칩니다.

제 8 장
SIDE SWORD & DAGGER
사이드 소드와 대거

⚜ 사이드 소드와 대거 기술 1
Sword & Dagger, 1st Play
검과 대거 : 첫 번째

출전 : Saviolo : p. 34

여기서 소개하는 사비올로의 기술은 사이드 소드와 대거 검술의 기본기술이라고 할 수 있습니다. 즉 대거를 이용해 항상 상대의 공격을 바깥쪽으로 받아넘기는 동시에 오른손의 검으로 공격하는 것입니다.

이러한 대원칙을 더욱 발전시키면「자신의 검과 대거 사이로 상대의 검이 들어오면 안 된다.」,「공격을 성공시키기 위해서는 자신의 검을 상대의 검과 대거 사이에 집어넣을 필요가 있다.」라는 원리가 됩니다.

따라서 검과 대거를 함께 사용할 때는 검과 대거의 칼끝이 맞닿거나 가볍게 교차하는 자세를 취해야 합니다. 그것은 스웻남의 자세와도 일치합니다.

1

오른발을 앞에 딛고 서서, 대거를 잡은 왼팔을 뻗어 검의 칼끝 가까이에 위치시킵니다.

2

오른발을 오른쪽으로 내딛고, 자신의 검을 제자의 대거 아래로 통과시켜 찌릅니다.

3 카운터 1

제자는 대거로 스승의 검을 받아넘기고 오른손의 검으로 찌르기를 합니다.

4 카운터 2

제자의 검을 오른쪽으로 받아넘기고 위에서 찌르기를 합니다.

5 카운터 3

오른발을 오른쪽으로 내디디며 대거로 스승의 검을 방어합니다. 동시에 검을 스승의 대거 위로 통과시켜 찌릅니다.

6 카운터 4

오른발을 오른쪽으로 내디디며 대거로 제자의 검을 받아넘기고 아래에서 찌르기를 합니다.

7 카운터 5

오른발을 오른쪽으로 내디디며 대거로 스승의 공격을 왼쪽으로 받아넘기고 아래에서 찌르기를 합니다.

8 카운터 6

몸을 오른쪽으로 기울이며 대거로 제자의 공격을 왼쪽으로 받아넘깁니다. 그리고 오른발을 당기면서 손을 「네 번째」 위치로 가져가 제자를 찌릅니다.

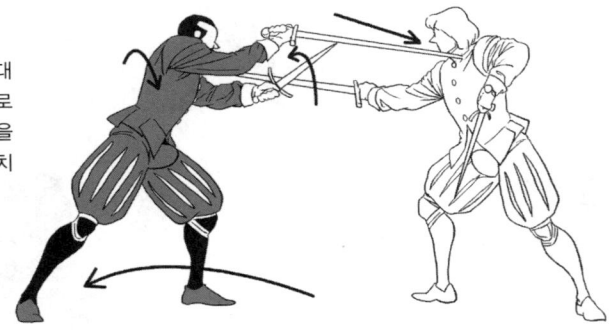

9 카운터 7

스승의 오른발이 있던 자리로 왼발을 내딛습니다(이렇게 하면 제자의 몸이 왼쪽으로 이동합니다). 그리고 왼손을 똑바로 뻗어 대거와 검으로 스승의 공격을 받아넘긴 다음 스승의 몸통을 찌릅니다.

사이드 소드와 대거 기술 2

Defence of Low Ward
「하단」 자세에서의 방어

출전 : Di Grassi : pp. 36, 37

여기에서는 검과 대거를 교차시켜 방어하는 방법을 소개합니다.

1

검과 대거를 교차시켜 제자의 공격을 막아냅니다. 이때 검이 대거 아래에 오도록 합니다.

2

즉시 오른손을 시계방향으로 회전시켜 제자의 얼굴을 공격합니다. 그리고 재빨리 후퇴하여 「넓은」 자세(오른팔을 옆으로 똑바로 뻗고 칼끝으로 상대를 겨냥하는 자세)로 이행합니다.

⚜ 사이드 소드와 대거 기술 3

Ratio Pugiones in Hostem Coniiciendi, ut is Concidere Cogatur
대거 던지기

출전 : Mair/Vol2 : 61v

　검으로 공격하면서 왼손의 대거를 상대에게 던지는 기술입니다. 이 기술의 특징으로는 상대의 공격을 대거가 아닌 검을 이용해 방어한다는 점과 공격을 받아넘기는 방향이 몸의 바깥쪽이 아니라 안쪽이라는 점을 들 수 있습니다.

1
제자가 「움켜잡기」 자세, 스승은 「팔 아래」 자세입니다.

2
위에서 제자의 얼굴을 찌릅니다. 제자가 대거로 이것을 방어하다가 가슴을 무방비하게 드러내면, 스승은 왼손의 대거를 제자의 목에 던집니다.

제 9 장
SIDE SWORD & BUCKLER

사이드 소드와 버클러

⚜ 사이드 소드와 버클러 기술 1

Guardia di Sotto il Braccio
「팔 아래」 자세

출전 : Manciolino : p. 87

　이 자세는 검과 버클러 항목에서 소개한 「팔 아래」 자세와 동일하지만 시대로는 200년 정도의 차가 있습니다.

　중세 독일의 『I.33』와 르네상스 이탈리아의 검과 버클러 기법 간의 가장 큰 차이점은 바인드에 대한 관점으로, 독일에서는 무엇보다 먼저 바인딩을 하라고 강조한 데 비해 이탈리아에서는 바인드가 별로 중시되지 않았습니다.

1
두 사람은 「팔 아래」 자세로 대치하고 있습니다.

2
스승은 뒷날을 이용해 왼쪽 아래에서 오른쪽 위로 올려베고, 다시 앞날을 이용해 오른쪽 위에서 왼쪽 아래로 내리칩니다.

3 카운터

뒷날로 스승의 올려베기를 방어합니다(원문에는 「뒷날을 올려서」라고만 적혀 있습니다).

4

스승이 위에서 공격하면 오른발을 크게 당기고, 스승의 검을 위에서 작게(Half Mandritto) 내리친 다음 「멧돼지 강철문」 자세로 이행합니다.

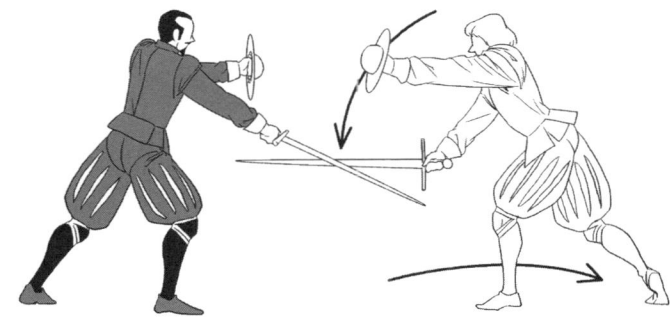

5

그리고 오른발을 크게 내디뎌 스승의 얼굴에 찌르기를 하고 스승의 다리를 벱니다.

사이드 소드와 버클러 기술 2

Porta di Ferro Stretta

「좁은 강철문」 자세

출전 : Manciolino : p. 88

이 자세는 이탈리아식 검술에서 즐겨 사용되던 「강철문」 자세의 아종입니다. 오른발을 앞으로 내밀고, 오른손은 허리 높이로 안쪽(오른쪽 무릎의 왼쪽)에서 검을 잡으며, 칼끝으로 상대를 겨냥합니다.

볼로냐파 검사 안젤로 비지아니의 말에 따르면 「르네상스 최후의 용병대장」이라 불리던 당시 이탈리아 최강의 지휘관 중 한 사람인 조반니 델레 반데 네레(검은 부대의 조반니 : 본명 조반니 데 메디치. 프랑스 왕비 마리 드 메디시스의 증조부)가 특히 선호한 것이 이 자세라고 합니다. 따라서 그도 여기서 소개하는 기술을 연습했을 것입니다.

1

두 사람은 「좁은 강철문」 자세로 대치하고 있습니다.

2

왼발을 내딛고 제자의 얼굴을 찌릅니다.

3

오른발을 내딛고 손목을 빙글 회전시키며 스트라마초네로 두 번 공격합니다.

4 카운터

「얼굴」 자세(검을 얼굴 앞에 똑바로 뻗고 오른쪽 손바닥을 위로 향하는 자세)에서 찌르기를 방어합니다.

5

이어서 자세는 바꾸지 않고 몸을 웅크려 스승의 스트라마초네를 막아냅니다.

6

왼발을 왼쪽으로 내딛고 스승의 머리를 왼쪽에서 오른쪽으로 공격합니다.

⚜ 사이드 소드와 버클러 기술 3
First & Second Stretta: False Edge on False Edge
근접전 첫 번째・두 번째 : 뒷날과 뒷날

출전 : Manciolino : p. 110

　근접전「Stretta」는 두 사람이 접근하여 검과 검이 교차한 상황을 가리킵니다. 이런 상황에서는 상대와의 거리가 매우 가까우므로, 검을 항상 몸 앞에 두고 상대의 갑작스러운 공격에 대비할 필요가 있습니다.
　만치올리노의 말에 따르면 근접전에는 두 가지 상황 : 앞날끼리 접촉하고 있는 상황(칼끝이 상대의 오른쪽 어깨를 향한다)과 뒷날끼리 접촉하고 있는 상황(칼끝이 상대의 왼쪽 어깨를 향한다)밖에 없다고 합니다.

1 첫 번째 기술

스승은 오른발을 앞으로 내민 상태에서「근접전」에 들어가 있습니다.

2

손목을 돌려 독일식 검술의「듀플리에렌」과 같은 요령으로 뒷날을 이용해 제자의 머리 왼쪽을 공격합니다.

3

오른발을 뒤로 당기며 이번에는 제자의 머리 오른쪽을 공격합니다.

4 카운터

왼발을 당기고 아래에서 스승의 머리 오른쪽을 공격합니다.

5 두 번째 기술

만약 (아마도 두 사람의 거리가 지나치게 가까워서) 첫 번째 기술을 사용할 수 없을 때는 앞으로 내밀고 있는 오른발로 제자를 차서 날려버립니다. 그리고 오른발을 뒤로 당기며 제자의 머리를 위에서 내리칩니다.

6 카운터

스승이 발로 차려고 하면 버클러의 모서리로 스승의 정강이를 가격합니다.

⚜ 사이드 소드와 버클러 기술 4
Sixth Stretta: True Edge on True Edge
근접전 여섯 번째 : 앞날과 앞날

출전 : Manciolino : p. 115

상대에게 접근하여 팔을 붙잡아 속박하는 기술입니다.

마지막 동작에 대해 만치올리노는 자세한 해설을 남기지 않았으나, 아마도 오른손의 손잡이 머리를 상대의 팔에 거는 것으로 추측됩니다.

1

오른발을 앞으로 내밀고 「근접전」에 들어갑니다.

2

왼발을 오른쪽으로 내딛고 제자의 오른팔을 왼쪽 아래에서 오른쪽 위로 올려벱니다.

3

그리고 버클러로 제자의 얼굴을 가격하는 척합니다.

4

만약 제자가 놀라서 얼굴을 뒤로 빼면, 스승은 버클러를 제자의 오른팔과 왼팔 사이로 밀어 올립니다.

5

그리고 제자의 왼팔을 안쪽에서 감아 바인딩하고 (제자의 버클러 공격에 대비하여) 왼발(원문에서는 오른발)을 당겨 후퇴하면서 제자의 팔을 세게 잡아 끕니다.

6 카운터

버클러로 단단히 감싸면서 팔을 뻗어 스승의 올려베기를 막아냅니다.
그리고 스승이 버클러로 페인트를 하면 오른팔을 뻗어 바인드를 유도합니다.

7

스승이 팔을 감으려 하면 손잡이 머리를 스승의 팔 위에 걸고 고정시켜 아래로 누릅니다. 그러면 스승은 고통 때문에 버클러를 손에서 놓치게 됩니다.

사이드 소드와 버클러 기술 5

Iactus ex Prima Ensium Collisione
검 빼앗기와 메치기

출전 : Mair/Vol2 : 66r

이 기술은 상대의 칼날을 붙잡아 빼앗는다고 하는, 상당히 위험해 보이는 기술과 그 카운터입니다. 이처럼 검을 붙잡는 기술은 장갑과 건틀릿 같은 방어구가 있을 때 비로소 가능해지며, 실제로 마이어의 삽화에서도 건틀릿을 착용하고 싸우는 모습이 묘사되어 있습니다(다만 삽화의 건틀릿은 아마도 마이어가 참고한 자료에 그려져 있던 장갑을 어레인지한 것으로 보입니다).

이를 통해 중세에 검으로 싸울 때는 항상 장갑의 착용이 전제되었다는 사실을 알 수 있습니다.

1

스승은 오른손으로 롱소드 검술의 「황소」 자세를 취하고, 제자의 가슴을 위에서 아래로 찌릅니다.
한편 제자는 검의 가운데 부분을 왼손으로 잡는 하프 소드 자세를 취하고 있습니다.

2 카운터 1

하프 소드의 요령으로 스승의 공격을 받아넘깁니다. 그리고 한 발 내디디며 오른손을 검에서 놓은 다음 스승의 검을 붙잡고 비틀어 빼앗습니다.

3 카운터 2

제자에게 검을 빼앗기는 즉시 버클러로 제자의 얼굴을 가격하며, 오른손으로 제자의 왼쪽 다리(발목)를 붙잡고 잡아당겨 메칩니다(원문에서는 왼발로 제자의 오른발을 걸고 있는 것처럼 보이기도 합니다).

제 10 장
SIDE SWORD & TARGE

사이드 소드와 타지

♦ 사이드 소드와 타지 기술 1

Fight against a Left-Hander
왼손잡이 검사와의 싸움

출전 : Marozzo : ch. 148

사각형 타지를 장비하고 싸울 때는 방패가 시야를 가리지 않도록 비스듬하게 듭니다.

여기에서는 왼손잡이 상대와 싸우는 방법을 소개합니다. 첫 번째 「변형 긴 꼬리」 자세 (Coda Lunga e Alta)는 왼발을 앞에 딛고 서서, 검은 오른쪽 무릎 바깥쪽에 두고 칼끝으로 상대의 얼굴을 겨냥합니다.

1

「변형 긴 꼬리」 자세로 대치합니다.

2

스승은 오른발을 약간 왼쪽 앞으로 내딛고, 여제자의 얼굴을 아래에서 찌릅니다.
여제자는 이것을 막아냅니다.

3

그리고 오른발을 뒤로 당기며 칼끝으로 커다란 원을 그리듯 시계방향으로 휘둘러, 먼저 여제자의 오른쪽 다리를 공격하고, 이어서 얼굴을 왼쪽에서 오른쪽으로 벱니다.

4

오른발을 다시 내디디며 검과 버클러 사이로 여제자의 얼굴에 찌르기를 합니다.
여제자는 방패로 막지만 그럼으로써 스스로의 시야를 가리게 됩니다.

5

여제자를 오른쪽 위에서 왼쪽 아래로 수직에 가깝게 내리칩니다.

6 다른 상황

만약 여제자가 스승의 우반신을 공격하면, 여제자의 검을 오른쪽으로 받아넘기고 얼굴을 공격합니다. 그 다음 오른발을 당겨 「변형 긴 꼬리」 자세로 돌아갑니다.

⚜ 사이드 소드와 타지 기술 2
Of the Hurt of the Lowe Warde
「하단」 자세에서의 공격

출전 : Di Grassi : p. 50

이 기술에서는 방패를 적극적으로 공격에 사용합니다.

1

「하단」 자세로 대치합니다.

2

왼발을 내디디며, 방패의 오른쪽 모서리로 제자의 검 가운데 부분을 가격하여 오른쪽으로 밀어냅니다.

3

그리고 오른발을 내디디며 제자의 검을 자신의 방패와 검 사이에 끼워 봉쇄하고, 제자의 허벅다리에 찌르기를 합니다.

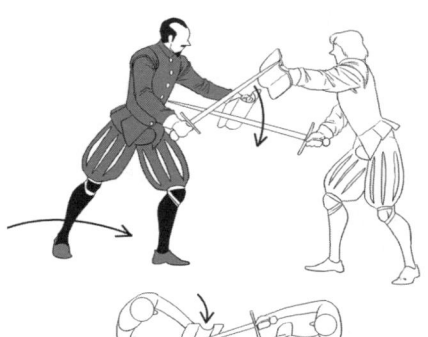

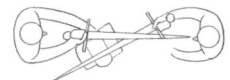

제 11 장
SIDE SWORD & SHIELD
사이드 소드와 방패

사이드 소드와 방패 기술 1
Of the Hurt of the Lowe Warde
「하단」 자세에서의 공격

출전 : Marozzo : ch. 155

　도판상 확인할 수 있는 임브라차투라(p194 참조)는 중세 중기에 사용되던 대형 방패와 모양이 매우 유사한데, 따라서 사용법도 상당히 비슷할 것으로 추측됩니다.
　이 기술에는 방패의 「꼬리」 부분(아래로 길게 뻗은 부분)을 이용하여 상대의 공격을 유도하거나 방어하는 기법이 포함되어 있습니다.

1

스승은 「좁고 긴 꼬리」 자세(오른발을 앞으로 내미는 「변형 긴 꼬리」 자세)를 취합니다. 그리고 왼발을 내디디며 제자의 얼굴을 아래에서 찌릅니다.

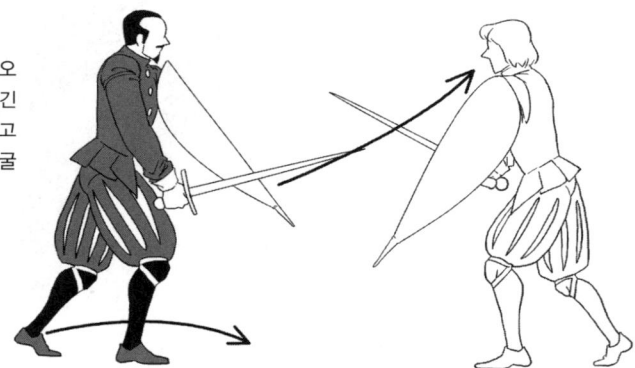

2

이어서 왼발과 오른발을 원래 위치로 되돌립니다. 이때 방패의 「꼬리」를 오른쪽으로 움직임으로써 무심코 왼발을 무방비하게 드러낸 것처럼 위장하여 제자의 공격을 유도합니다.

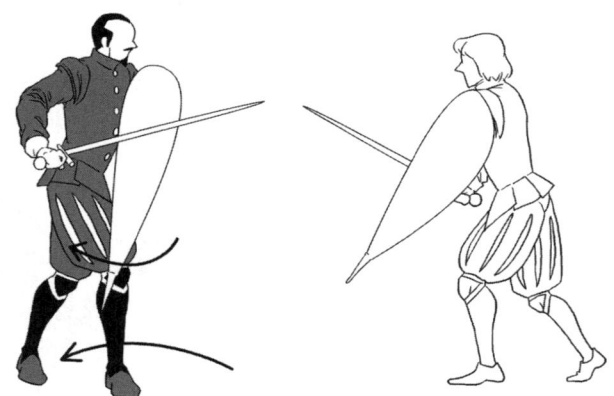

3

제자가 왼발을 공격하면, 스승은 오른발을 오른쪽으로 내디디며 방패를 지면에 찌르듯 내려 제자의 공격을 방어합니다. 그리고 제자의 얼굴 또는 오른발을 찌르거나, 오른팔을 벱니다.

4

왼발을 오른발 정면에 내딛고, 제자의 방패를 (아마도 방패로 눌러) 견제하면서 제자의 오른팔을 찌르기나 베기로 공격합니다.

⚜ 사이드 소드와 방패 기술 2

C against E
회피와 방어

출전 : Agrippa : pp. 96-98

아그리파의 로텔라(원형 방패) 기법은 때때로 몸을 무방비하게 노출할 만큼 방패를 역동적으로 움직이는 것이 특징입니다.

아그리파 페히트부흐의 가장 큰 특징은 동작과 자세에 알파벳 부호를 붙이고 그것을 바탕으로 기술을 설명하는 점으로, 따라서 각각의 부호가 무엇을 나타내는지 모르면 혼란스러워집니다.

이 기술에 등장하는 특수한 움직임의 부호는 아래와 같습니다.

E : 검을 「두 번째」 위치로 잡고, 오른손을 옆으로 똑바로 뻗는 자세입니다.
F : 다리 사이의 간격을 좁힌 「세 번째」 자세입니다.

1
스승은 「E」 자세를 취해 몸통을 드러내고 제자의 공격을 유도합니다.
제자는 「세 번째」 자세를 취하고 있었으나, 스승의 움직임에 말려들어 일단 「E」 자세로 이행한 다음 최종적으로 「네 번째」 자세에서 찌르기를 하려 합니다.

2
제자가 찌르기를 하면 오른발을 오른쪽으로 내디뎌 제자의 공격을 피하고, 오른손을 「네 번째」 위치로 가져가 제자의 몸통을 찌릅니다.

제3부 기술 해설

3 다른 버전

이번에는 공수를 전환합니다. 제자는 「네 번째」 자세에서 일부러 칼끝을 내려 몸을 드러내고 스승의 공격을 유도합니다. 스승은 조금 전의 제자처럼 일단 「E」 자세로 이행했다가 「네 번째」 자세에서 공격하려 합니다.

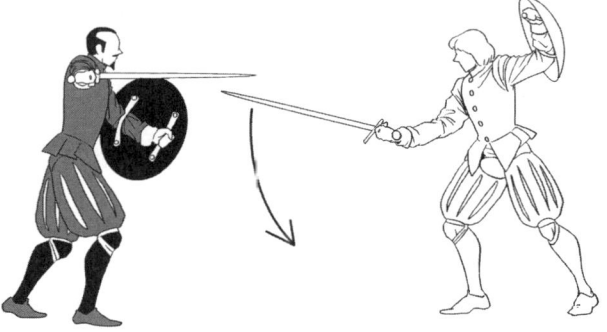

4

스승이 「네 번째」 자세로 이행하여 찌르기를 하자 제자는 두 발을 당겨 「F」 자세를 취합니다.

5

제자는 오른발을 오른쪽을 내디디며 방패로 스승의 공격을 왼쪽으로 받아넘기는 동시에 찌르기를 하거나 왼쪽에서 오른쪽으로 벱니다.

⚜ 사이드 소드와 방패 기술 3

Assaulto
방패 시합

출전 : Manciolino : p. 137

만치올리노가 소개하는 「시합」 형은 무척 길기 때문에 여기에서는 그 일부만을 발췌하여 설명합니다.

이 기술은 「머리에 대한 페인트 뒤에 이어지는 하단공격」으로 중세 전반·중반 무렵에도 매우 일반적이었을 것으로 추정됩니다. 왼쪽 위(상대 시점에서는 오른쪽 위)에서 공격하므로 상대가 방패로 이것을 방어하려면 방패를 얼굴 정면에 가져가 완전히 시야를 가리게 됩니다.

또한 여기에서 카운터 기술로 소개하는 「오른발을 당기며 베기」도 상당히 일반적인 방법이었을 것으로 추측할 수 있습니다.

1

두 사람은 「다른 긴 꼬리」 자세로 접근합니다. 스승은 우선 제자에게 찌르기를 합니다.

2

그리고 왼발을 당기며 검을 한 번 회전시켜 「풍차베기」를 준비합니다.

3

오른발을 내디디며 왼쪽 위에서 오른쪽 아래로 제자의 머리를 내리치는데, 제자는 이것을 방어하려고 방패를 들어올리다가 자신의 시야를 가리게 됩니다. 그러자 스승은 제자의 오른발을 베거나, 왼발을 내딛고 제자의 몸통을 찌릅니다.

4 다른 카운터

자신의 방패에 시야가 가려진 것을 깨달은 제자는 재빨리 오른발을 당겨 스승의 공격을 피하는 동시에 뒷날로 올려벱니다(원문에는 어디를 공격하는지 적혀 있지 않습니다). 이어서 처음 자세로 돌아갑니다.

⚜ 사이드 소드와 방패 기술 4

Countering Mandritto or Fendente
내리치기에 대한 방어

출전 : Manciolino : p. 138

이 기술에서 방패는 버클러와 같이 만일의 경우를 위한 보험으로서의 역할만 할 뿐 적극적인 방어수단으로 사용되지 않습니다.

1

제자가 위에서 내리칩니다. 스승은 오른발을 왼쪽으로 내디디며 「얼굴」 자세를 취하고, 제자의 검을 방어하는 동시에 찌르기를 합니다.

2

재빨리 왼발을 왼쪽으로 내디디며 왼쪽에서 오른쪽으로 제자의 다리를 공격합니다. 그리고 오른발을 왼발 뒤로 가져갑니다.

3

안전을 확보하기 위해 찌르기로 제자를 견제하면서 뒤로 점프하여 「변형 긴 꼬리」 자세를 취합니다.

사이드 소드와 방패 기술 5

Counter against a Mandritto to the Head
머리 공격에 대한 방어

출전 : Manciolino : p. 139

머리 공격에 대한 카운터 기술로 상대의 다리와 팔을 겨냥하여 공격합니다.

1
제자가 왼쪽에서 공격하자 스승은 몸을 왼쪽으로 비틀고 방패로 막는 동시에 제자의 다리를 공격하여 「강철문」 자세로 이행합니다.

2
재빨리 오른발을 내딛고 제자의 오른팔을 아래에서 올려벱니다.

3
이어서 제자의 허벅다리를 공격하고 「좁은 꼬리」 자세로 이행합니다.

검을 잡는 법

유럽의 그립법은 일본의 검술과 달리 상당히 자유로웠던 모양입니다.
전작에서는 롱소드의 그립법으로서, 평범하게 잡는 방법과 검을 90도 회전시켜 엄지손가락으로 검의 옆면을 누르고 잡는 방법을 소개하였는데, 메이어나 발러슈타인 사본 등을 보면 왼손으로 손잡이 머리를 감싸 쥐고 있거나, 왼손은 평범한데 오른손은 역수로 잡고 있는 등 더욱 다양한 예를 찾아볼 수 있습니다. 전작 p152에서 소개한 「덮어잡기」도 이같이 특수한 그립법 중 하나입니다.

발러슈타인 사본. 왼손을 역수로 잡고 있습니다.

메이어. 좌우의 손을 바꿔 잡고 있거나 왼손잡이 검사.

왼손으로 손잡이 머리를 감싸 쥐는 그립법. 오른손은 엄지손가락으로 손잡이를 누르는 「세이버 그립」.

왼손으로 손잡이 머리를 감싸 쥐고 있으며, 오른손은 「덮어잡기」로 추정.

「덮어잡기」의 일종.

왼손으로 손잡이 머리를 감싸 쥐는 그립법. 오른손은 하프 소드의 그립법으로, 검의 옆면을 둘러싸듯 잡고 있습니다.

제 12 장
SIDE SWORD & CAPE
사이드 소드와 케이프

⚜ 사이드 소드와 케이프 기술 1
Rapier and Cape Combat
레이피어와 케이프의 싸움

출전 : Agrippa : pp. 85-87

원본에서는 이 기술을 전작 p586, 587에서 다룬 「케이프 던지기」의 다른 버전으로 소개하고 있습니다. 만약 제자가 먼저 움직인다면 케이프 던지기를 사용하고, 스승이 선제 공격을 한다면 여기에서 소개하는 기술을 사용합니다.

1

스승은 「F」(p384 참조) 자세, 제자는 「첫 번째」 자세를 취하고 있습니다.

2

스승은 왼발을 당기며 「네 번째」 자세를 취하고, 제자의 얼굴에 페인트로 찌르기를 합니다.

3

이어서 왼발을 내디디며 케이프로 제자의 검을 왼쪽으로 쳐내고 「첫 번째」 또는 「두 번째」 위치에서 제자를 찌릅니다.

사이드 소드와 케이프 기술 2

Defence against High Ward
「상단」 자세와의 싸움

출전 : Di Grassi : pp. 40, 41

여기에서 소개하는 디 그라시의 케이프 기술은 팔에 감은 케이프가 아니라 팔에서 늘어뜨린 케이프를 이용해 상대의 공격을 방어하는 것으로, 후기 레이피어 검술에서 찾아볼 수 있는 기법입니다.

디 그라시의 말에 따르면 케이프만으로 상대의 찌르기를 방어하는 것은 충분한 스피드가 확보되지 않는 이상 매우 불확실하고 위험부담이 크다고 합니다. 또한 그는 자신의 케이프를 밟고 넘어지지 않도록 주의를 주고 있습니다

앞서 설명한 아그리파의 책이 1553년, 디 그라시의 책(이탈리아판)이 1570년, 아그리파와 마찬가지로 팔에 감은 케이프로 방어하는 메이어의 책이 1570년 출판되었으므로 여기에서 소개하는 방법은 당시 상당히 혁신적인 것이 아니었을까 생각합니다.

1 검으로 방어

제자는 「상단」 자세, 스승은 「하단」 자세로 대치합니다.

2

제자가 찌르기를 하면, 스승은 오른쪽으로 발을 내디디며 검을 「네 번째」 위치로 가져가 제자의 공격을 방어하고, 제자의 얼굴에 찌르기를 합니다. 디 그라시는 이 방법이 베기에 대해서도 유효하다고 하였습니다.

3 케이프로 방어

제자가 찌르기를 하면, 스승은 왼팔을 (시야를 가리지 않도록) 너무 높지 않게 들고 가능한 한 앞으로 뻗어 아래에 드리워진 부분으로 제자의 검을 받아낸 다음 제자의 검이 대략 10cm 정도 케이프를 관통할 때까지 기다립니다.

4

케이프와 제자의 검을 있는 힘껏 왼쪽으로 뿌리치고 (아마도 한 발 내디디며) 찌르기를 합니다.

제 13 장
DUAL SWORD
이도류

이도류 기술 1

Of the Hurt of the Lowe Warde
「하단」에서의 공격

출전 : Di Grassi : pp. 59, 60

이도류 기법은 고도의 기하학적 원칙을 바탕에 두고 있습니다.

여기에서 소개하는 기술은 자신의 검끼리 얽히지 않게 주의하면서 한쪽 손의 검으로 상대의 검 두 자루를 한꺼번에 무력화하는 기법입니다.

1

두 사람은 「하단」 자세로 대치하고 있습니다. 이때 각자의 오른쪽 검이 상대의 두 검 사이에 위치합니다.

2

스승은 자신의 왼쪽 검으로 제자의 오른쪽 검을 위에서 누르며 오른쪽으로 유도하여 제자의 공격을 봉쇄합니다. 이어서 스승은 오른쪽 검으로 제자에게 찌르기를 하는데, 이때 (아마도 왼쪽) 검의 칼끝을 올려 제자의 왼쪽 검도 봉쇄합니다.

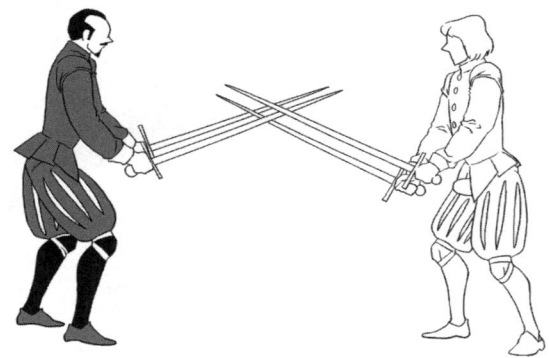

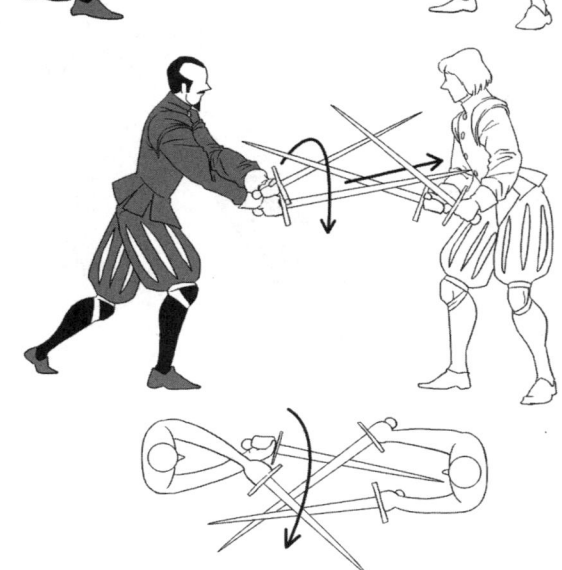

⚜ 이도류 기술 2
Of the Defence of the High Warde
「상단」 방어

출전 : Di Grassi : pp. 57, 58

디 그라시의 「상단」 자세는 한 손을 위, 다른 한 손을 아래에 두는 것으로, 만치올리노의 자세와 동일하게 앞발과 같은 쪽 손을 내리고 반대쪽 손을 올립니다. 그의 말에 따르면 이 자세에는 「하단」으로 대응하는 것이 좋다고 합니다.

여기서 소개하는 기술에는 오른발이 앞에 있을 때와 왼발이 앞에 있을 때의 두 가지 버전이 있습니다.

1 왼발이 앞에 있을 때

제자가 왼발을 앞으로 내밀고 있을 때는 스승도 왼발을 내밀고 대치합니다. 이때 제자의 왼쪽 검이 스승의 오른쪽 검 바깥쪽에 옵니다.

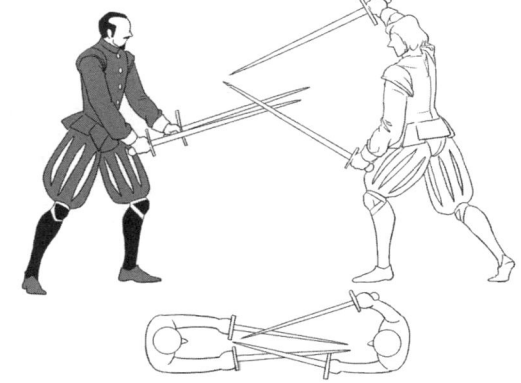

2

제자는 스승의 오른쪽 검을 왼쪽으로 밀어내려 합니다. 스승은 제자의 왼쪽 검에 저항하지 않고, 반대로 오른쪽 검을 반시계방향으로 감아 제자의 왼쪽 검을 바깥쪽에서 바인딩한 다음, 제자의 검을 왼쪽으로 밀어냅니다.

동시에 오른발을 오른쪽 앞으로 내딛고, 제자의 왼쪽 검의 찌르기를 피하면서 자신의 왼쪽 검으로 제자를 찌릅니다.

3 오른발이 앞에 있을 때

제자가 오른발을 앞으로 내밀고 있을 때는 스승도 오른발을 내밀고 대치합니다. 이번에는 제자의 오른쪽 검이 스승의 왼쪽 검 바깥쪽에 옵니다.

4

스승은 우선 왼발을 대각선 왼쪽으로 내딛고, 이어서 오른발을 대각선 왼쪽으로 더 크게 내디뎌 제자의 공격을 피하면서 오른쪽 검으로 찌르기를 합니다. 원문에서는 접촉하고 있지 않지만, 스승의 왼쪽 검이 제자의 오른쪽 검을 바인딩한 채 누르고 있을 가능성도 있습니다.

검의 제작법(1)

　검에는 두 가지 상반되는 성질이 요구됩니다. 예리함을 유지하며 목표물을 절단하기 위해서는 높은 경도를 가진 칼날이 필요하지만, 강철은 경도를 높이면 부러지기 쉬워집니다. 또한 그것을 방지하려고 유연성을 늘리다 보면 이번에는 경도가 부족해지는 것입니다. 이처럼 모순되는 두 가지 성질을 높은 수준에서 함께 지녀야 할 뿐만 아니라, 사용자의 능력을 최대한 끌어낼 수 있는 디자인도 필요합니다. 그러한 검을 만들어내는 도공(Swordsmith)은 특수기능직으로서 다른 대장장이(Blacksmith)와는 구별되었습니다.

　이 항목에서는 중세 초기(바이킹 시대 전후)의 검 제작법과 중세 후기에서 르네상스 시대까지의 검 제작법을 소개합니다. 다만 당시의 검 제작법에 대해서는 아직 완전히 판명되지 않은 부분이 많으며, 여기에서 소개하는 방법도 유물의 분석을 바탕으로 한 추측입니다.

(p455에 계속)

←『Bible Moralisee』37r. 파리 1225~1249년. 바이킹 시대와 중세 중기까지 도공은 앉아서 작업을 하였습니다. 고고학의 발굴을 통해서도 당시의 모루가 낮은 위치에 설치되어 있었다는 사실을 알 수 있습니다.

↑ MLMW 10 B 34 『Speculum Humanae Salvationis』 23v. 쾰른, 독일 1450년경. 중세 후기가 되면 모루의 위치가 높아져 대장장이는 서서 일하게 됩니다.

←16세기 무렵 도공의 작업장. 안에 검을 단련하는 도공. 왼쪽 안에는 연삭기로 검을 가는 공정, 앞쪽에는 끝손질을 하거나 풀러를 넣는 직인이 보입니다.

⚜ 이도류 기술 3
Countering Attacks
방어

출전 : Manciolino : pp. 127, 128

여기에서 소개하는 기술은 만치올리노의 시합 형에 삽입되어 있던 이도류의 방어와 카운터 기법입니다.

그의 말에 따르면 같은 이름을 가진 기법이라도, 예를 들어 오른쪽 검의 만드리토는 오른쪽 위에서 왼쪽 아래로 베고, 왼쪽 검의 만드리토는 왼쪽 위에서 오른쪽 아래로 베는 식으로 공격을 행하는 검에 따라 방향이 달라진다고 합니다.

1 오른쪽 검의 만드리토

제자가 오른쪽 검으로 오른쪽 위에서 왼쪽 아래로 내리치면, 왼쪽 검으로 제자의 검을 막고 오른쪽 검으로 찌르기를 합니다.

2 왼쪽 검의 만드리토

제자가 왼쪽 검으로 왼쪽 위에서 오른쪽 아래로 내리치면, 왼쪽 검의 앞날로 제자의 검을 막고 오른쪽 검으로 제자의 얼굴을 위에서 아래로 벱니다.

3 오른쪽 검의 리베르소

제자가 오른쪽 검으로 왼쪽 위에서 오른쪽 아래로 내리치면, 오른쪽 검으로 방어하고 왼쪽 검으로 제자의 얼굴을 왼쪽 위에서 오른쪽 아래로 벱니다.

4 왼쪽 검의 리베르소

제자가 왼쪽 검으로 오른쪽 위에서 왼쪽 아래로 내리치면, 왼쪽 검의 앞날로 제자의 공격을 막고 오른쪽 검으로 제자의 얼굴에 찌르기를 합니다.

이도류 기술 4

C against A
「C」 대 「A」의 공방

출전 : Agrippa : pp. 89, 90

아그리파의 「C」 자세는 만치올리노 등이 말하는 「하단」 자세, 또한 「A」 자세는 「상단」 자세에 해당합니다. 그의 기법은 매우 난해하므로 여기서 소개하는 해석은 잘못되었을 가능성이 있습니다.

아래의 해설문에서 괄호 안의 말은 필자의 추측입니다.

1

스승은 「C」 자세, 제자는 「A」 자세를 취하고 당장에라도 공격하려 하고 있습니다.

2

스승은 왼손을 「네 번째」 위치에서 머리 위로 들어올립니다. (그리고 제자의 오른쪽 검을 오른쪽으로 밀어냅니다)

3

이어서 (오른쪽) 검을 반시계방향으로 감아 제자의 가슴에 페인트로 찌르기를 하면 제자의 몸이 무방비 상태가 됩니다. 제자는 왼쪽 검을 이용해 페인트 공격을 왼쪽으로 밀어내려 하므로 몸의 중심부가 열리는 것입니다.

4

오른쪽 검을 「두 번째」 위치에 가져가 머리 뒤로 당기는 동시에, 왼쪽 검으로 제자의 검을 (양쪽 한꺼번에) 때려 아래로 내립니다. 이때 왼손을 충분히 내려 보다 효율적으로 제자의 검을 누르고 제자에게 (왼쪽 검으로) 찌르기를 합니다.
혹은 (왼쪽) 검을 무릎 뒤까지 당겨 「네 번째」 위치로 잡고 찌르기를 합니다.

5 카운터

스승이 페인트로 공격하면 제자도 (오른쪽 검으로) 페인트 찌르기를 하고 손을 「두 번째」 위치로 가져갑니다. 동시에 왼쪽 검으로 스승의 오른쪽 검을 오른쪽으로 받아넘기고, 오른쪽 검으로 스승의 왼쪽 검을 오른쪽으로 밀어내면서 찌르기를 합니다.

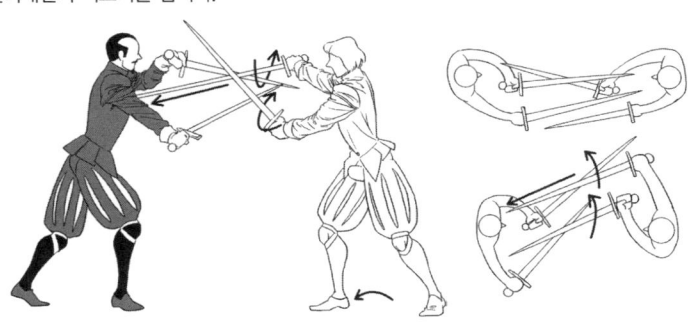

이도류 기술 5

Case of Rapier

첫 번째 형

출전 : Agrippa : p. 87

여기에서는 자세를 계속해서 재빨리 바꿔 상대를 혼란에 빠뜨리는 기법을 소개합니다. 간단히 설명하자면 오른손을「세 번째」위치에서 시계방향으로 90도 감아「네 번째」위치로, 이어서 다시「세 번째」위치로 돌아갔다가 반시계방향으로 90도 감아「두 번째」위치로, 그리고 시계방향으로 180도 감아「네 번째」위치로 가져가 공격하는 것입니다.

한편 이 기술은 아그리파의 검술에서 베기가 등장하는 특이한 예입니다.

1

스승은 일련의 자세를 취한 다음「네 번째」위치에서 페인트로 제자의 눈에 찌르기를 합니다.

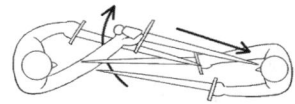

2

오른손을 회전시켜「첫 번째」자세를 취하고, 제자의 오른쪽 검을 오른쪽으로 밀어내며 가슴에 찌르기를 합니다. 왼쪽 검은 제자의 왼쪽 검에 대비합니다.

3 카운터

제자는 뒤로 점프하거나, 또는 오른팔을 반시계방향으로 회전시켜 스승의 검을 왼쪽으로 받아넘기고, 이어서 스승의 머리 또는 다리를 공격합니다.

제 14 장
SMALL SWORD
스몰소드

⚜ 스몰소드 기술 1

Quarte

카르트

출전 :

카르트는 프랑스어로「네 번째」를 의미하는 말로, 이탈리아식 레이피어 검술의「네 번째」자세가 독자적으로 발전한 것입니다.

또한 프랑스식 스몰소드 검술에서 가장 많이 사용하여 유파의 대명사가 된 자세이기도 합니다. 실전에서는 안쪽 상단 · 하단 및 바깥쪽 하단을 방어하고, 안쪽 상단 · 하단을 공격합니다.

스몰소드의 공격은 알롱쥬(Allongé : 길쭉한)라고 부릅니다. 이 기술은 우선 팔을 뻗은 다음 발을 내딛고 공격하는 것으로, 찌르기라기보다「검을 사용한 몸통박치기」라고 할 수 있습니다.

1

카르트 자세입니다. 왼쪽 무릎을 약간 구부려 체중을 싣고, 몸을 자연스럽게 뒤로 기울입니다. 왼팔은 위로 뻗습니다.

2

카르트의 알롱쥬입니다. 오른손을 눈 높이에서 쭉 뻗은 다음 오른발을 35~40cm 정도 내딛고 공격합니다. 이때 왼손을 내려 균형을 잡습니다.

⚜ 스몰소드 기술 2

Tierce
티에르스

출전 :

티에르스는「세 번째」를 의미하는 프랑스 고어입니다. 레이피어 검술의「세 번째」자세와는 달리 검의 앞날이 대각선 바깥쪽을 향합니다. 바깥쪽 상단을 방어하고 바깥쪽 상단·하단을 공격하는 자세로, 프랑스식 스몰소드 검술은 실질적으로 카르트와 티에르스의 두 가지 자세로 싸웁니다.

1

티에르스 자세입니다. 몸의 자세는 카르트와 같지만 오른손의 방향이 다릅니다.

2

티에르스의 알롱쥬입니다.

⚜️ 스몰소드 기술 3
Basic Thrusts & Parries
기본 공격과 방어

출전 :

　프랑스식 스몰소드 검술에서는 어느 부위를 어떤 식으로 공격하는가, 그리고 그들 부위를 어떻게 방어하는가 상세하게 정해놓았습니다. 여기서는 기본적인 공격과 방어의 방법에 대해 설명합니다.

　여기서 말하는 「바깥쪽 · 안쪽」, 「상단 · 하단」이란 검사의 몸이 아닌 검을 기준으로 하므로 주의하기 바랍니다.

1

티에르스에서 스승의 검을 오른쪽으로 밀어내며 바깥쪽 상단을 공격합니다.

2 Quart Over

카르트에서 스승의 검을 회피하고 바깥쪽 상단을 공격합니다. 이때 검이 스승의 팔 위를 지나간다는 것이 이름의 유래입니다.

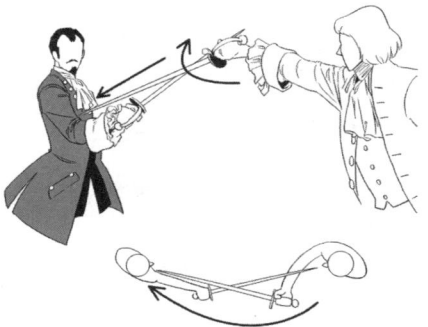

3 Quart Under

카르트에서 안쪽 상단을 찌릅니다. 검이 스승의 팔(또는 검) 아래를 지나가므로 이런 이름이 붙었습니다.

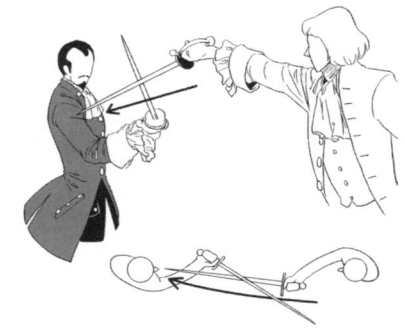

4

카르트에서 바깥쪽 하단을 찌릅니다.

5

카르트에서 안쪽 하단을 찌릅니다.

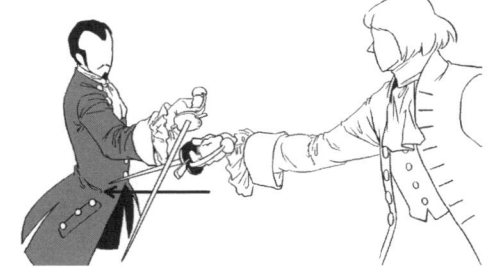

6

스콩드(Seconde)에서 스승의 검을 오른쪽으로 밀어내며 바깥쪽 하단을 찌릅니다. 스콩드는 「매달기」 자세와 같이 오른손을 얼굴 높이에서 대각선 오른쪽으로 들고 칼끝을 내린 자세입니다.

7

여기서부터는 방어법을 소개합니다(스승이 방어를 담당합니다). 안쪽 상단에 대한 공격은 카르트로 방어합니다.

8

바깥쪽 상단에 대한 공격은 티에르스로 방어합니다.

9

안쪽 하단에 대한 공격은 팔을 반회전시켜 방어합니다. 칼끝으로 원을 그리듯 시계방향으로 회전시켜 제자의 찌르기를 왼쪽으로 받아넘깁니다.

10

안쪽 하단에 대한 공격은 「하단 카르트」에서 왼쪽으로 받아넘깁니다.

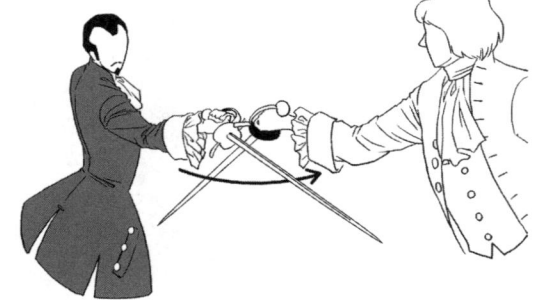

11

바깥쪽 하단에 대한 공격은 뒷날을 이용해 오른쪽으로 받아넘깁니다. 이 자세는 옥타브 또는 캥트라고 부릅니다.

스몰소드 기술 4
Contre-Quart, Tierce
콩트르 카르트, 티에르스

출전 :

프랑스식 스몰소드 검술의 체스와 같은 성격을 나타내는 기술입니다.

예를 들어 카르트끼리 대치하고 있는데 상대가 검을 바깥쪽으로 움직인다고 가정합니다. 그러면 이쪽은 「상대는 티에르스로 바깥쪽에서 찌를 것이다.」 또는 「이 움직임은 페인트에 불과하다. 거기에 반응하여 티에르스로 방어하려 하면, 다시 반대쪽(안쪽)으로 이동하여 카르트로 찌를 것이다.」 중에 어느 것이 진짜인지 가려낼 필요가 있습니다.

여기서 소개하는 기술은 이러한 상황을 타개하기 위한 것입니다. 이 기술에서는 자신의 검이 상대의 검 아래를 통과하여 반대쪽(안쪽)에 나오므로, 상대의 동작이 페인트든 아니든 상관없이 쳐낼 수 있습니다. 바깥쪽으로 나온 상대의 검 아래를 통과하여 상대의 검 안쪽에 나오면, 상대가 정말 찌르는 경우든 페인트인 경우든 상대의 검은 항상 이쪽의 검 안쪽에 위치하기 때문입니다.

하지만 이 기술은 검의 움직임이 너무 커지기 때문에 위험하다고 생각하는 검사도 있습니다.

1
카르트로 안쪽에서 대치하고 있습니다.

2
제자가 자신의 검을 스승의 검 아래로 통과시켜 반대쪽에 이동합니다. 여기에서 스승은 제자가 이대로 찌르기를 할 것인가, 아니면 스승이 티에르스로 방어하려 하는 틈에 다시 빠져나가 처음 위치에서 카르트로 찌를 것인가 순간적으로 판별할 필요가 있습니다.

3
하지만 스승은 제자의 검 아래를 통과하여 반대쪽으로 이동한 다음 제자의 행동에 관계없이 왼쪽으로 받아냄깁니다.

⚜ 스몰소드 기술 5

Flanconnade

플랑코나드

출전 : Rector : p. 54   1805 : p. 23   Liancour : pl. 17, 18

플랑코나드는 당시 매우 우아하다고 인식되던 리포스트(상대의 공격을 방어하는 즉시 반격하는 것)의 일종으로, 프랑스식 스몰소드 검술의 정수라고도 할 수 있는 기법입니다. 이 기술에서는 상대의 검을 방어한 뒤, 그 검을 넘어가 되찌릅니다. 다만 이때 상대의 검이 자신의 방어 안쪽에서 완전히 자유로운 상태가 되는데, 걱정되는 사람은 그림의 제자와 같이 왼손으로 상대의 검을 살짝 밀어내면 됩니다.

이 기술은 카르트와 티에르스 어느 쪽에서도 사용할 수 있습니다.

1
스승의 카르트 찌르기를 카르트로 방어합니다.

2
제자는 검을 바인딩한 채 스승의 검을 내리누릅니다. 이때 동시에 칼끝을 내리고 스승의 검을 넘어가 찌르기를 합니다.

스몰소드 기술 6
Disarming
검 떨어뜨리기
출전 : 1805 : p. 25

　이 기술에서는 「베기」라는 단어가 등장합니다. 하지만 여기서 말하는 베기란 상대를 베는 것이 아니라 검을 세게 내리치는 동작을 나타내는 것입니다(애초에 스몰소드에는 칼날이 없으므로 베는 것은 불가능합니다).

　또한 이 기술에서는 「세워막기(Pointe Volante)」라는 단어가 등장합니다. 이것은 검을 수직으로 세우는 방어법으로, 카르트(안쪽・왼쪽)와 티에르스(바깥쪽・오른쪽)의 2종류가 있습니다.

1
티에르스의 「세워막기」로 제자의 바깥쪽 찌르기를 바깥쪽으로 방어합니다.

2

오른발을 내디디며 제자의 검을 아래로 내리칩니다.

3

손을 비틀어 카르트로 이행하면서 제자의 검을 때려 떨어뜨리고 제자에게 찌르기를 합니다.

스몰소드 기술 7

Against the Left-Hander

왼손잡이 검사에 대한 공격

출전 : Rector : p. 60, 63

　이 기술은 18세기 전반에 활동한 도널드 맥베인의 책에 수록되어 있는 것으로, 그의 말에 따르면 왼손잡이 검사와 싸울 때는 항상 상대의 바깥쪽에 위치하는 것이 바람직하다고 합니다.

1

왼손잡이 검사에 대항할 때는 카르트에서 바깥쪽 상단을 공격하거나, 상대의 팔 아래를 「하단 카르트」로 공격하는 것이 효과적입니다.

2 상대가 손을 들어 방어할 경우

여제자의 왼쪽 눈에 가볍게 페인트 공격을 합니다. 여제자는 오른손을 들어 스승의 찌르기를 방어했습니다.

3

이어서 여제자의 검 아래를 카르트로 찌릅니다.

4 상대가 손을 내려 방어할 경우

여제자는 손을 들지 않고 스승의 페인트를 방어했습니다.

5

스승은 우선 여제자의 검 아래를 통과하여 안쪽(여제자의 오른쪽)에 페인트 공격을 합니다. 여제자가 이것에 반응하여 안쪽을 방어하려고 하면, 다시 검 아래를 통과하여 여제자의 팔 위로 공격합니다.

⚜ 스몰소드 기술 8
Boar's Thrust
보어 찌르기

출전 : Rector : p. 53, 54

여기에서 보어(Boar)란 멧돼지가 아니라 네덜란드 민족을 가리키는 말로(세계사에 흥미가 있는 사람이라면 보어전쟁을 떠올릴 수 있을 것입니다), 평범한 도장에서 배우는 검술과는 다른 무척 비겁한 기술이라는 뜻입니다.

이 기술은 공격이 상대의 급소에 명중할 가능성이 높기 때문에, 맥베인은 강도나 폭한에게 습격당했을 때, 상대를 죽일 마음이 있을 때, 상대가 죽든 말든 상관없을 때가 아니면 사용하지 말라고 경고하였습니다.

그의 자세는 프랑스식 자세와 달리 왼손을 얼굴 앞에 두고 방어에 사용합니다.

1
스승은 검을 수평으로 들고 허리를 뒤로 끌어당깁니다.

2
지체하지 않고 발을 내디디며, 어디든 좋으니 아무 곳에나 찌르기를 한 다음 재빨리 후퇴합니다.

스몰소드 기술 9

Against the Broad Sword
대 클레이모어용 기술

출전 : Rector : p. 60

맥베인은 하일랜드 씨족의 전사 계급 출신은 아니지만 스코틀랜드 출신 병사로서 신병 시절 하일랜드 검사들과 싸웠던 경험을 가지고 있습니다(시종일관 갈팡질팡할 뿐이었지만).

여기서는 그런 그가 스몰소드로 클레이모어(한손검)에 대항하기 위해서는 어떻게 해야 하는지 해설한 기법을 소개합니다.

1

일반적인 전법으로, 자세를 낮게 유지하면서 상대와 검이 맞닿지 않도록 합니다. 그리고 검을 빼거나 뒤로 물러나 상대의 공격을 피하는 즉시 오른팔에 찌르기를 합니다.

2

상대가 공격하면 검을 수평으로 드는 「성 게오르기우스」 자세(원문에는 Cross Guard)를 취하고, 상대의 공격을 날밑 부근에서 받아냅니다.

3

그리고 상대가 태세를 바로잡기 전에 스콩드로 찌르기를 합니다.

제 15 장
BASKET-HILT SWORD
바스켓 힐트 소드

⚜ 바스켓 힐트 소드 기술 1

Spadroon against Broad Sword & Targe
스패드룬 대 클레이모어

출전 : Rector : p. 68

　스패드룬이란 찌르기·베기 겸용의 경량 군용 검으로, 18세기에 널리 사용되었습니다. 여기서는 이 군용 검을 이용해, 클레이모어와 타지로 굳게 방어하고 있는 하일랜드 전사와 싸우는 법을 소개합니다.

　맥베인은 타지를 그리 높이 평가하지 않습니다. 왜냐하면 사용법에 완전히 숙달되기 전까지는 스스로의 시야를 가리는 일이 많아 오히려 방해가 되기 때문입니다. 그는 타지보다 검의 칼집을 이용하는 편이 효과적이라고 하였습니다.

　여기서 소개하는 것은 얼굴에 페인트 공격을 함으로써 방패를 들어올려 시야를 가리게 만든 다음 다리를 공격하는 기술입니다.

1

스승은 코트의 오른쪽 소매를 찢어 왼손에 감고, 젖은 냅킨을 모자 아래와 목에 감아 상대의 베기 공격에 대비합니다.

2

맥베인의 말에 따르면 하일랜드 전사의 첫 번째 일격은 항상 머리를 겨냥한 베기라고 합니다. 그것을 알고 있는 스승은 왼팔로 상대의 공격을 방어합니다(이 방어는 상대의 검을 막아내는 것이 아니라 받아넘기는 것이라고 생각합니다).

3

그리고 재빨리 타지 위로 손을 뻗어 제자의 눈을 겨냥하여 찌릅니다. 제자는 이것을 막기 위해 타지를 올려 시야를 가리게 됩니다.

4

신속하게 제자의 다리를 베거나 복부를 찌릅니다.

바스켓 힐트 소드 기술 2
Highland Method1
하일랜드의 기법 1

출전 : Page

잉글랜드의 상점 주인으로 「자코바이트의 반란(1745년)」에 종군한 경험이 있는 토마스 페이지는 1746년 출판한 저서를 통해 당시 하일랜드 전사들의 기법을 많이 소개하고 있습니다. 그의 말에 따르면 하일랜드 전사들은 항상 「바깥쪽」 자세(검을 오른쪽에 위치시키는 자세)를 취하고, 두 다리를 평행에 가깝게 서며, 검과 방패를 가슴 높이에서 들면서 방패를 약간 앞으로 내민다고 합니다.

1

두 사람은 「바깥쪽」 자세로 대치하고 있습니다.

2

제자의 타지와 검 사이를 겨냥하여 오른쪽에서 왼쪽으로 공격합니다. 제자는 이것을 타지로 막습니다.

3

스승은 「매달기」 자세로 이행합니다. 이 자세에서는 일반적으로 머리를 노려 공격하므로, 제자는 타지를 들어올려 방어하려고 합니다.

4

스승은 머리를 공격하지 않고 무방비 상태가 된 제자의 몸통 왼쪽을 공격합니다. 만약 제자가 타지를 들어올리지 않는다면 평범하게 머리를 공격합니다.

바스켓 힐트 소드 기술 3
Highland Method2
하일랜드의 기법 2

출전 : Page

이 기술은 상대가 이쪽의 공격을 몇 번인가 방어했을 때 사용합니다.

1

몇 차례의 공방이 끝난 뒤, 스승은 검과 타지를 허리 높이까지 내리고 검을 타지 안쪽에 집어넣어 제자의 공격을 유도합니다.

2

제자가 공격하면 방패가 아닌 검으로 방어합니다.

3

그리고 타지로 제자의 검 손잡이를 세게 내리친 다음 제자의 타지 쪽으로 밀어붙입니다. 이렇게 제자의 검과 타지를 한꺼번에 봉쇄하고 제자의 머리를 공격합니다.

바스켓 힐트 소드 기술 4
Highland Method3
하일랜드의 기법 3

출전 : Page

페이지의 말에 따르면 하일랜드 전사의 기본전략은 「공격받기 전에 공격하는 것」이라고 합니다. 또한 기술적으로는 전장의 경우 머리를 목표로 내리치거나 배를 겨누고 벤다고 하며, 결투의 경우 상대의 손목 안쪽을 노린다고 하였습니다.

여기에서는 하일랜드 전사의 기본적인 공방법을 소개합니다.

1
스승은 제자의 오른팔 바깥쪽을 공격합니다.

2
만약 제자가 공격을 막거나 피하면, 스승은 제자의 복부에 페인트로 찌르기를 하고 제자의 움직임을 주시합니다.

3

만약 제자가 카운터로 스승의 머리를 겨냥하고 공격한다면, 스승은 재빨리 뒤로 물러나 공격을 피하고 제자의 목을 공격합니다. 페이지는 대개의 경우 이 일격으로 상대의 목을 날려버릴 수 있다고 하였습니다.

4

만약 제자가 페인트에 아무런 반응도 보이지 않을 때는 그대로 제자에게 찌르기를 합니다. 그리고 제자가 당황하여 검을 아래로 내리면 머리를 내리칩니다.

바스켓 힐트 소드 기술 5
하일랜드의 결투 기법
Highland Duelling Technique

출전 : Page

이 기술은 하일랜드 전사가 결투에서 자주 사용하는 것으로 상대의 손목 뒤쪽을 공격합니다. 독일식 검술에서 말하는 「듀플리에렌」과 「자르기」를 조합한 기술이라, 세게 내리치는 경우가 많은 하일랜드의 기법치고는 상당히 독특하다고 할 수 있습니다.

이는 당시 결투의 목적은 상대를 죽이는 것이 아니라 상대가 패배를 인정하게 하는 것이었으므로, 신속하게 전투력을 빼앗을 수 있는 기법이 선호되었기 때문일 것입니다.

1
제자가 공격하지만 스승은 겁내지 않고 과감하게 발을 내디디며 제자의 공격을 막습니다.

2
재빨리 검을 감아 제자의 손목 안쪽에 칼날을 대고, 뒤로 물러나면서 제자의 손목을 벱니다.

바스켓 힐트 소드 기술 6
Highland Broad Sword, Tenth Division
하일랜드 브로드소드 · 열 번째 형

출전 : Angelo(1799)

  이 기술은 「런던 웨스트민스터 도보 경기병 의용군(Dismounted Troops of Light Horse Volunteer of London & Westminster)」이 실시하던 하일랜드 브로드소드의 연습용 형입니다. 이 부대는 런던 중심부에 거주하는 유복한 은행가와 상인 중심으로 구성된 향토방위대로 1779년에 창설되어, 현재는 「제2 런던 요먼 연대(Second County of London Yeomanry)」 통칭 「웨스트민스터 드라군(The Westminster Dragoons)」이라 불리는 런던 중앙부 유일의 국민 방위군입니다.

  형이 어느 자세에서 시작되는지는 그려져 있지 않지만, 아마도 당시 브로드소드 검술의 기본자세인 「매달기」 자세에서 시작하지 않을까 합니다. 또한 형의 마지막 세 가지 동작인 「오른팔 바깥쪽에 대한 베기」, 「복부에 대한 베기」, 「가슴에 대한 베기」는 중복되므로 생략하고, 그 대신 「시프트」라는 기술을 넣었습니다. 이것은 상대가 발을 공격할 때 앞발을 당겨 피하는 기술로, 독일식 검술에서는 「아웃레인지(Überlangen)」라는 이름으로 소개하고 있습니다.

1
「매달기」 자세에서 시작합니다.

2

스승은 오른발을 앞으로 내밀고 머리를 공격합니다. 제자는 오른발을 당기며 「성 게오르기우스」 자세로 방어합니다.

3

제자는 오른발을 내딛고, 스승의 얼굴을 오른쪽에서 왼쪽으로 공격합니다. 스승은 오른발을 당기며 「안쪽」 자세(검을 왼쪽에 가져오는 자세)로 방어합니다.

4

스승은 다시 오른발을 내디디며 제자의 오른팔 바깥쪽을 공격합니다. 제자는 「바깥쪽」 자세로 방어합니다.

5

제자는 스승의 복부를 오른쪽에서 왼쪽으로 공격합니다. 스승은 「안쪽 매달기」 자세(검을 왼쪽에 들고 칼끝은 아래로 향하는 자세)로 방어합니다.

6

스승은 가슴을 공격합니다. 제자는 「안쪽」 자세로 방어합니다.

7 시프트

스승이 제자의 발을 공격합니다. 제자는 오른발을 당겨 스승의 공격을 피하는 동시에 오른손을 똑바로 뻗어 스승의 목을 공격합니다.

바스켓 힐트 소드 기술 7
Technique against the Line-Infantry in Battle Order
전열보병에 대항하는 기술

출전 : Rector : p. 10

　이 기술은 정식 기법으로 소개된 것은 아니며, 1745년 「자코바이트의 반란」 당시 하일랜드 병사들이 잉글랜드의 전열보병에 대항하기 위해 고안했다는 전법을 여러 가지 증언을 바탕으로 도해한 것입니다. 보면 알 수 있듯이 강철의 심장과 강인한 각력, 그리고 좌우에 잡은 무기로 동시에 각각의 목표를 타격하는 기술력이 요구되는 고난도의 기술입니다.

　이때 잉글랜드군의 기본전략은 심열방어라고 불리는 것으로, 병사를 세 줄로 배치하여, 돌진하는 적군에게 끊임없이 총탄을 퍼붓고, 접근전에서는 총검의 벽을 쌓아 적이 다가오지 못하게 하였습니다. 이 전법은 눈사태처럼 밀어닥쳐 적을 일격에 분쇄하는 하일랜드의 전투법을 상대하는 데 무척 효과적이었기 때문에, 하일랜드 전사들은 적의 접근을 허용하지 않는 총검의 벽을 어떻게 돌파하느냐 지혜를 짜낼 필요가 있었습니다.

1

제자는 오른손에 클레이모어, 왼손에 타지와 더크를 쥐고 타지 뒤에 숨어 비 오듯 쏟아지는 탄환 속을 돌격합니다.

2

운 좋게 적의 전열에 도달하면, 왼발을 앞에 내밀고 무릎을 크게 구부려 자세를 낮춥니다. 그리고 상대의 총검을 타지로 방어하면서 아래로 파고듭니다.

3

다음 순간, 단숨에 일어나 오른발을 앞으로 내디디며 타지를 밀어 올려 스승과 여제자의 총검을 위로 튕겨냅니다.

4

왼손의 더크로 여제자의 가슴을, 오른손의 검으로 스승의 머리 또는 가슴을 공격하여 처치합니다.

제 16 장
HORSEBACK COMBAT
마상전투

⚜ 마상전투 기술 1
Lança de Sobre-Mãao
창을 메는 자세

출전 : Duarte : pp. 168-172

포르투갈 왕 돈 두아르테 1세는 1434년 집필한 저서를 통해 마상에서의 다양한 사냥법과 전투술을 해설하고 있습니다. 여기서는 창을 어깨 위에 메는 자세로 사냥을 하는 방법에 대해 설명합니다.

사냥이라고는 하지만 여기서 소개하는 개념은 실제 전투에서도 응용할 수 있는 것입니다. 이 자세에서는 우선 가능한 한 크고 무거운 창을 장비하는 것이 좋습니다. 가벼운 창을 사용하면 좀 더 민첩하게 다룰 수는 있겠지만, 현실에서 그 정도 민첩함의 차이는 대단한 것이 아니며, 보다 높은 위력을 가진 창을 사용하는 것이 바람직하다고 합니다.

사냥감의 종류에 따라 두 가지 공격법이 있습니다.

1. 뿔이나 송곳니를 가진, 이른바 「방어력이 높은」 동물을 사냥할 때

창을 단단히 움켜쥔 상태로 팔에 긴장을 풀고 있는 힘껏 찌릅니다. 다만 이때 체중을 싣고 찔러서는 안 됩니다. 상대가 뿔이나 송곳니를 가지고 있으므로, 체중을 실을 경우 거기에 꿰뚫릴 가능성이 있기 때문입니다.

2. 뿔 등을 가지고 있지 않은 「방어력이 없는」 동물을 사냥할 때

팔꿈치를 높이 들고 창과 팔이 몸에서 떨어지지 않도록 합니다. 그리고 접촉한 순간 팔을 내밀어 모든 체중을 싣고 찌릅니다. 왕의 말에 따르면 제대로 찔렀을 경우 창이 사냥감의 몸을 관통한다고 합니다.

그리고 상대의 움직임에 따라 아래와 같은 대처법이 있습니다.

1. 사냥감이 이쪽으로 다가오고 있을 때

손을 얼굴 높이로 들고 평정을 유지하며, 사냥감이 스스로 창을 향해 돌진하도록 놓아둡니다. 사냥감이 접근하기 전에 미리 손을 얼굴 높이로 들고 준비하지 않으면 타이밍이 맞지 않는다고 합니다.

2. 사냥감이 도망치고 있을 때

몸을 앞으로 기울이고 사냥감을 찌릅니다. 동물은 뒤에서 찔리면 급정지하며 방향을 틀기 때문에 창이 더욱 깊이 박히지만, 때로는 사냥감이 이쪽의 말을 공격하기도 하므로 위험합니다.

3. 사냥개 등에 둘러싸여 사냥감이 정지해 있을 때

팔을 너무 높이 들지 않고 상반신에 단단히 가져다 댑니다. 이때 말을 세우면 창의 위력이 떨어지므로 말을 세우지 않고 고삐로 확실하게 컨트롤합니다. 강한 창을 사용하며, 창이 명중하는 순간 지면에 꽂듯 밀어붙이면 사냥감을 쓰러뜨릴 수 있습니다.

창을 어깨 위에 멘 자세입니다.

⚜ 마상전투 기술 2
Hunting on Horseback
마상에서의 사냥
출전 : Duarte : p. 160

여기서 소개하는 기법은 마상에서 사냥을 할 때 어떤 식으로 말을 조종하여 절호의 위치로 몰고 가느냐에 대해 해설한 것입니다.

마상에서 사냥을 할 때 사냥감의 상황은 「사냥감이 이쪽을 공격할 때」, 「사냥감이 앞을 가로지를 때」, 「사냥감을 뒤쫓고 있을 때」의 세 가지로 분류할 수 있습니다.

사냥감이 이쪽을 공격할 때
1. 사냥감이 정면에서 다가오는 경우

사냥감이 정면에서 돌진해오면, 충돌 직전에 말을 왼쪽으로 틀어 사냥감의 어깨 사이를 찌릅니다.

이때 「말 머리를 왼쪽으로 기울인다.」, 「신중하게 겨냥한다.」, 「체중을 실어 보다 깊은 대미지를 준다.」, 「상처의 정도를 보고 창을 뽑을지 내버려둘지 결정한다.」, 「(공격 직전) 박차를 가해 사냥감과의 격돌을 피한다.」라는 5개의 포인트가 중요합니다.

만약 말의 스피드가 충분히 빠르고 창이 앞으로 나와 있는 상태라면, 체중을 실을 필요 없이 창을 단단히 움켜쥐는 것만으로도 강력한 대미지를 줄 수 있습니다.

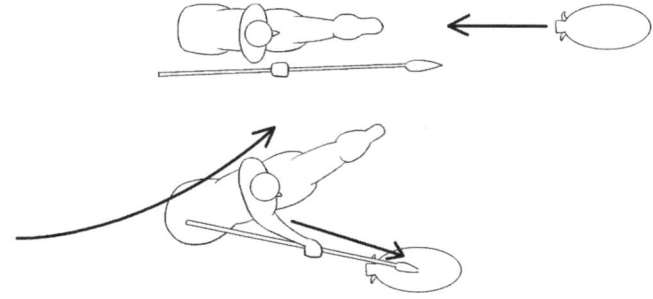

2. 사냥감이 옆에서 다가오는 경우

오른쪽에서 사냥감이 다가오면 우선 말이 정면을 향하도록 방향을 조정한 뒤, 창을 어깨에 얹지 않고 팔을 내려 잡은 자세(원문에서는 Lança de soo-braço라고 하는데, 창을 평범하게 잡은 상태입니다)로 찌릅니다.

 왼쪽에서 사냥감이 다가오면 창을 양손으로 쥐고 몸을 왼쪽으로 비틉니다. 그리고 사냥감이 말 뒤로 지나가도록 하여(아마도 말을 왼쪽 방향으로 몰아) 사냥감을 찌릅니다.

사냥감이 왼쪽에서 왔을 때

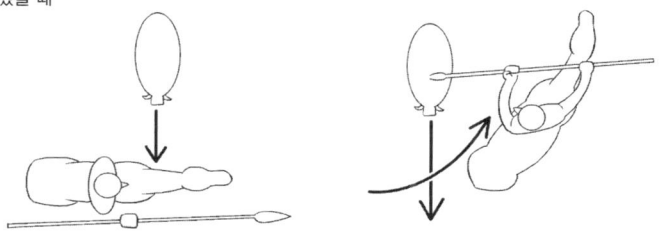

3. 사냥감이 뒤에서 다가오는 경우

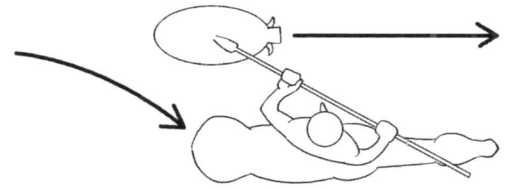

 사냥감이 왼쪽에 오도록 말을 컨트롤하고 양손에 쥔 창으로 공격합니다.

사냥감이 우연히 앞을 가로지를 때
1. 사냥감이 오른쪽에서 왼쪽으로 가로지르는 경우
 침착하게 뒤를 쫓아가 나란히 달리며 찌르기를 합니다.
2. 사냥감이 왼쪽에서 오른쪽으로 가로지르는 경우
 양손으로 사냥감을 공격하거나, 아니면 사냥감을 쫓아가 일단 앞지른 다음 말의 방향을 돌려 정면에서 공격합니다. 이때 사냥감이 달리는 스피드가 빠르면 큰 원을 그리고, 느리면 작은 원을 그려 반전합니다. 이렇게 하는 것은 사냥감이 고속으로 달려오고 있을 때 작은 원을 그리며 돌면 사냥감에게 들이받힐 가능성이 있기 때문입니다.

사냥감을 뒤쫓고 있을 때
1. 가능한 한 창의 후단을 잡고 팔 아래 끌어안은 자세로 말의 스피드를 이용해 공격합니

다. 이때 몸이나 팔의 위치를 옮기지 않도록 주의합니다.
2. 창의 무게중심보다 약간 뒤를 잡고 몸을 앞으로 기울인 다음 팔을 뻗어 찌릅니다. 이렇게 하면 1번 방법보다 빠르게 공격할 수 있으나, 그만큼 결정적인 대미지는 줄 수 없습니다.
3. 곰이나 들소, 커다란 멧돼지를 사냥할 때는 다음과 같이 합니다.

1
뒤에서 거리를 좁힙니다.

2
스피드를 늦추고 말을 오른쪽으로 몹니다.

3
왼쪽으로 방향을 틀고 뒤를 가로지르며 창으로 찌릅니다.

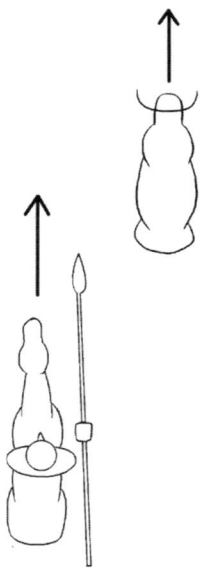
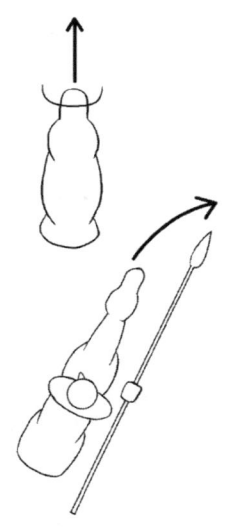
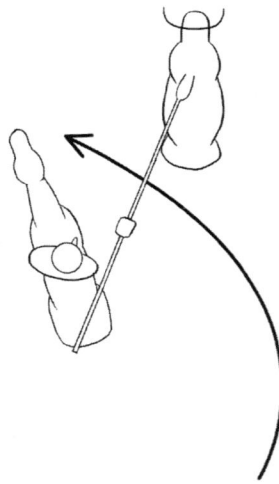

⚜ 마상전투 기술 3
Javelin Throwing
마상 창던지기

출전 : Duarte : pp. 172-177

두아르테 왕은, 갑옷을 입은 상대에게는 투창의 효과가 없으나, 그렇다고 그것이 연습을 하지 않아도 될 이유는 아니라고 서술하였습니다. 이 구절을 통해 투창은 전장에서 보병과 경기병 등 경무장한 적을 공격하거나, 또는 사냥과 스포츠에 사용하는 기술이라는 사실을 알 수 있습니다.

창을 능숙하게 던지기 위해서는 「멀리 던지는 기술」, 「목표에 명중시키는 기술」, 「안전을 확보하는 기술」, 「우아하고 아름답게 던지는 기술」의 네 가지 기술이 필요하다고 합니다. 마지막 기술은 필요 없어 보이기도 하지만, 당시 아름다운 동작은 고귀한 인물의 신분을 증명할 뿐만 아니라 부하의 존경과 신뢰를 획득하는 데 중요하게 작용한 만큼, 어떤 의미로는 가장 중요한 요소 중 하나였을 것입니다.

멀리 던지는 기술

좌 : 오버스로 우 : 언더스로―양쪽 모두 「Le Livre de la Chasse」(1407년 제작)에서.

창을 던질 때는 오버스로와 언더스로의 두 가지 방법이 있습니다. 오버스로는 오른손을 높이 들고 던지는 방법이며, 언더스로는 현대 창던지기 경기와 같이 던지는 방법입니다. 오버스로로 던질 때는 말을 출발시키면서 팔을 높이 들어서는 안 되며, 언더스로로 던질 때는 던지기 전에 주저해서는 안 된다고 합니다.

왕은 오버스로가 더 뛰어나다고 이야기하였으나, 그 자신은 언더스로가 습관이 되어 오버스로로 던지려 하다가도 그만 무심코 팔을 내려버린다고 서술하였습니다.

멀리 던지기 위해서는 지네타식 안장이 가장 적합하다고 합니다. 팔에 긴장을 풀고 평평한 대지 위에서 순풍을 받으며 말을 달립니다. 이렇게 던지면 도보로 던질 때보다 적어도 3분의 1은 더 멀리 날릴 수 있습니다.

왕은 창을 던지기 직전 말을 세우면 더 멀리 던질 수 있다고 생각하는 사람이 있지만 그것은 착각이라며 비판하고 있습니다. 또한 자주 박차를 가하는 것도 엄금으로, 박차를 가하는 것은 창을 던지기 직전 한 번만으로 족하다고 하였습니다.

또한 그 자신의 실례를 들어, 도보로 던질 때는 창의 길이의 11배 거리를 던질 수 있지만, 말을 사용할 때는 16배 거리를 던질 수 있다고 적고 있습니다. 창의 길이가 1.5~2m라고 가정한다면 도보에서의 비거리는 16.5~22m, 마상에서는 24~32m라는 결론이 됩니다.

목표에 명중시키는 기술

목표에 정확하게 명중시키기 위해서는 현재 보이는 목표를 겨냥해서 던지지 말고, 목표의 미래 위치를 예측해서 던져야 합니다.

또한 설사 눈앞에 사냥감이 나타난다 해도, 사냥감이 정면에 위치한다면 창을 던지지 않는 것이 좋습니다. 허둥대며 던져봐야 명중하지도 않고 오히려 위험하기 때문입니다. 다만 침착하게 겨냥하고(아마도 사냥감이 오른쪽에 오도록) 던지는 것은 바람직합니다.

왕은 그 자신에게도 사냥감이나 말의 갑작스런 움직임, 바람의 방향, 울퉁불퉁한 지형, 창을 잡는 위치의 실수, 부적절한 안장 등 여러 가지 요인으로 창이 빗나간 경험이 수없이 많으므로, 설령 창이 명중하지 않더라도 신경 쓰지 말고 연습을 계속하도록 조언하고 있습니다.

안전을 확보하는 기술

안전하게 던지기 위해서는 결코 창을 정면으로 던져서는 안 된다고 합니다. 창을 정면으로 던지면 창에 말이 걸리거나 찔리는 등 사고가 일어나기 때문입니다. 그러므로 창을 던지고 나서 창과 반대방향으로 말 머리를 틀고 달리면 사고를 방지할 수 있습니다.

우아하고 아름답게 던지는 기술

아름답게 창을 던지기 위해서는 적절한 말·안장·복장, 그리고 창이 필요합니다. 또한 몸과 다리를 올바른 위치에 두고 견고하게 앉아 팔을 지렛대처럼 사용하여 던지는 것이 좋다고 하였습니다.

마상전투 기술 4

Turning Around
돌아서기

출전 : St. G : p. 51   Duelling : pp. 43, 59   Fiore (Getty) : 42r
Armizare : p. 251   Mair/Vol2 : 179r   Kal : 8v

이 기술은 창을 가진 상태에서 배후에 적이 나타났을 때 재빨리 후방을 향하는 기법입니다. 대부분의 페히트부흐에 등장하는 것으로 보아, 당시 상당히 중요한 기술이었다는 사실을 알 수 있습니다.

마이어는 우선 상대를 바라본 상태로 말 머리를 돌려 마치 도망치는 것처럼 위장하고 나서 이 기술을 사용하였습니다.

1
스승은 창을 오른쪽 어깨에 얹고 창끝을 뒤로 향합니다.

2
이어서 창을 왼쪽 어깨 위로 옮깁니다.

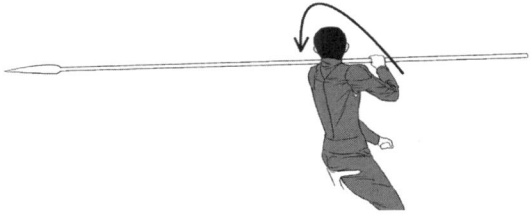

3
왼쪽으로 뒤를 도는 동시에 창을 아래로 내려 옆구리에 끼웁니다.

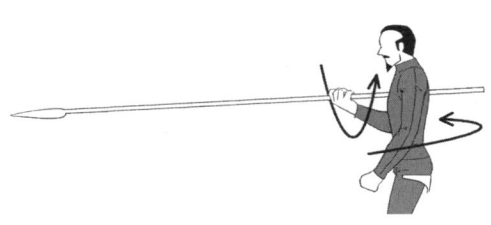

4 피오레 버전 1

창을 오른쪽 어깨에 얹은 처음 자세로부터, 창을 왼쪽 어깨 위로 옮기고 왼쪽으로 뒤돌아 「귀부인」 자세를 취합니다. 이 상태에서 상대의 창을 오른쪽으로 쳐냅니다.

5 피오레 버전 2

오른쪽으로 뒤돌아 「멧돼지 어금니」 자세를 취합니다. 여기에서 전작 p467와 같이 상대의 공격을 방어하고 카운터 공격을 합니다.

6 마이어 버전

마이어 버전은 더욱 복잡합니다. 제자는 오른쪽 어깨 위에 창을 얹고, 스승이 탄 말의 앞발 사이로 창을 찔러 넣는 동시에 스승의 창을 오른쪽으로 받아넘깁니다.
그리고 오른팔을 오른쪽으로 뻗어 스승의 창을 밀어내고 말의 앞발을 걸어 넘어뜨립니다.

마상전투 기술 5

Halfspear
하프 스피어

출전 : St. G : p. 133　Duelling : pp. 30, 56　Kal : 7v, 8r　I. 6.4.5 : 29r–31v　I. 6.2.3 : 28r–30r

하프 스피어는 창의 중앙을 잡고 싸우는 기법으로, 방어에 뛰어나다고 평가받습니다. 이 기술에는 창끝 쪽을 사용하는가, 손잡이 쪽을 사용하는가에 따라 두 가지 종류가 있으나 기본적인 기법은 동일합니다.

1

손잡이 쪽을 이용해 스승의 창을 오른쪽으로 받아넘깁니다.

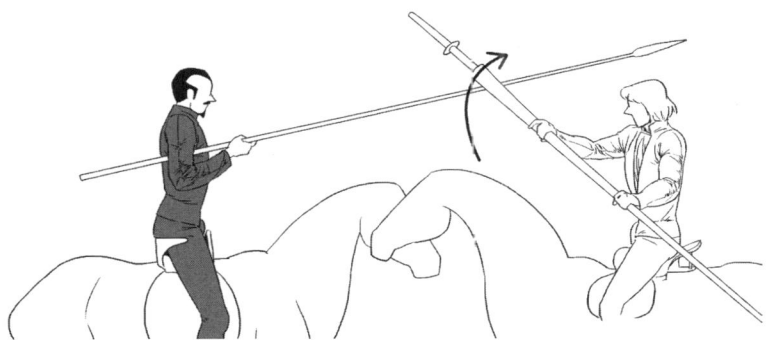

2

그리고 스승의 가슴이나 목을 찌릅니다.

3 카운터

제자가 찌르기를 하면 창에서 오른손을 놓고 제자의 창을 붙잡습니다.

4

이어서 제자의 목을 잡고 말이 달리는 스피드를 이용하여 제자를 말에서 내던집니다.

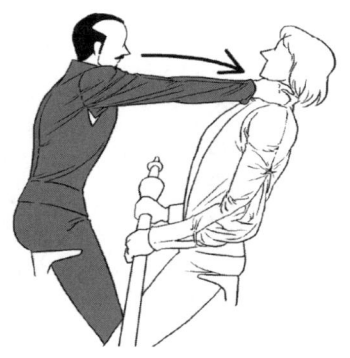

마상전투 기술 6
Throwing over the Horse
던지기

출전 : St. G : pp. 133, 134, 136   Duelling : pp. 31, 35   I. 6.4.5 : 38r

상대의 발 아래 자신의 발을 대고 밀어 올림으로써 상대를 던지는 마상전투 특유의 기법입니다. 폰 단치히 페히트부흐에서는 자신의 좌반신과 상대의 우반신이 마주하도록 강조하고 있어, 이 위치 잡기가 기술을 거는 데 중요한 요소라는 사실을 알 수 있습니다.

1
스승은 공격하려 하는 제자의 오른쪽에 위치해 있습니다.

2
스승은 왼손으로 제자의 오른쪽 팔꿈치를 붙잡고 위로 밀어 올려 공격을 봉쇄합니다.

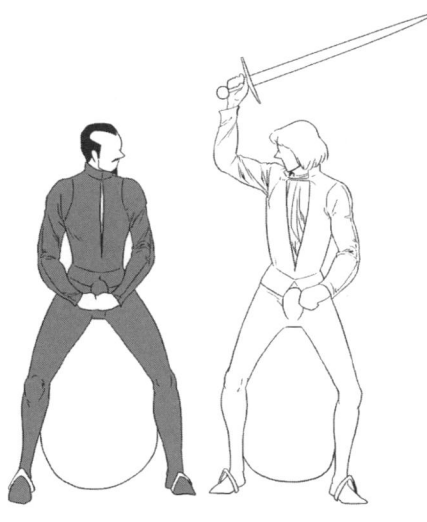

3

제자의 팔꿈치를 들어올리는 동시에, 왼발을 제자의 발 아래에 대고 제자의 몸을 밀어 올려 말 건너편으로 던집니다. 이때 오른손으로 제자의 검 손잡이 머리를 붙잡고 비틀면, 제자의 검을 빼앗을 수 있습니다.

4 검을 가지고 있을 때

두 사람이 정면으로 마주하고 있습니다. 스승은 공격하지만 제자의 방어에 가로막힙니다.

5

스승은 칼끝을 뒤로 돌려 제자의 팔을 들어올립니다. 동시에 오른발을 제자의 발 아래에 대고 밀어 올려 제자를 던집니다.

마상전투 기술 7

Thrust from the Nebenhut & Binding with the rein
「후방 가드」 자세에서의 공격과 고삐 묶기

출전 : St. G : pp. 136, 137　　Duelling : pp. 36, 37

　독일식 마상전투술에서는 자세를 번호로 부르는데, 어째서인지 이 기술에는 롱소드 검술과 같은 고유의 이름이 붙어 있습니다.

　「후방 가드」 자세(Nebenhut)는 검의 손잡이를 오른쪽 다리 부근에 위치시키고 칼끝으로 상대를 겨냥하는 자세로, 주로 찌르기를 할 때 사용합니다. 통상적으로는 「세 번째」 자세라고 불리는 자세입니다.

　「상단」 자세(Oberhut)는 검을 높이 들고 칼끝으로 상대를 겨냥하는 자세이며, 통상 「두 번째」 자세라고 불립니다.

1

스승은 「후방 가드」 자세를 취하고 제자의 얼굴에 찌르기를 합니다.

2

만약 제자가 이것을 방어한다면, 오른손을 반시계방향으로 감아 「상단」 자세로 이행하여, 제자의 얼굴에 찌르기를 합니다.

3

만약 제자가 이것도 방어한다면, 그대로 말을 몰아 접근하여 고삐를 쥔 왼손을 제자의 오른팔 위로 가져갑니다.

4

왼손을 제자의 오른팔에 감고, 손에 쥔 고삐로 제자의 팔을 결박합니다.

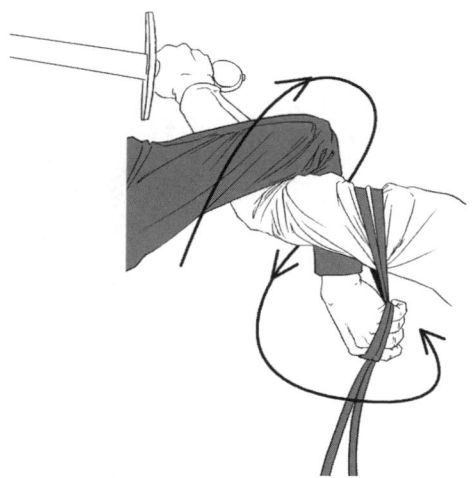

마상전투 기술 8

Verporgen Ringen
비기

출전 : St. G : p. 144　　Duelling : pp. 45, 46　　Talhoffer (1459) : 139r

　이 기술은 전작 p258, 259에서 소개한 것과 거의 같은 기법을 마상전투에 응용한 것입니다. 상대를 구속하는 것이 가장 큰 목적이지만, 필요하다면 즉시 팔을 부러뜨릴 수도 있습니다.

　매우 효과적이고 강력한 기술이었던 모양으로「누구에게도 가르쳐주면 안 되고, 또한 보여줘서도 안 되는」기술이라는 주의문이 붙어 있습니다.

　다만 전작과 마찬가지로 이 기술에 대한 해설은 무척 애매하여, 어쩌면 상대의 팔을 역방향으로 회전시킬 가능성도 있습니다.

1

스승은 제자의 오른쪽에서 나란히 달리는 형태로 접근합니다. 그리고 오른손으로 제자의 오른쪽 손목을 붙잡아 끌어당기고, 왼손으로는 제자의 오른쪽 팔꿈치를 밀어 올립니다.

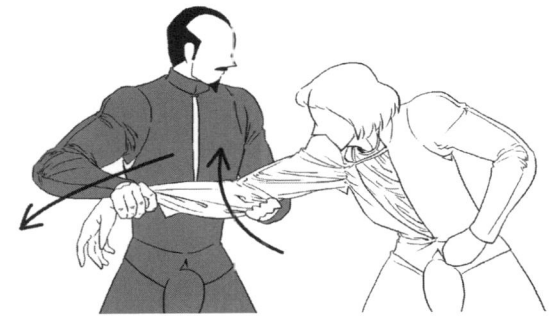

2

오른손으로 제자의 팔을 비틀어 왼팔 위에 얹습니다. 그리고 왼팔로 제자의 오른팔을 밀어 올려 꺾습니다.

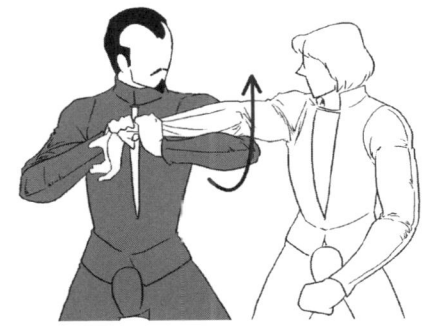

마상전투 기술 9

Napoleonic Cavalry SabreCombat Technique
나폴레옹 시대의 기마검술

출전 :

이 기술은 나폴레옹 시대의 군사교련소 등에서, 같은 공격에 대한 영국군과 프랑스군의 방어법이 각각 어떻게 다른지 비교한 것입니다.

여기에서 영국군의 기법은 1796년 출판된 루 머천트의 교본을 바탕으로 한 것으로, 상대의 공격을 방어할 때 세이버의 칼날을 돌려 칼등 부분으로 막고 있습니다. 하지만 이후 1818년의 교본에서는 칼날을 돌리지 않고 평범하게 막습니다.

또한 영국군(과 미국군)은 전투 시 가드라고 불리는 자세를 취합니다. 이것은 검을 거의 수평(칼끝을 15cm 정도 높이 듭니다)으로 잡는 것인데, 지금까지 소개한 다른 자세와는 달리 방어적인 역할이 없습니다.

그리고 베기는 팔이 아닌 손목의 스냅으로 이루어집니다.

1

가드 자세입니다. 검을 얼굴 높이에서 거의 수평으로 잡습니다. 참고로 미국군에서는 오른손을 영국군보다 높이 올렸습니다.

2 왼쪽에서 찌르기(영국군)

스승은 「왼쪽 방어(Left Protect)」로 제자의 찌르기를 받아넘깁니다. 이때 팔을 어깨 높이에서 똑바로 뻗습니다.

3 왼쪽에서 찌르기(프랑스군)

제자는 스승의 찌르기를 「상단 3번 횡단(Tierce Haute Transversale)」으로 방어합니다. 뒤로 검을 받아넘기는 영국식과 달리, 프랑스식에서는 위로 받아넘깁니다.

4 후방에서 왼쪽으로 베기

이 경우의 방어법은 어느 쪽이나 똑같습니다.

마상전투 기술 10

Cavalry Sabre Exercise

기병용 세이버 검술 훈련 반복

출전 : 1818 : pp. 81-82

 이 기술은 아메리카 합중국 육군의 기병 세이버 검술 교련법을 발췌한 것입니다. 당시 미국 육군의 기병대 검술은 영국군식 검술을 모델로 삼고 있었습니다. 이 1818년식 교련법은 1796년에 영국 기병 사관 루 머천트가 작성한 것을 바탕으로 하고 있으며, 이후 개정된 1799년식의 자세는 채용하고 있지 않습니다.

 여기서 소개하는 반복훈련은 서로 마주본 병사 두 사람이 좌측통행으로 천천히 스쳐 지나가며 이루어집니다. 마지막 두 가지 동작은 중복되므로 생략하였습니다.

1

스승은 말의 왼쪽을 「베기 1(오른쪽 위에서 왼쪽 아래)」로 공격합니다. 제자는 이것을 「마수 왼쪽 방어(Horse Near-Side Protect)」로 방어합니다.

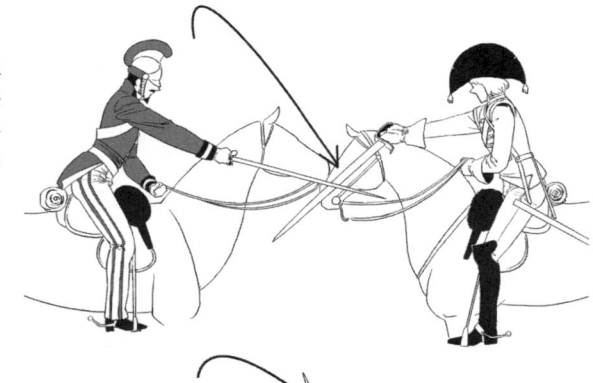

2

이번에는 말의 오른쪽을 「베기 2(왼쪽 위에서 오른쪽 아래)」로 공격합니다. 제자는 「마수 오른쪽 방어(Horse Off-Side Protect)」로 방어합니다. 이것은 「오른쪽 방어(Right-Side Protect)」와 거의 같지만 몸을 앞으로 기울인다는 점이 다릅니다.

3

이어서「베기 1」로 제자의 얼굴 왼쪽을 공격합니다. 제자는 이것을「왼쪽 방어(Left-Side Protect)」로 방어합니다.

4

제자는「베기 3(오른쪽 아래에서 왼쪽 위)」으로 스승의 손목에 리포스트를 합니다. 스승은 가드 자세에 있던 팔을 내려 방어합니다.

5

(알아보기 쉽도록 시점을 역전하였습니다)
스승은「베기 1」로 제자의 넓적다리 또는 몸통을 공격합니다. 제자는 검 손잡이를 넓적다리 위에 얹고「넓적다리 방어(Thigh Guard)」로 방어합니다.

6

제자는 「베기 4(수평으로 왼쪽에서 오른쪽)」로 스승을 공격합니다. 스승은 「오른쪽 방어」로 방어합니다.

7

스승은 「베기 1」로 제자의 오른팔을 공격합니다. 제자는 「오른손 방어(Sword-Arm Protect)」로 방어합니다. 이 자세에서는 본래 팔 뒤로 검을 가져가지만, 이 경우에는 앞으로 가져오는 것처럼 보입니다.

8

스승은 다시 「베기 2」로 제자의 왼팔을 공격합니다. 제자는 「왼손 방어(Bridle-Arm Protect)」로 이것을 방어하고, 재빨리 말 엉덩이를 오른쪽으로 틀어 스승이 후방에서 공격하는 것을 방지합니다.

9

제자의 등 오른쪽에 찌르기를 합니다. 제자는 「왼쪽 방어」 자세로 이행하면서 스승의 검을 왼쪽으로 받아넘깁니다.

검의 제작법(2)

• 개략

바이킹의 검은 「문양단련법」이라는 기법으로 제작되었습니다. 켈트인이 발명한 「적층단조법(여러 가지 성질을 가진 금속편을 겹겹이 쌓아 단조하는 방법)」을 기원으로 서기 2세기경 등장한 기법이며, 당시의 제철 기술로도 양질의 검을 제조할 수 있었습니다. 또한 그 아름다운 문양 때문에 제철 기술이 발전하여 본래의 구조적 필요성이 사라진 뒤에도 장식으로 사용되었습니다.

제철 기술이 발전하면서 보다 양질의 철(강철)을 생산할 수 있게 되자, 여러 재료를 조합하는 것이 아니라 단일한 강재(鋼材)로 검을 제작하게 됩니다.

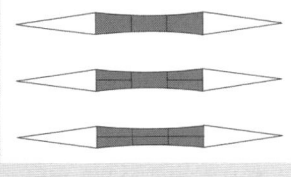 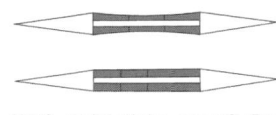

문양단련법의 구조 모식도. 회색 부분은 문양이 있는 심 부분.

왼쪽은 초기의 것이고 오른쪽은 후기의 것. 후기의 것은 문양 부분이 장식 패널로서 끼워져 있습니다.

• 제철

검의 제작은 철을 만드는 것부터 시작합니다. 바이킹의 검은 주로 니철강이라고 하는, 진창의 박테리아와 화학반응에 의해 생성된 철괴로부터 만들어졌습니다. 바이킹의 출신지인 스칸디나비아의 습지대에 풍부하게 존재하는 데다, 전부 사용하고 난 뒤에도 30년 정도 방치하면 다시 채굴 가능해진다는 특성이 있습니다. 야금학적으로는 인을 많이 포함한 인철(Phosphoric Iron)로, 탄소함유량이 적어도 강철과 비슷한 경도를 가지고 있으며 가열하지 않은 상태에서 단련하면 더욱 경도가 높아진다는 장점이 있는 반면, 기온이 낮아지면 물러진다는 단점도 있습니다.

후대가 되면 중근동에서 수입된 다마스쿠스 강도 사용되게 됩니다(흔히 바이킹이라는 말을 들으면 서유럽이라고 생각하기 쉽지만, 실제로는 발트 해 또는 러시아 등 동방에서 더욱 활발하게 활동하였습니다. 일부 바이킹은 비잔티움 제국이나 아랍권까지 진출합니다. 슬라브인, 비잔틴인, 아랍인은 그들을 루스, 로스라고 불렀으며 이것이 러시아의 어원이 되었습니다).

바이킹의 도공들은 인철 외에도 연철(탄소함유량이 낮은 철)과 강철 등 세 가지 재료의 특징을 숙지하고 효과적으로 사용하였습니다. 도공들은 바닥에 철재를 떨어뜨렸을 때의 소리로 재질을 판별했다고 합니다.

중세 초기에는 풀무를 사용한 화로(Bloomery)에서 제철이 이루어졌으나, 이 타입은 생산량이 약 1~15kg으로 낮아 대량생산에는 적합하지 않았습니다. 이후 물레방아로 구동하는 풀무를 사용함으로써 생산량이 수백kg까지 비약적으로 향상되지만, 14세기경 용광로(Blast Furnace)와 함께 철을 완전하게 용해시키는 제철법이 등장하자 자리를 내주게 됩니다. (p475에 계속)

⚜ 마상전투 기술 11

Combat against Infantry
대 총검 전투

출전 : St. Martin : pp. 43, 44

　여기서 소개하는 기술은 1805년에 출판된 프랑스의 검술서에서 발췌한 것입니다. 1805년이면 아우스터리츠의 삼제회전이 있던 나폴레옹의 절정기이므로, 이 기술은 나폴레옹의 군대가 실제 사용하던 기술일 가능성이 높다고 할 수 있습니다.

　저자 성 마르틴은 적의 전열에서 약 76m 거리까지 접근하면 검을 엄지손가락 · 집게손가락 · 가운뎃손가락으로 잡고 손잡이를 말의 갈기 부근에 위치시킨다고 하였습니다. 또한 퇴각도 고려하여 왼손의 움직임이 방해받지 않도록 합니다.

　그리고 돌격할 때 몸을 약간 오른쪽 앞으로, 균형이 무너지지 않을 만큼 기울입니다. 검은 칼끝이 오른쪽 위를 향하도록 잡습니다.

　보병의 총검에 대한 방어로, 그는 4종류의 방어법을 해설하고 있습니다. 여기서는 그 중 2종류만을 도해하는데, 나머지 2종류는 상대의 팔을 공격하는 것과 왼쪽 위에서 오른쪽 아래로 공격하는 것입니다.

1

돌격할 때 스승은 몸을 오른쪽 앞으로 기울입니다.

2

제자가 말의 가슴을 겨냥하자, 스승은 몸을 반대편(왼쪽?)으로 향하면서 검을 반시계방향으로 회전시켜 제자의 총검을 오른쪽으로 쳐냅니다.

3 다른 버전

제자가 스승을 노리고 찌르면 「세워막기」로 총검을 오른쪽으로 받아넘깁니다.

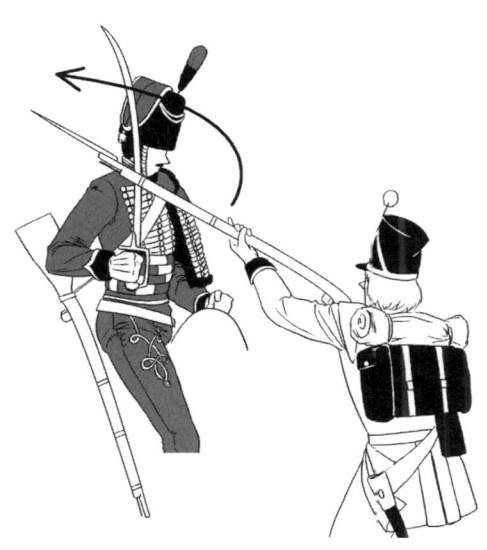

마상전투 기술 12
Winding on the Horse & Partian Shot
마상에서의 장전과 파르티안 샷

출전 : St. G : p. 185 Talhoffer(1459) : 95v Talhoffer(1467) : pl. 267

    여기에서는 폰 단치히 페히트부흐에 수록되어 있는 마르틴 훈트펠트의 마상 크로스보우 기법을 소개합니다.

    기마노병은 독일 지방에서 볼 수 있는 경기병의 일종입니다. 단독 또는 소수의 인원으로 부대의 전위나 주위를 경계하였고, 정찰을 담당하기도 하였습니다. 때문에 적의 경기병 등과 불시에 조우하는 일이 많았는데, 그것이 페히트부흐에 기마노병 기법이 등장하는 계기가 되었을 것입니다.

    첫 번째 기술은 마상에서 검을 뽑은 상태로 크로스보우를 장전하는 방법입니다. 왼쪽 다리에 검을 끼워놓는 것인데, 이란 사파비 왕조(1501~1736년)의 서적에도 비슷한 묘사가 있는 것으로 보아 비교적 흔히 사용되던 방법이 아닌가 합니다.

    두 번째 기술은 후방을 향해 화살을 쏘는 기술로 기본적으로 상대에게서 도망치면서 사용합니다. 일찍이 파르티아라고 불리던 페르시아 지방의 문양에 후방을 향해 화살을 쏘는 그림이 많았던 것이 이름의 유래가 되었다고 전해집니다. 영어로는 Parting Shot(이별사격)이라 불리기도 합니다.

검을 왼쪽 다리와 등자 가죽 사이에 끼우고 말의 몸 쪽으로 눌러 고정한 상태에서 크로스보우를 장전합니다.

여기서는 탈호퍼가 1459년에 저술한 페히트부흐의 삽화를 소개합니다. 이 그림은 당시의 기마노병을 뒤에서 묘사한 매우 희귀한 예입니다.

제 17 장
WRESTLING
레슬링

⚜ 레슬링 기술 1

Hold Down
빗장걸이

출전 : I. 6.4.5 : 25r, 25v, 26r   Mair/Vol2 : 282r, 282v, 283r   Wallerstein : pl. 162

   상대의 팔에 검을 꿰어 움직임을 봉쇄하는 기술입니다. 언뜻 보기에는 간단히 벗어날 수 있을 것 같지만, 자력으로 탈출하기란 불가능하고 검의 길이 때문에 몸을 뒤집을 수도 없습니다.
   레크흐너(53v, 54r)는 메서로 이것과 같은 기술을 사용하였는데, 발러슈타인 사본과 마찬가지로 상대가 위를 향하고 있다는 점이 다릅니다. 또한 마이어는 세 가지 베리에이션(282r : 대거로 상대를 찔러서 결정타 / 282v : 밧줄로 양손을 묶어서 구속 / 283r : 위를 향하고 있는 상태)을 해설하고 있으며, 살격으로 상대를 가격한 다음 두손후리기로 넘어뜨리는 도입부가 있습니다.

검을 제자의 양팔 사이에 꿰어 누르고, 손을 묶어서 구속하거나 대거로 결정타를 날립니다.

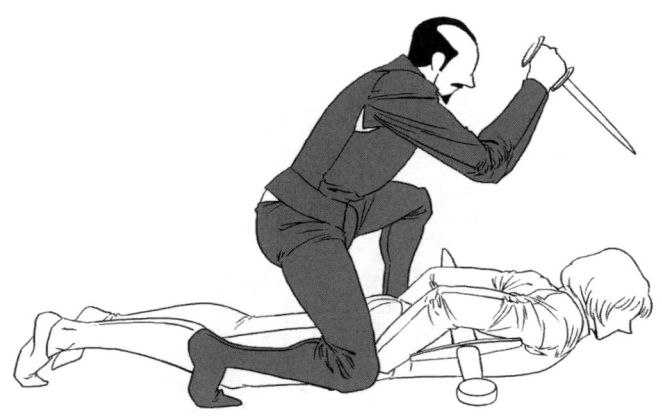

⚜ 레슬링 기술 2
Otto's Wrestling: Unbalancing by the Finger
손가락 붙잡아 균형 무너뜨리기

출전 : St.G : pp. 167, 187

    이 기술은 독일식 격투술에 큰 영향을 준 개종 유대인(기독교로 개종한 유대인) 오토의 레슬링 기법입니다.

    이것은 단순한 기술과 그 카운터가 아니라 앞서 레슬링 항목에서 소개한 「선」, 「동시」, 「후」의 기술이기도 하다는 의견이 있습니다. 즉 첫 번째는 이쪽의 힘이 강한 「선」의 기술로 선제공격한 상대의 손을 붙잡고 균형을 무너뜨리는 기술, 두 번째는 두 사람의 힘이 동등한 「동시」의 기술로 자신의 균형 유지를 중시하고 상대를 무너뜨리는 허리메치기나 빗당겨치기 같은 기술, 마지막은 상대의 힘이 강한 「후」의 기술로 상대의 다리(무릎 뒤)를 붙잡고 들어올려 쓰러뜨리는 기술이라는 것입니다.

1

스승이 제자의 팔을 붙잡고 있습니다. 하지만 스승의 악력이 약하다고 판단한 제자는 왼팔을 스승의 오른팔 위로 뻗어 스승의 왼손 손가락 또는 왼쪽 손목을 붙잡습니다.

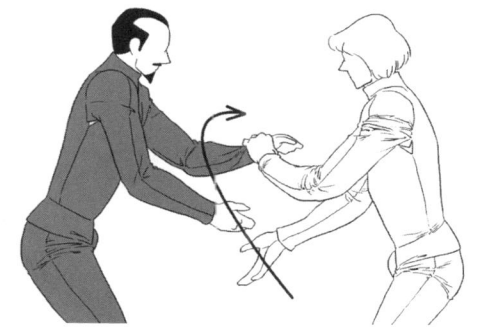

2

스승의 왼팔을 당기며 들어올립니다. 동시에 오른손으로 스승의 팔꿈치를 붙잡고 더욱 밀어 올려 균형을 무너뜨립니다.

3 카운터 1 : 「동시」

제자가 균형을 무너뜨리려 하면, 스승은 오른팔을 제자의 왼팔 아래로 뻗어 몸을 끌어안습니다. 동시에 오른발을 제자의 발 뒤에 내딛고 다리를 걸어 메칩니다.

4 카운터 2 : 「후」

제자가 균형을 무너뜨리려 하면, 스승은 우선 자세를 낮추고 왼쪽 팔꿈치를 제자의 옆구리에 밀어붙입니다. 그리고 왼발을 제자의 오른발 뒤에 내딛고, 오른손으로 제자의 오른쪽 무릎 뒤를 붙잡아 앞으로 끌어당깁니다. 그와 동시에 왼쪽 팔꿈치로 제자를 밀어 메칩니다.

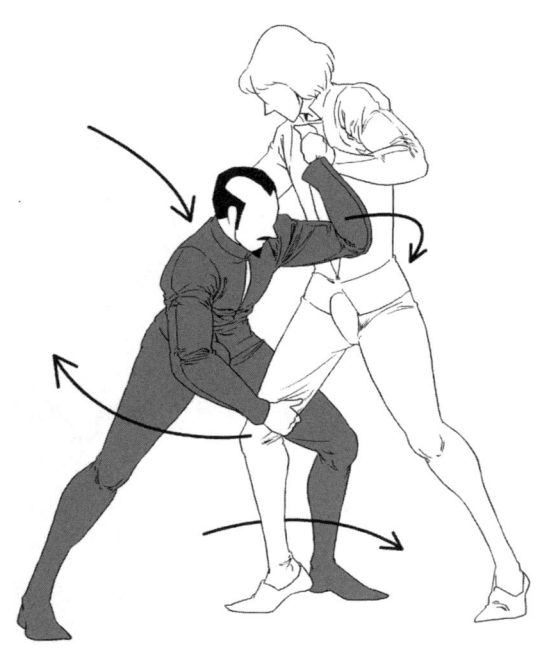

레슬링 기술 3

Strangling Using a Sash
끈을 사용한 목 조르기

출전 : Cod. 10779 : 142r, 143r   Dubois/Defence : pp. 99, 105, 120, 123

여기서 소개하는 기술은 제2부 레슬링 항목의 일러스트에도 등장한 것으로, 서로의 몸에 끈을 걸고 싸우는, 이른바 레슬링의 숨겨진 기법이라고 할 수 있습니다. 일본에서는 「지장(地蔵) 짊어지기」라고 불리는 조르기 기술인데, 폭력이 일반적이던 당시에도 명백한 규칙위반의 반칙이었던 이 기술에 대한 해설이 왜 존재하는지는 불명입니다.

다만 1916년에 쓰여진 뒤부아의 책에서는 당시 파리의 범죄자가 강도질을 할 때 사용했다면서 이 기술을 언급하고 있습니다.

1

스승의 등 뒤로 돌아간 제자는 스승의 목에 끈을 걸고 짊어지듯 매달아 올려 목을 조릅니다.

2 카운터 1

제자의 무릎 뒤쪽을 발로 차서 제자를 쓰러뜨리고 탈출합니다.

3 카운터 2

뒤부아의 카운터 기술에서 스승은 오른쪽으로 회전하여 조르기에서 벗어난 다음 제자의 다리를 잡고 들어올려 메칩니다.

레슬링 기술 4

Kneeling Throw
무릎 꿇어 넘기기

출전 : Duarte : p. 196

두아르테 왕은 승마술교본을 통해 당시의 스포츠 레슬링 기술도 소개하고 있습니다(다만 본문을 작성한 것은 왕 본인이 아니라 아마도 궁정에 딸린 격투가일 것입니다).

여기에서 소개하는 것은 무릎을 꿇는 기세를 이용하여 상대를 메치는 기술로, 원본 저자의 말에 따르면 매우 효과적이라고 합니다. 포인트는 상대를 단단히 붙잡아 도망치지 못하게 하는 것입니다.

1
스승의 팔과 목을 붙잡습니다. 원본에는 어떻게 붙잡는지 적혀 있지 않지만, 아마도 그림과 같을 것으로 추측됩니다.

2
몸을 비틀며 무릎을 꿇고, 그 기세를 이용해 스승의 몸을 메칩니다.

레슬링 기술 5

Hook
훅

출전 : Duarte : pp. 190, 191

다리를 걸어 상대를 쓰러뜨리는 훅이라는 기법은 르네상스 이후의 레슬링에서 시대를 타지 않고 널리 이용되었습니다. 그러나 자신도 균형을 잃을 우려가 있으므로, 실전에서는 별로 사용되지 않았을 것입니다.

두아르테 왕(의 의뢰를 받은 저자)은 여기서 도해하는 기술 외에도 몇 가지 훅 기법을 더 소개하고 있는데, 상대의 팔이 아닌 목을 붙잡고 훅을 걸어 쓰러뜨리는 기술을 많이 찾아볼 수 있습니다.

1
한쪽 팔(여기서는 오른팔)을 제자의 팔 아래로 뻗어 목덜미 언저리를 붙잡고, 반대쪽 팔로는 제자의 손목을 붙잡습니다.

2
(오른)손을 제자의 허리 근처로 가져가면서 (오른쪽) 다리에 훅을 걸고 제자의 상반신을 (왼쪽으로) 비틀어 메칩니다. 발뒤꿈치에 훅을 거는 다른 버전도 존재합니다.

제 18 장
DAGGER

대거

⚜ 대거 기술 1
Single Dagger, Second Play
대거 단독·두 번째 형

출전 : Marozzo : Book2, ch.54

16세기의 검사 마로쪼의 대거 검술은 찌르기를 중시한 다른 검사들의 것과는 달리 한 손검술을 바탕으로 한 베기 중심의 공격법을 채용하고 있습니다. 이 점에서 미루어 보아, 아마도 그가 생각하는「대거」란 친퀘디아와 같이「단검」의 부류에 들어가는 대형 대거였을 가능성이 있습니다. 실버의 대거 검술(전작 p266)처럼 어느 정도 거리를 유지하면서 잽과 같은 가벼운 공격을 가하는 전법을 주로 사용한다는 것도 그 사실을 뒷받침해 줍니다.

마로쪼의 대거 검술에서는 항상 정수법을 사용하고「좁고 긴 꼬리」자세에서 시작합니다. 이는 일반적인 중세의 대거 검술과는 다른 이질적인 특징이자 그의 대거 검술을 신시대 대거 검술의 시초로 보는 증거가 되기도 합니다.

한편 그는 대거로 싸울 때 항상 상대의 오른손을 바라보라고 조언하였습니다.

1

두 사람은「좁고 긴 꼬리」자세로 대치하고 있습니다.

2 찌르기에 대한 카운터

제자가 오른손으로 찌르기를 하면, 스승은 오른팔을 들어 제자의 공격을 피하는 동시에 손목을 반시계방향으로 돌려 제자의 손목을 벱니다.

3 상단베기에 대한 카운터

검을 머리 위로 들어올려 앞날로 제자의 공격을 방어한 다음 즉시 제자의 머리를 내리치고 처음 자세로 돌아갑니다.

⚜ 대거 기술 2
Dagger with Cape Play
대거와 케이프

출전 : Marozzo : Book2, ch59, 62

   검과 케이프를 사용하는 기법과 기본적으로 동일하지만, 두 사람의 거리가 가깝기 때문에 다소 어레인지되어 있습니다. 마로쪼는 방패 대신 케이프를 사용할 때도 시선은 항상 상대의 대거에 두라고 서술하였습니다.

1
「좁고 긴 꼬리」 자세로 대치합니다.

2 베기에 대한 방어

제자가 공격하려고 팔을 들어 올린 순간, 왼쪽 앞으로 발을 내디디며 왼팔을 제자의 오른팔 아래로 뻗어 움직임을 봉쇄합니다. 이어서 오른손의 대거로 제자의 옆구리를 찌르고 재빨리 후퇴합니다.

3 찌르기를 유도하여 카운터

제자는 두 손을 모아 몸의 양쪽 옆구리에 빈틈을 만들어 스승이 왼쪽 옆구리를 공격하도록 유도합니다.

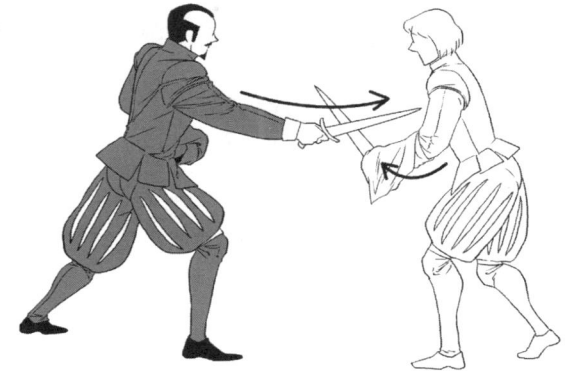

4

스승이 찌르기를 하면, 오른발을 내딛고 왼발을 그 뒤쪽으로 움직여 몸을 반회전시킵니다. 동시에 왼팔로 스승의 공격을 뿌리치면서, 스승의 얼굴을 왼쪽 위에서 오른쪽 아래로 내리치고 후퇴합니다.

⚜ 대거 기술 3

Body Lift Throw
들어올려 넘기기

출전 : Gradiatoria : 40r, 40v   Cod. 10779 : 232r

    상대의 힘을 이용하여 상대의 몸을 뒤집은 다음 대거를 훅처럼 사용해 들어올려 메치는 기술입니다.

    이때 대거를 잡은 손이 상대의 고간을 지나므로 그대로 찌르면 되지 않느냐고 생각할지도 모르지만, 이 기술은 본래 갑옷전투를 상정하고 있습니다. 따라서 상대를 찌르려 해도 갑옷이 가로막고 있어 실패할 가능성이 높기 때문에, 상대를 지면에 쓰러뜨린다는 안전한 상황으로 가져가 결정타를 날리는 것입니다.

    여기서는 알아보기 쉽도록 갑옷 대신 평범한 옷을 입은 상태로 도해합니다.

1

제자가 위에서 전력으로 찌르면, 스승은 오른팔을 휘둘러 이것을 오른쪽으로 쳐냅니다.

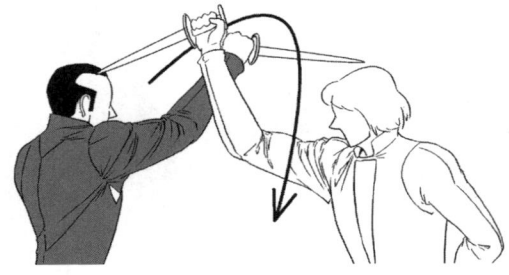

2

제자가 스스로의 기세를 이기지 못하고 균형을 무너뜨리자, 스승은 왼손으로 제자의 오른쪽 팔꿈치를 붙잡고 밀어내 제자의 몸을 뒤집습니다. 아마도 이때 스승은 왼발을 내디딜 것입니다.

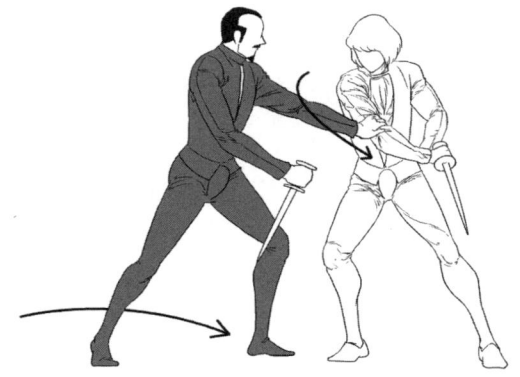

3

오른손을 제자의 두 다리 사이로 뻗어 대거를 겁니다. 그리고 왼손으로 제자의 목을 밀어내면서 오른손으로는 제자의 몸을 끌어당겨 메칩니다. 『Cod.10779』에서는 두 다리 사이가 아니라 바깥쪽에서 대거를 걸고 있습니다.

4 다른 버전

이 버전에서는 제자와 마주한 상태에서 기술을 사용합니다.

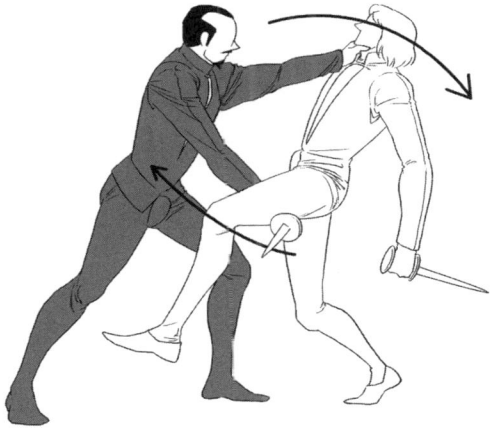

⚜ 대거 기술 4

Verschliessen
꺾기

출전 : Duelling : p. 111

이 기술은 안드레스 리그니처의 대거 검술 중 다섯 번째 형입니다. 상대가 이쪽의 대거를 붙잡았을 때 사용하는 카운터 기술이며 전작 p304, 305에서 소개한 「시저록」의 변형기이기도 합니다.

1

스승이 제자의 대거를 붙잡고 공격하려 합니다.

2

제자는 오른발을 당겨 회전함으로써 스승의 공격을 피합니다. 동시에 왼손으로 자기 대거의 칼날을 잡고 양손의 힘을 이용하여 스승의 오른팔을 내리누릅니다.

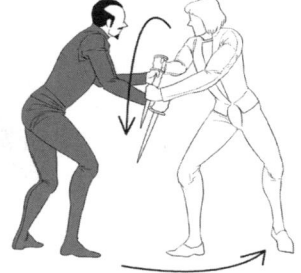

3

일단 왼손을 놓고 스승의 오른손 아래를 통과한 다음, 다시 칼날을 잡고 시저록 태세로 들어가 팔을 세게 당겨 스승의 손목을 꺾습니다.

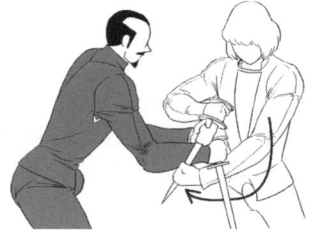

검의 제작법(3)

- **단련**

재료를 정제한 다음 공정에 필요한 형태로 정형합니다. 현재와 달리 당시의 정련법으로는 함유물이 재료 안에 균일하게 존재하는 강재를 만들 수 없었기 때문에 함유물의 균일화가 이 공정의 가장 중요한 목적이었습니다.

균일성을 이루는 데는 일본도의 제작에서도 찾아볼 수 있는 「접쇠단련법」이 가장 일반적입니다. 이것은 간단히 말해 찰흙이나 밀가루를 반죽하듯이 강철을 혼합하여 함유물을 균일화하는 방법으로, 이때 재료 안에 있던 불순물이 불통으로서 튀어나온다는 부가적인 효과도 가지고 있습니다.

문양단련법에서는 검의 중심부를 이루는 인철과 연강(또는 주철과 강철 등)을 여러 단 포개고, 그것을 봉 모양으로 정형합니다. 이 봉을 계속해서 비틀어가면 유연성과 강도를 겸비한 재료가 만들어지는데, 이때 봉을 꼬는 방식에 따라 완성된 칼날에 나타나는 기본적인 문양이 결정됩니다.

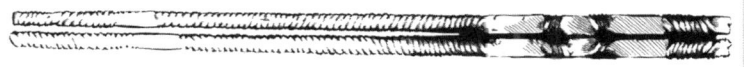

비튼 봉을 2개 늘어놓은 모습.

한편 중세에는 특필할 만한 사항이 없습니다.

- **정형**

재료를 정형하여 검의 모양을 가다듬습니다. 일반적으로 「도는 검보다 만들기 어렵다」고들 하지만, 현대 서양의 도공들 사이에서는 좌우를 균등하게 제작하지 않으면 똑바로 서지 않는 검의 제작이 더 어렵다는 것이 공통된 의견입니다.

어떤 방법을 사용하든 기본적인 개념은 「중심부를 부드럽게, 칼날을 단단하게」 만드는 것으로, 이것은 일본도를 제작할 때와 동일한 사고방식입니다.

문양단련법의 경우 위의 공정에서 만든 봉(보통 3~5개였던 것 같습니다)을 중앙에 배치하고 그 주변을 단단한 강철 봉으로 둘러쌉니다. 중앙의 봉은 부드러운 심(이 부분이 풀러가 됩니다)이 되며 주위의 강철 봉은 칼날이 됩니다.

봉을 늘어놓은 상태. 중앙의 봉 2개를 강철이 둘러싸고 있습니다.

(p508에 계속)

🔱 대거 기술 5
Back Heel, Sweeping and Hamming
스코틀랜드의 격투술

출전 : Highland : p. 41

이 항목의 기술들은 백 레슬링이라는 스코틀랜드 스포츠 레슬링의 기술을 17~18세기 당시의 대거 검술에 응용한 것입니다.

소드 댄스라고 불리는 스코틀랜드의 전통예능은 사실 본래 무술훈련으로서 탄생한 것이라고 전해지며, 그 다리 움직임의 형도 근접전투의 공방에 응용할 수 있도록 되어 있다고 합니다.

1 발뒤축후리기
Backheel

제자의 측면(여기서는 왼쪽)으로 발을 내딛고, 자신의 발뒤꿈치로 제자의 발뒤꿈치를 거는 동시에 제자의 상반신을 뒤로 밀어 쓰러뜨립니다.

2 다리후리기
Sweep

제자의 측면으로 발을 내딛고, 이번에는 바깥쪽에서 제자의 발 뒤꿈치를 걷어차 쓰러뜨립니다.

3 다리걸기
Hamming

다리를 높이 들어 제자의 오금에 걸고 끌어올리는 동시에 상반신을 뒤로 밀어 쓰러뜨립니다.

⚜ 대거 기술 6
Breaking the Hold
붙잡기 파훼

출전 : Meyer : 3.13r, p. 244

중세에 가장 일반적이던 대 대거 기술인 왼손 역수로 손목 붙잡기에 대한 카운터입니다.

메이어는 여기서 소개하는 기술 외에, 왼손으로 상대의 왼팔을 붙잡고 양손의 힘으로 끌어내려 상대의 균형을 무너뜨리는 기술에 대해서도 해설하고 있습니다.

1

스승이 제자의 공격을 붙잡았습니다.

2

제자는 오른손을 시계방향으로 감아 스승의 팔 아래를 통과해 안쪽으로 나옵니다. 그리고 오른손을 세게 끌어올려 스승의 손을 뿌리치고 찌르기를 합니다.

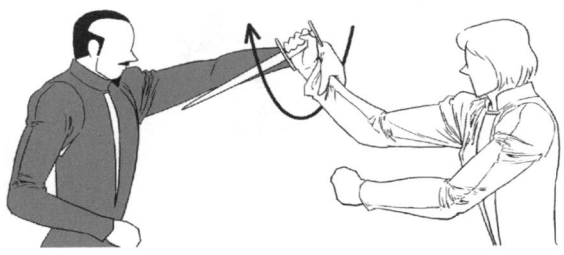

제 19 장
BOXING
복싱

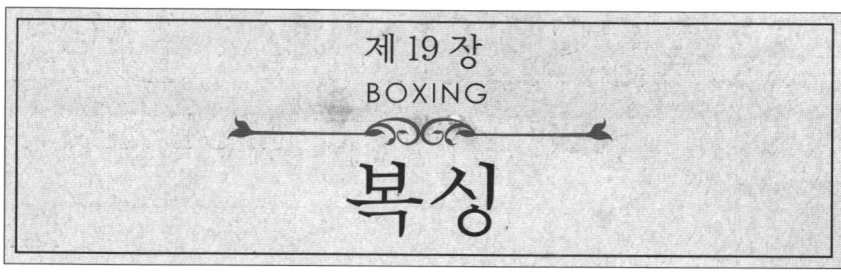

⚜ 복싱 기술 1

Throwing
메치기

출전 : Mendoza : p. 22

 기술의 이름은 「메치기」라고 되어 있으나, 실제로는 상대를 누르고 난타하는 기술입니다. 현재의 복싱 규칙으로는 완전한 반칙이지만, 1800년 당시에는 극히 평범하게 사용되던 기술이라고 합니다.

1

두 사람이 서로에게 다가가 당장에라도 맞붙으려 하고 있습니다. 이때 제자는 단숨에 발을 내딛고 왼팔을 스승의 오른팔 아래로 뻗습니다.

2

그리고 안쪽에서 스승의 왼팔을 붙잡으며 왼발을 스승의 후방으로 내딛습니다. 이어서 스승의 몸을 뒤로 밀어 왼쪽 넓적다리에 대고, 스승의 얼굴과 몸통을 마구 때려 승패를 결정짓습니다.

✥ 복싱 기술 2
One, Two, Riposte and the Counter
원투 리포스트와 그 카운터

출전 : Mendoza : p. 39 Fewtrell : pp. 27-30

여기에서 설명하는 기술은 본래의 공방에 당시 일반적이던 험프리식 자세와 멘도사식 자세를 추가함으로써 과거 복싱의 기본기술 전부를 참조할 수 있도록 만든 것입니다.

퓨트렐의 말에 따르면 18세기 후반의 복서들은 저마다 유명한 복서의 이름에서 따온 험프리식, 멘도사식, 존슨식의 세 가지 자세를 사용했다고 합니다.

험프리식은 당시 제일 인기 있던 자세로, 가장 우아하고 안정적이며 강력한 일격을 구사할 수 있었습니다. 왼손을 가슴 높이에서 앞으로 내밀고 오른손은 배 앞에서 방어하는 자세인데, 다만 당시의 회화 자료를 보면 양쪽 주먹을 같은 높이로 들고 있는 것처럼 그려져 있습니다.

멘도사식은 두 다리를 평행에 가깝게 딛고 양손을 얼굴 높이에서 나란히(왼쪽을 약간 앞으로) 모아 드는 자세로, 우아하지 않고 일격이 약하다는 결점이 있으나 상대의 공격을 회피하기 쉽다는 장점도 가지고 있습니다.

마지막으로 존슨식은 두 다리를 거의 가지런하게 딛고 양손을 머리 높이까지 올려 뻗습니다. 그리고 허리를 깊이 당긴 자세로 대비합니다. 이 자세는 우아함과 남자다움이 결여된 반면 강인한 하반신이 필요하다고 합니다.

1
스승은 험프리식, 제자는 멘도사식 자세를 취하고 있습니다.

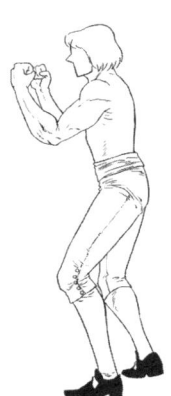

2

스승은 왼쪽 스트레이트로 제자의 얼굴을 공격합니다. 제자는 머리를 뒤로 당기며 오른팔을 휘둘러 바깥쪽으로 쳐내고, 왼손은 스승의 보디블로를 경계하여 배 앞으로 내립니다.

3

그리고 스승이 오른쪽 스트레이트로 공격하자, 왼팔을 들어 스톱(블록)으로 막아냅니다. 이때 역시 머리를 당기며 오른손을 내려 스승의 보디블로를 경계합니다.

4

제자는 리포스트로 반격하고, 스승의 관자놀이를 왼쪽 라운드 블로(훅처럼 호를 그리며 날아가는 펀치)로 공격합니다. 스승은 머리를 뒤로 당기며 오른쪽 팔꿈치를 높이 들어 받아넘기고, 왼손으로는 보디블로를 경계합니다.

5

그리고 리포스트로 반격합니다. 방어하기 위해 높이 들었던 오른팔을 마치 등주먹치기처럼 내리치는 「촙」으로 제자의 얼굴을 공격합니다.

제 20 장
DUELLING SHIELD
결투용 큰 방패

결투용 큰 방패 기술 1

Parrying with the Shield and a Shield Thrust

방패를 이용한 방어와 찌르기

출전 : Talhoffer (1459) : 111r, 111v, 100v, 101r　　Talhoffer (1467) : pl. 107-109

　무기를 가진 상대의 공격을 방패로 받아넘긴 다음 찌르기를 하는 기술입니다. 상대의 공격을 받아넘길 때 상대의 무기를 두 장의 방패 사이에 끼워 넣어 봉쇄함으로써 공격을 위한 빈틈을 만들어냅니다.

　1459년에 쓰여진 탈호퍼 페히트부흐의 100v, 101r에서는 이것과 유사한 방패 찌르기 기술을 소개하고 있는데, 여기서는 상대의 공격을 받아넘기는 것이 아니라 상대의 방패에 곤봉을 찔러 넣어, 곤봉의 무게로 방패의 움직임이 둔해지게 만듭니다.

　또한 이 기술은 방패를 정면에 들면 사용하기가 불가능하기 때문에 유럽의 방패는 기본적으로 비스듬하게 장비했다고 하는 설의 증거가 되기도 합니다.

1

스승이 무기로 제자를 공격하려 합니다. 한편 제자는 양손으로 방패 손잡이를 잡고 몸의 왼쪽에 위치시키고 있습니다.

2

스승이 공격하자 제자는 한 발 내디디며 방패로 스승의 공격을 오른쪽으로 받아넘기고, 스승의 오른손도 밀어붙입니다.

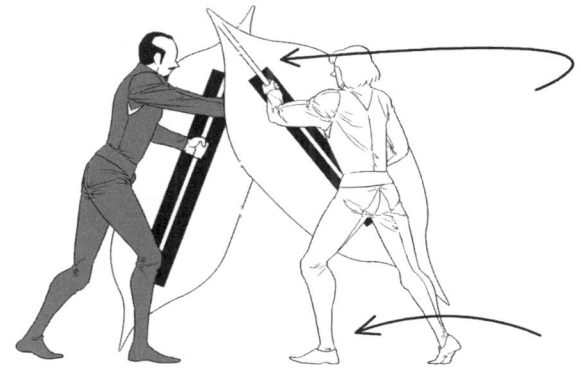

3

방패를 돌려 팔 위에 얹고, 끌어안은 방패로 스승의 가슴 또는 배를 찌릅니다.

결투용 큰 방패 기술 2

Crosswise Cut
교차베기

출전 : Talhoffer (1467) : pl. 141

자신의 방패를 반대쪽으로 뒤집은 다음 상대의 방패를 우회하여 공격하는 기술입니다.

1
두 사람이 대치하고 있습니다.

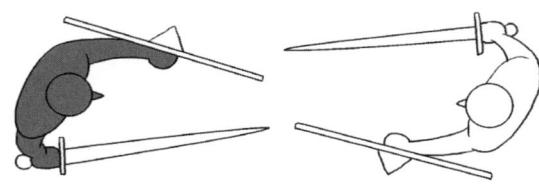

2
제자는 한 발 내디디며 방패를 오른쪽으로 뒤집는 동시에 스승의 머리를 공격합니다.

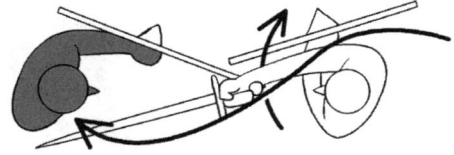

3 카운터
스승도 (아마도 왼쪽으로 발을 내디디며) 마찬가지로 방패를 뒤집어 제자의 공격을 오른쪽으로 받아넘기고, 방패 사이의 틈을 이용해 제자의 머리를 공격합니다.

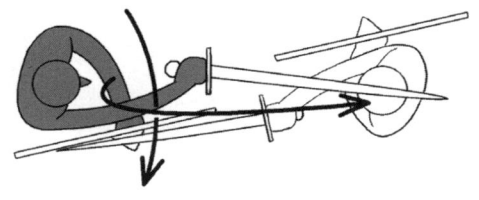

결투용 큰 방패 기술 3

Left-Hand Thrust
왼손찌르기

출전 : Talhoffer (1467) : pl. 143   Talhoffer (1459) : 117r   Gladiatoria : 51r

방패 뒤에 숨어서 재빨리 좌우의 검과 방패를 바꿔 잡고 공격하여 의표를 찌르는 기술입니다. 검을 다른 쪽 손으로 바꿔 잡으면 상대의 방패가 커버할 수 없는 방향에서 공격할 수 있으므로 매우 효과적인 공격법이라고 할 수 있습니다. 실제로 이것과 똑같은 전법이 바이킹 시대의 사건을 기록한 사가에도 자주 등장하는 것으로 보아, 누구나 한 번쯤 생각해보는 기술이 아니었을까 합니다.

하지만 방패 뒤에 숨어 있으면 스스로의 시야를 가려버리는 동시에 상대가 이쪽의 방패를 회전시켜 기술 자체를 봉쇄할 가능성이 매우 높기 때문에, 가능한 한 신속히 실행할 필요가 있습니다.

이 기술에는 다양한 버전이 존재합니다. 탈호퍼는 상대의 공격을 방어하면서 찌르기를 하고, 글라디아토리아 페히트부흐에서는 자신의 방패를 상대의 방패에 밀어붙여 방패의 움직임을 제한하면서 왼손의 검으로 찌르고 있습니다.

1
방패 뒤에서 좌우의 손을 바꿔 잡고 스승의 공격을 받아넘기며(혹은 스승의 검을 밀어 올리며) 찌르기를 합니다.

2 카운터
위에서 눌러 제자의 검을 방어하면서 칼끝으로 제자를 겨눕니다. 그리고 오른쪽으로 발을 내디디며 제자에게 찌르기를 합니다.

결투용 큰 방패 기술 4
Shield Push
실드 푸시

출전 : Gladiatoria : 51v

그 모양에 관계없이 방패를 사용하는 전투에서는 최종적으로 방패와 방패를 서로 밀어 붙이는 상황에 빠지게 됩니다.

1

방패와 방패를 서로 밀어붙이는 상황에서, 제자는 스승의 방패를 힘껏 밀어내고 스승의 방패 위로 찌르기를 합니다.

2 카운터

스승은 방패를 있는 힘껏 다시 밀어 올립니다. 이때 자신의 방패 아랫부분을 왼쪽으로 돌리고 아래에서 제자의 고간을 찌릅니다.

⚜ 결투용 큰 방패 기술 5
Back Stabbing
등 찌르기

출전 : Gladiatoria : 50v

상대의 방패 뒤로 돌아가 찌르는 기술입니다.

1

스승은 방패와 방패 사이의 틈으로 찌르기를 할 것처럼 위장합니다.

2

제자가 이것에 반응하여 방패를 오른쪽으로 움직이면, 스승은 오른쪽으로 크게 발을 내딛고 제자의 등을 찌릅니다.

3 카운터

방패로 스승의 검을 가격하여 공격을 방어하고, 두 방패 사이의 틈으로 검을 내밀어 찌릅니다.

⚜ 결투용 큰 방패 기술 6

Thrust Between the Shield

방패 사이로 찌르기

출전 : Gladiatoria : 49v

이것도 두 사람의 방패 사이를 뚫고 공격하는 기술입니다.

1

제자는 방패 뒤에 검을 감추고 칼끝을 올립니다.

2

전진하여 스승의 방패 하부에 자신의 방패 하부를 밀어붙이고, 두 사람의 방패 사이로 스승에게 찌르기를 합니다.

3 카운터

방패로 제자의 검을 세게 내리쳐 방어하는 동시에(아마도 이때 방패를 회전시키는 것으로 보입니다) 검으로 자신의 방패 위를 넘어 제자의 가슴에 찌르기를 합니다.

결투용 큰 방패 기술 7

A Throw

메치기

출전 : Talhoffer (1467) : pl. 124, 125　　Wallerstein : pl. 195

방패를 상대의 팔 사이에 찔러 넣어 움직임을 봉쇄하고 메치는 무척 독특한 기술입니다.

1

두 사람이 방패만을 가지고 있는 상황에서, 제자가 스승의 두 손 사이에 자신의 방패를 찔러 넣어 스승의 움직임을 봉쇄합니다.

2

재빨리 스승의 후방에 발을 내딛고 오른손으로 방패를, 왼손으로는 두 다리 사이를 붙잡고 메칩니다.

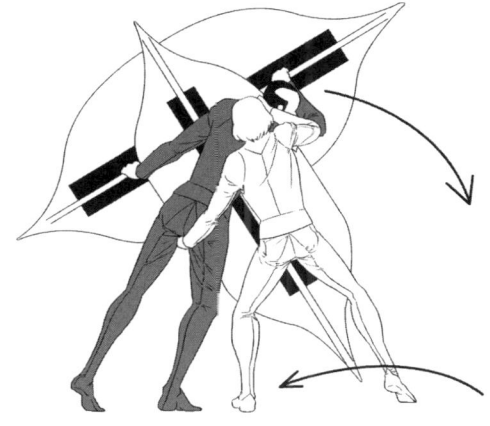

결투용 큰 방패 기술 8
A Throw Using the Shield
방패의 공방과 메치기

출전 : Talhoffer (1467) : pl. 161-164

무기 없이 방패만으로 이루어지는 공방을 묘사한 기술로, 이를 통해 결투용 큰 방패의 기법이 스태프나 하프 소드의 기법과 매우 유사하다는 사실을 알 수 있습니다.

1

스승은 역수로 방패를 잡고 있습니다.

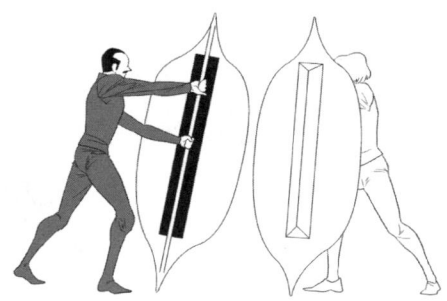

2

두 사람은 왼발을 내디디며 방패로 서로를 공격하고 바인드 상태에 들어갑니다.

3

스승은 오른발을 제자의 후방에 내디디며 제자의 방패 뒤로 자신의 방패를 찔러 넣습니다. 그리고 방패로 밀어 제자를 메치고 고간을 찌릅니다.

⚜ 결투용 큰 방패 기술 9

Thrust from Bind
바인드 상태에서 찌르기

출전 : Gladiatoria : 52v   Kal : 47r, 47v, 48r

방패끼리 바인딩한 상태에서 이루어지는 공방입니다. 방패의 모양 때문에 현혹될지도 모르지만 기술의 원리는 롱소드 등의 것과 크게 다르지 않습니다.

1

하단에서 바인딩합니다. 제자는 왼발을 앞으로 내밀고 있습니다.

2

제자는 오른발을 내디디며 아래에서 방패를 감아 스승의 방패를 위로 밀어 올립니다.

3

왼발을 내디디며 방패와 함께 몸을 회전시켜 스승의 방패 안쪽으로 들어가 스승을 찌릅니다.

4 카운터

제자가 방패를 밀어 올리면 오른발을 한 발 당기며 방패를 뒤로 뺍니다.

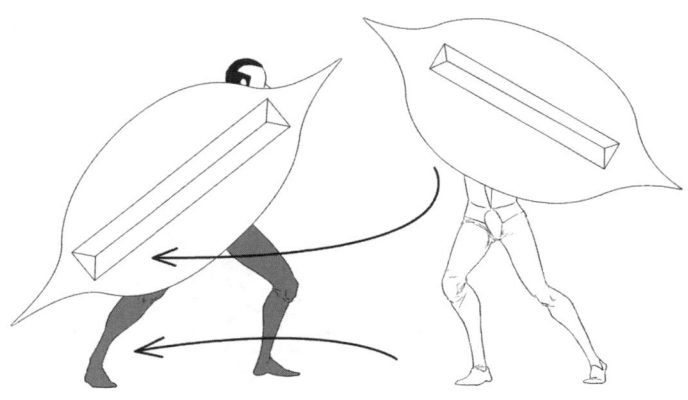

제 21 장
POLLAXE
폴액스

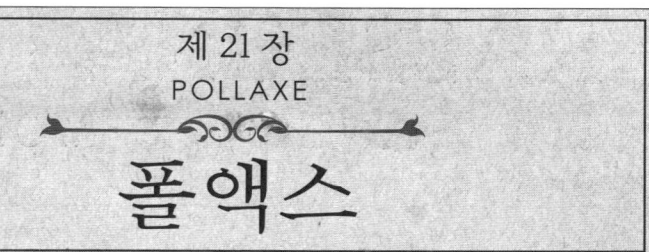

⚜ 폴액스 기술 1

Pollaxe Play 3
세 번째 형

출전 : Kal : 127r   St.G : pp. 63-67

폴액스를 상대의 무릎에 걸고 끌어당겨 쓰러뜨리는 기술입니다. 언뜻 보기에는 단순하지만 삼차원적인 해석이 요구되는 무척 난해한 기술입니다(문장도 모호합니다).

또한 이 기술에는 독일식 폴액스 기법의 기본인 카운터 가드가 포함되어 있습니다. 즉 상대가 우상단자세일 때 이쪽은 좌하단자세로 대항합니다.

1
스승은 우상단, 제자는 좌하단으로 대치하고 있습니다.

2
스승이 내리치면 제자는 오른손 쪽 물미 부분으로 받아넘기거나, 그림과 같이 오른쪽으로 발을 내디며 공격을 피한 다음 머리 부분을 스승의 오른쪽 무릎에 걸고 끌어당겨 쓰러뜨립니다.

3 카운터 1

이 기술은 몇 가지 해석이 가능합니다. 하나는 제자의 도끼를 물미나 머리 부분으로 쳐내고 나서 제자의 무릎을 거는 것이며, 다른 하나는 그림과 같이 두 사람의 위치관계를 이용하여 제자의 도끼를 떼어내는 동시에 제자의 무릎을 걸고 쓰러뜨리는 것입니다.

4 카운터 2

제자는 도끼를 스승의 오른팔 아래로 찔러 넣고 감아 스승의 도끼를 떼어내며, 자신의 도끼 머리 부분을 스승의 목 앞에서 겁니다. 그리고 왼발을 스승의 오른발 뒤에 딛고 메칩니다.

⚜ 폴액스 기술 2

Countering a Swing
내리치기에 대한 카운터

출전 : Jeu : 9–11

　현존하는 중세 프랑스의 유일한 페히트부흐이자 유럽 최초의 폴액스 해설서인 『Le Jeu de la Hache(도끼 기술)』에 수록되어 있는 기술을 소개합니다. 이 책은 밀라노 출신 검사가 (피오레와 같은 시기인) 1400년경 집필한 것이라고 전해지는데, 당시 프랑스나 이탈리아의 폴액스 기술을 알 수 있는 대단히 귀중한 자료입니다.

　이 폴액스 기법에서는 항상 잘 쓰는 손 쪽에 머리 부분이 오도록 잡고 독일식처럼 손의 좌우 위치를 바꾸지 않습니다. 또한 갑옷전투를 상정하여 기술을 구성한 것으로 보입니다.

　여기에서는 원문의 Mail(도끼 또는 해머 부분)을 「머리 부분」, Queue(손잡이 하단)를 「물미」, Demi-Hache(양손 사이의 손잡이)를 「양손 사이」라고 번역하였습니다.

1

제자는 물미를 앞으로 내밀고 있는 스승을 겨냥하여 도끼를 내리치려 하고 있습니다.

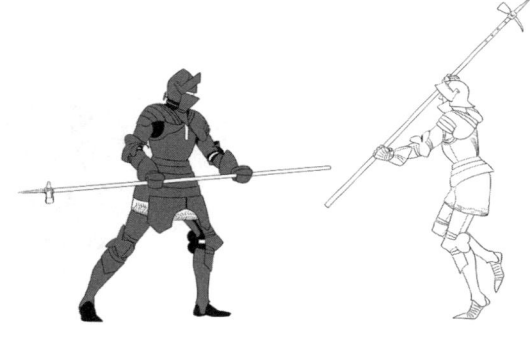

2

왼발을 왼쪽으로 내딛고 양손 사이로 제자의 공격을 막아냅니다.

3

바인드 상태에 들어가 제자의 도끼를 위로 밀어 올리면서 왼발을 제자의 오른발 뒤에 내딛습니다. 그리고 물미를 제자의 턱 아래에 걸고 뒤로 메칩니다. 만약 메치는 데 실패한다면 재빨리 후퇴하여 다시 자세를 잡습니다.

4 카운터 1

스승이 공격을 막아내면, 재빨리 도끼를 뒤로 빼고 스승의 겨드랑이 아래를 찌릅니다.

5 카운터 1 · 다른 버전

또는 양손 사이의 손잡이를 스승의 겨드랑이 아래에 가져다 대고 있는 힘껏 밀어냅니다. 이어서 전력으로 스승의 머리를 가격합니다.

⚜ 폴액스 기술 3

Thrusting at the Foot, etc.
다리에 대한 찌르기 등

출전 : Jeu : 34, 44-47

여기에서 소개하는 기술은 아주 유사한 두 가지 기술을 합친 것입니다.

1 형 1

제자가 얼굴을 약간 내민 자세로 다가오자. 스승은 물미로 제자의 얼굴 또는 발등을 찌릅니다.

2 카운터

만약 스승이 발등을 찌르면 제자는 왼발을 들어올리며 물미로 스승의 공격을 받아넘긴 다음, 제자리에서 움직이지 않고 도끼의 머리 부분으로 스승의 머리 또는 손을 공격합니다.

3 형 2

제자의 얼굴에 찌르기를 합니다. 제자가 이것을 방어하려고 도끼를 높이 들어올리면, 스승은 물미를 제자의 도끼 아래로 찔러 넣고 목의 오른쪽을 가격하여 쓰러뜨립니다. 만약 이것이 실패한다면 목의 왼쪽에 물미를 걸고 쓰러뜨립니다. 만약 이것도 실패한다면 재빨리 후퇴하여 다시 자세를 잡습니다.

4 카운터 1

양손 사이의 손잡이로 스승의 목 또는 어깨를 눌러 스승을 떼어냅니다.

5 카운터 2

제자가 스승을 밀어내려고 하면, 스승은 한 걸음 물러나며 자신의 물미 부분에 제자의 도끼를 겁니다. 그리고 도끼 손잡이로 제자의 오른손을 위에서 누르고 세게 끌어당겨 제자의 도끼를 빼앗습니다.

6 카운터 2 · 다른 버전

스승은 왼손을 도끼에서 놓고 도끼를 뒤로 빼낸 다음 한 걸음 물러나 다시 자세를 잡습니다. 이때 자신의 도끼가 제자의 도끼 위에 오도록 합니다.

폴액스 기술 4

Against a Left-Hander
왼손잡이에 대한 기술

출전 : Jeu : 52-57

『Le Jeu de la Hache』에는 왼손잡이용 기술이 몇 가지 수록되어 있습니다. 다만 여기서 소개하는 기술의 마지막 동작은 본래 오른손잡이용입니다.

1

여제자가 위에서 내리칩니다. 스승은 왼발을 내딛고, 물미 부분으로 여제자의 공격을 방어하거나 오른발을 당겨 공격을 피합니다.

2

그리고 재빨리 여제자의 도끼를 쳐서 떨어뜨립니다. 만약 여제자가 스승이 공격하는 것보다 먼저 도끼를 뒤로 당기면, 스승은 재빨리 후퇴하여 다시 자세를 잡습니다.

3 카운터 1

스승이 공격을 방어한다면, 여제자는 물미 부분을 감아 스승의 물미를 힘껏 때려 떨어뜨립니다.

4

그리고 왼발을 스승의 오른발 후방에 내디디며, 물미를 스승의 턱 아래에 밀어붙이고 뒤로 메칩니다. 만약 이것이 실패한다면 뒤로 물러나 물미를 앞으로 내밀고 다시 자세를 잡습니다.

5 카운터 2

스승은 물미 부분을 여제자의 손잡이 아래로 찔러 넣고 밀어 올립니다. 동시에 물미를 여제자의 턱 아래에 대고 뒤로 메칩니다.

6 카운터 3

스승이 도끼 손잡이를 밀어 올립니다. 여제자는 재빨리 손잡이를 감아 양손 사이로 스승을 밀어냅니다.

7 카운터 4

왼손을 놓고, 왼팔을 여제자의 손잡이와 몸 사이로 통과시켜 여제자의 두 다리 사이에 찔러 넣고 들어올려 메칩니다.

8 카운터 5

오른손을 놓고, 도끼를 시계방향으로 돌려 스승의 어깨 위에 가져갑니다. 그리고 왼손으로 도끼의 머리 부분을 잡고 스승의 목을 내리눌러 스승의 메치기를 무효화합니다.

⚜ 폴액스 기술 5
Breaking a Cover with the Cross
무릎 걸기

출전 : Jeu : 61-63

왼손잡이 상대가 도끼의 머리 부분을 앞으로 내밀고 있을 때 어떻게 대처해야 하는지 도해한 것입니다.

원문의 해설에서는 상대의 무릎을 걸 때는 갈고리(Bec de Faucon)를 무릎갑옷(폴린으로 추정) 아래에 걸지 말고, 그보다 위(퀴스로 추정)에 걸어야 한다고 하였습니다. 그렇게 하면 설사 상대를 쓰러뜨리지 못하더라도 갑옷의 스트랩을 절단하여 움직임을 봉쇄할 수 있기 때문입니다.

또한 이 도해의 마지막 동작은 본래 「왼손잡이 상대가 같은 기술을 사용할 때의 카운터」로서 소개되어 있으므로, 기술의 흐름을 방해하지 않도록 공수를 역전하여 설명합니다.

1

여제자가 도끼의 머리 부분을 앞으로 내밀고 있습니다. 그러자 스승은 페인트로 여제자의 머리를 공격합니다.

2

여제자가 도끼를 들어올려 방어하려고 하면 스승은 도끼를 여제자의 무릎에 가져가는데, 이때 여제자가 후퇴할 것을 대비하여 가능한 한 멀리 가져다 댑니다. 이렇게 여제자의 무릎에 갈고리를 걸고 쓰러뜨립니다.

3 카운터

여제자는 재빨리 오른발을 앞으로 내딛고, 스승의 도끼를 발로 밀거나 차서 갈고리에서 벗어난 다음 물미로 스승을 찌릅니다.

⚜ 폴액스 기술 6

Hilprantz haw
힐데브란트의 일격

출전 : Talhoffer(1467) : pl. 81, 82, 100–102   St. G : pp. 77, 78   Fiore(Getty) : 36v
　　　Fiore(Pisani) : 27v   Armizare : pp. 214, 215

　중세 독일 서사시 등의 주인공으로 높은 인기를 자랑하던 영웅 힐데브란트의 이름을 가진 기술로, 전력을 기울인 상대의 공격을 이쪽도 있는 힘껏 쳐냄으로써 상대를 반회전시킵니다. 통상적으로 단 일격에 이만큼 온 힘을 실어 공격하는 일은 거의 없으므로, 아마도 상대의 마지막 결정타에 대항하기 위한 방어의 수단이거나, 힘만 믿고 덤벼드는 초심자에 대항하기 위한 기술이라고 추정됩니다.

　토블러가 인용한 15세기의 페히트부흐에는 폴액스뿐만 아니라 롱소드나 기타 무기에도 이 기술을 응용할 수 있다고 나와 있습니다. 토블러의 해석은 이 책의 해석과는 다른데, 그의 기술은 롱소드에 응용할 수 없으므로, 아마도 그의 해석이 잘못되었을 가능성이 높다고 생각합니다.

1

스승이 전력으로 공격합니다. 제자는 「꼬리」 자세를 취하고 기다립니다.

2

오른발을 내디디며 스승의 무기를 힘껏 쳐냅니다.

3

스승은 자기 무기의 기세를 이기지 못하고 제자에게 등을 보이게 됩니다. 제자는 무방비한 스승의 등을 공격하거나 목에 갈고리를 걸고 끌어당겨 쓰러뜨립니다.

검의 제작법(4)

　중세의 검은 일반적으로 단일 강철을 정형하여 만들었습니다. 폴란드의 라치부시에서 출토된 르네상스 시대의 검을 분석한 결과에 따르면, 단일하고 탄소함유량에 편차가 적으며 비교적 부드러운 강철을 검의 형태로 정형하고 나서 침탄을 통해 표면의 강철 경도를 증가시켰다고 합니다. 침탄이란 철로 만든 상자를 목탄으로 가득 채운 다음 중앙에 검을 꽂아 화로에 넣고 가열함으로써 목탄의 탄소를 철 안에 집어넣는 방법입니다.

　중세 초기에는 일본도와 마찬가지로 부드러운 강철 심 주위를 탄소농도가 높고 단단한 강철로 에워싸는 기법이 사용되었습니다.

　현대의 검 제작에서는 스프링강 등의 고장력강을 정형하는 경우가 압도적으로 많고, 침탄은 거의 이용되지 않습니다. 정형법도 망치를 사용하는 전통적인 방법 외에 잉곳으로부터 모양을 깎아내는 방법이 있는데(후자는 컴퓨터 제어를 통해 설계대로 정밀하게 공작할 수 있습니다), 어떤 방법을 사용하든 최종적인 제품의 성능에는 관계가 없다고 합니다.

　지금은 줄어들었지만 이전의 복제품 검은 슴베를 칼날에 용접(단접이 아니라 평범한 용접입니다)하거나 슴베를 너무 작게 만들었기 때문에, 검을 휘두르는 기세를 못 이기고 날밑 부근이 꺾이는 일이 많았습니다. 검의 칼날과 슴베 경계의 「어깨 부분」이라고 불리는 곳이 충격을 가장 강하게 받는 부분인데, 노하우의 소실 탓에 이 부분을 견고하게 만들지 않아 발생한 일이라고 할 수 있습니다. 참고로 일본도는 이 부분이 과도할 만큼 튼튼하게 만들어집니다.

- 담금질

　가열한 검을 급속하게 식힘으로써 경화시킵니다. 일반적으로 급속히 냉각하면 경도가 증가하고 천천히 냉각하면 질겨집니다. 또한 정형 시 달구고 두드리기를 반복한 탓에 엉망진창이 된 금속의 결정을 가열에 의해 한 차례 원상태로 되돌려 금속적 특성을 균일화한다는 효과도 있습니다.

　본래 담금질은 청동제 무기를 경화하기 위해 개발된 기술로, 그것을 철기에 응용한 것입니다.

　유럽식 담금질은 일본의 것보다 난이도가 높다고 합니다. 일본도를 만들 때는 점토를 발라 냉각재와 도가 직접 접촉하지 않도록 함으로써 담금질 속도와 얼룩을 컨트롤하지만, 유럽식 담금질에서는 냉각재와 검이 직접 접촉하므로 검의 표면에 기포가 발생하여 결과적으로 담금질 얼룩이 생기기 쉬워지기 때문입니다. 이를 방지하기 위해 칼날이 아래로 가게 세워서 냉각재에 넣습니다. 그렇게 하지 않고 옆으로 눕혀서 넣으면 아래쪽에 기포가 모여 담금질 얼룩이 생기게 됩니다. 그리고 가만히 검을 이동시켜 냉각재와 검이 항상 접촉하도록 합니다. (p548에 계속)

제 22 장
LONG SHAFT WEAPON
긴 손잡이 무기

⚜ 긴 손잡이 무기 기술 1
Countering a Thrust
찌르기에 대한 방어

출전 : Manciolino : p. 141

　이 기술은 왼손에 로텔라(원형 방패. p200 참조), 오른손에 파르티잔을 장비했을 경우의 전투법입니다.

1

두 사람이 파르티잔을 들고 접근합니다. 이때 제자는 스승의 왼쪽 다리를 찌르려 하고 있습니다.

2

제자가 찌르기를 하면 스승은 오른발을 앞으로 내디디며 창 끝을 지면에 꽂아 세우고 오른 팔을 왼쪽으로 뻗어 제자의 공격을 왼쪽으로 받아넘깁니다.

3

이어서 창을 왼쪽 어깨에 메고 역수찌르기로 제자를 공격합니다. 그리고 후퇴하여 다시 처음 자세를 취합니다.

4 카운터

스승이 공격을 받아넘기면 제자는 즉시 뒤로 점프하여 처음 자세로 돌아갑니다.

⚜ 긴 손잡이 무기 기술 2
How to Defend with the Partisan
파르티잔을 이용한 방어법

출전 : Manciolino : p. 142

다리와 얼굴에 대한 공격을 방어하는 기법을 소개합니다. 원문에서도 도해와 마찬가지로 양손에 파르티잔을 잡고 팔에 로텔라를 장비한 상태로 싸우고 있으나, 실제 이 기술은 방패 자체와는 딱히 관계가 없습니다.

이 기법은 앞서 소개한 마로쪼의 기법과 동일하게 창끝에 가까운 왼손을 고정하고 그곳을 중심으로 창을 선회시킵니다.

1
두 사람이 좌반신을 앞으로 대치합니다.

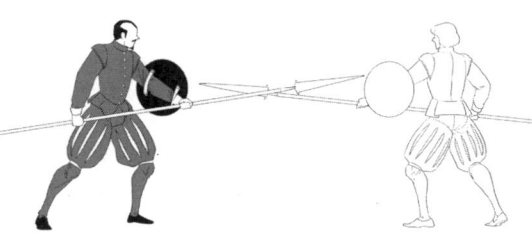

2 다리에 대한 공격

오른손을 반시계방향으로 회전시킴으로써 창끝을 왼쪽에서 오른쪽으로 돌려 제자의 공격을 오른쪽으로 쳐냅니다. 이어서 제자의 다리에 찌르기를 하고 후퇴합니다.

3 얼굴에 대한 공격

이번에는 오른손을 내려서 제자의 공격을 왼쪽으로 받아넘긴 다음 제자의 얼굴이나 다리에 찌르기를 하고 후퇴합니다.

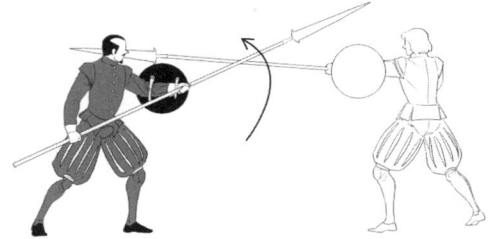

⚜ 긴 손잡이 무기 기술 3

Against Dual Partisans
대 파르티잔 쌍창술

출전 : Manciolino : p. 142

이 기술은 상대가 두 자루의 파르티잔을 사용하여 공격할 때의 방어법입니다. 기술 그 자체는 단순하지만 파르티잔을 동시에 두 자루 사용한다는 점이 매우 독특하므로 여기에서 소개합니다.

1

제자는 두 자루의 파르티잔을 장비하고 있습니다.

2

제자가 왼쪽 다리를 공격하면, 오른발을 오른쪽으로 내디디며 물미 부분으로 제자의 공격을 왼쪽으로 받아넘깁니다.

3

그리고 왼쪽 파르티잔으로 다리를 노리고 공격하면, 스승은 왼발을 왼쪽으로 내디디며 창 끝으로 제자의 공격을 오른쪽으로 받아넘깁니다.

긴 손잡이 무기 기술 4

A Technique against a Weaker Opponent
힘이 약한 상대에 대한 기술

출전 : Manciolino : p. 143

　이 기술은 파르티잔이 아닌 스피에도(스페텀)의 기법입니다. 파르티잔은 날개 부분이 짧아 상대의 무기에 걸지 못하기 때문에 이 기술을 사용할 수 없습니다. 이것과 거의 같은 발상에서 탄생한 기술을 전작 p564에서 소개하였습니다.

1 스피에도의 기본자세

왼발을 앞에 딛고 서서, 창끝을 아래로 내리고 몸에서 충분히 떨어뜨려 잡습니다. 이 상태에서 상대의 공격을 왼쪽으로 받아넘겨 방어합니다.

2

만약 상대(여제자)의 힘이 약하다고 판단되면, 그림의 스승처럼 상대의 창의 날개에 자신의 창의 날개를 밀어붙입니다.

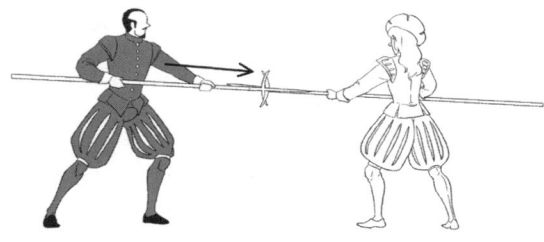

3

그리고 창끝과 창끝이 맞닿은 상태를 유지하면서, 여제자의 창을 왼쪽으로 쳐내고 옆구리에 찌르기를 합니다.

⚜ 긴 손잡이 무기 기술 5
Learning your Spear over His
창 기대기

출전 : Manciolino : p. 144

만치올리노는 「극히 소수의 사람만이 제대로 이해하고 있다」면서 이 기술을 소개하였습니다. 어떤 기술인가 하면 상대의 창에 이쪽의 창을 기대어 세우는 것입니다. 그렇게 하면 상대는 위에 실린 창의 무게와 길이 때문에 일순간 창을 제대로 다룰 수 없으므로 그 틈에 접근하여 결정타를 날리면 됩니다.

1
스승은 왼발을 앞에 딛고 서서, 창끝을 내린 자세를 취합니다.

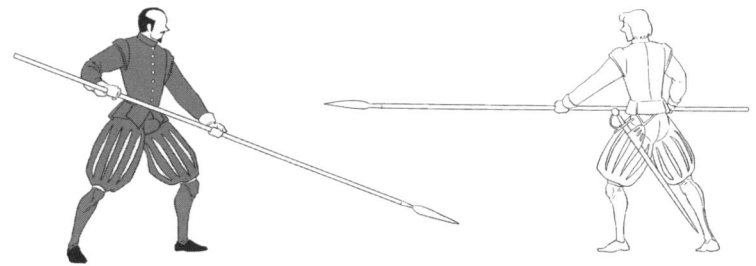

2
제자의 공격을 왼쪽으로 받아넘기고 두 걸음 나아가 제자에게 찌르기를 합니다.

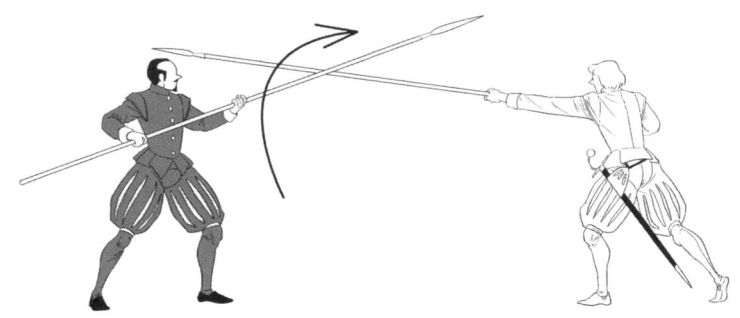

3 카운터 1

스승이 공격을 받아넘기면, 제자는 창을 스승의 창 위로 넘기고 오른쪽으로 던지듯 손을 놓습니다. 이렇게 하면 제자의 창은 스승의 창 위에 기대게 됩니다.

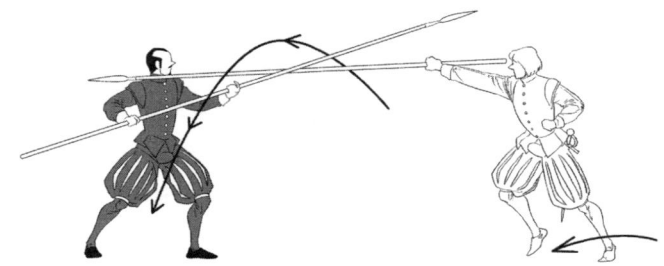

4

재빨리 스승의 오른쪽으로 나아가 검을 뽑고 공격합니다.

5 카운터 2

긴 손잡이 무기 기술 6
Single Partisan Play 4, 5
파르티잔의 공방

출전 : Marozzo : Book4, Part4, 5

16세기 이탈리아의 검사 마로쪼가 고안한 파르티잔 기술입니다. 찌르기 중심의 만치올리노와 달리 그는 찌르기와 베기를 모두 사용합니다.

1 형 1

스승은 오른발을 앞에 딛고 서서, 창끝을 내리고 좌반신을 무방비하게 노출하여 제자의 공격을 유도합니다.

2

오른손을 벨트에 끌어당기고 제자의 공격을 아래에서 감아 오른쪽으로 받아넘긴 다음, 왼발을 내디디며 얼굴에 찌르기를 합니다.

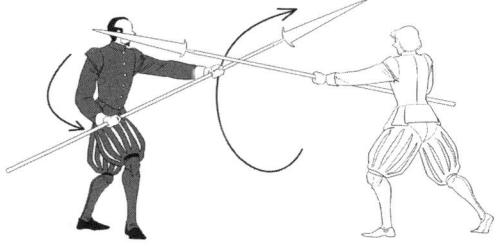

3

만약 제자가 찌르기를 방어한다면, 이번에는 제자의 다리를 베거나 찌릅니다. 그리고 오른발을 왼발 뒤로 이동시키며 창끝을 낮추는 자세를 취합니다.

4

이어서 왼발을 뒤로 물리며 손의 위치를 바꿔 잡으면서 창을 회전시켜, 창끝이 아래로 가는 자세를 취합니다.

5 형 2

제자의 얼굴에 찌르기를 합니다.

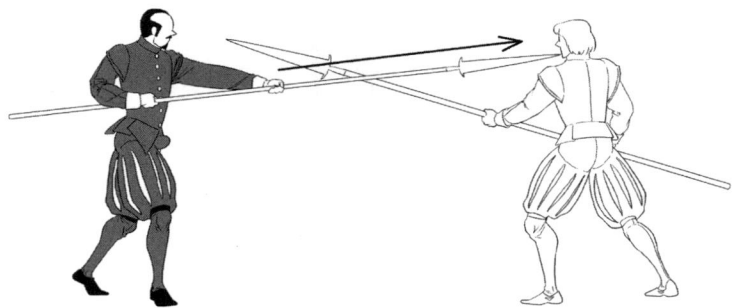

6

제자가 이것을 방어하려 하면, 재빨리 창을 당기고 제자의 창 아래로 통과시켜 제자의 창과 자신의 창이 부딪히지 않도록 합니다. 그리고 제자의 창과 팔 사이를 지나 제자의 얼굴 또는 가슴을 찌릅니다.

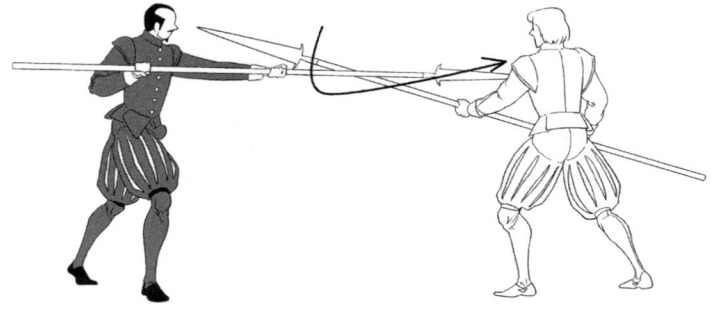

7

창을 왼쪽으로 당기며 오른발을 왼발에 가져다 붙이고 제자의 왼팔을 「감싸 베기」로 공격합니다.

8

만약 제자가 이때 스승의 몸통을 찌르면, 양손 사이에서 제자의 공격을 오른쪽으로 받아넘기고 제자의 왼팔을 공격합니다. 그리고 두세 걸음 물러나 다시 자세를 잡습니다.

⚜ 긴 손잡이 무기 기술 7

Bill Third Play
빌 · 세 번째 형

출전 : Marozzo : Ch. 184, Part3

마로쬬의 책에 실린 빌의 삽화는 굳이 말하자면 글레이브와 같은 모양을 하고 있습니다. 하지만 빌과 글레이브의 형태로 보아 두 무기의 사용법에는 거의 차이가 없을 것으로 추측됩니다.

1

스승이 왼발을 앞에 딛고 서 있는데, 제자가 위에서 스승을 내리칩니다.

2

스승은 물미 부분으로 제자의 공격을 왼쪽으로 받아넘기고, 왼발을 작게 내디디며 물미로 제자의 얼굴에 찌르기를 합니다.

3

이어서 지체하지 않고 왼발을 뒤로 디디며 제자의 머리에 빌을 내리칩니다. 멈추지 말고 그대로 지면까지 휘둘러 창끝을 왼쪽 앞으로 내린 「긴 강철문」 자세를 취합니다. 그리고 즉시 제자의 얼굴에 찌르기를 합니다.

4

제자의 다리를 공격하고 (아마도 제자의 다리에 갈고리를 걸고 나서) 제자를 끌어당깁니다. 그리고 두세 걸음 물러나 다시 자세를 잡습니다.

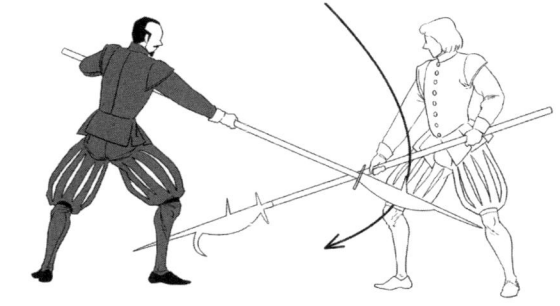

긴 손잡이 무기 기술 8

Offence &Defence of the Spiedo
스피에도를 이용한 공방

출전 : Di Grassi : pp. 69, 70

디 그라시 페히트부흐의 영어판에서는 스피에도를 재블린(Iauelyn)으로 번역하고 있습니다. 그의 말에 따르면 이 무기는 창끝이 가늘기 때문에 찌르기만으로 공격해야 한다고 합니다. 또한 파르티잔도 마찬가지로 베기를 사용하지 않는 것이 바람직하다고 하였습니다.

1

두 사람은 창이 안쪽(창의 왼쪽)에 오도록 대치하고 있습니다.

2

스승은 제자의 창을 넘어 반대편으로 나온 다음 제자의 창을 오른쪽으로 쳐내고 제자리에서 찌르기를 합니다.
만약 제자의 창이 오른쪽에 있다면, 제자의 창을 왼쪽으로 쳐내고 한 발 내디디며 (아마도 한손찌르기로) 제자의 얼굴을 찌릅니다.

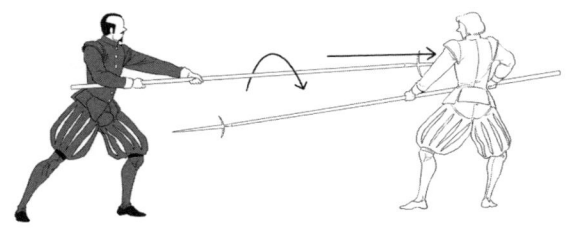

3 카운터

이 기술에 대한 카운터를 사용하기 위해서는 「템포」를 완전히 이해할 필요가 있습니다.
스승이 제자의 창을 쳐내기 위해 창을 옆으로 이동시키는 순간을 포착하여 찌르기를 합니다. 이 그림에서는 한 발 내딛고 한손찌르기로 반격하는 버전을 소개하고 있습니다.

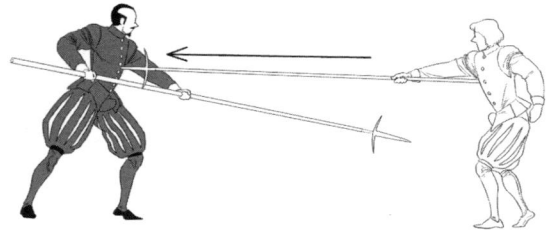

긴 손잡이 무기 기술 9

Straziamento
잡아찢기

출전 : Manciolino : p. 143

전 방향 공격이 가능한 론카(론코네)의 특징을 잘 파악한 기술입니다. 론카의 뿔(갈고리 모양으로 구부러진 부분)에 걸고 잡아당겨 살을 찢는 기술로, 주로 상대에게 찌르기를 한 뒤 무기를 회수하면서 사용합니다.

1

오른발을 앞에 딛고 서서, 오른손을 앞으로 론카를 잡습니다. 이때 론카의 뿔이 아래로 가도록 합니다.

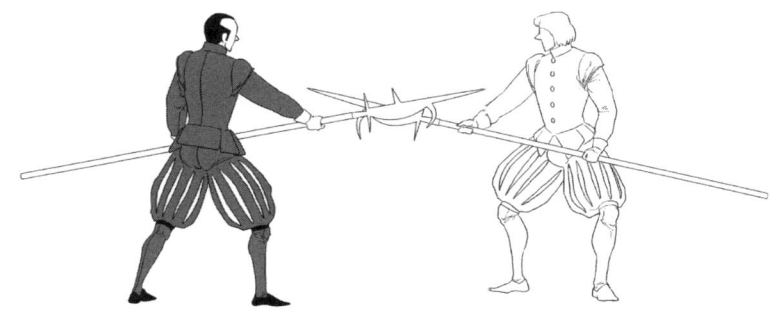

2

오른발을 내딛고 제자의 얼굴에 찌르기를 합니다.

3

론카를 당기며 뿔로 제자의 팔을 잡아당겨 찢습니다.

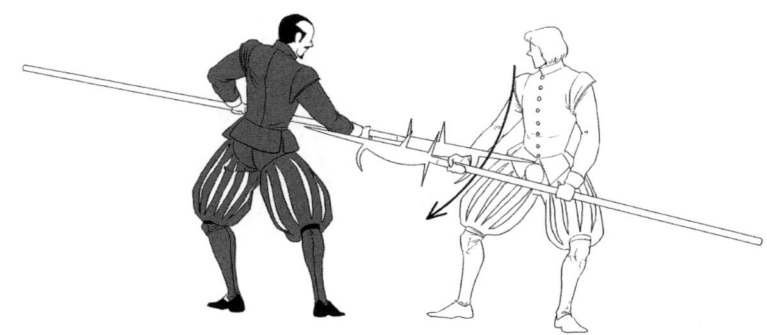

4

오른발로 한 걸음 물러나며 론카를 상단 위치에서 잡습니다. 만약 제자가 공격하면 제자의 머리에 강력한 일격을 가합니다.

긴 손잡이 무기 기술 10

Bayonet Basics
총검술의 기본

출전 : 1805 : 40–48   Burton: Sec. II, V, VI   Angelo : pp. 12, 13

　18~19세기에는 다양한 총검술 서적이 출판되었습니다. 그들 대부분은 하사관이나 사관이 부하를 훈련시킬 때 사용하던 교련집인데, 이 책들을 살펴보면 당시의 군대에는 정식 총검술이라는 것이 존재하지 않고 하사관이나 사관이 각자의 양식대로 병사들을 단련시켰다는 사실을 알 수 있습니다.

　여기서는 19세기 전반에서 중반에 걸친 영국의 총검술 서적을 바탕으로 당시 총검술의 기본을 소개합니다.

1

스승은 1853년의 안젤로 자세를 취하고 있습니다. 그의 자세는 일반적인 총검 자세보다 허리를 더 깊이 당깁니다. 그리고 칼끝은 보병을 상대할 때는 가슴 높이, 기병을 상대할 때는 눈 높이로 뻗습니다. 제자는 1805년의 고든 자세를 취하고 있는데, 다만 좌우가 반대입니다. 그의 말에 따르면 총검술에서 방어는 앞쪽 손을 움직여 행하므로 잘 쓰는 손을 앞에 두는 편이 효율적이라고 합니다.

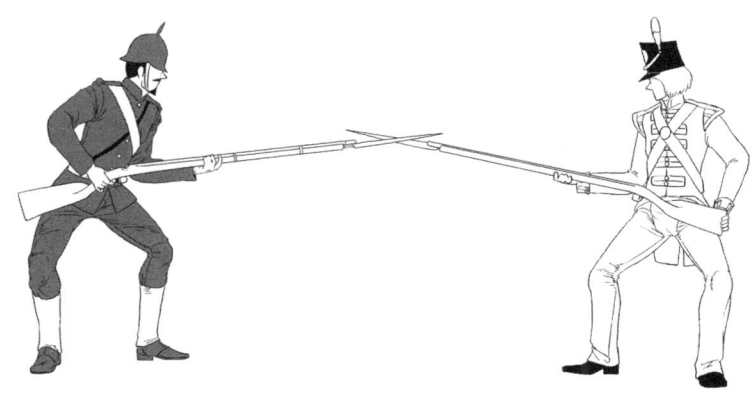

2 통상적인 총검술

왼발을 내디디며 총대를 어깨에 대고 몸 전체로 밀어내듯 찌릅니다(다만 지나치면 너무 깊이 박혀 빠지지 않게 된다고 합니다). 이때 총의 왼쪽 부분을 아래로 내리면 카르트, 위로 올리면 티에르스입니다. 제자는 오른손을 단단히 고정하고 칼끝을 눈 높이로 올립니다. 그리고 스승의 공격을 20cm 정도 왼쪽으로 받아 넘깁니다.

3 고든의 총검술

스승은 오른발을 내딛고 총을 눈 높이로 들어올린 다음 왼손으로 총대를 밀어내 찌르기를 합니다. 제자는 왼쪽(스승의 총검이 자신의 총검의 왼쪽에 오는 것) 공격을 그림과 같이 「세워막기」로 방어합니다.

제 23 장
PIKE/LONG STAFF
파이크 · 롱스태프

⚜ 파이크 · 롱스태프 기술 1

How You shall Swing Your Pike with One Hand & Thrust in

한손찌르기

출전 : Meyer : 3.45v, p. 273

   자신의 스태프(파이크)를 한 손으로 튕겨 올려 상대를 찌르는 기술입니다. 저렇게나 긴 물체를 어떻게 한 손으로 튕겨 올리는지 의문이지만, 문장을 통해 추측하자면 아무래도 상대의 스태프와 접촉한 부분을 받침점으로 삼는 듯합니다.

   또한 원본의 그림에서는 스태프의 끝부분을 잡고 있으나, 문장을 읽어보면 물미 부분이 주먹 뒤로 약간 나와 있는 것처럼 서술되어 있습니다.

1

스승은 오른발을 앞으로 내밀고 서서 스태프 후단을 오른손 역수로 잡습니다.

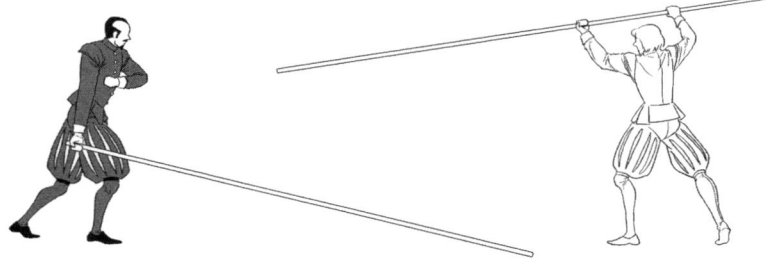

2

제자가 찌르기를 하면, 스승은 왼발을 오른발 뒤로 딛고 제자 쪽에 등을 돌리듯 몸을 회전시킵니다. 그리고 상대의 공격을 피하면서 건너편으로 받아넘깁니다.

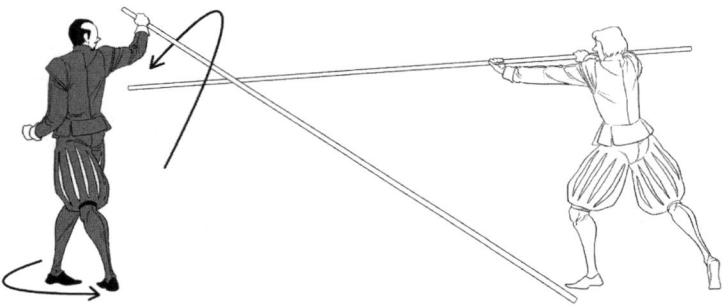

3

받아넘기는 기세를 이용해 제자의 스태프 위를 감고 넘어가면서 창끝을 튕겨 올립니다. 동시에 오른발을 제자 쪽으로 내디디며 제자의 얼굴을 찌릅니다.

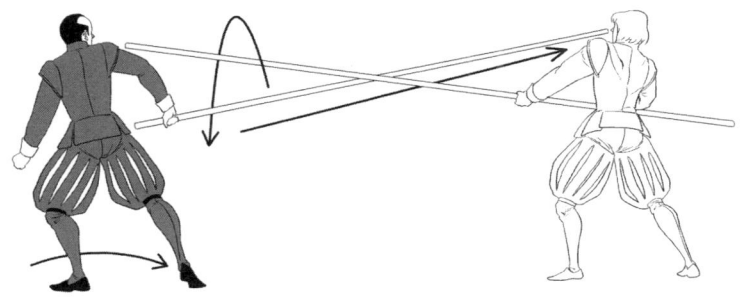

4

스태프가 지면에 떨어지게 되므로, 스승은 제자에게서 먼 쪽으로 왼발을 내딛습니다. 동시에 몸을 앞으로 낮게 숙이며 왼손을 왼발 가까이에 두고 제자의 공격을 기다립니다.

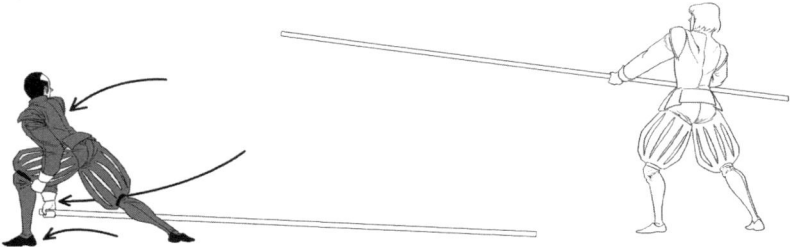

5

제자가 찌르기를 하면, 왼발을 제자의 오른쪽으로 내딛는 동시에 제자의 공격을 바깥쪽(스승의 등 쪽)으로 받아넘깁니다. 이때 처음처럼 창끝을 튕겨 올려 제자의 얼굴을 찌릅니다.

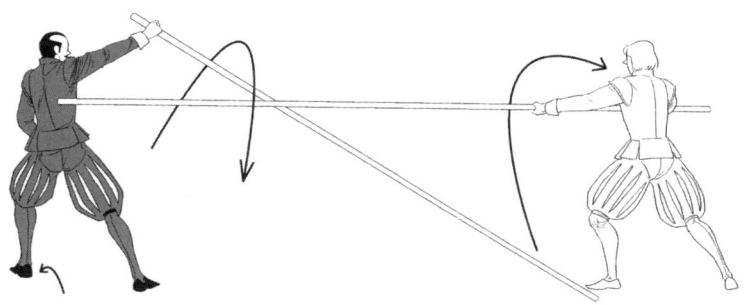

파이크 · 롱스태프 기술 2

A False Thrust

페인트

출전 : Meyer : 3.41r, pp. 268, 269

이것은 공격하다가 몸의 균형이 무너진 것처럼 위장하여 상대의 공격을 유도한 다음 카운터로 반격하는 기술입니다. 파이크나 롱스태프는 길이 때문에 무거운 데다 밸런스가 나빠 실제로 공격 시 태세를 무너뜨리는 일이 많았을 것입니다.

1

스승은 스태프를 어깨 높이로 들고 왼발을 내디뎌 위에서 찌르려고 합니다.

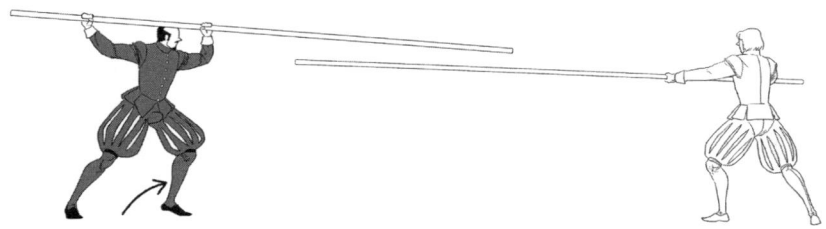

2

하지만 스승은 그대로 찌르지 않고 지면에 디딘 왼쪽 다리를 크게 구부려 자세를 낮춥니다. 그리고 왼손을 왼쪽 무릎 근처에 가져가 「하단」 자세를 취합니다. 이들 동작을 능숙하게 해내면 제자는 스승이 공격하려 하다가 균형을 무너뜨렸다고 생각하여 즉시 찌르기를 하는데, 이것을 왼쪽으로 쳐내고 제자에게 찌르기를 합니다.

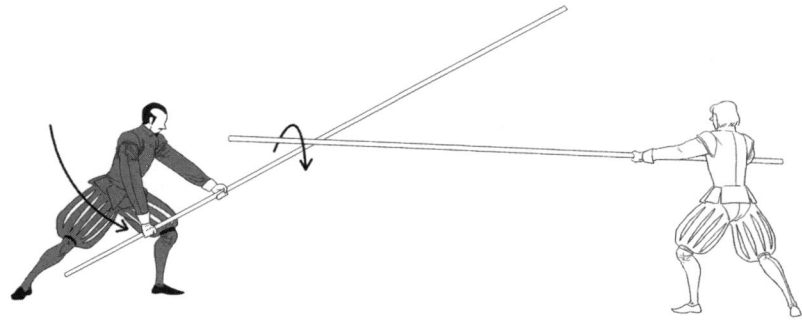

⚜ 파이크 · 롱스태프 기술 3
Another Thrusts in Earnest Combat in Field
실전에서의 공격법

출전 : Meyer : 3.46v, 3.47r, p. 274

메이어의 말에 따르면 파이크를 사용할 때는 강한 힘 · 성실함 · 신중함이 요구되는 동시에 파이크의 취급에 대한 분명한 이해 · 겨냥한 곳을 정확하게 찌를 수 있는 능력 · 타이밍을 완벽하게 잡는 기술이 필요하다고 합니다. 왜냐하면 파이크는 매우 길고 무거우며 밸런스가 나빠 일단 공격에 실패하면 파이크의 무게에 이끌려 태세가 무너지거나 넘어지게 되기 때문입니다.

또한 그는 상대가 적극적일수록 공격을 받아넘기기가 쉽다고 서술하였습니다.

두 번째 기술의 보충으로서 스승이 제자의 파이크 아래를 통과한 이유는 제자가 파이크를 원래 위치로 되돌리려 하면, 그 기세 탓에 제자의 파이크는 어떻게 해도 스승의 파이크를 옆(스승의 시점에서 왼쪽)으로 밀어내듯이 움직이기 때문입니다. 이 상태에서 스승이 평범하게 찌르면 제자가 손쉽게 받아넘겨 공격이 실패하므로 아래로 우회할 필요가 있는 것입니다.

1

스승은 우선 제자에게 적극적으로 공격할 의사가 있는지 관찰하고, 만약 그렇다면 제자보다 먼저 찌르기를 할 것처럼 페인트를 합니다. 이렇게 하면 제자는 스승을 앞지르려고 허둥지둥 찌르게 되므로 공격할 때의 균형이 무너집니다.

이 공격을 침착하게 옆으로 받아넘기고 얼굴에 찌르기를 합니다.

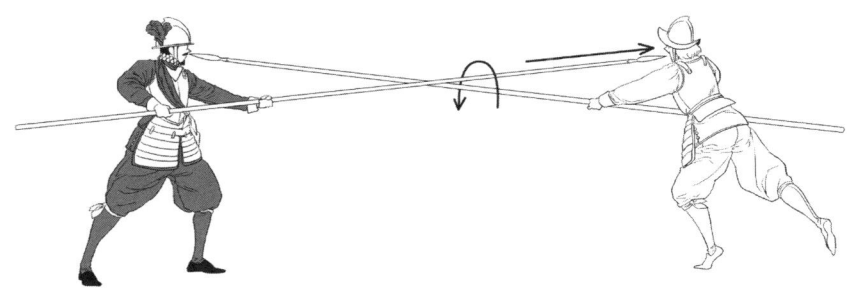

2 상대의 자세가 생각보다 견고할 때

여기서는 제자가 생각보다 균형을 잘 잡아서 스승이 받아넘긴 파이크를 재빨리 원래 위치로 되돌렸습니다. 그럴 때는 이쪽이 공격할 여유가 없으므로 스승은 제자의 파이크 아래를 통과하여 반대편으로 나와 찌르기를 합니다.

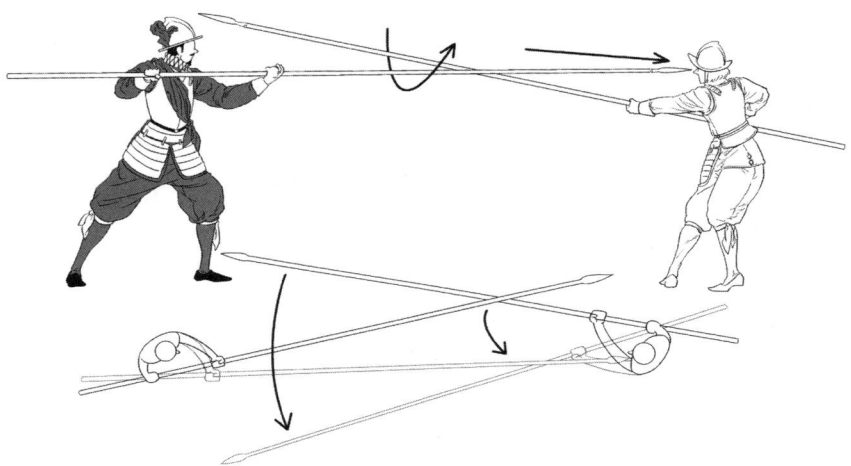

제 24 장
HALBERD
할버드

⚜ 할버드 기술 1

Zornhauw
존하우(사선베기)

출전 : Meyer : 3.38v, p. 266

같은 이름을 가진 롱소드 기술과 마찬가지로 위에서 아래로 내리치는 공격입니다. 다만 여기에서는 손의 위치를 바꿔 손잡이 끝을 잡고 세게 가격하는 기술이므로, 할버드의 무게와 길이를 생각할 때 일단 빗나가면 태세를 바로잡기가 어려울 것으로 보입니다.

처음 자세는 할버드를 똑바로 내미는 「찌르기」 자세로, 전장에서 많이 사용하기 때문인지 「전장」 자세라고 부르기도 합니다.

1
스승은 「찌르기」 자세로 제자에게 접근하여 제자의 할버드를 왼쪽으로 쳐냅니다.

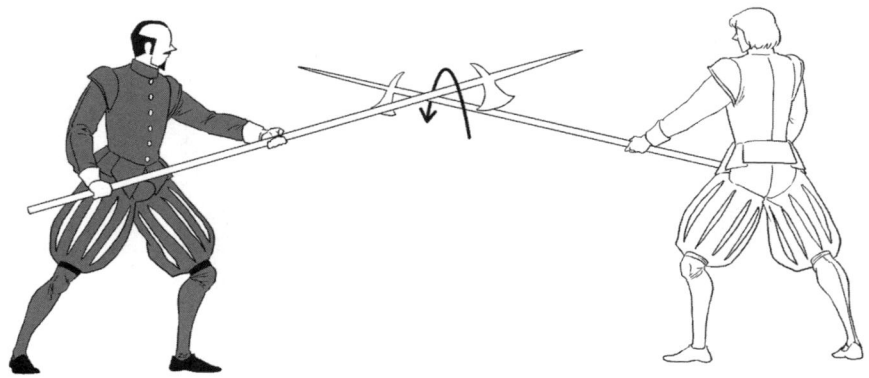

2

할버드를 머리 위에서 선회시킵니다. 이때 왼손을 오른손 뒤로 옮겨 잡은 다음 도끼로 제자의 머리 왼쪽을 내리칩니다.

3 카운터

스승이 내리치면 제자는 왼손의 그립을 반대로 잡고 한 발 내디디며 양손 사이로 스승의 공격을 방어합니다.

⚜ 할버드 기술 2
Single-Hand Unterhau
하단 한손베기

출전 : Meyer : 3.34v, p. 263

무척 화려한 기술입니다. 게다가 생각지도 못한 방향에서 공격이 날아오므로 방어하기가 상당히 까다롭습니다.

1
스승은 제자의 할버드 오른쪽에 바인딩하고 있습니다. 그리고 제자의 할버드를 오른쪽으로 세게 밀어냅니다.

2
할버드를 왼쪽 위로 휘두릅니다. 이어서 왼손으로 할버드의 손잡이를 밀어낸 다음 손을 놓습니다. 오른발을 크게 오른쪽으로 내디디며 오른손만으로 할버드를 왼쪽 위→뒤쪽→오른쪽 아래로 회전시키고 제자의 머리를 아래에서 올려칩니다.

3
오른손 손바닥을 상대 쪽으로 내밀 듯 뻗고 손목을 위로 기울임으로써 머리 위로 돌아온 할버드를 왼손으로 붙잡습니다. 이어서 오른발을 당기며 제자의 머리를 내리치고 제자의 찌르기를 방어합니다.

⚜ 할버드 기술 3

With the Low Cut
올려치기

출전 : Meyer : 3.34r, 3.34v, pp. 262, 263

하단 올려치기에서 이어지는 공방입니다.

1

제자는 「찌르기」 자세로 스승과 대치하고 있습니다. 제자는 할버드를 들어올려 마치 위에서 내리칠 것처럼 위장합니다. 하지만 재빨리 왼손의 그립을 바꿔 잡는 동시에 크게 호를 그려 아래에서 올려칩니다.

2 만약 스승이 찌르기를 하면

만약 스승이 먼저 찌르기를 하면, 제자는 스승을 공격하지 않고 스승의 할버드를 아래에서 위로 쳐내 방어합니다.

3

그리고 날을 뒤집어 오른쪽에서 왼쪽으로 스승을 뱁니다.

4

할버드의 움직임을 멈추지 않고 그대로 회전시켜 오른손만으로 스승의 머리에 할버드를 내리칩니다.

제 25 장
QUATER-STAFF
쿼터스태프

⚜ 쿼터스태프 기술 1

Closing
파고들기

출전 : Swetman : pp. 143-144

    파고들기(Closing)란 상대의 간격 안으로 파고들어 격투 등의 근접전투를 시작하는 것을 말합니다. 쿼터스태프의 근접전에서는 물미 부분을 이용한 공방이 이루어지는 것이 일반적입니다.

    스웻남은 이 기술을 쿼터스태프뿐만 아니라 빌이나 웰시 혹, 할버드에도 응용할 수 있다고 하였습니다. 또한 그는 원본의 89페이지에서도 유사한 기술을 해설하고 있습니다.

1
스승은 제자의 얼굴에 찌르기를 합니다. 제자는 이것을 위로 받아넘깁니다.

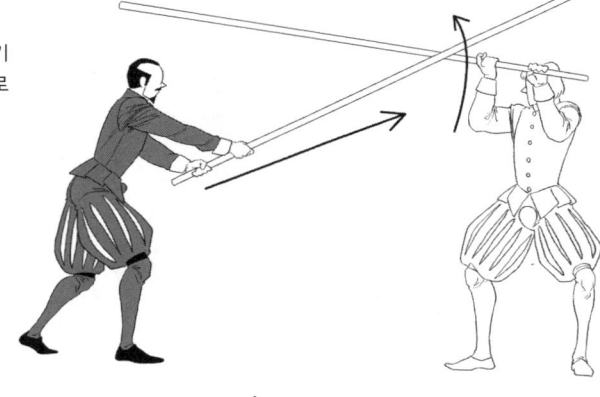

2
스승은 한 발 내디디며 손을 뒤집어 제자의 스태프 아래로 빠져나가 밀어 올립니다. 이어서 물미 부분으로 제자를 공격하거나 스태프를 버리고 격투에 들어갑니다.

3 카운터

제자의 경우 재빨리 한 걸음 물러나며 앞뒤의 손을 바꿔 잡고 자세를 취하면 스승에 대해 유리한 입장에 설 수 있게 됩니다.

4 빌 등의 경우

만약 스승이 쿼터스태프가 아닌 빌 등을 장비하고 있을 경우, 스승은 제자의 스태프를 감아올리며 갈고리로 제자의 정강이를 공격합니다.

⚜ 쿼터스태프 기술 2

Strokes atte e IJ Hande Staffe
쿼터스태프의 공격

출전 : E.L : pp. 146-153

여기에서 소개하는 기술은 『Cottonian Titus A XXV』에 인용되어 있는 것으로, 현재 확인할 수 있는 중세의 유일한 쿼터스태프 기법입니다. 본래의 기술은 개인용 연무로 보이는데, 아마도 초심자용의 기본적인 형이었을 것입니다.

원본에서 이 형은 세 가지 파트로 나누어져 있습니다.

첫 번째 파트는 손가락과 손목을 단련하는 운동으로, 처음에는 손가락으로 스태프를 돌리다가 이어서 스태프를 잡고 8자 모양을 그립니다(원문 : a florysh abowte the Finger. e nexte florysh is about e hande).

두 번째 파트는 혼자서 행하는 것으로 쿼터 3회, 돌려베기 1회, 할퀴기 2회, 찌르기 2회, 쿼터 클로즈드 3회를 실시합니다. 여기서 마지막 것은 연구가 헤슬롭의 해석에 따르면 「상대에게 접근하여 스태프 중앙을 붙잡고 하프 스태프로 공격」하는 것이라고 합니다.

세 번째 파트는(두 번째 파트와 구분이 애매합니다) 두 사람의 적을 상대로 싸우는 기법으로, 여기에서는 이 파트를 도해합니다.

1

두 사람의 상대에 둘러싸인 스승은 여제자를 「돌려베기」로 공격하는 동시에 후방의 제자를 경계합니다.

2

재빨리 뒤로 돌아 위에서 두 번 내리칩니다.

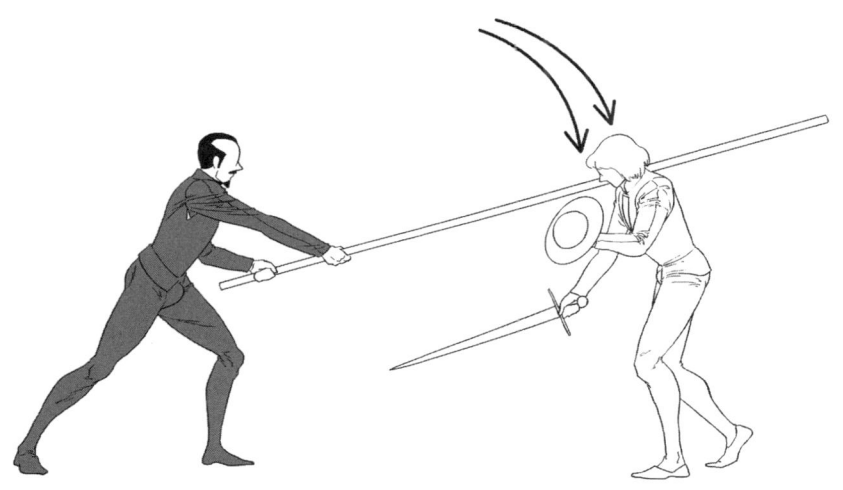

3

그리고 여제자 쪽으로 다시 뒤돌아 찌르기를 합니다.

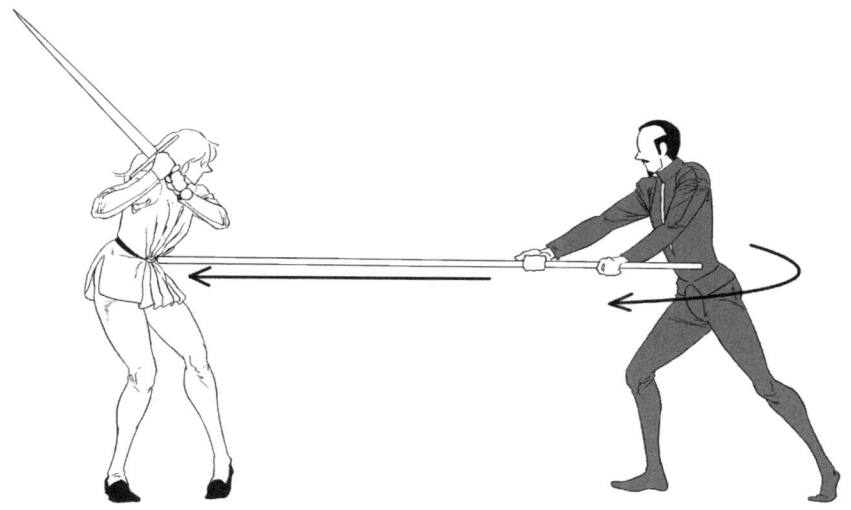

⚜ 쿼터스태프 기술 3
A Good Stroke in which You Turn Around
회전치기

출전 : Meyer : 3.27v, 3.28v, pp. 257, 258

몸을 회전시키면서 한손치기로 공격하는 기술입니다. 메이어의 말에 따르면 이 기술은 너무나 빠르기 때문에 상대는 카운터를 할 수 없다고 합니다.

1
두 사람의 스태프 선단이 당장이라도 맞닿을 것처럼 가깝습니다.

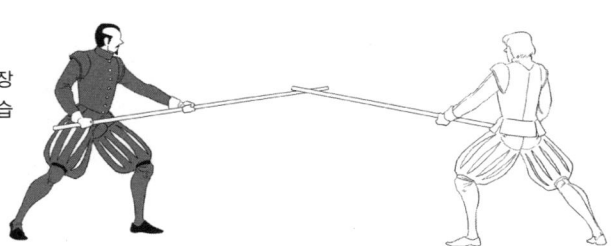

2
스태프의 창끝으로 제자의 얼굴을 겨냥한 채 몸을 오른쪽으로 비틉니다.

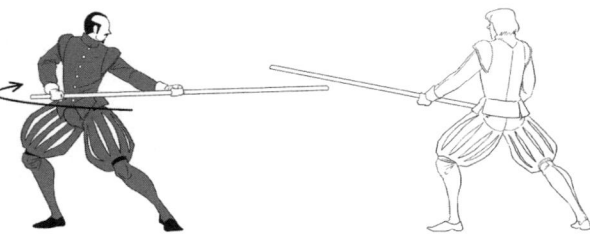

3
오른발을 제자 쪽으로 내디디며 제자에게 등을 돌리듯 몸을 회전시키고 그 기세를 이용하여 스태프로 제자의 머리 또는 몸통을 가격합니다.

⚜ 쿼터스태프 기술 4
Another How You Shall Jerk out his Staff & Stroke at his Forward Leg
다리후리기

출전 : Meyer : 3.23r, 3.23v, p. 254

상대의 무릎 뒤쪽을 가격하여 쓰러뜨리는 기술입니다.

1

스승은 제자의 스태프와 가볍게 바인딩하고 있다가 갑자기 스태프를 오른쪽으로 쳐내려 합니다.

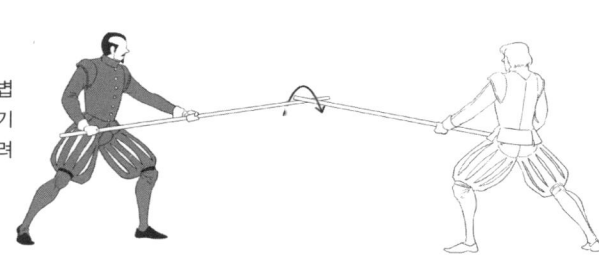

2

제자가 그것에 저항하면, 스승은 재빨리 스태프를 머리 위에서 선회시켜 오른손만으로 제자의 무릎 뒤쪽을 가격합니다.

3

스태프의 움직임을 멈추지 않고 계속 휘둘러 왼쪽 어깨 위에 치켜듭니다. 왼손으로 스태프를 다시 잡고 제자의 오른쪽 어깨를 내리친 다음 얼굴에 찌르기를 합니다.

쿼터스태프 기술 5

A Very Simple Way to Protect Yourself with a Hooked Walking Stick against a Boxer
지팡이로 복서에게 대항하는 방법

출전 : Baritsu : pp. 62, 63

여기서부터는 바리츠(바티츠) 기술을 소개합니다. 바리츠에서는 지팡이의 종류를 통상적인 지팡이(금속제 손잡이가 붙어 있는 일자형)·경량급 지팡이(손잡이가 구부러진 것이 많으며 우산 등도 포함)·중량급 지팡이(본래의 쿼터스태프 같은 양손봉)의 세 가지로 분류하고 있습니다.

이 기술은 손잡이가 구부러진 경량급 지팡이를 가진 상태로 복싱에 소양이 있는 폭력배의 습격을 받았을 경우의 대처법인데, 지팡이를 가지고 있는 상대에게도 유효하다고 합니다.

1

제자는 지팡이를 뒤로 빼서 스승에게 붙잡히지 않도록 대비합니다. 그리고 손바닥이 스승 쪽을 향하도록 왼쪽 주먹을 내밀어 허리에 대한 발차기나 얼굴에 대한 펀치를 방어하고자 합니다.

2

스승이 펀치로 공격하면, 제자는 고개를 숙이고 스승의 공격을 왼팔로 막아냅니다. 지체하지 않고 왼팔을 위로 밀어 올려 스승의 균형을 무너뜨립니다. 이와 동시에 제자는 오른손의 지팡이를 스승의 무릎에 겁니다.

3

스승의 발을 끌어당겨 넘어뜨립니다.

쿼터스태프 기술 6

One of the Best Way of Knocking Down a Man in a General Scrimmage when There is not Room to Swing a Stick Freely

좁은 장소에서의 공방

출전 : Baritsu : pp. 92, 93

이 기술은 좁은 장소에서 지팡이를 가지고 있는 상대에게 대처하는 방법입니다.

1

제자는 지팡이를 앞으로 내밀고 스승의 머리 측면을 공격합니다.

2

스승이 이것을 방어하려고 지팡이를 치켜들면, 제자는 전진하여 왼손으로 스승의 오른팔을 붙잡습니다. 그리고 무릎을 꿇으며 지팡이를 스승의 두 다리 사이에 찔러 넣고 지팡이를 비틀어 스승을 쓰러뜨립니다.

검의 제작법(5)

라치부시의 검을 분석한 결과에 따르면, 침탄 공정과 동일한 온도인 900~950도(현대에는 750~800도로 다소 낮은 온도에서 담금질을 합니다)로 가열한 다음, 기름 또는 축축한 모래에서 비교적 천천히 냉각했을 것으로 추정됩니다. 그리고 중심부에 아직 열이 남아 있을 때 냉각재에서 꺼내는데, 이렇게 하면 일단 냉각되었던 표면이 중심부의 열에 의해 다시 데워지고 시간이 흐르면 또다시 느릿하게 냉각되는 것입니다(뜨임이라 불리는 공정입니다). 다른 방법으로는 가열한 칼날 가장자리 부분만을 냉각재에 접촉시키거나 전부 냉각한 뒤 중앙 부분만 재가열하는 방법이 있습니다. 그리고 뜨임질을 하여 완성합니다.

유럽의 검은 경화된 표면이 박리된다는 말이 있으나, 적어도 필자가 아는 범위 내에서는 실제로 그런 현상이 발생했다는 이야기를 들어본 적이 없습니다. 표면의 경화된 부분과 중심의 부드러운 부분은 일본도의 칼날이나 심 부분과 금속학적으로 동일하므로, 만약 유럽의 검 표면이 사용 중에 벗겨진다면 일본도의 날 부분도 사용 중에 떨어져 나가게 될 것입니다.

일본의 도공이 냉각재의 온도가 중요하다고 생각했던 것과는 대조적으로 중세 유럽의 도공은 냉각재의 재질을 중시하였습니다. 당시의 대장장이는 물·기름·오줌·혈액·약초와 머리카락과 뱀장어 같은 여러 물체를 걸쭉하게 푹 끓인 액체 위에 뜨는 맑은 물 등 다양한 액체를 시험해봤던 모양입니다. 한편 1771년 창립하여 2005년까지 영업하던 영국의 도검회사 윌킨슨소드사에서는 액체 상태의 납을 냉각재로 사용하였습니다.

- **마무리**

검의 단조가 끝나면 마무리를 합니다. 풀러를 넣는 것도 이때입니다. 풀러는 정으로 새기는 것이 아니라 숫돌 같은 것으로 갈아서 만들었습니다.

문양단련법으로 제작되는 검은 연마한 뒤에 산을 칠하여 표면에 문양이 떠오르게 합니다. 문양의 최종적인 형태는 문양 부분을 어디까지 연마하느냐에 따라 결정됩니다. 연마가 얕으면 흐르듯 부드러운 문양이 생기며, 깊게 연마할수록 딱딱하게 네모진 문양이 나타납니다.

14세기경의 애벌 연마. 거대한 연삭기로 검을 깎아내고 있습니다.

(p563에 계속)

제 26 장
SICKLE/SCYTHE/FLAIL/CUDGEL
낫 · 대낫 · 플레일 · 곤봉

낫 · 대낫 · 플레일 · 곤봉 기술 1

Incisiones Duae Quibus Brachia Striguntur
두 가지 팔 베기

출전 : Mair/Vol.1 : 228r

이 기술은 상대의 팔을 겨냥하여 베는 것으로, 한손낫 기법의 기본이라고도 할 수 있는 형입니다.

마지막 팔 꺾기는 원문에 「왼팔로 상대의 오른팔 위를 안쪽에서 붙잡기(manu loeva sursum ultra brachium ipsius dextrum regenda)」라고 적혀 있습니다. 하지만 독일어판에서는 「왼손으로 상대의 오른팔 바깥쪽을 아래에서 붙잡기」라고 설명하고 있어, 묘사가 혼동되는 측면이 있습니다. 여기에서는 이들 두 가지 묘사를 종합하여 소개합니다.

1
오른발을 앞에 딛고 서서, 제자의 오른팔을 벱니다.

2 카운터 1
스승의 오른팔을 붙잡아 공격을 막고, 잡은 팔을 끌어당기며 낫으로 벱니다.

3 카운터 2

왼손으로 제자의 오른팔을 붙잡고 왼발을 내디디며 위로 들어올립니다. 그리고 오른팔을 세게 당겨 제자의 손을 뿌리치고 고간을 공격합니다.

4 카운터 3

제자는 안쪽에서 스승의 오른팔 아래를 통과하여 끌어안듯 붙잡은 다음 강하게 당겨 스승의 팔을 꺾고 목을 벱니다.

✠ 낫 · 대낫 · 플레일 · 곤봉 기술 2

Supera et Infera Incisio
내리치기와 올려베기

출전 : Mair/Vol.1 : 227r

이 기술에서는 두 다리를 가지런히 모은, 마치 차려자세처럼 보이는 자세가 등장합니다. 기묘한 태세이지만 사실 르네상스 시대의 무술에 많이 등장하는 자세입니다.

1

스승은 두 다리를 가지런하게 딛고 서 있습니다. 제자는 오른발을 앞으로 내밀고 서서 오른손의 낫을 오른쪽 무릎 옆에 위치시키고 있습니다.
스승은 오른발을 내디디며 위에서 제자를 내리칩니다.

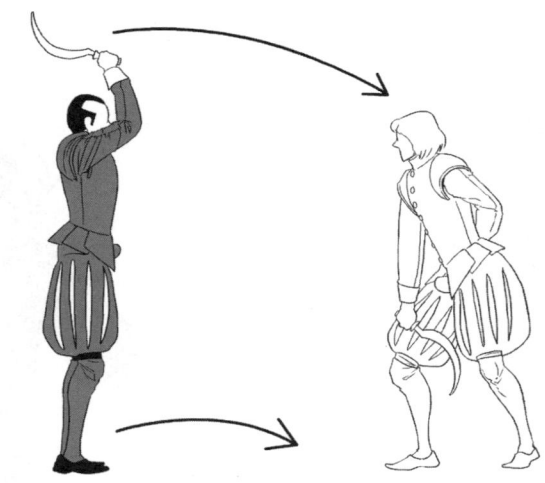

2 카운터 1

낫으로 스승의 공격을 왼쪽으로 받아넘깁니다.

3

이어서 한 발 내딛고 스승의 오른발을 아래에서 올려벱니다.

4 카운터 2

왼손으로 제자의 오른팔을 붙잡고 앞으로 끌어당깁니다. 그리고 제자의 오른쪽 어깨를 낫으로 공격하여 그대로 지면에 쓰러뜨립니다.

낫 · 대낫 · 플레일 · 곤봉 기술 3

Inferior et Superior Incisio

올려베기와 내려베기

출전 : Meyer : 3.38v, p. 266

앞의 기술과 대체적으로 비슷하지만 이 기술은 마지막에 서로의 팔을 붙잡은 상태가 됩니다.

1

스승은 오른발을 앞으로 내밀고 서서 오른손을 하단에 위치시킵니다. 제자는 발의 위치는 스승과 같지만 낫을 상단에 들고 위에서 내려벱니다.

2

스승은 제자의 팔을 아래에서 올려벱니다.

3 카운터 1

제자는 손을 비틀어 스승의 공격을 왼쪽으로 받아넘깁니다.

4

왼손으로 스승의 오른팔을 붙잡고 낫으로 스승의 왼쪽을 공격합니다.

5 카운터 2

왼손으로 제자의 오른팔을 붙잡아 오른쪽으로 가져갑니다. 그리고 오른손의 낫으로 제자의 왼팔을 벱니다. 만약 제자가 후퇴한다면 간격을 좁히고 공격합니다.

낫 · 대낫 · 플레일 · 곤봉 기술 4

Duae Incisiones Supeernae Falcis Foenaria

내리치기

출전: Mair/Vol.1 : 204r

여기서부터는 대낫의 기법을 소개합니다. 가장 기본이 되는 내리치기와 그 카운터로서, 초보적인 대낫 기술이라고 할 수 있습니다.

여기에서는 마지막 동작을 받아넘기는 것으로 해석하였으나, 날이 손잡이와 직각으로 달려 있는 점을 이용하여 날의 바깥쪽 부분으로 제자의 공격을 막아내고 있을 가능성도 있습니다.

제3부 기술 해설

1
두 사람은 왼발을 앞으로 내밀고 낫을 상단에 든 자세로 서 있습니다.

2
발을 움직이지 않고 제자리에서 제자의 오른쪽 어깨를 내리칩니다.

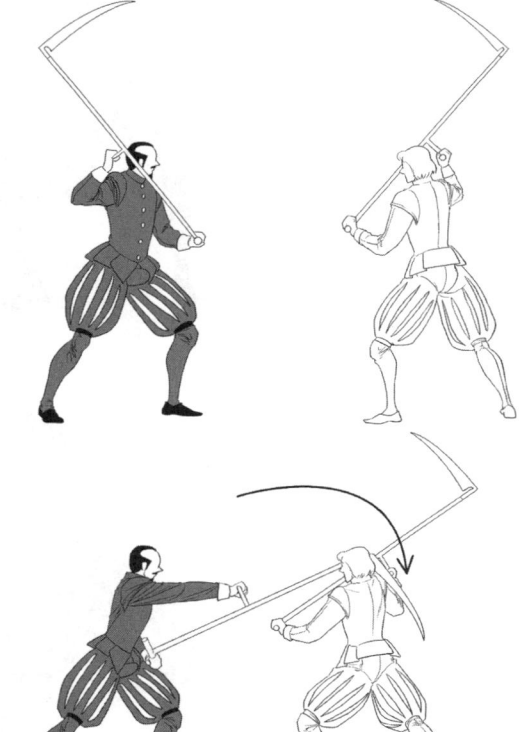

3 카운터 1

손잡이를 이용하여 스승의 공격을 오른쪽으로 방어합니다.

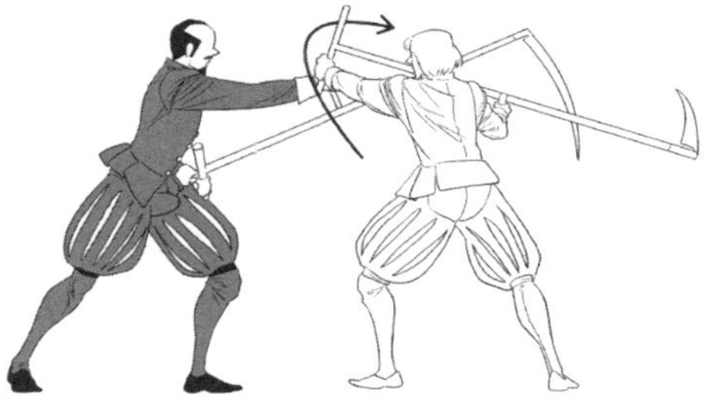

4

이어서 왼발을 왼쪽 앞으로 내딛고 오른발을 그 뒤에 가져다 붙이는 보법 「트라이앵글 스텝」을 사용하여 스승의 목을 공격합니다.

5 카운터 2

왼발을 뒤로 물리며 낫의 앞부분으로 제자의 공격을 받아넘깁니다.

6

오른발을 당기며 낫을 내리치고, 제자의 머리를 감싸듯 돌아들어가 머리 왼쪽을 공격합니다.

낫 · 대낫 · 플레일 · 곤봉 기술 5

Duae Inferiae Incisiones

올려베기

출전 : Mair/Vol.1 : 204v

아래에서 올려베는 기법입니다. 다만 두 번의 올려베기 중 마지막 것은 상대의 공격을 방어하기 위해 사용하고 있습니다.

1

두 사람은 오른발을 앞에 딛고 하단자세를 취하고 있습니다.

2

스승은 왼손을 내림으로써 아래에서 올려벱니다.

3

스승은 트라이앵글 스텝으로 몸의 좌우 위치를 바꾸고 팔을 교차시켜 제자의 오른팔을 공격합니다.

4 카운터

제자는 스승의 낫을 아래에서 올려베서 방어합니다.

5

트라이앵글 스텝을 사용하여 왼쪽으로 발을 내딛고 팔을 교차시켜 스승의 오른팔을 공격합니다.

⚜ 낫 · 대낫 · 플레일 · 곤봉 기술 6

Habitus Incisionis Cancellatae contra Incisionem Apertam

교차베기

출전 : Mair/Vol.1 : 206 r

이 형은 전작 p605에서 간단하게 소개한 기술로 한쪽이 팔을 교차시키고 있는 상태에서 시작합니다. 아마도 이 형이 시작되기 전에 어느 정도 공방이 벌어졌으며, 그 결과 이러한 상황이 되었을 것입니다.

1

스승은 오른발을 앞에 딛고 서서, 선단으로 제자를 겨냥하는 자세를 취합니다. 제자는 왼발을 앞에 딛고 서서, 팔을 교차시켜 잡은 낫으로 스승을 겨냥합니다.

2

스승은 낫을 제자의 오른쪽 다리에 걸고 잡아당겨 벱니다.

3 카운터 1

제자는 교차시킨 양팔을 풀어 스승의 공격을 왼쪽으로 받아넘깁니다.

4

낫을 들어올려 뒤에서 스승의 목을 공격합니다.

5 카운터 2

왼발을 오른쪽으로 내딛고 양손 사이로 제자의 공격을 방어합니다.

6

제자의 왼쪽 다리를 공격합니다.

7 카운터 3

왼발을 오른발 옆으로 끌어당기며 스승의 공격을 방어합니다.

8

팔을 교차시켜 스승의 목을 공격한 다음 후퇴합니다.

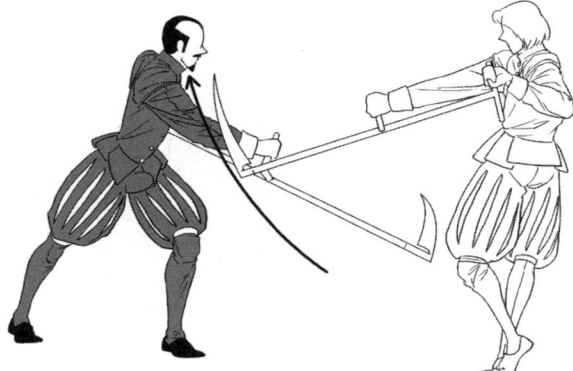

검의 제작법(6)

14세기경의 마무리 연마 또는 풀러를 넣는 공정. 숫돌을 장착한 손잡이와 가이드로 추측되는 막대기 사이에 검을 끼워 연마하고 있습니다. 작업대 위의 뿔 모양 용기에는 숫돌가루나 물을 넣어둔 것으로 추정됩니다.

특수한 풀러의 예. 카츠발게르라고 불리는 16세기의 검으로 회색 부분이 풀러.
전체 길이 80.5cm, 칼날 길이 66.6cm.

또한 금, 은, 철을 이용하여 상감을 하기도 합니다. 상감의 모양은 가지각색이지만 보편적으로 제작자나 소유자의 이름, 마술적인 형상이나 문언 같은 것을 넣었습니다. 이러한 전통 때문에 울프베르흐트(Vlfberht : 프랑크족이 사용하는 이름. 250년에 걸쳐 최고급 검을 제작해온 도공 일족 또는 공방), 잉게리(Ingelri : 스웨덴에 거점을 가진 울프베르흐트의 라이벌 도공으로 추정), 니소(Niso), 반토(Banto), 아탈발드(Atalbald), 루트프리트(Leutfrit), 벤노(Benno), 에롤트(Erolt), 인노(Inno), 게셀린(Gecelin) 등 도공들의 이름이 현재까지 남아 있습니다.

바이킹 시대에는 검에 이름을 붙이는 것이 일반적이었습니다. 당시에 검은 단순한 도구가 아니라 마술적인 의미를 가진 존재였습니다. 검을 비롯한 무기는 영혼을 가지고 있으며, 스스로 인정한 주인을 전장에서 돕고 이끌어준다고 인식되었습니다. (p580에 계속)

↑바이킹 시더 문양단련법의 예. 칼끝 부근에 철 상감으로 지그재그 모양이 그려져 있습니다.

←현대에 문양단련법을 재현한 예. 문양 부분은 4개의 봉으로 이루어져 있습니다.

⚜ 낫 · 대낫 · 플레일 · 곤봉 기술 7

Duae Incisiones quibus Brachia Proscinduntur
팔 베기

출전 : Mair/Vol.1 : 206v

이 기술은 위에서 내리치는 공격과 그 카운터인데, 카운터 1의 기술은 롱소드의 「압셋젠(받아넘기기) 2 (전작 p108)」와 기본적으로 동일할 것입니다.

또한 마지막 카운터 2의 동작은 원문에는 「…좌우의 손을 바꿔 잡고, 즉 왼손으로 손잡이의 중앙을 잡고 오른손으로 손잡이의 후단을 잡는다. 따라서 만약 이 기술을 바르게 사용하여 상대(의 공격)를 회피하면…(…manu sinistra mutate, eam in medium manubrium conijcias, et dextram inferiori adaptabis. Si igitur predictis rite usus fueris, adversarium adversum te laborantem devitabis…)」이라고 적혀 있습니다. 이 도해에서는 이 문장을 「오른손을 놓고 상대의 공격을 피한 다음 좌우의 손을 바꿔 잡는다.」라고 해석하였습니다.

1

두 사람은 오른발을 앞으로 내밀고 상단자세를 취하고 있습니다.

2

제자의 오른팔을 벱니다.

3 카운터 1

제자는 아래에서 올려베기로 스승의 공격을 방어하는 동시에 스승의 팔을 공격합니다.

4 카운터 2

스승은 오른손을 놓고 제자의 공격을 피합니다. 그 다음 좌우의 손을 바꿔서 낫을 잡고, 제자의 오른팔을 아래에서 올려 벱니다.

⚜ 낫 · 대낫 · 플레일 · 곤봉 기술 8
Superna Incisio contra Inferiorem
하단베기와 상단베기

출전 : Mair/Vol.1 : 207v

여기에서는 낫을 옆으로 잡는 「측면」 자세가 등장합니다. 이 자세는 오른손을 옆으로, 왼손을 앞으로 똑바로 뻗어 낫을 잡는 것으로, 위에서 보면 직각이등변삼각형 모양이 됩니다.

1
스승은 오른발을 앞으로 내미는 「측면」 자세, 제자는 왼발을 앞으로 내미는 상단자세를 취하고 있습니다.

2
스승은 발을 움직이지 않고 제자리에서 제자의 다리를 공격합니다.

3 카운터 1

제자는 스승의 목에 낫을 걸고 끌어당겨 스승의 공격을 무효화합니다.

4 카운터 2

스승은 왼손으로 제자의 낫 손잡이를 붙잡고 위로 들어올려 낫에서 벗어납니다. 동시에 오른발을 뒤로 물립니다(이 발의 움직임은 원문에는 없습니다).

5

오른발을 한 발 내딛고 제자의 왼쪽 다리를 공격합니다.

낫 · 대낫 · 플레일 · 곤봉 기술 9

Ictus Forma, qua Caput Adpetitur contra Adversionis Habitum
머리에 대한 일격과 그 방어

출전 : Mair/Vol.1 : 210v

여기서부터는 플레일 기법의 도해입니다. 플레일 기법의 가장 큰 특징은 플레일의 머리 부분이 아닌 손잡이 부분을 사용하여 공격을 방어한다는 점입니다.

제자의 처음 자세는 「천칭」 자세(libramine)라고 부르는데, 이것은 독일 지방에서 기원한 유파에 때때로 등장하는 자세(독일어 : Wag, Waage)로 천칭과 같이 균형 있게 서는 자세를 가리킵니다.

1

스승은 왼발을 앞으로 내밀고 플레일의 머리 부분을 내린 자세. 제자는 플레일을 상단에 위치시킨 「천칭」 자세입니다.

2

스승은 그대로 제자의 머리를 공격합니다.

3 카운터 1

왼발을 뒤로 물리며 스승의 공격을 왼쪽으로 받아넘깁니다.

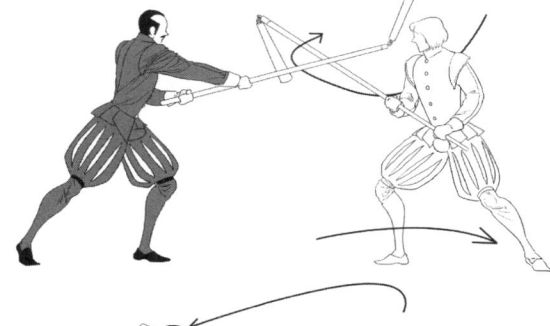

4

다시 왼발을 내디디며 스승의 머리 왼쪽을 가격합니다.

5 카운터 2

왼발을 당기며 제자의 공격을 왼쪽으로 쳐냅니다.

6

플레일을 머리 위에서 선회시켜 제자의 머리 왼쪽을 가격하고 후퇴합니다.

⚜ 낫·대낫·플레일·곤봉 기술 10

Habitus Superni Ictus contra Inferiorem
상단과 하단에 대한 공격

출전 : Mair/Vol.1 : 212r

이 형의 정확한 명칭은 「하단공격에 대한 상단공격」으로서, 상대의 하단공격에 대해 상단공격으로 카운터를 한다는 의미입니다.

1
제자는 왼발을 앞으로 내밀고 있습니다. 스승은 왼발을 앞으로 내밀고 「천칭」 자세를 취하고 있습니다.

2
제자의 다리를 가격합니다.

3 카운터 1
왼발을 한 발 당기며 스승의 공격을 피합니다.

4

다시 왼발을 내디디며 스승의 등을 가격합니다.

5 카운터 2

왼발을 뒤로 물리며 팔을 교차시켜 제자의 공격을 오른쪽으로 받아넘깁니다.

6

왼발을 앞으로 내딛고 제자의 몸통 오른쪽을 가격합니다.

7 카운터 3

트라이앵글 스텝(아마도 오른발을 오른쪽으로 내딛고 왼발을 뒤로 당기는 것)으로 스승의 공격을 피하고, 스승의 머리를 가격합니다.

⚜ 낫 · 대낫 · 플레일 · 곤봉 기술 11
Hans Talhoffer's Two Frail Plays
탈호퍼의 플레일 기술

출전 : Talhoffer(1450) : 60r, 60v

 탈호퍼는 1450년경의 것으로 추정되는 페히트부흐에 플레일 기술 두 가지를 수록하였습니다. 이 플레일 기술은 필자가 아는 범위 내에서 현존하는 유럽 최초의 플레일 기법일 뿐만 아니라, 탈호퍼의 저서는 중세 시대에 저술된 유일한 플레일 페히트부흐입니다. 하지만 안타깝게도 탈호퍼의 페히트부흐는 도판은 풍부하지만 문장으로 이루어진 설명이 거의 없어 도판을 보고 기술을 추측하는 수밖에 없습니다.

 플레일 대 창의 기법이 포함되어 있다는 점만 보아도 알 수 있듯이 이 기술은 결투용이 아니라 호신술 또는 전장에서의 사용을 전제하고 있는 것으로 추정됩니다. 플레일의 머리 부분이 아닌 물미 부분을 사용하여 공격한다는 것도 특징입니다. 이는 플레일 기법이 쇼트스태프 기법을 바탕으로 하고 있기 때문입니다.

 또한 여기에서도 상대의 무기를 끌어안아 봉쇄한다고 하는 탈호퍼의 주특기가 등장합니다.

1   형 1

제자는 왼쪽으로 발을 내디디며 스승의 찌르기를 양손 사이로 받아넘깁니다.

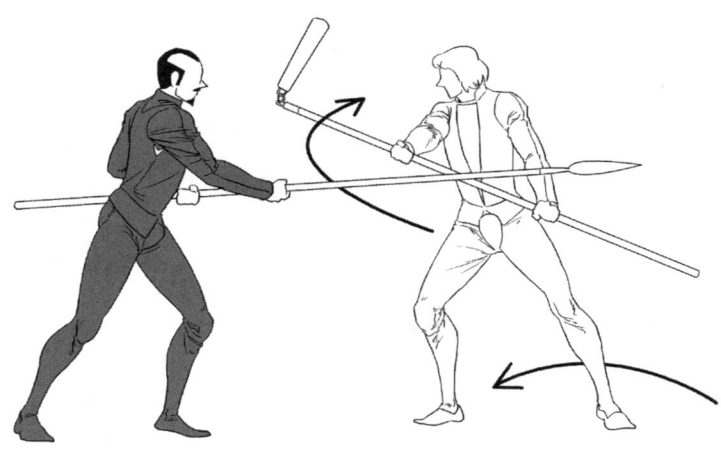

2

왼손을 일단 손잡이에서 놓은 다음 오른팔 아래로 통과시켜 머리 부분에 가까운 쪽을 다시 잡고, 물미 부분으로 스승의 목 오른쪽을 가격합니다.

3 형2

스승의 공격을 왼쪽으로 받아 넘깁니다.

4

제자는 스승의 플레일을 왼쪽 옆구리에 끼고 물미로 스승을 찌릅니다.

⚜ 낫 · 대낫 · 플레일 · 곤봉 기술 12

Ictus Loetalis per Fustem

살격

출전 : Mair/Vol.1 : 214r

여기서부터는 곤봉의 기법을 소개합니다. 여기에서 말하는 「살격」이란 「강력한 일격」을 의미합니다.

1

스승은 왼발을 앞에 딛고 서서, 곤봉을 머리 위로 높이 치켜듭니다. 제자는 오른발을 앞에 딛고 서 있습니다.

2

오른발을 내디디며 제자의 머리를 가격합니다.

3 카운터 1

곤봉을 「매달기」 자세처럼 들고 스승의 공격을 방어합니다.

4

왼발을 내딛고 스승의 머리를 가격합니다.

5 카운터 2

양팔을 교차시켜 제자의 공격을 왼쪽으로 받아넘깁니다.

6

곤봉으로 제자의 목 오른쪽을 가격하여 지면에 쓰러뜨립니다.

낫・대낫・플레일・곤봉 기술 13
Forma Ictus Inferi contra Habitum Aversionis
하단에 대한 공격

출전 : Mair/Vol.1 : 214v

이 기술의 두 번째 동작은 원문에 「상대의 공격을 왼쪽으로 받아넘긴다(tum adversarij impetum versus tuum latus sinistrum repellas).」라고 적혀 있으나, 원본의 도판과 이어지는 설명문을 보면 반대로 오른쪽으로 받아넘기고 있으므로 오기로 보입니다.

1
스승은 과감하게 오른발을 내딛고, 바깥쪽에서 제자의 오른쪽 다리를 가격합니다.

2 카운터 1
곤봉을 「매달기」 자세로 잡고 스승의 공격을 방어합니다.

3

왼발을 왼쪽 앞으로 내디디며 스승의 머리를 전력으로 내리칩니다.

4 카운터 2

오른발을 당기며 제자의 공격을 쳐냅니다.

5

오른발을 원래 위치로 내딛고 제자의 머리를 가격합니다.

낫 · 대낫 · 플레일 · 곤봉 기술 14
Alia Plaga Loetaris
살격 2

출전: Mair/Vol.1 : 215r

전작 p612에서 소개한 기술을 자세히 풀이합니다.

1
두 사람은 오른발을 앞에 딛고 서서 양팔을 교차시킨 자세를 취하고 있습니다.

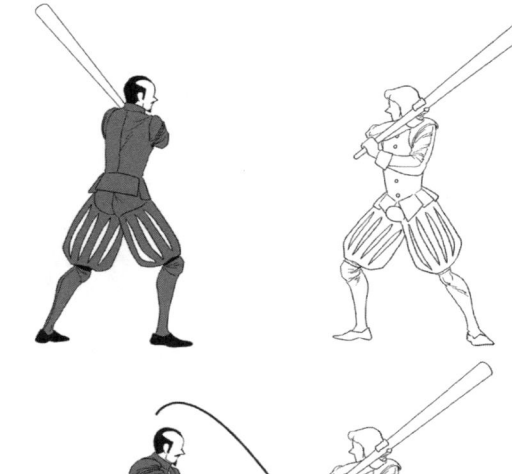

2
스승은 왼발을 내딛고 왼쪽에서 제자의 다리를 가격합니다.

3 카운터 1
몸을 앞으로 기울이고 곤봉을 내려서 스승의 공격을 방어합니다.

4

교차시킨 양팔을 풀어 스승의 오른팔을 공격합니다.

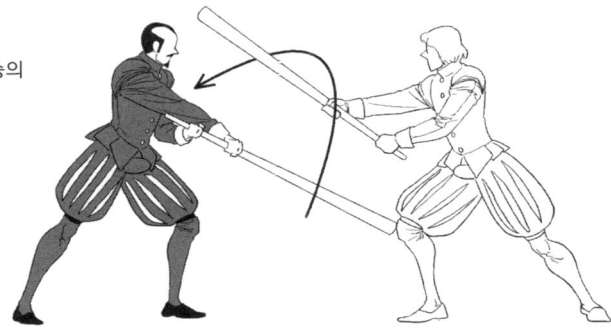

5 카운터 2

제자의 공격을 왼쪽 위로 튕겨 올립니다.

6

그리고 제자의 팔이 위로 튕겨 올라가자, 스승은 오른발을 내디디며 제자의 양팔 사이로 제자의 얼굴을 찔러 죽입니다.

검의 제작법(7)

중세의 검에는 제작자의 각인·이름 등이 들어갔는데, 이러한 이름은 일본도와는 달리 눈에 보이는 위치에 삽입하는 것이 일반적이었습니다. 다양한 금속을 상감하거나 문양을 새겨서 장식하는 것도 특히 르네상스 이후 널리 성행하였습니다(단순한 장식용 조각이 독을 주입하기 위한 홈이라는 오해를 사기도 하였습니다). 또한 공방에서 바로 날밑 등을 끼워 조립하지 않고 검신 그대로 외부에 수출하는 경우도 많았습니다. 이렇게 수출된 검신은 수입 지역에서 현지의 기호에 맞는 손잡이를 조립하여 완성합니다.

완성 상태의 검신. 빈 미술 박물관 소장. 1253~1278년. 전체 길이 98cm. 무척 독특한 예로서, 제작 상태 그대로 보존된 검신입니다. 슴베가 유난히 긴 것은 고객의 요망에 따라 한손검에서 양손검까지 온갖 종류의 검에 장착할 수 있도록 하기 위해서입니다.

일본도는 보수를 위해 도를 분해할 수 있도록 제작하지만, 유럽의 검은 각부가 반영구적으로 고정됩니다. 날밑·그립·손잡이 머리는 저마다 별도로 슴베에 고정되는데, 통상적으로 슴베와 부품 사이의 마찰력을 이용하지만 쐐기를 박아 고정하는 예도 있습니다.

「Isabella Psalter」 19v. 잉글랜드 1303~1308년. 아마도 오른쪽은 날밑에 구멍을 뚫고 있는 그림이며, 왼쪽은 날밑을 끼워 넣고 있거나 슴베 후단을 연마하여 핀 블록을 만들고 있는 그림.

중세에는 검에 이름을 붙이는 일이 줄어듭니다. 정확하게는 「공식적으로 검에 이름을 붙이는 일이 줄어든」 것으로, 개인적으로는 여전히 검 또는 기타 물품에 이름을 붙였던 모양입니다(마음에 드는 컵에 「에드워드」라는 이름을 붙인 어느 상인의 예가 있습니다).

검의 부품 중에서 검신을 제외하고 가장 제작이 어려운 것은 날밑(특히 완만한 곡선을 가진 것)이라고 합니다. 당시에는 정밀한 공작기계 같은 것이 존재하지 않았으므로 정확한 좌우대칭 부품의 제작은 지극히 어려운 일이었기 때문입니다. 실제로 현존하는 검의 대부분은 풀러가 구부러져 있거나 그립의 중심선이 비뚤어지는 등 완벽하지 않은 모습을 보여줍니다.

(p588에 계속)

제 27 장
COMBAT WITH VARIOUS WEAPONS
이종무기전투

이종무기전투 기술 1

Side Sword against Partisan
사이드 소드 대 파르티잔

출전 : Meyer : 2.106v, 2.107r, pp. 224, 225

파르티잔의 세 가지 기법 중 마지막 기술을 도해합니다. 이들 세 가지 기술은 모두 왼발을 앞으로 내미는 「하단」 자세에서 이루어지며, 상대의 손잡이를 붙잡는다는 공통점이 있습니다.

첫 번째 기술에서는 상대의 공격 아래로 파고들어 손잡이를 붙잡는데, 만약 이것이 어렵다고 느껴진다면 우선 상대의 공격을 피한 다음 상대가 창을 당기는 속도에 맞춰 전진하여 손잡이를 붙잡는 두 번째 기술을 사용합니다.

1 베기의 경우

스승은 왼발을 앞에 딛는 「하단」 자세를 취하고 제자의 움직임을 주시합니다. 여기에서 제자는 스승을 공격하기 위해 창을 들어올리고 있습니다.

2

오른발을 오른쪽 대각선 앞으로 내딛고 몸을 오른쪽으로 기울입니다. 이어서 검을 높이 치켜들면서 칼끝은 내리는 「매달기」 자세로 제자의 공격을 받아넘긴 다음 왼손으로 제자의 창 손잡이를 붙잡습니다.

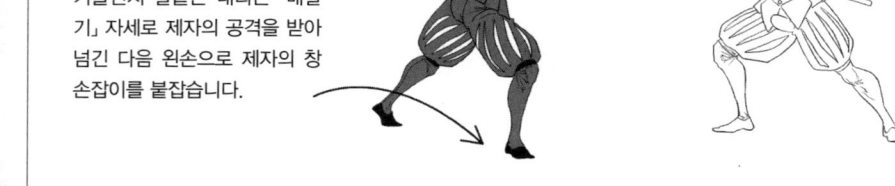

3

만약 제자가 예상보다 빨리 창을 회수한다면, 스승은 왼발을 내딛고 제자의 왼팔을 벱니다. 그리고 「매달기」 자세로 이행하여 제자에게 창을 사용할 공간을 주지 않고 쓰러뜨립니다.

4 찌르기의 경우

만약 제자가 베기가 아닌 찌르기로 공격한다면, 스승은 오른쪽으로 발을 내딛고 팔을 충분히 뻗으며 검 손잡이를 들어올려 제자의 공격을 왼쪽으로 밀어낸 다음 왼손으로 손잡이를 붙잡습니다.

5

만약 제자가 빨리 창을 회수하고 다시 찔렀을 때는 왼쪽으로 발을 내디디며 제자의 공격을 오른쪽으로 받아넘기고 창의 손잡이를 붙잡습니다.

이종무기전투 기술 2

Unarmed Disarm against the Side Sword
맨손 대 사이드 소드

출전: Meyer : 2.97v–2.98v, p. 215

여기에서 소개하는 기술은 맨손으로 검을 가진 적과 조우했을 경우의 대처법입니다.

두 번째 기술은 팔로 상대의 검을 막아내는 매우 위험한 기술입니다. 하지만 메이어는 이에 대해 「왼팔에 어느 정도의 부상을 입겠으나 하지 않는 것보다는 훨씬 낫다.」라고 서술하였습니다.

1 기술 1

스승은 오른손이 왼손 위에 오도록 팔을 교차시키고 제자의 공격을 피합니다.

2

첫 번째 공격에 실패한 제자가 다시 검을 치켜들면, 스승은 재빨리 전진하여 양손으로 제자의 손목을 붙잡습니다.

3

제자를 오른쪽으로 끌어당긴 다음 왼손으로 제자의 손을, 오른손으로 검의 손잡이를 붙잡고 비틀어 검을 빼앗습니다.

4 기술 2

만약 제자가 스승이 팔을 붙잡기 전에 재빨리 공격한다면, 스승은 한쪽(이 경우에는 왼쪽) 팔로 제자의 검을 가능한 한 손잡이에 가까운 부분에서 막아내고 방어에 사용한 팔과 같은 쪽으로 받아넘깁니다.

5

반대쪽 손으로 제자의 팔을 역수로 잡습니다.

6

몸을 회전시키며 제자의 팔을 아래로 비틀고 왼손으로 검을 붙잡아 빼앗습니다.

⚜ 이종무기전투 기술 3

Certamen Equitis Venabulo Utentis contra Peditem Ense se Defendentem
검으로 창을 가진 기병과 싸우기

출전 : Mair/Vol.2 : 169r

　독일식 검술의 「왕관」 자세를 대 기병용 기술에 응용한 것입니다. 『Cod.10779』에는 이것과 거의 같은 할버드 기법이 수록되어 있습니다.

　원본에서는 매우 흥미 깊은 사실을 발견할 수 있습니다. 우선 원문은 기병이 사용하고 있는 무기를 「사냥용 창(Venabulum)」이라고 적고 있습니다. 이 창은 이른바 보어 스피어로서 도판에 그려져 있습니다. 그러나 원문에는 랜스 레스트에 창을 끼운다는 문구도 있습니다. 랜스 레스트에 창을 끼우기 위해서는 보어 스피어에는 없는 그래퍼라는 부품이 필요하므로, 이 부분의 서술은 조금 모순됩니다.

　또한 도판에 등장하는 기병은 겉옷 속에 갑옷을 입고 있으나 정강이와 발에는 갑옷을 착용하고 있지 않습니다. 이것은 뒤러가 그린 기사의 그림에서도 공통된 점으로, 당시 사바톤을 피로의 원인이라 여기고 착용하지 않는 병사가 많았던 것으로 추측할 수 있습니다.

　마지막으로 보병은 언뜻 갑옷을 입고 있지 않은 것 같지만 겉옷의 소매로부터 메일(사슬 갑옷)이 엿보입니다. 이는 겉옷 안에 메일을 받쳐입고 있기 때문이며 당시의 신사들 중에는 이런 식으로 위험에 대비하는 사람이 많았습니다.

1

스승은 창을 오른발 위에 수직으로 듭니다. 그리고 상대를 향해 돌진하면서 창을 옆구리에 끼우고 제자를 찌릅니다.

2 카운터

제자는 「왕관」 자세를 취하고 창을 위로 밀어 올려 스승의 공격을 방어합니다.

3

트라이앵글 스텝으로 옆으로 이동하며 뒤로 돌아가 스승이 탄 말의 뒷다리를 공격하고, 낙마한 스승에게 결정타를 날립니다.

검의 제작법(8)

　유럽의 검은 일본의 것과 비교해 매우 얇게 만들어집니다. 이는 칼날을 얇게 제작함으로써 절단력을 향상시키고 유연성을 높이기 때문입니다. 유연성은 물체를 벨 때의 충격을 완화시켜줄 뿐만 아니라, 검이 방패에 박혔을 때 적이 방패를 비틀어 검을 부러뜨리는 것을 막아주는 역할도 하였습니다. 당시의 최고급 검을 재현한 복제품을 이용해 탄성을 실험한 결과, 칼끝과 손잡이의 각도가 90도 가까워질 때까지 구부려도 부러지지 않았고, 그러다 손을 떼면 한순간에 원래대로 돌아올 정도였습니다.

12세기 전반의 검.

　현대에 날밑과 손잡이 머리 등 검의 부품은 다양한 공법・품질의 것이 존재합니다. 그중 가장 고급품은 당시와 같은(같다고 생각되는) 제법으로 만들어지는데, 태반이 가공하기 쉽고 제품이 균등한 연강(또는 스테인리스)을 주조하여 만듭니다.

　조립도 최근에는 당시의 것과 같은 조립법이 늘고 있는 추세이며, 대부분 슴베의 끝부분을 나사로 만드는데, 손잡이 머리로 그립과 날밑을 눌러 고정합니다.

　이 방법은 근세에 등장한 것으로(다만 탈호퍼 페히트부흐와 글라디아토리아에 나사식으로 추정되는 검이 등장하기는 합니다) 부품의 조립과 교환이 용이한 반면 사용하는 사이 손잡이 머리가 느슨해져 부품이 흔들리거나(손잡이 머리를 잡는 버릇이 있으면 순식간에 느슨해진다고 합니다), 나사를 너무 세게 조이면 손잡이 머리에서 전해지는 압력으로 그립이 갈라지거나, 사용하는 중에 슴베의 나사 부분이 떨어져 나간다는 단점이 있습니다.

(p610에 계속)

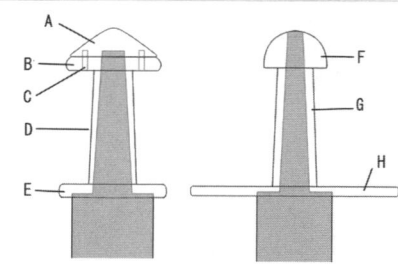

바이킹 시대 검의 구조(회색 부분은 검신과 슴베). 왼쪽이 초기, 오른쪽이 후기의 검.

A : 손잡이 머리 상부(Pommel). 손잡이 머리 하부에 리벳으로 접속.
B : 하부 손잡이 머리(Upper Guard). 슴베에 접속.
C : 접합용 리벳 / D : 그립(Grip)
E : 날밑(Lower Guard 또는 Cross Guard)
F : 손잡이 머리 / G : 그립 / H : 날밑

제 28 장
ISLAMIC MARTIAL ARTS
이슬람의 무술

⚜ 이슬람의 무술 기술 1

Unsaddling: Chapter Eight

낙마

출전 : Persian: p.104

　이슬람의 무술이라고 해도 지역에 따라 천차만별입니다. 이 장에서는 페르시아(현재의 이란) 지방의 무술을 소개합니다.

　여기에서 소개하는 기술은 아흐마드 메흐디 호세이니의 아들 샤리프 무함마드(Šarif Mohammad)가 샤 이스마일 사파비 시기(Šāh Esmāʿil Safavid : 1502~1524)에 남긴 것(말렉 국립 도서관 소장 문헌에 수록)으로, 재갈고리(Halqe-ye lejām : 말의 입에 물리는 재갈에 고삐를 연결하기 위한 고리)에 창끝을 찔러 넣는 기술입니다.

1

두 사람은 거리를 좁히고 있습니다. 이때 스승은 말을 오른쪽으로 선회시키며 창끝으로 제자가 탄 말의 얼굴을 겨냥하다가, 창을 재갈고리에 찔러 넣습니다. 그리고 자리에서 일어나 양팔을 머리 위로 들고 창을 회수합니다.

2 카운터

말을 달려 스승의 말 뒤로 돌아가면 스승은 자신의 창에 이끌려 말에서 떨어지게 됩니다.

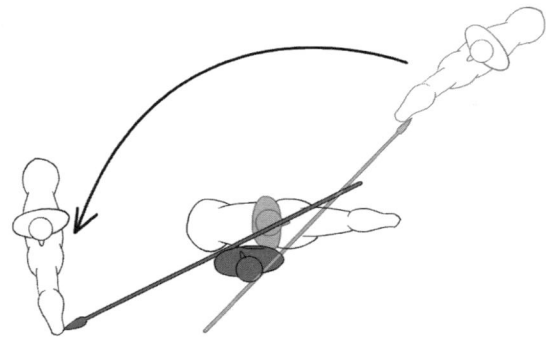

⚜ 이슬람의 무술 기술 2

Against Byzantine/Roman Lance: Chapter 25 & 26

대 랜스

출전 : Persian: p.105

    샤리프 무함마드의 문헌에 등장하는 로마(비잔틴)식 랜스(Neyze-ye Rumi)란 유럽식 랜스를 가리키는 것으로 추정됩니다.
    샤리프는 이 타입의 창에 대항하기 위한 방법을 몇 가지 소개하였는데, 그 대부분이 측면 또는 후방에서 공격하거나 상대로부터 도망치는 척하며 후방의 적을 공격하는 방식인 데서 미루어, 유럽식 랜스를 상대할 때는 정면충돌을 철저하게 피해야 한다는 생각이 당시 주류였던 것으로 보입니다.

1 상대가 후방에 있을 때

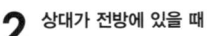

랜스를 장비한 제자가 후방에서 뒤쫓아옵니다. 제자가 후방에 있을 때는 왼손의 방패로 몸을 커버하면서 제자의 가슴을 찌릅니다. 만약 제자가 전방으로 돌아들어오려 하면 제자가 탄 말의 머리를 찌르기로 견제하여 앞으로 나오지 못하게 합니다.

2 상대가 전방에 있을 때

만약 정면에서 제자를 상대하게 되었다면, 일단 창끝이 말 엉덩이 쪽에 가도록 휘둘렀다가 다시 제자의 창을 겨냥하여 위에서 내리쳐 제자의 창을 부러뜨리거나 제자를 말에서 떨어뜨립니다.

⚜ 이슬람의 무술 기술 3

Qelejāste
검베기

출전: Persian: pp. 130, 131

　샤리프 무함마드의 문헌에 수록되어 있는 21개 기술 중 하나입니다. Qelejāste(Qelejasne)라는 명칭은 터키어로 검을 의미하는 Kilij(Kilij→Qelej)에서 유래한 것이며, 원문에도「(손잡이를) 몸의 중앙으로부터 검처럼 내질러 (상대를) 절단하듯 공격한다.」라고 해설되어 있습니다. 그러므로 아마도 칼집에서 검을 뽑는 듯한 궤도를 그리며 창끝으로 상대를 공격하는 기술일 것입니다.

1
오른발을 내디디며 창을 뒤로 회전시킵니다.

2
아래에서 휘둘러 제자를 공격합니다.

✦ 이슬람의 무술 기술 4
Cutting Upward
올려베기

출전 : Persian: p.153, 154

아래에서 올려베기(특히 겨드랑이 아래를 노리는 것)는 상대가 머리를 겨냥하여 공격할 때의 카운터로 자주 사용되었습니다. 또한 상대의 머리에 페인트 공격을 한 다음 상대가 방패를 머리 위로 들어올리면 아래에서 팔을 공격하는 방법도 존재합니다.

목표가 되는 부위는 겨드랑이 아래뿐만 아니라 고간과 창의 손잡이 등이 있습니다. 사파비 왕조(1502~1736년)의 문헌 『Ālam Āraye Šāh Tahmāsp』는 겨드랑이 아래를 노리는 올려베기를 Tiq dar zir-e baqal navāxtan(겨드랑이 아래를 검으로 벤다)이라고 묘사하고 있습니다. 또한 고간을 노리는 올려베기는 15세기의 문헌 『Xāvarānnāme』에 Tiq bar tohigāh zadan(고간을 검으로 벤다)이라고 나와 있으며, 창의 손잡이를 올려베는 것은 『Širuye Nāmdār』라는 문헌에 Šamšir rā dar zir-e neyze zadan va kamar-e neyze rā qalam kardan(아래에서 검으로 베서 창을 두 동강 낸다)라고 언급되어 있습니다.

1
제자가 위에서 내리치려 합니다.

2
방패로 제자의 공격을 방어하면서 제자의 오른쪽 겨드랑이를 올려벱니다.

3 다른 버전

그 밖에 지면에 무릎을 꿇으며 올려베는 방법도 있습니다.

4 고간베기(페인트)

제자의 머리를 내리칩니다. 제자는 방패를 들어 이것을 방어하려 합니다.

5

재빨리 한쪽 무릎을 꿇고 검을 뒤집어 제자의 고간을 올려벱니다.

이슬람의 무술 기술 5
Pošt-e Šamšir Bar Kolāhxud Zodan
칼등치기

출전: Persian: p.162

    칼등으로 머리 또는 목을 가격하는 기술은 상대의 주의를 흐리거나 상대를 기절시키기 위해 사용합니다.

    또한 상대의 공격을 방어하는 데 사용하기도 합니다. 통상적인 페르시아 검술에서는 상대의 공격을 피하거나 방패로 방어하므로, 이것은 희귀한 예라고 할 수 있습니다.

    머리를 가격하는 기술은 15세기의 문헌 『Dārāb nāme』에 Pošt-e šamšir bar kolāhxud zodan(투구를 칼등으로 친다)이라고 나타나 있으며, 아마도 실전에서의 사용을 상정한 기술이라고 추정됩니다. 사파비 왕조의 문헌 『Dāstān-e Hosseyn Kord-e Šabestari』에서는 목을 가격하는 기술은 Pošt-e šamšir bar rag-e xāb zadan(미주신경을 칼등으로 친다), 상대의 공격을 칼등으로 막아내는 기술은 Pošthāy-e šamšir rā yekdigar āšnā kardan(칼등과 칼등을 부딪친다)이라고 소개하였는데, 다만 이것은 방어가 아니라 상대의 검을 옆으로 쳐내고 빈틈을 만드는 기술인지도 모릅니다.

1 투구 치기

검을 들고 자세를 잡습니다(여기에서는 검을 왼쪽 어깨에 얹는 듯이 자세를 취합니다).

2

칼등으로 제자의 투구(머리)를 가격합니다.

3 목 치기

공격하기 직전 검을 뒤집어 제자의 목을 가격합니다.

⚜ 이슬람의 무술 기술 6

Be Dast Do Šamšir Gereftan

이도류

출전 : Persian: p.165

유럽과 달리 페르시아의 이도류는 전장에서의 사용을 고려한 것으로 보입니다. 방어는 기본적으로 상대의 공격을 피하는 것이지만, 긴급한 경우에는 상대의 검을 칼등이나 완갑(바주반드)으로 막아내기도 합니다.

1

스승은 이도류로 자세를 취하고 있습니다.

2

다리에 대한 제자의 공격을 왼쪽 검의 칼등으로 방어하는 동시에 제자의 머리를 내리칩니다.

3 완갑을 사용한 방어

완갑으로 제자의 공격을 막아내는 동시에 오른쪽 검으로 제자의 오른쪽 겨드랑이를 벱니다.

이슬람의 무술 기술 7
Band-e Dast Rā Gareftan Va Mošt Bar Kalle Zadan
팔 붙잡기와 펀치

출전 : Persian: p.167, 169, 174, 175

상대의 팔을 붙잡는 것은 무척 일반적인 기술이었던 모양으로 거의 모든 무기술에서 찾아볼 수 있습니다. 게다가 여기에서는 왼손의 방패로 상대의 공격을 막아낸 다음 그대로 왼팔을 내밀어 상대의 팔을 잡는 방식이라, 롱소드 등 유럽의 무기보다 훨씬 간단하게 상대의 무기를 무효화하거나 또는 빼앗는 것이 가능합니다.

여기에서 소개하는 기술은 상대의 팔을 붙잡아 펀치를 날리는 것이며, 아마도 상대를 사로잡기 위한 것으로 추측됩니다. 펀치 외에도 손잡이 머리로 가격하거나 상대를 메치는 기술이 있습니다.

연대 불명의 문헌 『Eskandarnāme』에 등장하는 Dast ra kutāh kardan(팔을 움츠리다)이라는 기술은 이 팔 붙잡기에 대한 카운터로, 상대가 공격하는 도중 팔을 움츠려 피한 다음 붙잡기 위해 앞으로 뻗은 상대의 팔을 벱니다.

1
제자의 공격을 방패로 막습니다.

2

그대로 팔을 뻗어 제자의 팔을 붙잡습니다.

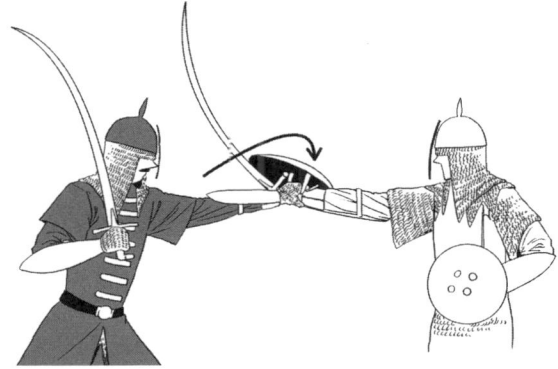

3

제자의 얼굴에 펀치를 날립니다.

4 카운터

스승이 팔을 뻗으면 거기에 맞춰 팔을 움츠리고 스승의 왼팔을 벱니다.

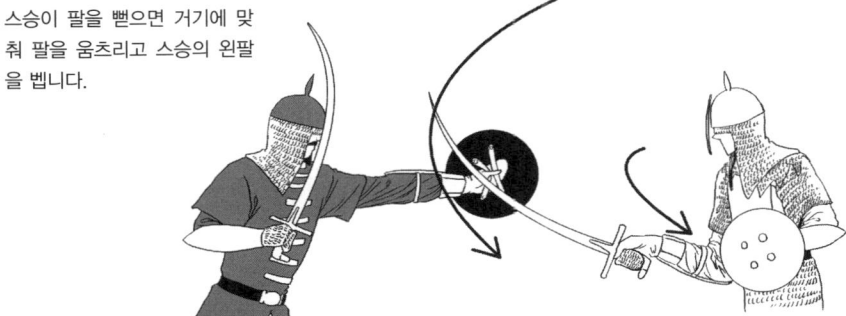

✦ 이슬람의 무술 기술 8

Qobbe-ye Separ bar Qobbe-e Separ Zadan

실드 스트라이크

출전 : Persian: pp. 197, 198, 206, 207

실드 스트라이크(실드 배시, 실드 푸시 또는 실드 스태브 등으로 부르기도 합니다)란 자신의 방패를 상대의 방패나 몸 또는 팔이나 무기에 밀어붙여 움직임을 봉쇄하거나 허점을 만드는 기술로 유럽 무술에서는 비교적 일반적으로 찾아볼 수 있습니다. 중세 유럽 최초의 페히트부흐 『I.33』에서도 이 기술을 매우 많이 사용하고 있습니다.

그 밖의 베리에이션으로 상대의 얼굴을 방패로 가격하는 기술이 있습니다.

1
제자가 공격하려고 합니다.

2
제자가 공격하기 전에 자신의 방패를 제자의 방패에 내리치듯 밀어붙여 제자의 움직임을 봉쇄하고 즉시 메이스로 제자를 가격합니다.

✥ 이슬람의 무술 기술 9

Tabar Rā Gardāndan
도끼 돌려치기

출전 : Persian: p.205

11세기의 문헌『Samak Ayyār』에 등장하는 기술로, 상대의 머리에 도끼를 내리칠 것처럼 위장하고 상대가 방패를 들어올린 순간 도끼를 회전시켜 상대의 목 또는 어깨를 옆에서 가격합니다. 페르시아 무술에서(아마 다른 지역의 무술에서도) 메이스와 도끼는 기본적으로 같은 용법을 가지고 있으므로, 메이스에도 동일한 기술이 존재할 것입니다.

1
스승은 제자의 머리에 도끼를 내리치려 합니다.

2
제자가 방패를 들어올려 방어하려고 하자 스승은 도끼를 회전시켜 제자의 목 또는 어깨를 공격합니다.

이슬람의 무술 기술 10

Band-e Dast Rā Gareftan

팔 붙잡기

출전 : Persian: pp. 219, 220, 229

앞에서도 설명했듯이 상대의 팔을 붙잡는 것은 당시 매우 일반적인 기술이었습니다. 특히 무기의 리치가 짧아 상대에게 접근해야 할 때는 평범하게 방어하기보다 상대의 팔을 붙잡는 편이 더욱 간단하면서도 확실합니다.

여기에서는 상대의 몸통을 공격하고 있으나 실제 문헌에는 목, 가슴, 등, 고간, 어깨 등 온갖 부위에 대한 공격이 기록되어 있습니다.

1 한자르의 경우

스승의 공격을 왼손의 방패로 막아냅니다.

2

왼손으로 스승의 손목을 붙잡고 옆구리를 찌릅니다.

3 카르드와 피시카브즈

카르드와 피시카브즈는 정수법을 사용하므로 팔을 붙잡은 다음 그대로 공격할 수 있습니다.

⚜ 이슬람의 무술 기술 11
Pahnā-ye Qame Zadan
옆면치기

출전 : Persian: p.247

페르시아 단검(카다레와 카메)의 사용법입니다. 칼등치기와 같이 검의 옆면으로 상대의 투구를 가격하여 주의를 흐리고 허점을 노려 상대의 급소를 공격합니다.

검도 마찬가지지만 「투구」라는 단어가 등장하는 것으로 보아 전장에서의 사용을 고려한 기술이라고 추측됩니다. 또한 「투구」라는 단어를 통해 유추하기로는, 아마도 검(단검)으로 직접 투구를 공격해봐야 효과가 희박하므로 일단 옆면 또는 칼등으로 투구를 때려 빈틈을 만들자는 발상에서 나온 기술이 아닌가 합니다.

1
스승의 머리를 검의 옆면으로 가격하여 주의를 흐리고, 급소(여기서는 목)를 공격합니다.

이슬람의 무술 기술 12

Lavālāme
바닥 기술 뒤집기

출전 : Persian: p.266

앞에서 언급한 샤리프 무함마드의 문헌에 등장하는 43개 레슬링 기술 중 하나로, 위에서 누르고 있는 상대를 뒤집어 상황을 역전시키는 기술입니다. Lavālāme라는 이름의 의미는 불명입니다.

1

제자가 위에서 스승을 누르고 있습니다.

2

스승은 오른손으로 제자의 왼쪽 팔꿈치를 붙잡아 왼쪽으로 밀어냅니다.

3

왼손으로 제자의 왼쪽 손목을 붙잡고 잡아당기는 동시에 오른발을 제자의 왼쪽 다리에 밀어붙입니다.

4

제자의 팔을 잡아당기며 오른발로 제자의 다리를 걸어찹니다. 그대로 제자의 몸을 굴린 다음 위에 올라탑니다.

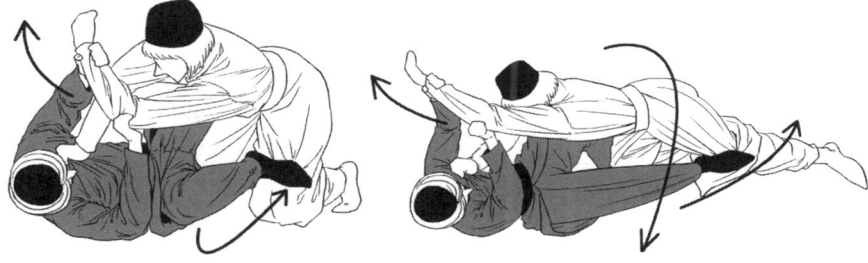

⚜ 이슬람의 무술 기술 13

Baqalanā
옆구리 누르기

출전 : Persian: p.271

위에서 누르기를 하다가 상대의 몸 위에 올라타 자신의 다리를 이용해 상대의 목과 왼팔을 조르는 기술로, 샤리프 무함마드의 43개 레슬링 기술 중 하나입니다.

1
제자를 제압했다면 재빨리 제자의 등 위에 올라탑니다.

2
제자가 움직이지 못하도록 누르면서 오른쪽 다리를 제자의 오른쪽 어깨에 얹고 가슴 부근까지 감습니다.

3

왼손을 제자의 왼쪽 겨드랑이 아래로 통과시켜 자신의 오른쪽 발목을 붙잡고 오른쪽으로 굴립니다.

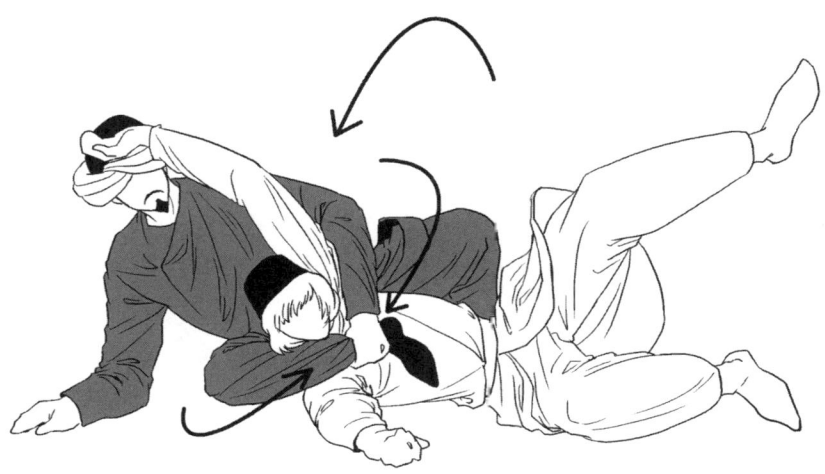

4

오른쪽 다리를 이용해 제자를 조르면서, 오른손으로 제자의 왼쪽 손목을 붙잡아 누르고 마지막으로 왼쪽 다리로 제자의 몸을 고정합니다.

이슬람의 무술 기술 14

Leng-e sarkeš
헤드록킹 레그훅

출전: Persian: p.285

사파비 왕조(1502~1722년)의 문헌 『Tumār-e Puryā-ye Vali』에 수록되어 있는 47개 레슬링 기술 중 하나입니다. 이 문헌에는 기술의 이름만이 게재되어 있을 뿐 구체적인 동작에 대한 해설은 없지만, 운 좋게도 이들 기술의 대부분은 현대 이란식 프리 레슬링 기술과 동일한 이름을 가지고 있으므로 어느 정도 추측할 수 있습니다.

이 기술은 현재 Leng-e sarkeš-e ceft라고 불립니다. 상대가 이쪽의 한쪽 다리를 붙잡았을 때의 카운터 기술로, 상대의 다리를 붙잡는 기술이 많은 유럽식 레슬링 기법에 있어서는 매우 성가신 기술이라고 할 수 있습니다.

1
스승이 제자의 오른쪽 다리를 붙잡고 있습니다.

2
제자는 재빨리 오른팔로 스승의 목을 끌어안습니다. 동시에 왼팔을 스승의 오른쪽 겨드랑이 아래로 통과시킨 다음 자신의 오른쪽 손목을 붙잡아 스승에게 일종의 헤드록을 겁니다.

3

그리고 붙잡힌 오른쪽 다리를 밖으로 빼내 스승의 오른쪽 다리에 겁니다.

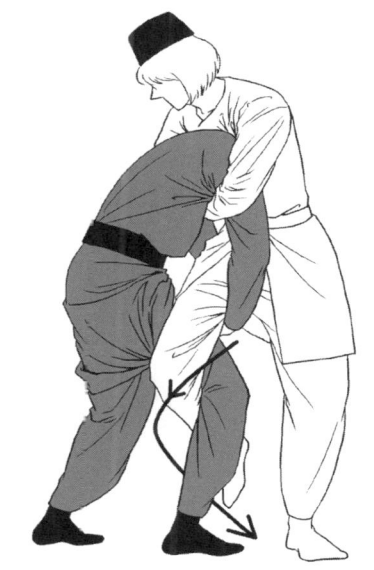

4

스승의 오른쪽 다리를 위로 후리며, 헤드록을 건 스승의 목을 왼쪽으로 당겨 쓰러뜨립니다.

검의 제작법(9)

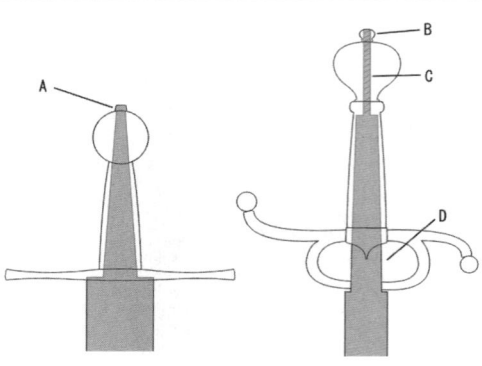

중세(좌)와 근세(우)의 검의 구조.
A : 핀 블록(Peen Block). 때로는 동명의 부품이 대신 붙기도 합니다.
B : 버튼(Button).
C : 나사식 슴베(Threaded Tang).
D : 리캇소(Ricasso).

- **경도**

중세 초기 바이킹의 검은 대략 200~500VPH의 경도를 가지고 있었습니다. 그리고 라치부시의 검은 심이 150VPH, 날이 504VPH입니다.

왕립 무기고 박물관의 연구 결과 일본도는 중심부가 100VPH 전후, 솟음선은 250~350VPH, 칼날은 경이적인 수준의 842VPH로 서양검보다 경도의 변화가 크고 칼날 경도는 서양검의 1.5배 이상에 이르는 것으로 나타났습니다.

다만 바이킹의 검과 라치부시의 검은 부식이 심하여, 단조 당시 가장 단단했던 부분은 이미 부식되거나 보존작업 과정에서 소실되었습니다. 따라서 제작 당시는 칼날 경도가 일본도의 것에 가까웠을 가능성도 있습니다.

참고로 연철은 90~120VPH, 중탄소강은 220~250VPH, 담금질을 실시한 강철은 300~600VPH 정도이며, 당시 유럽의 갑옷이나 투구는 100~300VPH 정도였습니다. 하지만 검의 경도가 훨씬 높다고 해서 검으로 갑옷을 절단할 수 있다는 말은 아니고, 검으로 갑옷을 공격했을 때 날의 이가 빠질 가능성이 낮아진다는 것입니다.

부록 1
참고문헌

전작에서 소개한 문헌과 칼럼의 참고문헌은 리스트에서 제외하였습니다.

Angelo, Henry Charles. *Angelo's Bayonet Exercise.* London (1853)

Anomymus. *Modern Art of Boxing, the.* (c. 1800)

Bane, Matheus. *English Longbow Testing against Various Armour circa 1400.* Available on-line (2006)

Barton-Wright, Edward W. *Sherlock Holmes School of Self-Defence.* Ivy Press (2011)

Berg, Erik M. Lampe, Roger J. Modeling the Joust. Worcester Polytechnique Institute (2002)

Bourke, Paul. Whetham, David. Report of the Findings of the Defence Academy Warbow Trials Part1 Summer 2005. *Arms & Armour, vol.4, no.1.* (2007)

Burton, Richard. *Complete System of Bayonet Exercise, a.* London(1853)Available on-line.

Capwell, Tobias. *Masterpieces of European Arms and Armour in the Wallace Collection.* Wallace Collection (2011)

Charrette, Robert N. *Fiore dei Liberi's Armizare.* Freelance Academy Press (2011)

Chidester, Michael. *Teaching of Master Liechtenauer, the.* Available on-line. Lulu.com (2011)

Darrow, Pierce, Lt. Col. *Artillerist, the.* US (1821)

Darwish Jallon, Adnan. Kitāb fī ma'rifat 'ilm ramy al-sihām, A Treatise on Archery. Victoria University of Manchester (1980)

DeVries, Kelly. Introduction and Use of the Pavise in the Hundred Years War. *Arms & Armour, No. 4.* Maney Publishing (2007)

Duarte, King of Portugal (original, c.1434), Preto, António Franco. Preto, Luís Franco. *Art of Riding on Every Saddle, the.* Create Space (2011), first Published as *the Royal Book of Jousting, Horsemanship & Knightly Combat.* Chevalry Bookself (2005)

Dubois, Georges. *Comment se Défendre.* Paris (1916)

Dubois, Georges. *Essai sur l'Escrime.* Paris (1925)

Fewtrell, Thomas. *Boxing Reviewed.* London (1790)

Ffoulkes, Charles. *Gaya's Treaté des Armes 1678.* Clarendon Press (1911)

Gheyn, Jacob de (original, 1607, 1608). Kist, Bas. *Exercise of Armes, the.* NY (1999)

Godfrey, John. Cpt. *Treatise upon the Useful Science of Defence, a.* London (1747)

Gordon, Anthony. *Treatise on the Science of Defence for the Sword, Bayonet, and Pike, in Close Action.* London (1805)

Halpin, Andrew. Military Archery in Medieval Ireland. *Military Studies in Medieval Europe – Papers of 'Medeival Europe Brugge 1997' vol.1.*

Hershberger, H. R. *Horseman, the.* NY (1844)

Heslop, Brandon P. Bredak, Benjamin G. *Lessons on the English Longsword.* Paladin Press (2010)

Hildred, Alexzandra (ed.). *Weapons of Warre (The Archaeology of the Mary Rose vol. 3).* The Mary Rose Trust (2011)

Hoyt, E. *Rules and Regulatioins for Drill, Sabre Exercise, Equitation, Formation and Field Movements of Cavalry.* US (1818)

Hutton, Alfred (original). Valintine, Peter R. (Transcribe). *Cold Steel.* London (1889). Available on-line.

Hutton, Alfred (original). Valentine, Peter R. (Transcribe). *Old Sword Play.* London (1892). Available on-line.

Jessop, Oliver. New Artifact Typology for the Study of Medieval Arrowheads, a. *Medieval Archaeology XL* (1996)

Johnsson, Peter. Lecture (2012)

Kohlmorgen, Jan. *Mittelalterliche Reiterschild, der.* Karfunkel-Verlag (2002)

Kurth, Willi (ed.). *Complete Woodcuts of Albrecht Dürer, the.* NY (1963)

Lecküchner, Johannes (original, part). Egenolff, Christian (ed) Kiermayer, Alexander (transcribe). Rasmusson, Mike (trans). *Der Altenn Fechter anfengliche kunst.* (1531). Available on-line.

Leoni, Tom. *Notes on Manciolino's Two-swords Actions* (On-line article). Freelance Academy Press.

Liancour, Andre de. *Maitre d'Armes ou l'Exercice de l'Épée Seule dan sa Perfection, le.* Paris (1692), text and English translation available on-line.

Liberi, Fiore dei (original, c.1410). Mondschein, Ken. *Knightly Art of Battle, the.* Getty Publications (2011)

Manciolino, Antonio (original, 1531). Leoni, Tom (trans). *Complete Renaissance Swordsman, the.* Freelance Academy Press (2010)

Marchant, John Gaspard, le (original, 1796), Easton, Matt (prologue). *Rules and Regulations for the Sword Exercise of the Cavalry.* Available on-line.

Marozzo, Achille. *Opera Nova.* (1536), Available on-line.

Miller, James. Cpt. *Treatise of ye Gladiatory Art of Defence.* (1735)

Molloy, Barry (ed.). *Cutting Edge, the.* Tempus Publishing (2007)

Mondschein, Ken. *Art of the Two Handed Sword, the.* SwordPlay Books (2012)

Mortimer, Paul. *Woden's Worriors.* Anglo-Saxon Books (2011)

Moshtagh Khorasani, Manouchechr. *Arms and Armor from Iran.* Legat (2006)

Moshtagh Khorasani, Manouchechr. *Persian Archery and Swordmanship.* Niloufar Books (2013)

Nickel, Helmut. Pyhrr, Stuart W. Tarassuk, Leonid. *Art of Chivalry, the.* Metropolitan Museum (1982)

Nicolle, David. *European Medieval Tactics (1).* Osprey Publishing (2011)

Nicolle, David. *European Medieval Tactics (2).* Osprey Publishing (2012)

Page, Thomas. *The Use of the Broad Sword.* Norwich, UK (1746) Available on-line.

Peirce, Ian. *Swords of the Viking Age.* Boydell Press (2002)

Prescott, James. *French Noble Archers.* (2011) Available on-line.

Rector, Mark (ed.). *Highland Swordsmanship.* Chivalry Bookshelf (2001)

Riboni, Giuseppe. Lt. *Broad Sword Fencing and Stick or Quarter-Staff Play.* Chicago (1862)

Rowlandson, T. Angelo, Henry(original). Valentine, Peter R (ed). *Hungarian & Highland Broad Sword (19th century)* with *Ten Division of the Highland Broad Sword (1799).* Available on-line (1999)

Sainct-Didier, Henry (original, 1573). Hyatt, Robert. Wilson, Devin (Trans.) *Single Sword of Henry de Sainct-Didier, the.* Paladin Press (2009)

Saint Martin, J. de. *Art de Faire des Armes, le.* Vienna (1804)

Saviolo, Vincentio. *His Practice.* London(1595). Available on-line.

Sinclair, G. Cpt (original). Lovrich, Michael (Transcribe). *Cudgel-Playing Modernised and Improved.*London (1800), available on-line.

Stephens, Thomas. *New System of Broad and Small Sword Exercise A.* US (1843)

Thompson, Christopher Scott. Pastore, Louis. *Highland Knife Fighting.* Paladin Press (2007)

Tobler, Christian Henry. *An Anonymus Dueling shield Treatise* (Online article). Freelance Academy Press (2011)

Tobler, Christian Henry. *In Saint George's Name.* Freelance Academy Press (2010)

Waite, J. M. *Lessons in Sabre, Singlestick, Sabre & Bayonet, and Sword Feats.* London (1880)

Watson, David R. *Ioro's First Book of Crossbows, Second Edition.* Available on-line (2009)

Williams, Alan. Edge, David. Atkins, Tony. Bullet Dents – "Proof Marks" or Battle Damage. *Gladius XXXVI.* (2006)

Windsor, Guy. *Swordsman's Introduction to Fior di Battaglia, a.* Available on-line. Lulu.com (2007)

Wolfflin, Heinrich. Appelbaum, Stanley (trans.). *Drawings of Arbrecht Dürer.* NY (1970)

Wylde, Zach. *English Master of Defence.* London (1711), available on-line.

Żabiński, Grzegorz. Mitchell, Russell A. Fritz, Falko. *A Falchion / Langes Messer Fencing Treatise by Johannes Lecküchner (1482).* (2012) available on-line.

Manuscripts

Anomymus. *MS Francais 1996 (Jeu de la Hache, le)* (c.1400). Bibliothèque Nationale de France.

Anomymus (Clerus Lutegerus?). *MS I.33 (Walpurgis Manuscript, Tower Manuscript)* (1290-1350).Royal Armoury, Leeds.

Anomymus. *Libr.Pict.A.83 (Berlin Sketchbook)* (c. 1512). Staatsbibliothek zu Berlin.

Breu, Jörg. *Cod.I.6.2.4 (Jörg Breu Sketchbook)* (before 1564). Universitätsbibliothek Augsburg.

Dürer, Albrecht. Sloan MS No.5229 *(Albrecht Dürers Fechtbuch)*(1512). British Library.

Eyb, Lutwig von, et. *Cod. 10779 (Schemata varia artis athleticae et gladiatoriae)* (1623). Österreichische Nationalbibliothek.

Hutter, Jörg Wilhalm. *Cod. 1.6.2.3 (Jörg Wilhalm Fechtbuch)* (1522). Universitätsbibliothek Augsburg.

Hutter, Jörg Wilhalm. *Cod.I.6.4.5 (Jörg Wilhalm Hutters kunst zu Augspurg)* (1522). Universitätsbibliothek Augsburg.

Ibn akhî Hizâm. *Arabe 2824(كتاب المخزون جماع الفنون)* (c.1470). Bibliothèque nationale de France.

Kal, Paulus. *Cgm 1507 (Paulus Kal fechtbuch)*(c. 1470). Bayerische Staatsbibliothek.

Lecküchner, Johannes. *Cgm 582 (Kunst des Messerfechtens)* (1482). Bayerische Staatsbibliothek. (translation by Falko Flitz available on-line)

Mair, Paulus Hector (ed.). Hutter, Jörg Wilhalm. Liechtenauer, Johannes. Liegniczer, Andre. Von Augsburg, Mirolaüs. Paurñfeyndt, Andre. *Cod. I.6.2.2 (Hutter/Sollinger Fechtbuch)* (1523. 1564). Universitätsbibliothek Augsburg.

Nâsir al-Dîn ibn Tarâbulusî. *Arab 2826 (Kitâb al-makhzûn li-arbâb al-funûn fî-l-furûsiyya wa la'b al-ramh wa bunûdihim, Fūrusiyya military exercise)* (1578/1579). Bibliothèque nationale de France.

Talhoffer, Hans. *MS 78.A.15 (Talhoffer Fechtbuch)*(1450s). Stiftung Preußischer Kulturbesitz, Berlin.

부록 2
문헌 약칭 일람

1805
Gordon, Anthony. *Treatise on the Science of Defence for the Sword, Bayonet, and Pike, in Close Action.*

1818
Hoyt, E. *Rules and Regulatioins for Drill, Sabre Exercise, Equitation, Formation and Field Movements of Cavalry.*

Agrippa
Agrippa, Camillo. Mondschein, Ken (Trans. Ed.) *Fencing: A Renaissance Treatise.*

Angelo(1799)
Rowlandson, T. Angelo, Henry(original). Valentine, Peter R (ed). *Hungarian & Highland Broad Sword (19th century)* with *Ten Division of the Highland Broad Sword (1799).*

Angelo(1853)
Angelo, Henry Charles. *Angelo's Bayonet Exercise.*

Armizare
Charrette, Robert N. *Fiore dei Liberi's Armizare.*

Baritsu
Barton-Wright, Edward W. *Sherlock Holmes School of Self-Defence.*

Burton
Burton, Richard. *Complete System of Bayonet Exercise, a.*

Chidester
Chidester, Michael. *Teaching of Master Liechtenauer, the.*

Cod. 10779
Eyb, Lutwig von, et. *Cod. 10779 (Schemata varia artis athleticae et gladiatoriae)*

Di Grassi
Di Grassi, Giacomo. I.G. gentleman (Trans.). *Giacomo Di Grassi his true Arte of Defence.*

Döbringer
Döbringer, Hanko. David Lindholm, and friends (Trans.) *Cod.HS.3227a or Hanko Döbringer's fechtbuch from 1389.*

Duarte
Duarte, King of Portugal (original, c.1434), Preto, António Franco. Preto, Luís Franco. *Art of Riding on Every Saddle, the.*

Dubois/Defence
Dubois, Georges. *Comment se Défendre.*

Duelling
Hull, Jeffrey. with Maziarz, Monika, Zabinski, Grzegorz. *Knightly Duelling – the Fighting Arts of German Chivalry.*

Dürer (Sloan)
Dürer, Albrecht. Sloan MS No.5229 *(Albrecht Dürers Fechtbuch)*

E.L
Heslop, Brandon P. Bredak, Benjamin G. *Lessons on the English Longsword.*

Fewtrell
Fewtrell, Thomas. *Boxing Reviewed.*

Fiore (Getty)
Liberi, Fiore dei (original). Tom Leoni (Trans.) *Fiore de' Liberi's Fior di Battaglia M.S. Getty Ludwig XV 13 – Italian Swordmanship Treatise.*

Fiore (Pisani)
Liberi, Fiore dei (original). Francesco Novati (publish). *Flor Duellatorum.*

Gladiatoria
Knight, Jr. Hugh T. *Gladiatoria Fechitbuch – A Fifteenth-Century German Fight Book.*

Highland
Thompson, Christopher Scott. Pastore, Louis. *Highland Knife Fighting.*

I.33
Anomymus (Clerus Lutegerus?). *MS I.33 (Walpurgis Manuscript, Tower Manuscript)*

I. 6.2.2
Mair, Paulus Hector (ed.). *Cod. I.6.2.2 (Hutter/Sollinger Fechtbuch)*

I. 6.2.3
Hutter, Jörg Wilhalm. *Cod. I.6.2.3 (Jörg Wilhalm Fechtbuch)*

I. 6.4.5
Hutter, Jörg Wilhalm. *Cod.I.6.4.5 (Jörg Wilhalm Hutters kunst zu Augspurg)*

Jeu
Anomymus. *MS Francais 1996 (Jeu de la Hache, le)*

Kal
Kal, Paulus. *Cgm 1507 (Paulus Kal fechtbuch)*

Leckűchner
Żabiński, Grzegorz. Mitchell, Russell A. Fritz, Falko. *A Falchion / Langes Messer Fencing Treatise by Johannes Leckűchner (1482).*

Leckűchner(1478)
Leckűchner, Johannes. *Cod.Pal.Germ.430 (Kunst des Messerfechtens).*(1478) Universitätsbibliothek Heidelberg.

Liancour
Liancour, Andre de. *Maitre d'Armes ou l'Exercice de l'Épée Seule dan sa Perfection, le.*

Mair/Vol1
Mair, Paulus Hector.*Opus Amplissimum de Arte Athletica, vol.1 (Cod.Icon.393).* Bayerische Staatsbibliothek

Mair/Vol2
Mair, Paulus Hector.*Opus Amplissimum de Arte Athletica, vol.2 (Cod.Icon.393).* Bayerische Staatsbibliothek

Manciolino
Manciolino, Antonio (original, 1531). Leoni, Tom (trans). *Complete Renaissance Swordsman, the.*

Marozzo
Marozzo, Achille. *Opera Nova.*

Mendoza
Anomymus. *Modern Art of Boxing, the.*

Meyer
Meyer, Joachim. Jeffrey L. Forgeng (Trans.). *The Art of Combat – A German Martial Arts Treatise of 1570.*

Mondschein
Mondschein, Ken. *Art of the Two Handed Sword,* the.

Montante
Figueyredo, Diego Gomez de. *Memorial of the Practice of the Montante.*

Page
Page, Thomas. *The Use of the Broad Sword.*

Persian
Moshtagh Khorasani, Manouchechr. *Persian Archery and Swordmanship.*(2013)

Rector
Rector, Mark (ed.). *Highland Swordsmanship.*

Sainct-Didier
Sainct-Didier, Henry (original, 1573). Hyatt, Robert. Wilsor., Devin (Trans.) *Single Sword of Henry de Sainct-Didier, the.*

Saviolo
Saviolo, Vincentio. *His Practice.*

St. G
Tobler, Christian Henry.*In Saint George's Name.*

St. Martin
Saint Martin, J. de. *Art de Faire des Armes, le.*

Swetman
Swetman, Joseph. *The Schoole of the Noble and Worthy Science of Defence.*

Talhoffer(1450)
Talhoffer, Hans. *MS 78.A.15 (Talhoffer Fechtbuch)*

Talhoffer (1459)
Talhoffer, Hans (original). Hull, Jeffrey (trans. Edit.). *Fight Earnestly – the Fight-Book from 1459 AD by Hans Talfhoffer.*

Talhoffer (1467)
Talhoffer, Hans (original). Rector, Mark (Trans. Ed.). *Medieval Combat – A Fifteenth-Century Manual of Swordfighting and Close-Quarter Combat.*

Wallerstein
Zabinski, Grzegorz, Walczak,Bartlomiej (Trans. Ed.). *Codex Wallerstein: A Medieval Fighting Book from the Fifteenth Century on the Longsword, Falchion, Dagger, and Wrestling.*

부록 3
어구 소개

외국어

■**Abrazare (이)**
레슬링.

■**Ahlspiess (독 · 영)**
알슈피스. Awl Pike라고도 한다. 거대한 송곳 모양 머리 부분을 가진 긴 손잡이 무기.

■**Arming sword (영)**
직역하면 「무장 검」으로 중세에 전장에서 사용하던 검을 가리키는 말. 평시용 검은 라이딩소드라고 한다.

■**Art (영)**
기술, 기예. 「과학」(Science)의 반대말로 「주관적으로 얻은 사상에서 감각적으로 이끌어낸, 반드시 재현 가능하지는 않은 법칙」을 뜻한다. 「감」이라고도 한다.

■**Art of Science (영)**
「방어술」. 영국 잉글랜드 지방의 전통무술. 공격 · 방어 시의 안전 확보를 가장 중시하는 무술로 Science of Defence라고도 한다.

■**Back Sword (영)**
백소드. 르네상스 시대 영국의 외날 한손검.

■**Ballock Dagger (영)**
발럭 대거. 직역하면 「고환 대거」. 손잡이 날밑 부근에 음낭을 본떠 만든 돌출부가 있다.

■**Baselard (영)**
바젤라드. 스위스 발상으로 알려진 대거의 일종. 「H」를 옆으로 눕혀놓은 듯한 모양의 손잡이가 가장 큰 특징이다. Basilard, Basslar라고도 한다.

■**Basket Hilt (영)**
바스켓 힐트. 르네상스 시대에 발달한 날밑의 일종으로, 주먹을 바구니 모양으로 감싸 보호한다.

■**Bec de Faucon (프)**
베크 드 포콩. 직역하면 「매의 부리」. 완만한 곡선을 이루는 스파이크, 또는 그러한 스파이크가 달린 긴 손잡이 무기.

■**Bill (영)**
영국에서 특히 인기 있던 일반보병용 무기. 본래 나무의 가지치기 등에 사용하던 농기구를 무기로 전용한 것. 이탈리아에서는 찌르기를 중시하는 모양으로 발전하고, 잉글랜드에서는 베기에 중점을 두는 형태로 발전했다. 일반적으로 전체 길이 1.5~2m, 무게 2~3kg 정도.

■**Bloßfechten (독)**
갑옷을 입지 않은 상태에서의 전투. 독일식 무술의 전투형태 중 하나. 영어로는 Unarmoured Combat.

■**Boar Spear (영)**
보어 스피어. 수렵용 창.

■**Bolognese swordmanship (영)**
이탈리아식 볼로냐파. 이탈리아식 검술 일파로, 이탈리아의 도시 볼로냐를 중심으로 번성했다. Italian style of fencing을 참조.

■**Boss (영)**
보스. 방패의 그립을 잡는 손을 보호하기 위한 금속제 반구형 돌출부.

■**Buckler (영)**
버클러. 그립을 잡는 타입의 소형 방패. 다양한 형태가 있다. 일반적으로 하층계급의 장비라고 인식되었다.

■**Chappe (영)**
레인 가드. 날밑 상부에 덮어씌우듯 설치하는 가죽제 또는 금속제 부속물. 칼집 입구를 가려 비나 먼지가 칼집 안에 들어가는 것을 막아주는 역할을 한다.

■**Club (영)**
곤봉. 굵은 나뭇가지를 적당한 길이로 자른 것. 권위의 상징으로도 사용되었다.

■**Codpiece (영)**
코드피스. 본래 호즈(타이츠)의 이음매를 가리기 위해 고간 부분에 대던 천. 점차 과장되다가 최종적으로는 패드 등을 채워 발기한 남성기의 모양을 나타내게 된다.

■**Cote of Plate (영)**
코트 오브 플레이트. 14세기 전반에 사용되던 타입의 갑옷. 가장 초기의 플레이트 갑옷 중 하나로 튼튼한 천 안쪽에 여러 장의 강철판을 리벳으로 고정한 것.

■**Creutz (독)**
Cross를 참조.

■**Cross (영)**
일자 날밑. 대략 16세기경까지 사용되던 명칭. 현재는 Cross guard라고도 한다.

■**Cup Hilt (영)**
완형 날밑. 스페인식 레이피어 검술 자세에 대응하여 스페인에서 발달한 손잡이 타입. 완형 날밑이 손을 보호한다.

■**Dardi school (이)**
다르디류. 이탈리아식 무술 볼로냐파의 별칭. Italian style of fencing을 참조.

■**Duelling Shield (영)**
결투용 큰 방패. 현대의 용어. 파비스라고도 불린다.

■**Dussack (독)**
두사크. 연습용 펄션에서 발전한 연습·스포츠용 무기.

■**Edge, Edge of blade (영)**
검과 같은 무기의 「날」. 적을 절단하는 부위. 독일어로는 Ecke.

■**English Style of fencing (영)**
Art of Defence를 참조.

■**Espada Ropera (에스)**
로브 소드. 직역하면 「평상복의 검」으로, 전장에서의 사용을 고려하지 않은 순수한 평시용 한손검(또는 「시민 검」). 레이피어(Rapier)의 원형이라고 한다. 이탈리아의 스파다(Spada) 또는 스파다 다 필로(Spada da filo)에 해당한다.

■**Estoc (영)**
에스터크. Tack라고도 한다. 찌르기 전용 롱소드. Tack는 후대에 대형 레이피어와 혼동되지만, 원래는 다른 무기.

■**Falchion (영)**
펄션. 외날검의 일종. 독일에서는 메서 또는 그로스메서라고 불렀다.

■**Fechtbuch (독)**
직역하면 「싸움의 책」. 전투기술의 해설·참조를 목적으로 쓰여진 서적.

■**Fencing (영)**
펜싱. 현대어의 의미와는 달리 무술 전반(특히 무기, 검을 사용하는 것)을 지칭한다. 「받아넘기다」, 「막다」라는 의미의 영어 동사 「Fence」에서 유래하여 「자신의 몸을 위험으로부터 지킨다」, 「호신」 등의 뉘앙스를 갖는 단어.

■**Finger Ring (영)**
핑거 링. 날밑 앞에 다는 금속 고리로 손가락을 보호한다.

■**Flail (영)**
플레일. 손잡이와 머리 부분을 사슬 등으로 연결한 탈곡용 농기구 및 거기에서 파생된 무기.

■**Flat, Flat of Blade (영)**
검의 「견」. 날의 측면 부분. 당시 독일어로는 Fläche.

■**Fuller (영)**
풀러. 당시 독일어로는 Valz. 칼날에 파놓은 좁고 긴 홈으로, 검의 무게를 줄이고 절단력과 유연성을 높여 내구력 향상에 기여한다.

■**German school of fencing (영)**
독일식 무술. Kunst des Fechtens를 참조.

■**Gladius (라)**
글라디우스. 고대 로마군의 군용 검이자 로마군의 상징이라고도 할 수 있는 검. 평균적으로 전체 길이 60~80cm, 무게 0.8~1kg 정도.

■**Grip (영)**
손잡이, 그립. Haft 또는 Handle이라고도 한다. 검과 대거를 잡기 위한 부위로 목제 심에 가죽이나 강철선을 감은 것이 일반적이나 상어 가죽 등 물고기 가죽을 사용한 것도 있다. 당시 독일어로는 Heft, Bindt, Pindt, Gepint라고 불렀다.

■**Gross Messer (독)**
그로스메서. 펄션의 독일어 명칭. 간단히 메서라고 부르기도 한다.

■**Harnischfechten (독)**
갑옷을 입은 상태에서의 전투. 독일식 무술의 전투 형태 중 하나. 영어로는 Armoured Combat.

■**Hilt (영)**
손잡이. 검의 날(검신) 이외의 부분. 손잡이 머리(Pommel), 그립(Grip, Haft), 날밑(Cross, Quillon) 등으로 구성된다. 당시 독일어로는 Gefeß, Gehiltz, Gehileze라고 불렀다.

■**Heater Shield (영)**
하단이 뾰족한 방패의 일종. 현대의 조어.

■**Imbracciatura (이)**
르네상스 시대에 사용되던 방패의 일종. 물방울 모양이다.

■Italian style of fencing (이)
Italian school이라고도 한다. 이탈리아 반도에 기원을 둔 무술의 총칭. 볼로냐의 무술가이자 수학자인 필리포 다르디가 1413년 창시했다고 전해지는 볼로냐파가 유명하다. 시간(템포 : Tempo)의 개념, 과학, 특히 기하학을 중심으로 하는 과학적 접근이 특징이다. 레이피어가 유행함에 따라 폭발적으로 번성한다.

■Judicial Combat (영)
결투재판. Trial by Combat이라고도 한다. 중세 재판의 일종.

■Kampfringen (독)
전장에서의 격투기술.

■Knuckle Guard (영)
너클 가드. 날밑에서 손잡이 머리까지 이어지는 봉으로 손을 보호한다.

■Kreutz (독)
Cross를 참조.

■Kunst des Fechtens, der (독)
전투술. 영어로 직역하면 The Art of Combat. 14세기 중반 요하네스 리히테나워가 창시한 무술을 현대에 일컫는 말이다. 주도권의 쟁취와 유지를 극으로 삼는 무술. 이탈리아식 무술이 융성함에 따라 쇠퇴하다가 17세기경 맥이 끊긴다.

■Langen Schwert (독)
롱소드. 현재 일반적으로 바스타드 소드 또는 핸드 앤드 하프 소드라고 불리는 검. 전체 길이 1~1.3m, 무게 1~1.5kg 정도이며, 양손으로도 한 손으로도 사용 가능하다. 독일식 무술의 근간을 이루는 무기.

■Langet (영)
랑겟. 긴 손잡이 무기의 손잡이가 잘리는 것을 방지하기 위해 손잡이에 부착하는 금속판.

■La Verdadera Destreza (에스)
지고의 기술. 영어로는 The True Skill. 스페인식 무술의 스페인어 명칭. 16세기 중반 스페인의 검사 헤로니모 산체스 데 카란사가 창시했다. 「과학 검법」이라고도 할 수 있는 검술로, 당시 유럽 최강으로 평가받았다.

■Liechtenauer School (영)
리히테나워류. 독일식 무술의 별칭. Kunst des Fechtens를 참조.

■Longbow (영)
잉글랜드를 대표하는 무기. 본래는 웨일스와 그 주변 지역의 토착무기로 주목나무를 깎아 제작한다. 단일활이라 불리는 가장 원시적인 구조의 활. 전체 길이는 1.8m 전후, 활을 당기는 데 필요한 힘(Draw weight)은 약 50kg 정도.

■Long Staff (영)
롱스태프. 길이 3~5.4m의 봉.

■Long sword (영)
Langen Schwert를 참조.

■Mail, Maille (영·프)
사슬 갑옷. 금속 링 여러 개를 엮어 만든 갑옷의 일종으로, 현재 일반적으로 체인 메일이라 불린다. 중세에는 방어 성능에 따라 다양한 타입이 존재했다고 기록되어 있으나, 현재로서는 그 차이를 알 수 없다.

■Messer (독)
Gross Messer의 별칭.

■Montante (에스·포)
몬탄테. 이베리아 반도 기원의 양손검. 독일의 양손검과 비교해 다소 가볍다. 전체 길이 150cm, 무게 2.5kg 정도.

■Oakeshott Typology (영)
오크셧 분류법. 에와트 오크셧(Ewart Oakeshott)이 확립한 검의 분류법으로, 현재 가장 일반적으로 사용된다. 중세 시대의 검을 검신·그립·손잡이 머리의 모양에 따라 분류하는데, 보통 검신 분류법을 많이 이용한다.

■Partisan (영·이)
검을 닮은 거대한 머리 부분을 가진 창의 일종.

■Pavise (영)
파비스. 일반적으로 중세 노병의 방패를 뜻하지만, 결투용 방패나 사각형 버클러 등을 가리키기도 한다.

■Pike (영)
장창. 길이가 3m 이상의 창. 중세 후기 이후 보병의 주무기.

■Poleaxe (영)
Pollaxe의 다른 철자. 원래 잘못된 표기였으나 현재는 일반적으로 허용된다.

■Pollaxe (영)
폴액스. 독일어로는 Mortagst(모트악스트, 살인도끼). 이탈리아어(Azza)와 프랑스어(Hache)는 단순히 「도끼」라는 의미. 양손용 도끼에서 발전했으며, 중세 후기의 기사들에게 매우 인기 있던 무기로 형태와 크기가 다양하다.

■**Pommel (영)**
손잡이 머리. 검과 대거 손잡이 가장 끝에 위치한 부품으로, 무게균형을 조정하고 검이 손에서 빠져나가는 것을 막으며 슴베를 고정시키는 역할을 한다. 로마 시대에는 구형, 바이킹 시대에는 찌그러진 주먹밥 모양이 일반적. 중세에는 원반·타원형의 인기가 가장 많았다. 당시 독일어로 Knopf, Klôß, Schlachent Ort라고 불렀다.

■**Poniard (영)**
파냐드. 르네상스 시대의 보조용 대거. Parrying Dagger라고도 한다. 프랑스어로는 Poignard.

■**Prize (영)**
잉글랜드 무술조합의 승단시험이 오락 목적의 흥행시합으로 바뀐 것. 흥행화하고 나서는 특정한 상대와 맨손·봉·검 중 하나를 골라 싸웠다.

■**Quarterstaff (영)**
쿼터스태프. 롱보우(Longbow)와 함께 잉글랜드의 대명사로 꼽히는 무기. 전투중에는 양쪽 끝을 날카롭게 깎거나 손잡이 끝에 철제 캡을 씌워 위력을 높인 것도 있다. 전체 길이 2.1~2.7m, 지름 2.5~3.8cm, 무게 약 2kg.

■**Quillon (영·프)**
일자 날밑. 칼날과 그립 사이의 옆으로 튀어나온 부분을 가리킨다. 16세기경 등장한 단어. 그 이전에는 Cross라고 불렀다.

■**Quillon Dagger (영)**
일자 날밑을 가진 대거의 총칭. 세트를 이루는 검을 그대로 소형화한 디자인이 많다.

■**Rapier (영)**
레이피어. 르네상스를 대표하는 무기. 스페인의 에스파다 로페라(Espada Ropera)에서 발전한 것으로 추측된다. 다양한 모양이 있으나 일반적인 형태는 찌르기 위주의 긴 검신을 가진 한손검. 일반적인 인식과 달리 전장에서의 사용은 전혀 고려되지 않았다. 평균적으로 전체 길이 1~1.2m, 무게 1~1.5kg 정도. 당시 유행의 최첨단을 달리는 패션 아이템으로 압도적인 인기를 누렸다.

■**Riding sword (영)**
승마용 검. 중세 시대 평시에 가지고 다니던 검. 모양 자체는 전장용 검과 그다지 차이가 없다.

■**Ringen (독)**
레슬링. 당시의 레슬링은 격투술에 가까웠다.

■**Roßfechten (독)**
말을 타고 하는 전투. 독일식 무술의 전투형태 중 하나. 영어로는 Horseback Combat.

■**Rottella (이)**
로텔라. 갈에 동여매는 타입의 원형 또는 타원형 방패.

■**Roundel Dagger (영)**
라운들 대거. 중세에 인기 있던 대거의 일종. 그립을 사이에 두고 원반 모양 날밑이 달려 있다.

■**Saex (영)**
색스. 외날 나이프의 일종으로 게르만 민족의 색슨 족이라는 명칭은 여기서 유래한 것. 잉글랜드에서는 15세기까지 사용되었다.

■**Schiavona (이)**
스키아보나. 이탈리아 한손검의 일종. 전체 길이 1m, 무게 1~1.5kg 정도.

■**Schweinspiesz (독)**
보어 스피어 또는 파르티잔.

■**Science (영)**
과학. 당시의 정의로는 「객관적으로 관찰한 사상에서 논리적이며 재현 가능한 법칙을 이끌어내는」 것. 필리포 바디는 「예술」의 반대말이라고 보았다. 무술에서는 「기하학」이 가장 중요시된다.

■**Science of Defence (영)**
Art of Science를 참조.

■**Scythe (영)**
대낫. 목초 등 풀을 벨 때 사용하는 양손용 낫.

■**Short Staff (영)**
쇼트스태프. 전체 길이 약 180cm 정도가 일반적.

■**Sickle (영)**
낫. 밀 등 곡식을 수확할 때 사용하는 한손용 낫.

■**Side Ring (영)**
검과 대거의 날밑 부분에 달린 금속 고리. 손등을 보호하는 역할을 한다.

■**Side sword (영)**
주로 르네상스 시대의 평시용 검을 가리키는 현대의 총칭. 레이피어가 나타나기 이전 형태의 검을 뜻한다.

■**Single-handed sword (영)**
한손검. 고대에서 근대에 이르기까지 가장 일반적으로 사용되던 검이다. 다양한 종류와 타입이 있으나 전체 길이 90cm, 무게 1kg 정도가 평균 사이즈.

■**Small Sword (영)**
스몰소드. 레이피어를 작고 가볍게 만든 검. 현재의 펜싱 기술은 스몰소드 기법에 기반을 두고 있다. 전체 길이 약 80cm, 무게 0.5~1kg 정도.

■**Spada (이)**
「검」을 의미하는 단어. 스파다 다 필로의 별칭. 로마군의 검 스파타에서 유래했다.

■**Spada da filo (이)**
날이 있는 검. 스페인의 에스파다 로페라에 대응하는 평시용 검이다. 찌르기와 베기 양쪽에 사용되며 Spada da lato라고도 한다.

■**Spada da lato (이)**
직역하면 사이드 소드. Spada da filo의 별칭.

■**Spadona (이)**
양손검. Langen schwert를 참조.

■**Spanish style of fencing (영)**
스페인식 검술. La Verdadera Destreza를 참조.

■**Spatha (라)**
로마군의 검. 글라디우스보다 가늘고 긴 검신을 가지고 있다. 전체 길이는 대략 80~90cm 정도이며 무게는 약 1kg. 본래 보조부대 및 기병의 검이었으나 2세기경 군단병에게도 지급되었다. 라틴어 계열 언어에서「검」을 뜻하는 단어(프랑스어 : Épée, 이탈리아어 : Spada, 스페인어 : Espada)의 어원이다.

■**Swashbuckler (영)**
스워시버클러.「난폭한 사람」이란 뜻으로, 마을을 누비며 난투를 벌이고 난폭한 짓을 일삼는 젊은이를 가리키던 16세기 무렵의 단어. 검 손잡이에 매달아 늘어뜨린 버클러가 걸음을 옮길 때마다 검에 부딪치며 내는 소리에서 유래했다. 현재는 이야기에 등장하는 검사 타입 캐릭터를 가리키는 말로 사용되고 있다.

■**Targe (영)**
타지. 기사들이 사용하던 방패의 일종.

■**Two-handed sword (영)**
양손검. 두 손으로 잡고 사용하는 검을 뜻하는 단어. 현재는 양손 전용 검을 가리키는 것이 일반적이지만 당시에는 롱소드도 포함되었다. Twahandswerd, Grete swerde(Great sword), War sword(또는 Sword of War), Espée de Guerre, Grant espées, Grans espées d'Allemagne, Zweihander, Montante 등 다양한 이름으로 불린다. 초기의 것은 단순히 한손검을 크게 만든 형태였으나, 점차 일자 날밑이 길어지고 그립이 연장되며 리캇소(Ricasso)라 불리는 제2의 손잡이가 발달한다. 평균적으로 전체 길이 1.2~1.8m, 무게 1.5~3kg 정도.

■**Valz (독)**
풀러. Fuller를 참조.

■**Verdadera Destreza, la (에스)**
La Verdadera Destreza를 참조.

■**Welsh hook (영)**
영국의 독자적인 무기로 이름을 보면 알 수 있듯이 웨일스에서 기원했다. Forest bill, Welsh bill, Welsh glaive, Bush scythe, Wood bill, Hedging bill 등 다양한 이름으로 불린다. 전체 길이 2.1~2.7m, 무게 약 2kg.

한국어

■**갑옷전투**
갑옷을 입은 상태에서의 전투를 가리키는 독일식 무술 용어.

■**결투용 큰 방패(Duelling Shield)**
결투재판에서 사용하는 대형 방패.

■**결투재판(Trial by Combat, Judicial Combat)**
중세에 열리던 재판의 일종.

■**곤봉·클럽(Club)**
굵은 나뭇가지를 적당한 길이로 자른 무기. 권위의 상징으로도 사용되었다.

■**과학(Science)**
현대 과학과는 달리「사상을 객관적으로 관찰하고, 논리적인 결론을 이끌어내는 것」을 뜻한다. 예술의 반대말.

■**그로스메서(Gross Messer)**
검의 일종으로「커다란 나이프」라는 뜻이다. 펄션의 독일어 명칭. 단순히 메서라고 부르기도 한다.

■**그립(Grip, Haft, Handle)**
검과 대거를 잡기 위한 부분. 목제 심에 가죽이나 강철선을 감는 것이 일반적이다.

■글라디우스(Gladius)
고대 로마군의 검. 이베리아 반도에서 사용되던 검을 바탕으로 제작했다고 전해진다. 로마군의 상징과도 같은 검이지만 2세기 말 스파타에게 자리를 내준다. 전체 길이 60~80cm, 무게 0.8~1kg 정도가 평균적.

■기술 · 기예(Art)
과학의 반대말. 「감」.

■날 · 엣지(Edge, Edge of blade)
무기가 상대를 베는 부분. 독일어로는 Ecke.

■낫 · 시클(Sickle)
한 손으로 사용하는 수확용 낫.

■너클 가드(Knuckle Guard)
날밑에서 손잡이 머리까지 이어지는 봉으로 손을 보호한다.

■대낫 · 사이드(Scythe)
목초 등 풀을 벨 때 사용하는 낫.

■두사크(Dussack)
연습용 메서에서 발전한 무기. 목제나 철제로 만들어지며, 연습용과 스포츠용으로 사용된다.

■라운들 대거(Roundel Dagger)
중세 시대 대거의 일종. 그립 양쪽 끝에 원반 모양 날밑이 달려 있다.

■라이딩소드(Riding sword)
직역하면 「승마 검」. 중세의 전장용 검인 아밍소드(Arming sword)와 구분하여 평시에 사용하던 검을 말한다.

■랑겟(Langet)
긴 손잡이 무기의 손잡이에 부착하는 금속판. 손잡이가 잘려나가는 것을 방지한다.

■레슬링(Wrestling, Ringen, Abrazare)
무기를 장비하지 않은 상태 또는 지근거리에서의 격투기술.

■레이피어(Rapier)
르네상스를 대표하는 검. 스페인의 에스파다 로페라(Espada Ropera)에서 발전한 것으로 추측된다. 전장에서의 사용을 전혀 고려하지 않은 순수한 평시용 검. 다양한 크기와 형태가 있으나 평균적으로 전체 길이 1~1.2m, 무게 1~1.5kg 정도.

■레인 가드(Chappe)
챕. 그립 하단에 다는 부속물로 검을 칼집에 넣었을 때 칼집 안으로 빗물이나 먼지가 들어가는 것을 막아준다.

■로텔라(Rottella)
팔에 동여매는 타입의 원형 또는 타원형 방패.

■롱소드(Long Sword)
바스타드 소드 또는 핸드 앤드 하프 소드라고 불리는 검. 대략 전체 길이 1~1.3m, 무게 1~1.5kg 정도 되는 검으로, 양손으로도 한 손으로도 사용 가능하다. 독일식 무술의 근간을 이루는 무기.

■롱스태프(Long Staff)
길이 3~5.4m 정도의 봉.

■마상전투
말을 타고 하는 전투를 가리키는 독일식 무술 용어.

■맨몸전투
갑옷을 입지 않은 상태에서의 전투를 가리키는 독일식 무술 용어.

■메일(Mail, Maille)
사슬 갑옷. 금속 링을 연결하여 제작한다.

■면 · 플랫(Flat, Flat of blade)
날의 측면. 독일어로는 Fläche.

■몬탄테(Montante)
이베리아 반도 기원의 양손검. 전체 길이 150cm, 무게 2.5kg 정도.

■바스켓 힐트(Basket Hilt)
르네상스 시대에 발전한 날밑의 일종으로, 주먹을 바구니 모양으로 감싸 보호한다.

■바젤라드(Baselard)
Basilard · Basslar라고도 한다. 스위스 기원으로 알려진 대거. 「H」를 옆으로 눕혀놓은 모양의 손잡이를 가지고 있다.

■발럭 대거(Ballock Dagger)
「고환 대거」. 손잡이 날밑 부근에 음낭을 본떠 만든 돌출부가 있다.

■방어술 · 아트 오브 디펜스(Art of Defence)
영국의 전통무술. 공격 · 방어 시의 안전 확보를 가장 중시하는 무술. Science of Defence라고도 한다.

■백소드(Back Sword)
르네상스 시대 영국의 외날 한손검.

■버클러(Buckler)
그립을 잡고 지탱하는 소형 방패. 하층계급 사이에

서 인기가 높았다.

■베크 드 포콩(Bec de Faucon)
「매의 부리」라는 의미. 완만한 곡선을 이루는 스파이크, 또는 그러한 스파이크를 장착한 무기.

■보스(Boss)
방패의 그립을 잡은 손을 보호하는 금속제 반구형 돌출부.

■보어 스피어(Boar Spear)
수렵용 창.

■빌(Bill)
보병용 긴 손잡이 무기. 본래는 가지치기 등에 사용하던 농기구. 잉글랜드에서 특히 인기가 있었다. 전체 길이 1.5~2m, 무게 2~3kg 정도가 일반적.

■사이드 링(Side Ring)
검과 대거의 날밑 부분에 달린 금속 고리.

■사이드 소드(Side sword)
주로 레이피어 등장 이전의 평시용 검을 가리키는 총칭.

■색스(Saex)
외날 나이프. 중세 초기에 널리 사용되었다.

■손잡이(Hilt)
힐트. 검의 부위를 가리키는 단어로 칼날 이외의 부분을 뜻한다.

■손잡이 머리(Pommel)
퍼멀. 손잡이 가장 끝에 위치한 부품으로 무게균형을 조정하고 슴베를 고정시키는 역할을 한다.

■쇼트스태프(Short Staff)
길이 약 1.8m 정도의 봉.

■스몰소드(Small Sword)
레이피어를 작고 가볍게 만든 검으로, 현대 펜싱의 기법은 스몰소드 기법을 원형으로 삼고 있다. 전체 길이 약 80cm, 무게 0.5~1kg 정도.

■스워시버클러(Swashbuckler)
「난폭한 사람」이라는 뜻을 가진 단어로, 검과 버클러가 서로 부딪쳐 나는 소리가 어원. 현재는 검사 타입 캐릭터를 가리키는 말로 사용되고 있다.

■스키아보나(Schiavona)
이탈리아 한손검의 일종.

■스파다(Spada)
이탈리아어로 검이라는 뜻. 스파다 다 필로의 별칭이기도 하다. 로마군의 검 스파타에서 유래했다.

■스파다 다 라토(Spada da lato)
직역하면 「사이드 소드」. 스파다 다 필로의 별칭.

■스파다 다 필로(Spada da filo)
「날이 있는 검」. 단순히 Spada(검)라고도 부른다. 15세기 후반에 나타난 평시용 검으로 찌르기와 베기 양쪽에 사용 가능.

■스파도나(Spadona)
양손검 또는 롱소드.

■스파타(Spatha)
로마군의 군용 검. 글라디우스보다 가늘고 길다. 전체 길이 90cm, 무게 약 1kg이 평균 사이즈.

■스페인식 검술(Spanish style of fencing)
정식 명칭은 라 베르다데라 데스트레사, 의역하면 「지고의 기술」. 16세기 중반 헤로니모 데 카란사가 창시하였다.

■아밍소드(Arming sword)
직역하면 「무장 검」. 중세에 전장에서 사용하던 검을 가리키는 말. 평시용 검은 라이딩소드라고 한다.

■알슈피스(Ahlspiess)
거대한 송곳 모양 머리 부분을 가진 긴 손잡이 무기의 일종.

■양손검 · 투핸디드 소드(Two-handed sword)
일반적으로 양손 전용 검을 뜻하지만, 당시에는 롱소드도 포함하던 단어. 지역 · 시대에 따라 매우 많은 베리에이션이 존재한다. 전체 길이 1.2~1.8m, 무게 1.5~3kg 정도가 평균적인 사이즈.

■에스터크(Estoc)
Tack라고도 한다. 찌르기 전용 롱소드.

■에스파다 로페라(Espada Ropera)
직역하면 「평상복의 검」. 전장에서의 사용을 고려하지 않은 평시용 검으로, 15세기 후반에 처음 나타났다. 베기 · 찌르기 겸용 한손검. 이탈리아에서는 Spada 또는 Spada da filo라고 불렀다.

■영국식 무술(English Style of fencing)
방어술을 참조.

■오크셧 분류법(Oakeshott Typology)
에와트 오크셧이 확립한 검의 분류법으로, 현재 가장 일반적으로 사용된다. 주로 검신의 모양을 기준으로 중세 시대의 검을 분류한다.

■**웰시 훅(Welsh hook)**
영국의 독자적인 무기 중 하나로 웨일스 지방에서 기원했다. Forest bill, Welsh bill, Welsh glaive, Bush scythe, Wood bill, Hedging bill 등 다양한 이름으로 불린다.

■**이탈리아식 무술(Italian style of fencing)**
이탈리아 반도에서 유래한 무술의 총칭. 그중에서도 볼로냐의 무술가이자 수학자인 필리포 다르디가 1413년 창시했다고 전해지는 볼로냐파가 유명하다. 레이피어의 보급과 함께 유럽 전역으로 확산되었다.

■**임브라차투라(Imbracciatura)**
르네상스 시대에 사용되던 방패의 일종.

■**컵힐트(Cup Hilt)**
완형 날밑. 스페인식 레이피어 검술 자세에 대응하여 스페인에서 발달한 날밑 형태.

■**코드피스(Codpiece)**
본래는 남성복에서 고간 부분을 덮는 지퍼 역할을 하던 천. 중세 후기에서 르네상스 시대에 걸쳐 점차 과장되어 발기한 남성기의 모양을 본뜨게 된다.

■**코트 오브 플레이트(Cote of Plate)**
14세기 전반에 사용되던 가장 초기의 플레이트 갑옷. 여러 장의 철판을 천 안쪽에 리벳으로 고정한 것.

■**쿤스트 데스 페히튼스(Kunst des Fechtens)**
전투술. 14세기 중반 창시된 독일식 무술을 현대에 일컫는 말.

■**쿼터스태프(Quarterstaff)**
잉글랜드를 대표하는 무기. 전체 길이 2.1~2.7m, 지름 2.5~3.8cm, 무게 약 2kg.

■**크로스(Cross)**
일자 날밑. 크로스가드라고도 한다. 대략 16세기경까지 사용되던 명칭.

■**키용(Quillon)**
일자 날밑. 본래 프랑스어로 16세기경부터 쓰이기 시작한 단어.

■**키용 대거(Quillon Dagger)**
일자 날밑을 가진 대거의 총칭.

■**타지(Targe)**
기사들이 사용하던 방패의 일종. 타깃(Target)이라고도 한다.

■**파냐드(Poniard)**
르네상스 시대의 보조용 대거. 프랑스어로는 Poignard.

■**파르티잔(Partisan)**
창의 일종.

■**파비스(Pavise)**
방패의 일종. 일반적으로 노병이 장비하던 방패를 가리킨다.

■**파이크(Pike)**
장창. 중세 후기 이후의 주요한 보병용 무기.

■**펄션(Falchion)**
외날검의 일종. 전체 길이 약 90cm, 무게 1~1.5kg 정도.

■**페히트부흐(Fechtbuch)**
전투기술에 대해 상세히 서술한 서적.

■**펜싱(Fencing)**
무술. 특히 검을 사용하는 무술을 가리키는 말. 「호신」이라는 의미를 가지고 있다.

■**폴액스(Pollaxe)**
중세 후기 중무장한 상대를 때려눕히려는 목적으로 보병용 양손도끼를 개량한 무기. 기사 계급 사이에서 인기가 높았다.

■**풀러(Fuller)**
검신에 파놓은 홈. 무게 경감·절단력 증대·유연성 향상에 기여한다.

■**프라이즈(Prize)**
본래 잉글랜드 무술조합의 승단시험이었으며, 이후 흥행 목적의 무술시합을 뜻하게 된다.

■**플레일(Flail)**
손잡이와 머리 부분을 사슬 등으로 연결한 탈곡용 농기구.

■**핑거 링(Finger Ring)**
날밑 앞에 다는 금속 고리로 손가락을 보호한다.

■**한손검(Single-handed sword)**
한 손에 들고 사용하는 가장 일반적인 형식의 검.

■**히터 실드(Heater Shield)**
삼각형 모양 방패를 나타내는 현대의 조어.

속 · 중세 유럽의 무술

개정판 1쇄 인쇄 2024년 6월 25일
개정판 1쇄 발행 2024년 6월 30일

저자 : 오사다 류타
본문 디자인·DTP : 스페이스 와이
번역 : 남유리

펴낸이 : 이동섭
편집 : 이민규
디자인 : 조세연
영업 · 마케팅 : 송정환, 조정훈, 김려홍
e-BOOK : 홍인표, 최정수, 서찬웅, 김은혜, 정희철, 김유빈
관리 : 이윤미

㈜에이케이커뮤니케이션즈
등록 1996년 7월 9일(제302-1996-00026호)
주소 : 08513 서울특별시 금천구 디지털로 178, B동 1805호
TEL : 02-702-7963~5 FAX : 0303-3440-2024
http://www.amusementkorea.co.kr

ISBN 979-11-274-7404-1 13690

続·中世ヨーロッパの武術
"ZOKU·CHUSEI EUROPE NO BUJYUTSU" written by Ryuta Osada
Copyright © Ryuta Osada 2013
All rights reserved.
Originally published in Japan by Shinkigensha Co Ltd, Tokyo.

This Korean edition published by arrangement with Shinkigensha Co Ltd, Tokyo
in care of Tuttle-Mori Agency, Inc., Tokyo

이 책의 한국어판 저작권은 일본 ㈜新紀元社와의 독점 계약으로
㈜에이케이 커뮤니케이션즈에 있습니다.
저작권법에 의해 한국 내에서 보호를 받는 저작물이므로 무단전재와 무단복제를 금합니다.

*잘못된 책은 구입한 곳에서 무료로 바꿔 드립니다.